虚室止止集

陈支平 著

人民出版社

责任编辑:詹素娟
封面设计:彭世兴

图书在版编目(CIP)数据

虚室止止集/陈支平 著. -北京:人民出版社,2016.3
ISBN 978 - 7 - 01 - 015803 - 7

Ⅰ.①虚… Ⅱ.①陈… Ⅲ.①经济史-研究-福建省②经济史-研究-台湾省
③文化史-研究-福建省④文化史-研究-台湾省 Ⅳ.①F129.7②K295.7
③K295.8

中国版本图书馆 CIP 数据核字(2016)第 023167 号

虚室止止集
XUSHI ZHIZHI JI

陈支平 著

人 民 出 版 社 出版发行
(100706 北京市东城区隆福寺街 99 号)

北京中科印刷有限公司印刷 新华书店经销

2016 年 3 月第 1 版 2016 年 3 月北京第 1 次印刷
开本:710 毫米×1000 毫米 1/16 印张:21.75
字数:345 千字

ISBN 978 - 7 - 01 - 015803 - 7 定价:58.00 元

邮购地址 100706 北京市东城区隆福寺街 99 号
人民东方图书销售中心 电话 (010)65250042 65289539

序　言

本书原名《史学水龙头告别集》，朋友们劝说这样的书名有失雅驯、十分的古怪。朋友的话是一定要听的，于是就成了《虚室止止集》。这一方面是庄子的"虚室生白，吉祥止止"，有止住欲望、大吉大利的意思；另一方面是宋代道士白玉蟾在敝家乡武夷山中修道，有"止止庵"存焉，至今令人流连忘返。这二者的意思，都跟我起先拟起名《史学水龙头告别集》的初衷相为吻合。

书名虽然使用了今名，但是最初古怪书名即《史学水龙头集》和《史学水龙头告别集》的出现，还是需要略加说明。

《史学水龙头集》的出版缘由，已经在该集的序言中予以说明。为了让大家更清晰地了解这两本集子出版的前因后果，我顺便把《史学水龙头集》的序言附在本书序言的后面，请大家万一有兴趣时相互参阅。

我出版《史学水龙头集》，本意是自己已进入退休年龄，面临着党和国家大力倡导弘扬传统优秀文化、高校竭力服务社会的大好时光，实在是有些力不从心，跟不上形势发展的步伐。故而发一些感慨，希望热心于弘扬优秀文化的有识之士，多多包涵，宽容宽容，少让我这老朽做这些力不从心的重要工作。

不料，个人心愿总是跟不上大好形势的发展，据说许多中央领导要进一步提倡弘扬中华优秀传统文化，大政方针岂容怀疑怠慢！全国各地发掘、传承、弘扬优秀文化的场面愈发热火朝天。就敝家乡福建省的情景而言,各地推动举办地方优秀传统文化的"学术活动",此起彼伏,一浪高过一浪。大概是自己年纪大、耳朵软、认识的人比较多的缘故,这些"学术活动",本人大多难逃其盛情之邀、竭力支撑应付。于是,去年12月交付福建人民出版社出版的《史学水龙头集》尚未印成面世,眼前案头上堆积的"史学水龙头"的稿件,又可集成一册了。

如此下去,终非了局。自己年老力衰、有损身体事小,勉强对付、耽误了党和国家弘扬优秀传统文化、服务社会的大政方针事大!因此,遵照国家人事制度的维护老人权益的精神,又遵照中国传统优秀文化祖师爷孔老先生的教训:"及其老也,血气既衰,戒之在得",我是不再适宜参与这样的工作了。更重要的是,自从敝家乡福建省领导指示福建省研究优秀传统文化要把重点放在"朱子文化"和"海丝文化"之上,霎时间,福建省内一下涌现出数以千计的研究"朱子文化"和"海丝文化"的专家学者,形势更加喜人。真真可谓"忽如春风一夜来,千树万树梨花开"!再遵照古人"长江后浪推前浪"的箴言,以及今人"待到山花浪漫时,我在丛中笑"的名句文化精神,我只能"知其进退",不能够再混迹于如此大好形势、人才济济的弘扬优秀文化、服务社会的伟大运动之中了。

承蒙人民出版社的好意,愿意替我出版这些"史学水龙头"的稿件,我在感谢之余,赶紧略做归类编辑,并且把以前少量笔谈、辑述之类的文章,加了进来,形成了这本《虚室止止集》,以示从今以后,除了本行专业同仁的活动之外,本人不再滥竽充数、强做冯妇。希望志存高远热衷于弘扬优秀传统文化和服务社会的有识之士,看到这个书名之后,本着中华优秀文化"怜贫惜老"的光荣传统,多多原谅,千万不要屡屡来为难老人!

陈支平

2015 年 11 月 11 日于

厦门大学国学研究院

附：《史学水龙头集》序言

把书名定为《史学水龙头集》，不免让人有些费解。

这两年，学校的领导的领导的领导，突然对于大学的发展有了新的战略部署，好像是认为中国的许多百年老校的办学宗旨有些问题，用古人的话大概是不合时宜吧？于是一纸公文，号召全国的高校，重新制订各个大学的办学章程。对于领导的话，不论是小领导，还是大领导，乃至领导的领导，我的一贯立场是坚决拥护。对于这样的战略部署，我当然是不能有半点的意见。我们学校的领导，出于惜老识掌故的美意，竟然也邀请我去对敝校新修订的章程提提意见。秉承我一以贯之拥护领导的坚定立场，对于学校有关部门辛辛苦苦制订出来的新章程，不但没有半点的不同意见，而且还善言鼓励了一番，以示老者风度。这两天看到学校的新闻报道，说我校新制订的章程喜获教育部通过，实实的可喜可贺！

我虽然对于学校新章程没有意见，但是由于有幸受邀参加新章程的座谈会，倒也乘机把敝校九十余年前的《厦门大学大纲》和现今修订的《厦门大学章程》看了一遍。文字太长，大部分已经记不住，唯有其中关于办厦门大学的目的宗旨之款，却至今不能忘记。九十余年前《厦门大学大纲》中的第三章《目的》之第三条云："本大学以研究学术、培植人才并指导社会为目的。"现在新修订的《厦门大学章程》第一章《总则》之第四条云："学校坚持社会主义办学方向，全面贯彻党的教育方针，以人才培养、科学研究、社会服务、文化传承创新为基本职能。"我之所以对于这两款无法忘却,是十分好奇于"指导社会"与"社会服务"的差异。搬弄我现在所赖以吃饭的国学研究院的四书五经中的圣人之言,九十余年前校主陈嘉庚先生制订厦门大学大纲时,显然是中了孔夫子的蛊毒,所谓"君子德风"了,因而应该"指导社会";而现今的新章程,社会有何需求就应该尽力满足,真诚地服务社会,随社会奔波而逐流,这又是应验了孔老夫子"小人德草"的遗训了。

大学一"德草",我们这些托钵于大学吃饭的人等,自然也就纷纷落草、迎头赶上。20世纪初期,大学里的教授们,经常会有钻进"象牙塔"里潜心学术研究的自豪。余生也晚,自从我进大学之后,"象牙塔"之类的好去处是从未见过,而"社会服务"之类的光荣事业,却是一件接着一件,至今难于推却。我所从事的专业是历史学,本来好像也帮不上社会发展经济的什么忙,但是政府官员以及社会上的成功人士颇有好古的习气,动辄兴起诸如"文化搭台、经济唱戏"、"弘扬某某文化"等的大场面。如此一来,"服务社会"的重任就有了我等执古人士的份额了。

"服务社会"虽然是当今大学时髦的东西,但是我们所熟知的专业范围毕竟有限,对于天南地北、奇招怪出的"文化搭台"、"弘扬文化"大场面,实在是心有余而力不足。然而领导们站在高教发展的战略高度,晓之以理、动之以情;朋友们美景相邀、酒肉相劝、以权当旅游相引诱,似乎都不太好拒绝。虽则如此,要撰写这些符合圈定题目的文章,却不是一件容易的事情。有一次,一位地方官员加朋友来到学校盛情相邀,我照例以写不出文章以应。不料这位官员加朋友竟然说出这样的话:"对于你们大学教授来说,写文章还不是如同开水龙头放水一样简便。"我恍然大悟,如今"德草"了的大学,在社会上的许多官员和成功人士看来,"服务社会"就是开水龙头放水。这就难怪在每次所谓的"文化搭台、经济唱戏"、"弘扬某某文化"等的大场面上,坐在台上的领导和成功人士们,无不神采洋溢、滔滔不绝,俨然是文史研究的权威人士,而我们这些被战略高度和服务社会所网罗去的所谓专家,反而成了受教育的听客。在饱受了领导和成功人士的教育之后,我才发现,我们利用业余时间费心撰写的这些文章,实际上是来自水龙头中的清水或者浊水而已。因此之故,我的这本集子,就不能不定名为《史学水龙头集》了。

收进这个集子里的大半文字，就是被领导和成功人士认为可以像水龙头开关似的招之即用、用完即弃的废水。不过对于我个人来讲，态度却是十分认真的。一旦答应了领导和朋友们的招徕，即使是以往很少涉及的领域，也都严阵以待、真诚落实。因此，我的这些漫无边际的文史论稿，至少有一点是可以自豪的，即从来不拾人牙慧，从来不抄袭他人。借用古人的话来自我安慰，就是"读书得间"了。正因为如此，这些被水龙头挤出来的文字，依然有它保存的必要。承蒙福建人民出版社的厚爱，竟然要予以结集出版，这样我的"社会服务"的认真劳动，终于有了善待的着落。同时也借此大好机会，把几篇与水龙头无关的原属我专业本行的文章挤进去，凑成一大册。现在回想起来，《史学水龙头集》得以出版问世，除了要衷心感谢福建人民出版社的深情厚谊之外，对于这些年来把握水龙头、促使我写成这些体态各异文字的领导和成功人士们，也致以应有的谢意！

陈支平

2014 年 12 月 20 日于

厦门大学国学研究院

目 录
CONTENTS

卷一　经济史

一、郑成功海商集团兴衰的历史反思

（一）

　　研究中国古代历史的学者们,或许会对明代中期以来东南沿海地区海商集团的崛起产生浓厚的兴趣。中国自先秦时代确立了"封建社会"以来,在政治体制方面基本上维系着中央集权的大一统制度。到了宋代以后,这种中央集权的政治制度,有着日益走向极端专制的趋向,严重地阻碍了社会发展力以及社会变革的进步。在经济体制上,基本满足于自给自足的农耕经济在漫长的历史长河中缓慢地延续,缺乏富有活力的经济开创局面和激发生产力迅速发展的社会机制。随着宋代以后中国人口的增长以及由此引起的可耕土地面积的相对紧张,社会经济的困境更加现实而严重地显示在人们的眼前。可以说,到了明清时期,无论是政治制度、军事制度、法律制度,还是社会与经济环境,基本上都陷入腐朽落后与停滞不前的状态。

　　中国延续了两千多年的政治经济制度逐渐走向衰落,是理所当然的事情。显然,要突破旧体制的没落架构,只依靠旧体制的自身运转,毫无疑问是无能为力的,需要某种体制外的新兴政治或经济等因素的有力冲击,才有可能发生比较根本性的变化。正是在这个时候,明代中后期东南沿海地区的私人海上贸易活动迅速崛起,敢于冲破专制体制的束缚,为明代中后期社会经济的发展,增添了新鲜的推动力。正因为如此,研究中国古代史的学者们,从明代东南地区海商集团身上,看到了中国传统社会转型的一线希望。一部分乐观的史学家们,甚至在东南地区海商集团身上,看到了"资本主义生产方式的萌芽",以及这种萌芽预示即将到来的崭新时代。从这样的历史预示出发,作为明代后期东南沿海地区海商集团最杰出的代表——郑成功海商集团——的兴起与衰落,自然而然地得到人们的高度重视。

然而不幸的是,郑成功海商集团最终灭亡了。郑成功海商集团灭亡的原因是多种的,然而目前人们关注的一点,是这个集团在军事上的彻底失败。军事上的彻底失败,当然是郑氏集团灭亡的标志,也是郑氏集团多种衰落因素的综合结果。因此,探讨郑氏海商集团的兴起和衰亡,仅仅着眼于军事上的失败是远远不够的,其背后蕴藏的制度和文化上的因素,无疑应当引起我们去进行更深层次的探索与反思。

(二)

明代中后期,福建沿海的海商从本质上发生了比较大的变化。他们不再受着朝贡贸易的支配,改变了以往被动、消极地从事经济活动的态度,勇敢地冲破政府的禁令,更为直接地积极参与海上贸易活动,以自由商人的姿态出现在东方市场上。当时的记载说"成、弘之际,豪门巨室,间有乘巨舰贸易海外者","濒海大姓私造舰,岁出诸番市场"。① 其中尤以漳州、泉州二府的居民最为活跃。位于漳州城东南五十里的月港,逐渐从明初甚为荒凉的小洲,发展为成弘年间走私海商聚集的重要港口。明代正德、嘉靖之际(1506—1556),福建沿海海商的对外违禁贸易又大大前进了一步,沿海地区各阶层人民外出经商已成为比较普遍的风气。由走私贸易而发展起来的通商口岸,遍布福建沿海各地。其中,月港已成为中外海商互市的贸易中心。附近的海域,每年初夏以后,大舶数万艘,乘风挂帆,掩蔽大洋而下,闽漳之人与番舶夷商贸贩货物,络绎于海上,往往顿时致富。再如著名的泉州安海港,在嘉靖年间成为仅次于月港的重要的海上贸易商港。其他如惠安的蓬城、崇武,同安

---

① 张燮:《东西洋考》第七卷《税饷考》。

的浯屿,南安、晋江的石井、围头等地,都是泉州海商经常出没的港口。泉州以北的兴化、福州两府沿海居民,从事海上贸易者虽不如漳、泉二府多,但也不少。此外,福宁的甘棠、福鼎的桐山、长乐的梅花以及福州近郊的河口、琅岐、嘉登里等地,也是海商经常贸易贩货的地点。甚至连闽西、闽北这些山区的部分商民,也投身这一繁荣的海上走私贸易的行列中。

到了明代后期,在东南沿海私人海上贸易活动中,若干实力雄厚的海商武装集团逐渐形成。其中比较著名的有李旦集团、颜思齐集团、郑芝龙集团、刘香集团以及杨六、杨七、钟斌等集团。他们一方面被政府视为寇盗,而另一方面则以经商才能和武装实力横行于东方的海上,与业已东来并且雄心勃勃的欧洲殖民者的商船为争夺东方海上贸易控制权展开了激烈的角逐。终明之世,中国的东南海商,特别是福建海商,在没有政府作为后盾的情况下,依然执掌着东洋各国海上贸易的牛耳。这种局面的形成,充分说明了当时东南沿海人民经商者之众多,分布范围之广阔,经济实力和武装实力之雄厚。当明清易代之际,东南沿海的海上贸易大权,主要控制在泉州的郑芝龙家族手中。郑芝龙早年活动于葡萄牙人占据的澳门和东面的日本以及台湾一带,逐渐形成自己的势力,后来凭借着安海港的地理优势建立自己的根据地,取得了进可出海击敌、退可自保无虞的主动权。而且安海几乎成为郑芝龙家族的大本营。郑氏以家族为核心,以乡里人为骨干,向四周扩展势力,这就是郑芝龙集团更为稳固的原因之一。天启年间,郑芝龙首先兼并了李旦、颜思齐两大海商集团,声势大振。崇祯元年(1628),他又看准时机,接受了明朝政府的招抚,摇身一变,成为明王朝的一员战将。在明朝政府的庇护和支持下,他借朝廷的力量,竭力扩大自己的势力范围。从崇祯元年至八年(1628—1635)之间,他进攻海上异己,争夺控制东南海权,先后消灭了李魁奇、杨六、杨七、钟斌等海商集团,最后又消灭了实力最强的刘香集团。郑芝龙在击溃了刘香等海商、海盗集团之后,完全取得了东南沿海的制海权。从此以后,郑芝龙家族雄踞海上,几乎独占东南海域之利,福建乃至东南沿海各省的海上贸易权均在郑芝龙集团的控制之中,所有的海舶船只,没有得到郑氏的令旗,不得私下往来;每船规定纳三千金,年收入千万,郑芝龙从此富可敌国。崇祯十四年至顺治三年(1641—1646),郑氏集团的商船络绎不绝地川流于中国沿海、台湾、日本、吕宋、澳门以及东南亚各地。荷兰、葡萄牙、西班牙的商船都必须在他的允许下，才能与中国的商船进行贸易。他的武装船队，旗帜鲜明，戈甲坚利，故八闽皆以郑氏为长城。入清以后，东南沿海的海外贸易大权，仍然一度掌握在郑氏家族的手中。郑芝龙虽然投降了清朝，但是他的儿子郑成功及其后代郑经等人，率领郑氏集团的主要力量，凭借着雄厚的海上实力，与清朝军队在东南沿海周旋了三四十年之久。

东南海商的形成和发展过程，可以说是在向政府的朝贡政策和海禁政策不断斗争的历史。海商们在与政府的海禁政策展开或明或暗的对抗的基础上，不断地开辟自己的商业道路，这就不能不使他们表现出商人与海盗的双重性格。他们既是做买卖的商人，又可能是杀人越货的强盗。当政府的海禁政策较为松弛，或开放海禁的时候，他们往来贩鬻于东西洋之间和中国沿海各地，主要从事商业贸易活动，所以身份是商人；一旦厉行海禁，他们就只能变商为盗，成为十分可怕的海寇。明末清初控制着东南海上贸易大权的泉州郑芝龙集团，其海盗的行径比起刘香、李魁奇以及明清时期的所有海盗，都有过之而无不及。早年郑芝龙依附于海盗李旦、颜思齐等人时，便已是亦商亦盗。他们采购苏、杭各地的细软珍玩，贩运琉球等外国的珍奇玩物，并且不时地劫掠沿海州县。开始时，他们还只是劫掠商民，继而发展为击杀官兵，随着队伍的壮大，就公然登岸围城，明朝将士皆望风披靡。天启六年（1626）二月，郑芝龙舟出安平港，进犯金门，接着进犯厦门。四月，又南下进攻粤东之靖海、甲子地方。在进攻金门、厦门时，曾树旗招兵，旬日之间，从者竟有数千人。他又逼迫富民助饷，名曰报水。天启七年（1627），郑芝龙率部进攻铜山等处官兵卫所，守城官兵措手不及，以致溃不成军。数十年的海上奋斗经历，使郑芝龙家族成员深深地认识到，海上集团的武装实力是他们维护既得经济利益的最可靠保证。亦商亦盗的武装贸易形式，始终为郑氏家族所信奉，这是郑氏家族海商集团以及其他海商集团为对付海禁政策的必然选择。

应当指出，明代后期东南海商采取这种亦盗亦商的武装贸易形式，是与当时国际贸易的形势密切相关的。16—17世纪西方殖民主义者的东来，本身就带有十分明显的海盗性质。西方海盗的出现，给中国沿海地区以及海商的活动，造成很大的威胁。譬如早在明代正德、嘉靖年间，葡萄牙人占据满刺加,便试图阻断中国与南洋各国的交往与贸易;中国商船驶往南洋,经常遭受劫掠,海路几断。之后,葡萄牙人依仗炮船舰队的武力,到广东沿海一带强行要求通商并骚扰民众。天启年间,荷兰殖民者侵占澎湖,也在沿海地带抢掠商船、渔船,役使沿海被掠居民替他们转运土石、建筑城墙,并以此为据点,进一步抢掠和骚扰福建沿海。西方殖民主义者的海盗行为,给中国私人海上贸易活动造成了严重的危害。为了保证商船的安全航行,维护海上贸易的利益,中国海商必然拿起武器,采取武装贸易的方式。明代后期东南的许多海商集团,在与西方殖民主义者打交道时,大多以这种亦商亦盗的面目出现,其中福建的郑芝龙集团与荷兰殖民者的关系,就是一个典型的例子。荷兰海盗占据台湾后,妄图控制中国与日本、南洋各地之间的贸易航线,严重威胁郑氏集团的利益。郑芝龙一方面继续维持与荷兰人的贸易关系,另一方面又对荷兰海盗的挑衅行径展开了针锋相对的对抗。天启七年(1627),荷兰战舰攻击福建铜山岛的郑芝龙船队,郑氏海商奋起反击,把荷兰舰队打得大败,狼狈而逃。此战捕获荷兰的一艘大帆船,连同船员85人。崇祯六年(1633)七月,八艘荷兰海盗船突入厦门,郑芝龙调集水师,发动反攻,再次大败荷兰海盗。从此以后的相当长时间内,荷兰殖民者再也不敢与郑氏集团进行正面的较量,中国沿海海商的对外贸易权利得到了一定的保障。至清代康熙元年(1662),郑成功又凭借军事力量,收复了台湾,推翻了荷兰殖民者对台湾近四十年的统治。由此可见,只有敢于与西方海盗在海上抗衡角逐,中国海商势力方能立足。明末清初之际,东南海商依然能够控制东西洋的贸易权,其亦商亦盗的武装贸易方式是一个重要的原因。

从世界中世纪海商发展史的角度来考察,亦商亦盗的武装贸易形式,也是中世纪以至近代西方殖民者海商集团采取的普遍形式。不同的是,西方殖民者的海盗行径大多得到本国政府的支持,而中国海商集团的武装贸易形式,是在政府的压制下不得已的一种自我保护措施。在中国传统政府缺乏对世界格局和海洋概念的了解、沾沾自喜于专制统治的社会环境的情况下,以郑芝龙家族为代表的东南海商的这种勇于犯禁冒险地开拓进取的人文性格,是十分值得肯定的。这种勇于犯禁冒险的性格,一旦有了适当的时机,便会重新爆发出奇异的光芒。可以说,明代后期郑氏集团能够在以农立国的专制体制下创造出如此雄伟的商品经济格局,并且在没有政府作为后盾的情况下,与西方殖民主义者在东方贸易的市场上一决雄雌,进而与所向披靡的清军周旋达数十年之久,就在于他们敢于向传统的旧体制挑战,向政府进行武装抗争,以崭新的自由商人身份出现在当时的历史舞台上。然而晚年的郑芝龙,恰恰忘记了这一点。当他形成了一定的气候,就迫不及待地要投靠于旧的体制,千方百计地使自己成为旧政治体制的一分子。当清军入闽时,他更脱离了安身立命的海上武装,投降了清朝。

研究欧洲社会发展史的学者,包括马克思主义学者,都十分重视古代社会商品经济的形成和与之相关的商人阶层的形成对于中世纪社会与制度的瓦解作用。欧洲中世纪向近代社会的演变,在很大程度上说,应当归功于商人阶层的贡献,也就是人们经常说的市民阶层的贡献。商人阶层即市民阶层的团结发展,形成了一支足以与中世纪领主制度抗衡的社会势力,这一势力最终推翻了欧洲中世纪的领主制度,迈入资本主义时代。因此,在欧洲中世纪后期的发展历史上,商人阶层、市民阶层是以与封建领主制度相对立的面貌出现在当时的社会和政治舞台的。跟欧洲中世纪的商人阶层不一样的是,明清时期的东南商人集团,乃至整个中国的商人阶层,对中国的政治制度有着一种与生俱来的依附性。商人们的生意越成功,越盼望得到政治当权者的青睐,从而使自己也变成有着相应政治地位的士绅。既是富商,同时又是官绅,这大概是中国商人最理想的追求了。

明清时期东南海商对于现实政治地位的追求,表现在两个不同的层面上:

一个层面是当政府严厉实行禁海禁商政策时,他们一方面固然也能采取一些激烈的手段,从事海上武装贸易,以保护自己的经济利益。但是随着这种武装队伍的扩大,他们中的许多人,往往希冀得到现政权的招安,从而摇身一变为现政权中的政治人物。自己手中拥有的武装势力越大,似乎与政府进行招安交易之讨价还价的本钱就越多。从明代中期到明末清初之际,是中国商人进行海上武装贸易最激烈的时期,也是这班海商、海盗们最热衷于招安的时期。嘉靖年间,势力最大的海商集团,是以宁波人为主体的王直集团。他们在劫掠沿海的同时,处心积虑地向当权者乞求宽恕以效犬马之劳。明代后期中国最大的海商集团首领郑芝龙的最终目的,仍然是如何利用手中的实力筹码,在现政权中占有一席之地。江日昇在《台湾外记》中描写郑芝龙投靠明朝政府的情景时云:"芝龙举其众降,差芝燕、芝凤带金银币帛,同毓英入桌州城。……芝龙倾心向化,情愿自新,立功赎罪。从此沿海地方,得以宁靖。……芝龙禀上:愿充辕门犬马报效,所有福建以及浙、粤海上诸盗,一力担当平靖,以赎其罪。……整顿船只,以便征剿。"① 无论王直、郑芝龙,还是其他被招安的海盗,乞求政府招安的最重要本钱就是自愿为政府出力,征剿尚未归顺的其他海商、海盗们。

明代中期至明末清初之际,东南海商、海盗集团希冀得到现政权招安的原因,除了由于自身严重的政治依附性格之外,当然还有经济利益的因素。当时各个海商、海盗集团各不相属,互相攻击,王直、郑芝龙之流企图借助政权的力量来消灭异己,达到霸占海上贸易大权的目的,便是一个重要因素。然而这种做法,不仅给现政权提供了各个击破的可乘之机,同时对于营造公平合理的商业竞争环境也是相当不利的。商业垄断意识本来就与政治专制观念紧密结合,明清时期东南海商的严重排他性格不能不与这种政治依附性格互为表里。反观欧洲中世纪后期的商人、市民阶层,他们建立起比较完善的行会制度,提倡自由竞争,有效地增强了这个新兴阶层的凝聚力,从而为了这个阶层的整体利益,与封建领主制度进行了共同的斗争,并且最终取得制度性的胜利。东南海商集团缺少的就是这种可贵的团结合作精神。

明清时期东南海商在对现实政治追求中,体现的第二个层面,源于传统观念。中国社会从秦汉以来,一直倡导以农业为本的立国观念,对于商人的行为,一直抱着一种歧视压制的态度,所谓"士农工商",商人的社会地位总是比较低下的,虽然说商人们可以以自己的财富夸耀于社会,但是往往被人们视为为富不仁的卑下人物。在这样的社会环境里,商人们唯一能够改变自己社会地位的途径,就是想方设法在现政权中谋取政治地位,摇身一变为士绅阶层,社会地位就自然而然地崇高了起来。这就是中国的商人自秦汉以来都热衷于谋衔捐纳、混迹于官场的原因所在。

① 江日昇:《台湾外记》第一卷,福建人民出版社 1983 年点校本。

　　在以上两个层面因素的交互作用下,明清时期东南海商乃至整个中国的商人阶层,无不以能够依附于政治为荣。他们不能团结起来为本阶层应有的社会与政治地位而与旧体制抗争,而是向现实政治乞讨政治上的某种恩赐,即使其中有一部分幸运的商人可以在某一个王朝中维持比较长久的利益,但是随着明清以来政权的更替,这种依附于某一个政权的官商阶层,必定跟随着政权的兴衰而兴衰。他们希冀通过依附政权的道路来达到长久致富的梦幻,将伴随着政权的倒台而破灭。这显然是导致郑氏集团败亡的一个极为重要的深层次因素。

（三）

　　与郑芝龙相比,郑成功的眼光就远大得多。郑芝龙投降清朝之后,作为儿子的郑成功,宁愿背负不孝的罪名,也不愿追随乃父一道成为明朝的贰臣。后代的人们,十分理解郑成功"忠孝不能两全"的艰难选择,对于郑成功孤臣忠节,倍加赞赏。从历史的眼光来评判郑成功的抗清行为,无疑是应当予以充分肯定的。我们不能用现代的价值观,或虚无主义的玩世不恭的历史观,来苛求四百年前的历史人物,何况郑成功在极端艰难的处境下,从荷兰殖民者手中收复了台湾。这样的功绩,将永远载入中华民族的光辉史册。现代的人们几乎都从孤臣、逆子的角度探讨郑成功的抗清行为,其实这只是郑成功抗清行为体现出来的表面层次。郑成功父子出生于海商兼海盗世家,不能不对政府与海商、海盗的关系有着十分深刻的认识。郑芝龙是企图通过投靠政权而发展自己的海商势力,事实上他在明代后期也因为这一手法获得了不少好处。但是他没有认识到他在明代后期投靠政权而取得的成功,是在明朝政权极度虚弱的特殊环境下获得的。离开这一特殊环境,政府对敢于突破旧体制的任何行为,基本上是采取压制的方法。清朝入关伊始,对于一切反抗势力,只能进行镇压,绝不允许像郑芝龙这样的海商海盗集团游离在专制体制之外,何况这时的郑氏集团已经与残明势力有着密切的联系。郑芝龙在这个时候投靠清朝,不啻自投罗网。郑成功则比乃父清醒得多,他知道若离了自己的海商海盗势力,只能成为任人宰割的羔羊。因此,郑成功的抗清行动,

一方面固然由于不愿意接受清王朝的统治,但是另一方面,不可否认其背后
有着拥兵自重,从而继续维护海上贸易权利的重要因素在内。郑成功及其后
继者能够在沿海与清兵周旋数十年之久,不正由于拥有一支擅长海战的武装
力量吗!

对于郑成功收复台湾的原因也应该从两个层面去思考。一个层面,即
其最直接的原因,是当东南沿海特别是福建沿海地区抗清形势日益恶化的窘
境下,收复台湾则可以取得新的抗清基地及众多军队与家属的生存空间。另
一个层面,即更深层的动因是,作为海商、海盗杰出代表人物的郑成功,秉承
先祖、先父及乡亲们勇于突破旧体制束缚的异端传统,具有比一般农耕社会
更为开阔的海洋观念。他们倚靠自身的力量,奔波于东西洋数千里的大海之
中,与形形色色的商人、强盗以及前所未有的西方殖民主义者打交道甚至必
须以生命相搏,他们已经扬弃那种固守家园、日出而作、日落而息的保守观
念,以带有某些世界性意识的海洋观念,来适应当时急剧变化中的东西洋经
济贸易的新格局。《巴达维亚城日记》记载郑氏集团与西方商人、海盗的种
种交往历程,足以反映这批土生土长的中国沿海商人、海盗们,是如何在不
断地探索着世界性贸易与交流的道路。即使以宗教的信仰而言,郑芝龙及其
属下的不少海商们,在与西方商人的交流中,成为当时中国最早的天主教徒
之一。郑芝龙的老家泉州安海,就有许多"正在膜拜神及男女圣徒像的情
事"[1]。这种现象,以前较少引起学界的重视,但是我们应当了解在极端专制
的明清时期,郑芝龙及其海商们的这种宗教文化的异端行为,一方面足以引
起传统体制的猜忌与镇压,而在另一方面,也恰恰说明了这些海商、海盗们敢
于接受新事物的海洋性格与反叛的勇气和逆反心理。而这种反叛旧传统、旧
观念的新的海洋意识,正是与海商们敢于突破旧体制,以自由商人的身份活
跃在世界贸易的舞台上的叛逆行为是相互依存的。从历史发展规律的角度
来思考,无论是先进的欧洲,还是东方的日本、印度;无论是内力的反叛,或是
外力的冲击,其进入近现代化都必须突破中世纪旧体制的保守框架,在旧体
制之外得到全新的发展。以郑成功父子为代表的福建以及东南沿海海商的

① 程大学译:《巴达维亚城日记》,台北:众文图书股份有限公司1991年版,第68页。

某些发展趋向,以及他们由此引发的海洋发展意识,显然很有希望成为在中国内部冲破农耕社会旧体制的一种新的社会发展方向的代表。

从这样的认识出发,我们就可以进一步感受到郑成功收复台湾的历史意义,远不在于单纯的寻求反清复明基地的退而求其次的被动策略,而是具有适应世界性社会经济变迁的远大战略意义。郑成功进驻台湾之后,曾经一度策划进军东南亚地区进一步与荷兰殖民者的东印度公司争夺海上航路及贸易控制权。虽然这一设想由于郑成功的去世以及其他种种原因而没有实现,但是即使这样一个未能实现的计划,也足以说明郑成功具有的世界海洋意识和开拓进取精神,是中国传统的统治者及政治家们所无法想象的。我们固然不能对郑成功试图进军东南亚从而争夺东南亚海上控制权的这一设想进行任何假设性的评价,但是在当时的西方殖民主义者的意识中,原始积累和强占海外殖民地,成为西方国家进入近代化社会的一个极为重要的途径。而明清两代的中央统治者们,却龟缩于有限的农耕文明,实行闭关自守的国策。郑成功集团的这种海洋意识,可以说在一定程度上适应了世界历史发展的当时潮流。

然而,郑成功集团最后并没有跟上世界性变革的历史潮流而是走向了灭亡,其归根结底的原因,还在于不能与旧体制做比较彻底的决裂。他们一方面固然可以勇敢地冲破旧体制的重重束缚,为发展自己的力量而奋力搏斗,但是他们另一方面又不知不觉地陷入旧体制的轮回。反思郑成功海商集团兴衰的历史,郑芝龙奋战毕生,最高理想是成为现政权中较有权势的一分子;郑成功虽然比乃父站得高、望得远一些,没有贸然投降于清政府,然而以孤臣忠节自许而建立起来的体制,丝毫未能出现与新兴海商势力相称的新趋向,也就是说未能出现类似欧洲中世纪末期的城市市民阶级的政治结构,从而团结起来向中世纪的落后体制发出更为有力的冲击,最后取得跨越性的生产方式的变革,反而形成了与中国传统政治几乎完全相同的政权体制,陷入旧体制的孤臣忠节的泥潭之中。自从郑芝龙拥戴的唐王政权灭亡之后,郑成功基本成为东南沿海各政治实体的真正首领。特别是在收复台湾以后,郑成功及儿子成了这里的实际主宰。无论从政权的等级制度、运转程序,还是从子承父业的"太子"继承权以及后宫的妃嫔制度,都基本上延续了一千多年来的

"祖宗成法"。郑成功及其继承者自觉地继承旧的政治制度,反映了他们还是认同并且龟缩于专制的意识之中,完全不能跟上他们在经济上的开拓步伐。而在另一方面,传统政治制度的诸多弊端,也很快地在郑成功及其后继者的政权中暴露无遗,内部的互相猜忌排挤、献媚夺宠、腐化堕落、日趋保守等系列问题,都在这一政权内出现了。原来由新兴海商、海盗集团发展起来的政治势力,最终还是回到政治体制的老路。

我们今天探讨郑成功集团的兴盛衰亡历史,除了熟知的反清复明、收复台湾等表面现象之外,对于郑成功集团内在的各种文化意识因素,无疑应当给予进一步的重视和思考。这正是本文试图探索的问题,希望借此得到同行们的批评指正,以期把这一问题的研究引向更深的层次。

二、明清时期福建人口的三向流动

自汉晋迄于宋元,中国北方各地的人民不断迁入福建,成为现在福建居民的主体,这是众所周知的事实。然而到了明清时期,学者们所关注的问题,是大量福建人口向海外的迁移。较为普遍的看法是:明清时期,福建人口迅速增长,土地问题日趋严重,过剩的人口不得不向海外及台湾等地发展,寻求新的谋生之地。毋庸置疑,福建人口大量向海外迁移,这是明清时期福建人口的一个重要流向,但是与此同时,明清时期福建人口还存在着另外的两大流向,即:向外省的迁移与外省向福建的迁移。

(一)

明清时期福建人口向外省迁移,虽然尚未引起研究者的足够重视,但史学前辈傅衣凌、罗香林等,在他们的一些著作中已有所论列,如闽西客家人,唐宋时期其先民从北方迁入赣南、汀州,而明清时期复从汀州向西面的粤东、粤北、广西、湖南、四川各地推进,向南则向广、潮、台湾各地扩展,从而形成现在客家区的布局。① 其他福建汉民系也是如此,如闽东人,明清时期有向浙南山区扩展者,明末冯梦龙在《寿宁待志》中云:"寿(宁)民力本务农,山

---

① 　参见罗香林:《客家源流考》,中国华侨出版社 1989 年版。

无旷土,近得种苎之利,走(浙江)龙泉、庆元、云和之境如鹜。"① 再如明清之交的江西袁州、赣州一带,亦多福建移居的侨民,"袁州接壤于南,为吴楚咽喉重地,百年以前居民因土旷人稀,招入闽省诸不逞之徒,赁山种麻,蔓延至十余万"②。"宁(都)属乡六,上三乡皆土著,故永无变动,下三乡佃耕者悉属闽人,大都建宁、宁化之人十之七八,上杭、连城居其二三。""雩(都)本山县,田多荆棘,初居民甚稀,常招闽广人来耕,其党日多。"③

福建沿海一带居民,于明清时期亦多向国内其他地区扩迁者,北至浙江东部的平阳、舟山,南至雷州半岛、海南岛,均有福建漳、泉、福、兴等地的移民。目前海南岛林姓、黄姓等的族谱,还追溯其先祖来自"莆田甘蔗园",特别是闽南人,足迹尤广。闽南人移居外地,往往把闽南方言也随之移植,所以现在流行闽南方言的区域,并不以闽南地域为限。闽南方言随着南海海岸向雷州半岛、海南岛传播。明清以来,随着郑成功收复台湾和开发台湾,闽南人把自己的方言布满整个台湾岛,加上闽南渔民们在闽东的三沙、沙埕,浙东的平阳、舟山一带定居,闽南方言又在那里播下了众多的方言岛。在福建北部山区如浦城、武夷山,江西南部的赣州、宁都一带,也都有一些零星的讲闽南方言的村落。在全国海岸线当中,估计闽南方言占据的要超过1/3。④ 由此可见福建人特别是闽南人自明清以来向国内其他地区扩迁的情景。

(二)

学界忽略对于明清时期外省人口迁移福建的一个重要原因,是这一时期外省人口迁移福建的数量确实比起前代有所下降。一方面因为经过唐、宋代的开发之后,福建的社会经济发展已经进入了中国的先进行列。福建素有"三山一田"之称,可耕土地面积有限,随着人口的大幅度增长,土地关系也

---

① 崇祯《寿宁待志》卷上《风俗》。
② 同治《袁州府志》卷五《武事》。
③ 以上均见傅衣凌:《明末清初闽赣毗邻地区的社会经济与佃农抗租风潮》,载傅衣凌《明清社会经济史论文集》,人民出版社1982年版,第359页。
④ 参见李如龙:《福建方言》,福建人民出版社1995年版。

日趋紧张,可供开垦的荒地已经不多,特别是沿海平原地区,已逐渐有"人满为患"之势,容不下更多的外籍移民。另一方面,中原汉民自从汉晋以迄宋元的不断入闽并分布于福建各地,这些外来的移民各自建立了自己的家族、宗族组织,到了明清时期,福建的乡族社会已经形成,他们在不同程度上影响着地方社会的管理与运作,在这种具有某些割据特征的乡族社会里,外来移民的大量迁入,已经相当困难。在这两种因素的作用下,明清时期中原汉民入迁福建的数量明显减少。不但如此,由于沿海各地人口的膨胀,这一时期福建居民向海外、向闽浙赣粤边区迁移的人数亦复不少。因此从总体趋向上讲,明清时期人口变动情况是:既有一定数量的中原汉民继续南迁入闽,同时也有不少原有的福建居民向海外、省外及偏僻山区迁移。

明清时期外省人口入迁福建,其分布的地点以较偏僻的山区为主。特别是闽西、闽北、闽东山区,山高林密,交通不便,早先入闽的汉人较少涉足,虽然自然条件较差,但还有一些荒地可供开垦,因此这一时期便陆续有一些外省汉民迁入。如闽北崇安县山区,据《崇安县新志·氏族志》所记载的47个姓氏中,就有13个姓氏是始于明清时期迁入该县的,占28%。其中钟姓,"明时钟颖由赣州来,迁住黎源渡舟桥"。袁姓,"明时袁涧入崇安,三子梓栋居下梅,梓杞居岭山,梓桂居上梅,其子孙繁衍以上梅为最,而白水吴屯次之"。范氏,"明季范文正公裔孙范隐居白水,其子孙繁衍于星村黎口等处"。洪氏,"明成化中洪铅由婺源迁崇安,居上梅之岑口,即今之洪厝村"。邹氏,"下梅邹姓原籍江西之南丰,顺治间邹元老由南丰迁上饶,其子茂章复由上饶迁崇安"①。闽东山区的寿宁县,大姓有吴、叶、张、陈等,大多是从明清时期才陆续迁入的,"寿宁吴姓多是吴是、吴韦的后裔,迁徙寿宁时间多为明、清两朝。县内吴姓人数最多,达两万人以上"。叶姓也有两万人以上,据清源乡杨柳树村《叶氏宗谱》,叶姓始祖贤五于明永乐年间从浙江景宁巨川上村半岭徙居政和北里杨梅村,居数载又迁杨柳树村。文山里《叶氏宗谱》载十五世孙文庭于明宣德年间从浙江丽水迁杨梅村。张姓全县超过一万人,来源不同,迁居时间不一,其中也有相当部分是明清时期迁入的。叙滩《张氏

---

① 民国《崇安县新志》第四卷《氏族志》。

宗谱》载其上祖于明宣德年间从浙江括苍徙居茗溪。清源《张氏宗谱》载其始祖原居安昌,于明天顺年间移居南阳,后裔于嘉靖年间再迁岱阳青竹坑居住。① 其他如柳氏,"原家住浙江省景宁县三都芙川村,于明洪武十八年(1385)游学到福建省政和县割北里杨梅村,……遂建房奠居"。许氏"(始祖)许汝霖,任九江通判,摄德安县尹,忠于隆武(明末南明政权唐王朱聿键的年号,1645—1646),慨慷赋诗,从容死节,阖门与明社俱亡,其幸免于难者汝楫遁迹寿宁"。胡氏,"其祖沂公居润州,因避董昌之乱弃家丹阳,徙于括苍,……再五世明公于洪武年间移居(寿宁)杨梅村"。高氏,"明季散处温州桐山渔溪廉首柳缠,均属一派宗支分派,而分迁寿邑渔溪地名南岸,乃福邑田坂"。周氏,"高祖彩云公,(浙江)平阳人也,于嘉庆十年徙居叙滩,专以课读为谋生"②。屏南县山区的甘棠乡甘氏,于明正统二年(1437)自山东省济南迁入;甘棠乡胡氏,于明成化八年(1450)自浙江省庆元县迁入;甘棠乡吴氏,于明天启年间自浙江省庆元县迁入。③

闽西山区也是如此,明清时期入迁到这里的汉民人数占有一定的比例,如上杭县,民国年间可以知道族源的居民族姓共有41个,其中明清时期迁入者有10个,占24%。武平县民国年间可以知道族源的姓氏有57个,其中明清时期迁入的姓氏有31个,占54%。龙岩县民国时期可以知道族源的姓氏有99个,其中明清时期迁入的姓氏有51个,约占52%。漳平县,民国时期可以知道族源的姓氏共有36个,其中明清时期迁入的姓氏有16个,约占44%。④ 当然在明清时期入迁以上各县的汉民中,有相当部分是从福建省内各县转迁而来的,但其中有不少人是从省外迁入,这是可以肯定的。

即使在沿海地区,明清时期也有少部分外地汉民迁入,省内之间的相互搬迁自不必说,即以从省外迁来的而言,如漳州云霄县,后莆村林氏,"明天启二年(1622)由广东古楼村迁入,(至民国年间)传十一世,始祖林

---

① 1991 年修《寿宁县志》卷三《人口》。
② 以上见寿宁县档案馆藏柳、许、胡、周诸姓族谱。
③ 郑道居:《屏南县志》第三篇《人口》。
④ 以上见民国《上杭县志》卷八《氏族志》;民国《武平县志》卷七《氏族志》;民国《龙岩县志》卷四《氏族志》;民国《漳平县志续编》《氏族志》。

宅"。东墩保罗氏，"明宣德年间由粤大埔迁入"。云陵镇孔氏，"明正德四年（1509）由浙江衢州迁入，（至民国年间）传二十三世，始祖孔克权"①。福州王氏，"先世旭窗公于明正（德）嘉（靖）间自江西之清江迁闽，迄今甫十有六世"②。陈氏，"明洪武间陈广由新宁徙闽螺州，传二十余代"。邱氏，"明邱凤永自河南迁居长乐，其后国朝邱天镌自长乐又徙会垣"。曾氏，"明永乐间从江西新淦迁回洪塘，六世孙御史熙丙又迁省城，传十余代"。孟氏，"明初有曾德者官浙东，……始由山东金乡迁闽，传二十余代"，其他如沈氏从浙江，韩氏从广东，"皆国（清朝）初迁居本境七八代，昌炽相传，有加无已也"③。

值得注意的是，随着明清时期社会经济特别是商品经济的发展，那些进入山区的外地移民，固然有一部分是为了寻求农业生存空间，垦荒植粮，但也有一部分移民则在山区从事农业的多种经营，种植林、竹、蓝靛等山区经济作物，或从事其他的工商业活动。如崇安武夷山的茶叶，"均操于下府（沿海各府州）、广州、潮州三帮之手"。建瓯的茶叶生产也是"广、潮帮来采办者不下数十号"，香菇则"向系浙江庆元、龙泉、景宁三县人营业"。在浦城县，"地当孔道，……客民十居八九，而以江右人为最多，负贩食力之流又大半皆浙江人"。在光泽县，"有泉州民，有（江西）新城、泸溪、铅山、贵溪民，城居极多，视土著不啻十之三，而客主异势，久习一迹矣"。松溪、政和一带的矿冶业，亦为浙江流寓所掌握，"浙民工于采取，而松民不善锥凿，故其利归于浙"。再如在永安山区经商的工商业者，"铁匠汀州广东人，裁缝剃头江西人。……有牙行，布客江西人，染布亦江西人，靛青客汀州人，采蓝亦汀州人"。沙县，"布帛之利，江浙之民取之，鱼盐之利，福兴之民取之；药材之利，江西之民取之"④。所以当时有些地方志作者对这种流寓人数不断增加的情景十分吃惊，《建瓯县志》称："今坊市之间，穷荒僻壤之处，两浙西江编十得

---

① 民国《云霄县志》卷六《氏族志》。
② 民国福州《西清王氏族谱》《序》。
③ 光绪《闽县乡土志》《版籍略三》。
④ 以上见民国《崇安县新志》第六卷《风俗》；民国《建瓯县志》卷二十五《实业》；光绪《浦城县志》卷六《风俗》；光绪《光泽县志》卷八《风俗》；康熙《松溪县志》卷六《食货》；雍正《永安续志》卷九《风俗》；光绪《沙县志》卷九。

五。"①

明清时期大量流民进入山区从事各种行业,有一部分自然是短期行为,即赚到钱后回故乡,但也有相当一部分流民从此定居下来,成为山区的居民,其中甚至有因从事工商业者而致富不归者,如崇安县,清代、民国时期最富有的家族号称"朱、潘、丘、万",几乎都是清代从外省来崇安山区谋生的,朱氏,"清顺治初朱云龙由安徽歙县迁崇安,咸丰中裔孙芷江以茶叶起家,号百万。……邑人言家世者,首称四大家,则朱、潘、万、丘是也"。潘氏,"清初潘来由仁和迁崇安,子锦以进士为知县,有令名。其子孙居城中及黄柏,清季多读书腾达,而雄于资"。万氏,"清初万氏由南城来迁,旋起家巨万"。再如邹氏,"原籍江西之南丰,顺治间邹元老由南丰迁上饶,其子茂章复由上饶迁崇安,以经营茶叶获资百余万,造房厝七十余栋,所居成市"②。明清时期外地汉民入迁福建在生业上的多样化,这又与前代的移民有所不同。

明清时期外省汉民入迁福建的另一个重要组成部分是入戍福建的军队,以及少量留居福建的官吏。明清时期外省军队有三次较大规模的入闽。第一次是明代初年为了防止倭寇,"洪武二十年丁卯(1387)江夏侯周德兴奉命经略海防、置卫所以备防御"③,在福建沿海各险要地点如漳州镇海、泉州永宁、崇武、莆田莆禧、长乐梅花等处设立卫所城堡,并调拨部分军队分戍各地。第二次外省军队较大规模入闽是明代正统年间为了镇压沙县的邓茂七农民暴动。史载邓茂七暴动后,"八闽为之骚动","相率从乱,东南骚动"。中央政府"大发兵讨之"④。第三次是明末清初之际,郑成功父子起兵抗清达数十年之久,并一度进军南京,试图北伐,清政府为了清除郑氏集团,派重兵入闽。

这大批的省外军队入闽,其中一部分因战事结束而返回驻地,也有一部分军队留守下来,成为福建居民。尤其是明代初期那一次入闽,根据明代兵制,卫所兵士入军籍,不得随意脱籍或迁流,故那些外省兵士驻扎于沿海各卫

---

① 民国《建瓯县志》卷十九《礼俗》。
② 民国《崇安县新志》第四卷《氏族志》。
③ 崇祯《崇武所城志》《城池》。
④ 黄瑜:《双槐岁钞》卷六。

所之后,便为军籍所困,逐渐成为土著。如据《崇武所城志》记载这里的军籍成了惠安崇武居民的重要组成部分,"正千户授任钱公忠,直隶庐州府合肥县人,洪武二十八年十月到任,世袭。……副千户授任张亮,直隶山后宜兴州坊市社人,永乐十五年九月到任,……副总兵官浩亭张公是其后裔也。及今绳绳未艾。副千户授任李诚,山东济南府肥城县人,洪武二十七年十月到任。故绝"。由于这些卫所兵士除故绝外,大多在这里繁衍子孙,故明清两代崇武一带的不少出名人物往往出自军籍。如明代嘉靖壬子科进士戴一俊,"字惟宅,号卓峰,军籍……子亮采,邑庠生,入太学授征士郎中书舍人;亮机,万历癸卯科乡试中式第八十五名举人;亮策,邑庠生,入太学。孙时举,应崇祯庚午科领南乡试,中式第四十二名举人。文章代振,科甲联登,称世家文物开先云"。崇祯进士何家驹,亦是军籍出身,"子中龙,顺治戊子拔贡;……中岳,郡庠生。孙五人,云翼、汉翼、洛、沣、毕,并游邑泮,俱有文名。洛,康熙庚申科中式副榜第一名。……文章代振,世泽未易量也"。再如明代福建著名诗人黄孔昭,也是崇武军籍后裔,其子黄伯羽,以泉州府学生领天启辛酉科乡试中式第六名。^① 以上黄、何、戴等族,繁衍至今,都成为惠安崇武一带的大族名门。这种由入戍军籍而成为当地大族的情况在泉州永宁卫、莆田莆禧卫等处均有不同程度的存在。

从福建其他地方的民间族谱中,也可以看到明清时期省外军队入戍闽中从而成为当地居民的记载,如寿宁陆氏,原籍河南,"其先祖系浙之杭州府临安县,……其肇基寿宁始祖图用公,于康熙八年(1669)入闽,职居把总,防守寿邑,因而家焉"。东山县杨氏,"其先山东济宁府人氏,明初洪武年间江夏侯德兴周公奉旨防倭,设铜山所,学益公为百户,随军入戍,世袭军籍。至国朝定鼎,凡天下卫所,仍旧无易。……康熙四十年(1701)将铜地军户编人黄册,……是我杨氏为铜邑旧族矣"。同安黄氏,"始祖忠靖公,……乃直隶维扬仪真人,明洪武君,……使定天下,有军功,授正千户,调守高浦所。……有孙后嗣,迁移散处,或徙安溪,一派徙潮州"。诏安徐氏,"世居大江以北,顺治五年(1648)戍守南诏,始迁福建省漳州府家

① 崇祯《崇武所城志》,福建人民出版社 1987 年版。

焉"①。福州吴氏,"始祖廷栋国初顺治三年（1646）随大军取福州,授诏安
丞。传八九代"。蒋氏,"蒋贵,为明太祖指挥,封定西侯,领兵入闽,家之,
传十八余"②。

明清时期外省兵士入戍福建比较集中的地方,甚至还对当地的方言产生
某些影响,如现在闽北南平市城关和西芹乡一带,约有人口四万余人,流行一
种与当地方言有明显差别的"土官话",这是明代中期为镇压沙县邓茂七农
民暴动而留闽的北方官兵带来的,虽经过数百年来与当地居民的融合,这些
北方官兵也都成了当地的居民,但因这些北方官兵居住的比较集中,原先的
"官话"被部分地保留下下,终于成了既北又南的"土官话"。再如长乐沿海
洋屿乡有一部分居民讲满族官话,这是清代前期清兵入闽以后留居于这里所
带来的方言,久而久之,便混合成现在的"京都话"。闽西客家区的武平县,
有一些乡村居民也因明清时期外省兵士的驻扎和演变为当地居民,致使这些
乡村的客家话,与永定、上杭一带的客家话有明显的差别,掺和了一些省外的
方言。③ 这种方言的变异,也都从一个侧面反映了明清时期省外兵士入闽后
对福建汉民结构所产生的影响。

（三）

从上面的论述中,可以了解到明清时期向福建省迁移流动的外省人口,
为数不少。这一人口流向与福建人口的向海外流动及向外省流动,构成了明
清时期福建人口的三大流向,从而说明了中国封建社会晚期,随着土地关系
的复杂化和生业的多样化,福建人口的流动更加频繁了。值得注意的是,明
清时期福建人口的流动除了以上这三大流向之外,本省之间、本县之间的流
动也是相当频繁的。

民国《云霄县志》曾对民国时期该县八十余种姓氏的入迁情况进行调
查统计,其中明清时期由本省其他县迁移而来的就有 18 种,详细情况有如下

---

① 以上见各姓氏族谱源流、序。
② 光绪《闽县乡土志》《版籍略三》。
③ 参见李如龙:《福建方言》,福建人民出版社 1995 年版。

表①：

姓　氏	现居地	何时何地迁入
沈	云陵镇	明诏女仕江乡迁入
黄	云陵镇	明南靖县永丰里迁入
刘	云陵镇	明海澄迁入
施	礁尾镇	明由泉郡入漳
谢	后墩村	明漳浦割埔社迁入
石	云陵镇	清漳浦浮宫迁入
曾	下曾村	清平和迁入
唐	云陵镇	清康熙年间铜山迁入
周	荷步村	明由漳码坂仔头村迁入
	云陵镇	明福建海澄迁入
蔡	梅安村	明由漳浦西宝塘尾向本社迁入
	南洋村	明漳浦县墩顶村迁入
黄	瑞溪保	明由珰溪迁入
王	竹塔村	清雍正漳浦横口村迁入
	后江头村	
柳	后坑村	清由漳浦北江移来
郑	上窖村	明由泉州石井迁入
何	枧河保	明洪武八年由平和迁入
陈	浯田保	明平和县山佈村迁入
林	郭墩村	明漳浦沙岗迁入
吴	前墩村	明漳浦上甘池迁入

民国时期龙岩县的调查统计也说明了这一点，据《龙岩县志》记载，当时该县主要姓氏有 110 种，其中在明清时期从本省其他府县迁入的姓氏有 54 种，差不多占全县姓氏的一半。②

至于本县之内各乡村居民的相互搬迁，有些地方也比较频繁，如寿宁县，1991 年编修的《犀溪乡志》记载，该乡三十余姓氏，几乎没有不在本县范围

---

① 民国《云霄县志》卷六《氏族》。
② 民国《龙岩县志》卷六《氏族志》。

内相互搬迁的姓氏。再如同年编修的《下党乡志》,其中有《下党乡各姓迁居时间表》,许多姓氏也是在本县之内相互迁移的①:

现居行政村	姓 氏	何时何地迁入
上 党	周	清乾隆年间,本县平溪
	王	下党
	吴	碑坑
	沈	日洋
	谢	洋木坑
	杨	杨溪头
杨溪头	杨	沙潭
曹 坑	蔡	明永乐年间,托溪、黄潭州
	吴	明洪武十年,上标、海坑
下屏峰	杨	清光绪十五年,上坪
葛 垅	夏	清嘉庆,际头
	李	道光,下修、竹清
	齐	清嘉庆,托溪、后坑
	吴	清光绪,托溪、大坑
西 山	吴	清道光元年,托溪沙潭、下党
	王	清道光年间,下党
	胡	1941 年,上屏峰

从以上这些调查统计数字看,不论是本县之内不同乡村之间,还是本省之内不同府县之间,人口的流动都是比较频繁的。因此,在明清时期,福建人口的流动趋向,在向海外特别是东南亚移民,向台湾以及浙江、江西、广东、海南等省外移民的同时,也有相当数量的外省人口,继续向福建省移民,以及本省之内、本县之内的交互移民。这种多流向、多区域的人口流动,反映了明清时期福建的民间社会,既有乡族定居的一面,又有相互流动的一方面。我们以往根据西欧中世纪农奴制的特征,套说中国封建社会里的农民被束缚在土地之上,过分强调中国人口的安土重迁,显然有些失之偏颇。

———————
① 1991 年 6 月编修《下党乡志》二《姓氏》。

三、闽西客家的从商性格与连城海丝之路

客家人是汉民族中的一支富有独特迁移历史与人文性格的民系。从目前学界对于客家民系的学术研究中,学者们更多的是注重于客家民系的迁移形成历史以及它的乡族特征等方面,而对于客家民系人文特征的整体把握上,还有许多问题有待进一步的探索。本文拟就闽西客家特别是连城客家的善于从商等人文性格,作一初步的分析,从而对于扩大中国海上丝绸之路的广阔视野,有所裨益。

(一)闽西客家的基本生态

众所周知,闽西客家基本上是从中国北方居民南迁而来所形成的。客家汉民迁入闽西之初,主要居住在汀江两岸和沙溪上游地带。在传统的农业社会以及交通十分闭塞的情况下,外地移民来到山林丛密、瘴雾弥漫的山区,靠水而居,沿江河开拓发展是最理想的选择。正因为如此,闽西山区人口发展最快的是汀江之畔的长汀和沙溪之畔的宁化二县。唐朝政府根据这一带外地移民不断增加和土地逐渐开发的实际状况,分别于开元十三年(725)和开元二十四年(736)设置了黄连县(后改宁化县)和长汀县。北宋时期,客家移民逐渐从汀江和沙溪两岸向山区扩展,于是政府又设置了上杭、武平、清流三县,南宋时增设了连城县,明代成化年间(1465—1487)则增设了永

定、明溪二县。从闽西行政县治设立的历程上,我们也大体可以看到闽西外来移民自宋代以后大量增加的这种趋势。

与福建其他地区相比较,闽西客家迁居的地区,是属于山高路荒自然条件相对恶劣的区域。因此这些从汉唐时期陆续迁居到闽西的客家先民,在农业自然条件恶劣的闽西山区的开发历程是比较曲折艰难的。杨澜的《临汀汇考》记载,"唐时韧置汀州,徒内地民居之,而本土之苗仍杂处其间","当造治之初……树皆山都(木客)所居,天远地荒,又多妖怪,榛狉如是,几疑非人所居"①。可以想象当时在这一带进行垦荒开发是多么的艰难。一直到明清时期,入迁汉民的垦荒开发仍然相当困难。由于山区土地零散,大多只能就山势起伏建成梯田,即所谓"汀州壤狭田少,山麓皆治为陇亩,昔人所谓碏田即此也"②。在上杭县,"杭地广袤数百里,高山峭石,溪谷可耕之土十不一二,其间窄塍险棱,望之如欹瓦,如叠鳞,如层梯累级而上者,不一其形"③。因此自唐宋以来,闽西汀州府一直是福建省田地、田赋数量最少的一个地区。明代天顺年间(1457—1464),福建布政司田赋总额为82万余石,福州、泉州、漳州、建宁四府均在10万石以上,仅有两个属县的兴化府,也有田赋6万余石,而汀州府仅3万余石,还不到全省田赋总额的4%。据清代后期的统计,福建全省在官府册藉上的田地共有14180万余亩,其中汀州府只有1315万余亩,不到全省田地总额的1/10。④而福建全省土地总面积为12万余平方公里,清代闽西客家八县的地理面积近2万平方公里,约占全省总面积的16%。可见,闽西山区的可耕地面积比例远低于福建的其他地区。

由于北方汉民进入闽西、开发闽西的历史要比福建其他地区来得晚,致使这里的人口迁徙及开发历程与其他民系、其他地区有所不同,其中较为显著的特点有两个。

一是闽西山区的人口流动性比较大。宋代以来,外省及福建其他地区的汉民因为平原地区开发已趋饱和,谋生不易,而向山区发展,迁入闽西。同

---

① 杨澜:《临汀汇考》卷三。
② 吴辰臣:《闽游偶记》。
③ 乾隆《上杭县志》卷三《田赋志》。
④ 梁方仲:《中国历代户口、田地、田赋统计》,上海人民出版社 1980 年版,第 354、408 页。

时,由于闽西山区较为恶劣的自然环境,又迫使许多入迁的汉民再次向外地迁移。沿着广东北部山区向西发展,是闽西客家人的主要迁移流向,而闽浙赣三省交界山区,也是许多闽西人谋生的场所。闽西山区人口的不断流动和生产生活环境的相对恶劣,又使得这一地区的基层社会长期处于不稳定的状态之中。一直到明清时期,闽西山区依然是"山寇"、"菁贼"等经常出没的地方,小规模的地方动乱时有发生。如《虔台志》记载汀州府"白叶洞苦竹大山悬绳峰三处为闽之边鄙,极其险要,盗凭藉出没,肆毒地方,已非一日。虽尝节行禽捕,未获底平。盖以根株未拔,巢穴未除,故遗孽复萌,为患日炽"[①]。"汀漳二府所辖武平永定上杭漳浦南靖平和等县俱系贼巢……上杭溪南里、永定胜运里、大埔看牛坪等处,惯贼结伙,流劫龙岩大田连城等县。""流寇多……结党于上杭武平长汀,而流入于江西会昌石城吉安,封疆之吏不能固圉保境以为民庇。"[②] 闽西山区自宋元明清以来人口的流动性比较大这一点,与闽北人有相类似之处,这大概是偏僻山区汉民系的迁移流动与社会经济发展的一个共同的特点吧。但是闽西山区的"山寇"、"峒贼"之多和社会动乱的频繁,则又是福建其他地区所不能比拟的。与此同时,客家汉民入迁闽西之后与当地土著的斗争与融合关系尤为密切。这正如有些学者所指出的那样:"客家民系的形成是南迁入闽粤赣三省毗邻地区的汉族融合了当地部分畲族及其文化的结果。"[③]

其二,从经济生活层面上看,闽西内部环境是群山环绕,交通闭塞,农业生产的自然条件比较恶劣。因此,这里的农业生产以带有山区特色的稻作农业为主,山林经济为辅,自给自足的自然经济色彩比较浓厚,农民付出的劳动多而收入少,人民生活普遍比较艰苦、贫困。宋代《临汀志》的《风俗形势》篇载:汀州"山峻水急……舟车不通而商贸窒,农罕以耕稼自力,未免有旷土游民;妇不以蚕丝自工,惟事乎治麻绩苎,是以积贮有限,服用无华"《税赋》篇载:"汀,山多田少,土瘠民贫。"《供贡》篇载:"汀,地产无奇,土贡不作";"祖宗旧制以汀州地有坑场,银货易得;不宜蚕桑,衣赐难办"。《土产》篇载:

① 天启《重修虔台志》卷七《事纪四》。
② 天启《重修虔台志》卷六《事纪三》。
③ 郭志超等:《畲姓变化考析》,《民族研究》1998 年第 2 期。

"汀在闽西南,山樵谷汲,稻食布衣,故民之丰约不大相远;粜不出境,故谷价常贱;比屋而绩,故其布多品;地接潮、梅,率多旷野,故有虎、豹、熊、象之属。"这种状况一直到明清、近代均无多大改变。值得一提的是,客家妇女是客家人经济生产的一支重要力量,她们与其他汉人民系妇女的最大差别是较少缠足,参加多种生产劳动和家务劳动。这种情况显然是古代蛮獠土著"妇市,男子坐家"的遗风。清代杨澜的《临汀汇考》对客家妇女的勤劳有专门的记载:"闽中风俗之俭,至于妇女能务勤劳,无若永定者。每旦戛至锅蓐食,扱衣衽,抹花帕罩髻,少长,什伍为侣,樵采一二十里林莽崖谷间,迨夕阳衔山,各荷薪刍而返,虽衿绅儒士家不仗婢仆。凡负贩、春汲、种作、缝纫之事,胥自任焉。妇女不能佐子夫衣食成立者,群起非笑之。"①

从民风性格上看,长期生活在闭塞的山区,物质生活自给自足而又艰苦穷困,形成了客家人艰苦朴素的性格。交通的闭塞、劳作的艰辛以及外部有不同民系或不同种族的人群与之作种种竞争,则造就了客家人坚毅而偏激、果断而轻生尚武之习。《汀州府志·风俗志》记载:"汀邻江广,壤僻而多山,地灵之所融结,地气之所薰蒸,人多刚果朴直……力田治山之民,常安本分,虽习尚间涉虚华,而人心终还朴素。"归化县,"民质直无华,男力饼作,女勤织纺,舟楫不通,无大商巨贾,率多市贩以治生业,故咸习艰难重犯法,官司易治也"。武平县,"俗尚淳直,人知礼义,力本者多,末业者少,贸迁有无,类非土著……习文重武尚意气"。永定县,"朴陋少文,勤力作,妇女亦同劳苦","贫者载山种畲而鲜行乞于市"②。再看士习,《临汀志》把宋代汀州士习概括为,"其君子则安分,义励廉隅,耻为浮侠"③。《汀州府志》云:"士知读书进士,间有魁元。……教子读书,比屋皆是。……学校少高年之生徒,家庭多笃孝之嗣续。由贡途居冑监者每精问学,选美官从科第列津要者恒持节操。""山水独秀,人物颇清,士励读书,而科甲有人,民务耕种,而言动知谨。俗稍崇平信义,心尚惑于鬼神。"④ 总的来说,汀州的读书人,有淳朴本分、重

① 杨澜:《临汀汇考》卷三《风俗》。
② 乾隆《汀州府志》卷六《风俗》。
③ 宋《临汀志》,转引自谢重光:《客家源流新探》,福建教育出版社1995年版,第164页。
④ 崇祯《汀州府志》卷四《风土志》。

视气节的优点,又有兀傲、刚愎的性格。中原文化向赣南、闽西的传播,主要是通过中原人民南迁而实现的。中原人民迁入赣南、闽西,不是单纯地传播中原文化,而是把自己在迁徙途中克服磨难所锻炼出来的吃苦耐劳、百折不挠的精神加进原有文化传统中,从而形成义励廉隅、抗志励节、朴实无华而又悍劲侥健、坚韧不拔、勇于反抗、敢于奋斗的社会风尚,即一种新的社会文化心理。①

(二) 闽西客家的从商习俗

由于闽西地区自然环境的因素,使得居住在这一带的客家人,形成了吃苦耐劳、百折不挠以及朴实无华而又悍劲侥健、敢于奋争的社会性格,因而具备了可塑性很强的社会适应性。一方面,自然环境的恶劣,固然迫使他们在深山密林之中筚路蓝缕,开辟田野,祖祖辈辈从事着自给自足的传统农业经济。但在另一方面,相对恶劣的农业生产环境,固然严重限制了闽西社会经济的发展,但也迫使一部分客家人去寻求农业之外的生业。特别是在明中叶以来中国商品经济发展的冲击下,闽西地区也出现了某些从事工商业经济的趋向。虽然其程度远远暂时还不能与同时期沿海地区的工商业经济相为比较,但毕竟比同处内地山区的闽北人,要更具工商业的经济意识。我们从明代以来的地方志中,可以看到这一从工经商的信息。如《闽书》记载上杭县,"衣冠之物,颇类大邦,百货具有,竹篾可以贾"。永定县,"僻壤也……民田作之外辄工贾"②。崇祯《汀州府志》亦记述了这一时期来社会习俗及社会结构的变迁,如:宁化县,"年来俗喜夸诈,市习嚣凌,鼠狐多营窟之奸,强梁有负隅之态";清流县,"民骄健者刺船建剑汀邵间,穿滩出峡,雷轰电转,最称能手";连城县,"土壤瘠挠,人民贫啬……贸迁远为贩商";归化县,"质直好俭不务浮靡,男力耕种而重于迁移,女勤织纺而资以交易"。③ 延及清代,闽西客家人为工为贸之风有所增长,尤其是长汀、连城二县更为突出。

① 参见谢重光:《客家源流新探》,福建教育出版社1995年版。

② 何乔远:《闽书》卷三十八《风俗志》。

③ 崇祯《汀州府志》卷四《风土志》。

长汀县是上接江西、下连潮汕的交通枢纽,清代的商业颇为发达,《县志》记云:"县境连江接广,客贩络绎辇迁。……米食仰给于江右之赣宁,而杭水及潮又往往资贩籴于郡。"① 至于明清时期的龙岩州一带,经商之风更盛,《龙岩州志》云:"国朝(清朝)升平日久,生齿益繁,田价数倍……于是逐末者多矣。"② "商贾来岩者少,往外者多。龙岩山峻水险,舟楫不通,所需货物州人自行贩卖。至商于外者,十有三四。以岩地生计艰难,非轻离乡土也。"③ 到清代中期,龙岩商人已经饶有名气,形成一个很有特色的地域商帮。虽然由于山区的经济资源有限,龙岩商人是以中小商人为主要骨干,"强半为小本经纪,利薄而量小,少有存积,辄捆载而归"④。但也有一些商人脱颖而出,财富不少。民国《龙岩县志》云:"商人长袖善舞,多钱善贾,出则长驾远驭,执商场之牛耳。处则慷慨施与,驰社会之声誉,三江五岭之间,茶茈捆载而往,厚获而归,金银吸收百万,素封之家,村巷相望。""本邑处万山中,山多田少,耕地不敷分配,人民多向外发展。清乾嘉间,行商特盛,一肩行李,跋涉江湖。以故交通虽感困难,而风气并不闭塞。盖以所闻所见,不囿子方隅故也。"⑤ 山区闭塞的龙岩地区,经商风气如此之盛,这在以农为本的传统社会里,不要说福建内地各县不能与之相比,即使在全国范围内,也是为数不多。

闽西客家商人的一个突出的经营方式,就是人善于充分利用当地的自然资源来增强自己的商业优势,故明清以来闽西客家商人的经营范围,大多是以闽西山区土特产与百货业为核心。《龙岩县志》云:"岩邑天产颇富,其可供制造之原料甚彩。……今工作品之销售最广者,首推纸业。山野多竹,故纸业颇盛。雁石、福衬、万安等社出品,则运售于北溪;湖邦、龙门、大小池适中等社出品,则运售于西溪。西溪多粗料,北溪则兼运白料。白料纸质极良,销路远及于南洋。"⑥ 据载,龙门墟是龙岩及闽最大的纸料集散地,龙岩商

① 光绪《长汀县志》卷三〇《风俗》。
② 道光《龙岩州志》卷七《风俗志》。
③ 同上。
④ 民国三十四年《龙岩县志》卷七《社会志》。
⑤ 民国九年《龙岩县志》卷二十一《礼俗志》;民国三十四年《龙岩县志》卷七《社会志》。
⑥ 民国九年《龙岩县志》卷十七《实业志》。

人多从此地经营纸料及百货的转运销售贸易。清末民初时，龙门墟有"八十多家商店，赴墟者除附近三四十里内各村落群众外，有远自漳平、宁洋、华安、漳州、南靖、水定、上杭、连城、长汀、宁化、清流以及粤东、赣南各地迁来的商人。……从连城、长汀、上杭及岩西北片挑运来的黄连、包纸、白料等纸类，每天约及三百担，由龙门纸行分二路转发漳厦及潮汕。而由漳厦潮汕挑运来的布类、盐糖、海味、煤油、百货等等又转交脚力，肩送杭连各地。……堆集的纸担，数以千计，各纸行皆附设客铺"[1]。

闽西客家商人不仅擅长于利用山区的自然资源、变废为宝来从事自己的商业行为，而且还传承先人们善于流动迁移的人文性格，走出深山密林，向各地寻求发展。由于闽西客家商人的经商线路大多是由闽西陆运至九龙江而顺流至漳州、厦门一带，故在清代中后期及民国时期，不少闽西人迁居于漳州、厦门及潮汕一带，经营纸行及百货业。在漳州"开设的大小店逾二百，除承业历来与家乡联营的大栈行外，还经营了皮枕、中西药房、诊所、百货、京果、洋铁器、杂货等各业。……早在清乾隆、嘉庆年间，岩人（在漳州）已有会馆组织"。民国时期，龙岩商人几乎垄断了厦门的百货业，当时最大的几家百货商店南泰成、永康成及稍后成立的捷克都系龙岩商所开，店员伙计也都是龙岩人。这些商店"货色齐全，应有尽有，而且货真价实，绝不欺妄诈取，店员真诚待客，蜚声海外"[2]。至于明清时期闽西客家人以各种手工技艺而行食于闽浙诸省，当时也颇著名气。如《永安县志》记载在这里谋生的从事工艺者，"铁匠汀州广东人……为陶为冶俱系汀州广东人，锡匠铜匠仍属汀州人。……木商本处人，汀州亦多。……靛青客汀州人，采蓝亦汀州人"[3]。浙南山区的靛青客，亦多为汀州人，"惟汀之菁客，刀耕火耨，艺蓝为生，退至各邑结寮为生"，"上杭人往南浙作靛获利难以枚数"。[4]

正因为闽西客家人有这种谋生求食行天下的性格，因此，宋代以来的客

①　郭翔：《坪场史话》，载《龙岩文史资料》第 11 辑，中国人民政治协商会议福建省龙岩市委员会文史资料委员会，1985 年。

②　郭翔：《龙岩往外经商综述》，载《龙岩文史资料》第 18 辑，中国人民政治协商会议福建省龙岩市委员会文史资料委员会，1990 年。

③　道光《永安续志》卷九《风俗志》。

④　熊人霖：《南荣集》卷十二。

家民系不仅是最善于迁徙谋求新的发展的一支民系,而且还能漂洋过海,走向海外各地。从现在世界华人华侨的福建祖籍分布情况看,闽西籍的华人华侨要明显多于同为山区的闽北籍华人华侨。《县志》称:"服贾于外,昔年多涉足长江珠江流域,今则远渡南洋","商界文明渐输,顿改旧观。……视南洋为富源,扬帆者岁不下数百人。而星加坡、槟榔屿各埠,联合团体,组织会馆,视海外直同内地"。① 在当今世界的华人华侨中,源自偏僻山区的闽西客家人,实占有一席之地。会馆组织是明清以来各地士人、商人以同乡形成组成的重要组织。汀州会馆、龙岩会馆也同国内的一些著名商帮一样,遍布于许多经济与交通的要津之地。甚至建立于海外,如新加坡、马来西亚、印度尼西亚等国,都有汀州会馆、龙岩会馆或同乡会组织,台湾和香港地区也是如此,设有同乡会组织。②

　　明清时期的会馆,虽然是一个泛同乡组织,但是从闽西客家人所组建的会馆看,会馆似乎与其浓厚的经商习气的关系更为密切。根据学界的研究,中国会馆的起因,大多认为是为本地的应试举子提供驻足场所,明代后期以来,不少会馆已含有一定的商业气息,即为商人的活动提供方便。闽西客家人之所以在外地设立这么多的会馆,有不少一开始便与商人结下不解之缘。民国三十四年编修的《龙岩县志》把会馆概况列入《实业志》的商业条目中,该志《凡例》云:

　　　　旧志以会馆列《建置》,尚无不合。惟如北京会馆,表面上似为公车应试而设,实则龙岩商务发达,商人足迹,遍十八行省。……则会馆之有关商务,自无疑义。况如河南、广东、潮州、南昌、进贤、赣州、余干、汉口、九江、南京、汀漳、建瓯等处,均有会馆。……今志尽量访查,辟为专栏,归于商业。③

　　在有些闽西客家人集中的地方,会馆甚至具备了工商行会的某些特征。如清代乾隆二十八年（1763）在潮州兴建的汀龙会馆,会馆之下分为篓纸

---

① 民国九年《龙岩县志》卷二十一《礼俗志》。
② 参见陈滨:《龙岩商人研究》,厦门大学 1995 年硕士学位论文。
③ 民国三十四年《龙岩县志》卷首《凡例》。

纲、履泰纲、福纸纲、龙岩纲、莲峰纲等 13 个名为"纲"的单位。这些"纲"一般都制订有行规,规范同乡商人在经营同一种行业时所必须共同遵守的若干事项。如篓纸、福纸是龙岩商人的主要经营项目,"福纸纲"的行规规定:"各庄纸张由行照依时值发卖,俱作钱价中算……各项纸售买后行内与客结算,每七百零五文扣七兑花边壹元……各行售卖纸张务先向客说明市价,庶免以后争论。……"① 会馆行规中对于福纸的买卖、银钱兑折、船脚价钱、交纳税银、抽分优待等各方面都做了详细规定,这对于避免同乡、同行之间的不平等竞争和保护同乡、同行的商业利益,起到了一定的作用。因此,汀龙会馆等同乡地缘组织的建设,又在一定程度上推动了闽西客家商人的事业发展。

(三)连城商人与海丝之路

连城客家的经商群体,在闽西客家商人中占有重要一席。乾隆《连城县志》记载清代该县从商为贾的风俗云:

> 行货商,居货贸,熙来攘往,天下胥然。连之民岂能株守一隅哉?从乡生计,虽逊从前,然纸贩木商、浮梁买茶者,亦犹是游武夷、入百粤,而赣旅尤多。至出矿熔银,技能独擅,足迹所经,殆亦半天下。②

在《汀州府志》中,也记载着连城客家人善于经商服贾、技艺工作的习俗,所谓"土壤瘠挠,人民贫啬……贸迁远为贩商";"工务勤劳,女安俭朴,贸迁远为服贾";"民入他郡治版筑修砌累甓坚土,各执技者"。③

连城县的四堡乡,清代以印刷业和贩书业闻名于天下,被称为中国当时的四大雕版印刷业中心之一。居住在这里的邹氏家族和马氏家族,大部分族人都是以从事刻书、贩书作为主要的职业,从商服贾的习俗之盛,在国内的其他区域内也只有少数乡村可以与之相为媲美。四堡的印书业究竟始于何时,

---

① 《汀龙会馆志》。参见笔者:《清代闽西商纲零拾》,《中国社会经济史研究》1996 年第 2 期。
② 乾隆《连城县志》卷十七《风土志》。
③ 崇祯《汀州府志》卷四《风土志》。

尚无定论,但至迟是在明代后期。据说,万历八年,邹学圣从杭州辞官归里,带回了元宵灯艺及雕版印刷术,此后遂"镌经史以利人"。至明末清初,以雾阁乡为中心的四堡地区,印书业及贩书业已颇为发达。① 如马氏十八代马阳波,明末以"授经"为生,其儿辈则从事"贸书",渐至以此为"一家所业";十九代厚斋,于"操持家政"之余,"兼贾书于江广间,凡十四、五年,颇获利。……而募匠雕枣梨,摹印书籍,以为诸贾贩,其利且倍蓰于远贾"。邹氏的印书业及贩书业,至清康熙年间亦成"世业"。如邹氏十五代藻初,"壮年贸易广东兴宁县,颇获利,遂娶妻育子,因居其地,刊刻经书出售。至康熙二十年辛酉,方搬回本里,置宅买田,并抚养诸侄,仍卖书治生。闽汀四堡书坊,实公所开创也"。清乾隆至嘉庆年间,四堡的雕版印刷业进入了全盛时期。如云,"吾乡在乾嘉时,书业甚盛,致富者累相望";"开坊募梓,集书板充栋,致赀信饶,若素封者然";"广镌古今遗编,布诸海内,锱铢所积,饶若素封"。据估计,邹氏和马氏世代相传的大书坊,共有百余家。其中仍可查考者,邹氏族内有碧清堂、文海楼、文香阁、翰宝楼、玉经堂、崇文楼、素位堂、素位山房、萃芸楼、梅中昌、种梅山房、本立堂、以文阁等十三家;马氏族内有泗波堂、林兰堂、万竹楼、翼经堂、德文堂等五家。② 这些自立堂号的大书坊,除经营刻印之外,一般也兼营销售,可谓集生产与贩卖为一体。

经过长期不断的努力,四堡书商与各地客户建立了密切的联系,逐渐由行商转化为坐贾,到处开设书肆,设置商业网点,建立了比较稳定的书籍销售网。据说,清代四堡书商有三条主要的运销路线,即北线、西线和南线。"当时,北线经清流入沙溪下闽江,或由宁化到建宁、泰宁,进入江西丰城、临川、南昌、樟树、九江等地,再由长江向上游进发到武汉、长沙和四川重庆、成都,下游抵安庆、芜湖、宣城、南京、湖州、无锡、苏州和杭州。西线至长汀后,也分水陆两路,一路沿汀江乘舟南下,入上杭、潮州、汕头,经海运入珠江、进广州,散入粤西各地,或沿珠江上溯至广西梧州、贵县、灵山、横县、南宁、北色,直抵

---

① 参见邹日升:《中国四大雕版印刷业基地之一——四堡》,《连城文史资料》第4辑,1985年。又参见笔者:《民间文书与明清东南族商研究》第七章"清代闽西四堡族商研究",中华书局2009年版。

② 参见笔者:《民间文书与明清东南族商研究》第七章"清代闽西四堡族商研究",中华书局2009年版。

云南各地,或于潮州陆路转入粤东北各地;另一路由长汀向西入赣南和湘南诸县市。南线至连城后分东、南两路,东路入永安经沙溪发行至南平、建瓯、崇安、浦城各地,或沿闽江东下至福州,转海运入温州、浙东各地,伸而入杭州,散于全浙;南路经朋口溪入韩江至广东,或陆路至龙岩、漳州、厦门、泉州等地。"①

正如我在前面所论述的,闽西客家商人秉承着显然善于迁徙流动的传统,在经商足迹遍布国内许多地区的同时,也勇于向海外发展,并且在海外闯出了一片天地。我们从《邹氏族谱》和《马氏族谱》的记载中,就可以看到不少这样的例子。如《邹氏族谱》载云:

邹宗敬,处士汉臣公第三子,年少而有大志,不善章句。及长大成人,随着一条商船,飘然入海,竟入(咬留)巴国。此地语言饮食服装习惯,和中国迥然不同,初来乍到,人地生疏,几乎无法聊生。然而宗敬颇有主见,形神自若,泰然处之。久而久之,那些外帮人逐渐与他亲近起来,甚至与之同声气,以莫逆相称。此后开始从事贸易,渐有蓄储,几年之后,大获其利而归。

邹世略,曾单船渡海,似乎有神灵保佑,所谓"天吴八首"的水怪也不敢犯他,历经暹罗、咬留巴诸岛屿,不只一寒暑,大小异邦番民,多与之通声气。

邹秉均,年方17岁,起先商贾予江南的樟树镇,未能发迹,于是转往咬留巴国,孑然一身,驰策于万国异域,虽人情风土迥殊,语言服食各异,然而他克己以恭,待人以信,结果巴国人皆敬爱之,乐于与其相结纳。往返多年,交际日广,所获赢余无数。40余岁以后,又亲自出马,前往崇安星村,遍游武夷,广积茶叶,通洋贸易。又设金春字号的茶行,自己掌管,持筹握算,如愿以偿。不过数年,黄金白银,累至巨万,以故远近地方,称之为茶官。名声之大,远噪三江,达两湖及闽粤二省。

邹纯国,因家贫,年方19岁即远赴咬留巴国,获利颇多,屡年寄回百

① 邹日升:《中国四大雕版印刷业基地之一——四堡》,《连城文史资料》第4辑,1985年。

金,为几个兄弟完娶,又使父母得享安逸。归家以后,买田数亩,以赡养双亲,不久,又复至巴国。①

　　以上只是从族谱中举例摘录出来的记载,事实上,连城的四堡,堪称是"闽西早期华侨的诞生地之一"。根据邹日升先生的搜索统计,他曾经"觅得原长汀四堡雾阁(一九五三年二月划归连城县)的《范阳邹氏族谱部分刻本,从这些残缺不全的《族谱》中,发现散记着该乡在清代康熙中期(公元一七〇〇年前后)至乾隆初期(公元一七五〇年前后)就有一批出国到南洋新加坡、印尼、缅甸、泰国、欧洲各地经商的华侨。如邹世忠(一六七四至一七四六)'附一叶,飘飘然竟入巴国';邹世略(一六八〇至一七四八)'曾一航渡海,……入暹、巴诸岛屿';邹逊臣(一六八〇至一七六五)'屡航海,观尽银浪金波,曾三走咖吧';邹梓臣(一六八三至一七二七)'年十九汛(泛舟)咬留巴(印尼雅加达之旧译),配麻离氏(今译'玛莉'氏)卒葬咬留巴';邹殿武(一六八三至一七三五)'卒吧国。生子二:吧生、国生';邹翼国(一六八九至一七三〇)'卒葬咬留吧';邹品国(生一六九五,卒年不详)'卒吧国';邹克国(生一六九八,卒年不详)'卒葬三宝垄,在三宝垄娶妻生子一,名在宝';邹洪略(一七〇〇至?)'卒吧国';邹秉绍(一七一六至一七五〇)'配番(外国)氏,乾隆十五年庚午(一七五〇)夫妇俱卒吧国';邹昆生(一七一七至一七三七)'年廿一,卒吧国';邹和生(生一七一七,卒未详)'卒吧国';邹鸣盛(一七一八至一七九六)'年十七,服贾于江右之樟镇,所谋未遂,转适巴国,孑然一身,驰万里异域,人情风土迥殊,语言服食各异。……年四十余,复束装往星村,游武夷,积茶通洋,总摄金春字号,持筹握算,如愿而偿。不数载,黄金白镪,累至巨万……';邹在渭(一七二三至?)'卒葬三宝垄';邹启园(一七七〇至一八三四)'越尽云南、交趾';邹秉宏(?至一七四〇)'葬吧国'。实际上,当时出国经商的华侨,远不止这十几人,其实际数字必然超过上述的十倍、数十倍以上。他们有的人是经年往来于祖国和异域之间,最后终老于家;有的人则定居异域,

---

　　① 民国《邹氏族谱》《传记》。

娶外籍姑娘为妻,生儿育女,间或携眷回国探亲,再赴侨居地,最后葬身异域,子孙遂成侨居国外的华侨了。"①

有些从连城四堡走出去的华侨,即使早已成为外国人,但是对于家乡,依然怀有深切的祖籍感情。在 1993 年重修的连城四堡《马氏族谱》中,就收录有一份海外华人马嘉迪写给故乡马氏家族修谱董事会的信函,该信函略云:

> 马氏立基故乡千年,具有悠久的光辉历史。如不重修族谱,势必失去历代文献,及迁居他乡马氏子孙人口真实。诸位修谱执事先生,热心公益,任劳任怨,同心协力,完成修谱任务,其牺牲奉献表现,殊令众人敬佩也! 嘉迪年迈,身居海外,心怀故乡,我爱国爱乡,更爱祖宗及故乡亲人。饮水思源,对修谱之事,全力赞助。兹寄回美金一千元,捐献修谱费用,回馈故乡,则为抛砖引玉,共襄盛举,聊表寸意。②

从闽西连城四堡邹氏、马氏家族的从商传统和走向海外的历程中,我们可以领略到闽西客家的人文性格中,除了具有坚韧不拔、敢于奋斗、勤于创业的内涵之外,注重对于不同生业的选择,特别是经商从贾的选择,也是其中的一个重要组成部分。因此,我们在今天探讨中国海上丝绸之路的历史文化时,切不可只把眼光放置在沿海地域,而是应该把探索的视野,进一步扩展到广大的客家区域,以及其他的内陆地域。只有这样,才能更为全面地把握中国海上丝绸之路的整体概貌,从而为我们继承和弘扬海上丝绸之路的文化精神,作出我们应有的奉献。

---

① 1993 年重修连城雾阁《邹氏族谱》卷五《文苑英华·文论》。
② 1993 年重修《孝思堂马氏大宗谱》二集。

四、明清徽州乡族下的商业行为探微

自 20 世纪四五十年代以来,学界对于徽州商人的研究,日益深入。其研究的范围,也逐渐从商人、商人集团、商业资本向徽州社会经济、社会文化等领域扩展,取得了许多引人瞩目的研究成果,建构了所谓"徽学"的学术概念。然而随着"徽学"研究的多样化,其作为"徽学"概念的核心内容即徽州商人的问题,反而显得有些沉寂。这其中的原因,或许是因为人们认为有关徽州商人及其商业资本的研究历时七、八十年,成果众多,继续研究探索的发展空间不大,困难较多,故而令人却步。但是在事实上,近年来徽州民间文书及其他相关文献资料的大量出现,为我们进一步开拓徽州商人的研究空间,提供了更为坚实的史料基础,许多有关徽州商人的细部问题,值得我们进行更为微观的考察。下面,我就根据自己所见到的一些徽州民间文书,对明清时期徽州商人在乡族组织结构下进行商业行为的三个问题,进行初步的探索。

(一)商人家庭分家析产前的资本分配

阄书,又称分家析产文书。分家析产,是中国传统家庭、家族延续与繁衍历程中的一项重要仪式。在中国传统的以农业经济为主的家庭、家族中,一般情景的分家析产,大致是:一个由一对夫妻为核心、生育并养成若干个儿子的家庭,即人类学家所谓的"核心家庭",全家生活在一起,共同劳动,一道耕作与收获,积累或经营财产（主要是土地、山林与房产）。待到父母年迈、儿子们娶妻成家之后,选择适当的时间,请来族亲戚友作为中人公证,把全家共有的诸如土地、山林、房屋及其他财物,进行合理搭配,分为若干份,由儿子们抓阄取得其中的某一份额,立下文书,故称为"阄书"。

中国传统以农业经济为主的家庭,在分家析产之前,财产属于这个"核心家庭"所共有,还没有分家析产的儿子们,一般是不拥有自己特定的财产的。但是在明清时期徽州地区的商人家庭中,情景则大有不同,许多商人家庭在分家析产之前,儿子们往往都拥有属于自己的商业资本,或经营着属于自己的商业机构。下面,我先引述明代嘉靖年间徽州孙时家庭在其分家析产前后的经商财产情景如下。

孙时从其父辈时就在江南吴兴经商,开设典当铺。"父子辛勤生计,用是颇遂资产。"孙时生有三子,"长曰良器,次曰良才,三曰良璧"。由于孙时年岁逐渐老,遂于嘉靖四十年（1561）分家析产,三兄弟分别称为松、竹、梅三房,立有阄书。其中关于典当铺的资产分析如下:

> 一大家存本银一百五十两正,每年包硬利白文银三十两,每月答回利银二两正支用,余银六两留在铺,办豆油菜油猪油鸭子□绵苎布船木等项,至年冬终关账回算。……
>
> 计开各本银于左,（嘉靖）三十九年十一月初一日结账:
>
> 良器,本银五百一十四两七钱正。
>
> 良才,本银七百一十五两四钱正。
>
> 良璧,本银六百三十一两九钱正。
>
> 一管年之家除里役差徭众办外,余俱应办,每年铺贴费银十两正。
>
> 对于店铺的管理事务,自分家之后,三房轮流执掌,"（嘉靖）四十年梅字三房,四十一年松字一房,四十二年竹字二房,周而复始。"[1]

从这份阄书中我们可以知道,徽商孙时在分析该家庭在吴兴的典当铺之前,

---

[1] 中国社会科学院历史研究所收藏整理:《徽州千年契约文书·宋元明编》第五卷,花山文艺出版社1993年版,第415—419页。

即嘉靖三十九年（1560）时，实际上这个典当铺的资本，由四部分组成：一是孙时本人，也就是这个家庭的共有资本，"一大家存本银一百五十两正"；其二是长子孙良器，在典当铺内拥有"本银五百一十四两七钱正"；其三是次子孙良才，在典当铺内拥有"本银七百一十五两四钱正"；其四是三子孙良璧，在典当铺内拥有"本银六百三十一两九钱正"。

由于吴兴孙氏典当铺在分家析产之前的资本是由全家共有及三个儿子各有一份的四份组成，这实际上是一种家庭内部的合股经营。为了使分家之后的资本经营及其收益分配不致产生纠纷，孙时在嘉靖四十年（1561）二月分家析产时，还特地制订了"吴兴铺规"，以规范分家析产后该典当铺日后的经营准则。该铺中议规如下：

一 三分支银，先支者每月一分五厘加利还铺。

一 本多者不许支出私借与人。

一 经营者不许讲实在悬挂那移。

一 子孙在铺未及半年无故回家者，铺中不与认往来盘费。

一 君子离家，盘串五钱，回家银一两二钱。如载货回，则货上办，不必另与。

一 手下人离家盘串银一钱五分，回家二钱五分，如载回不必另与。

一 已那银，不得委屈会铺归换。

一 不许将私物抬价答典卖并私换。

一 子孙有己银及房奁俱入铺，不得利那与人。

一 三分支银，务注杂色，至年终答回各房查对，或重错者坐经手。

一 不许子孙宿娼酗酒。

一 不许将低银抵换好银，或倾低银不上升色账。

一 子弟经营半年以上无过，铺支奖利银四两，如月日过多，照则增添。

一 不许放私债及铺管事人取利。

一 不可以私忿使气生事，如违规即将本人己银使用，免失门面。

一 管年之家每月答白银二两回奉大家支用。

右十六条事情，俱各遵守，敢有故违者，照各项轻重罚银，重则四两，轻则二两,入众公用,仍依此规为定。

嘉靖四十年二月孙时阄书 ①

徽州商人家庭对于商业财产的分析,不同于传统的以农业经济为主的农民家庭的分家析产,这显然是由商业资本运作的特点所决定的。作为农民家庭而言,一个家庭内部,父母之外,不论有几个儿子,他们都是可以在一起耕作、一起收获、一起收租的。如果家有盈余,还可以以父亲的名义,购买新的田产、林地、池塘等不动产。而一旦进行分家析产,父母就可以把这些财产,包括不动产和动产,较为平均地分配给自己的儿子们。这样的一个生产、生活与分家析产的过程,一般是不容易发生纠纷的。但是商业的经营则不同。在日常的商业经营活动中,钱财的交易进出是不定数的,商业行为的成本支出也是不定数的。如果某一个商人家庭在经营某一个商号时,全家不论父母、儿子、媳妇甚至孙辈,一道混淆参与,则难免出现账目不清、浑水摸鱼的营私行为。长此以往,这个商号必定亏损日深,最后走向倒闭的结局。同时,这种权益与职责不分的全家一道均等参与的商业经营方式,也会严重挫伤家庭中有商业经营天分的儿子们的从业积极性,这也容易使本家庭的商业经营陷入困境。因此,就商业的经营特点而言,较好的经营方式,无疑是把商号交给专人专责,儿子们根据自己的能力,积累财富,拥有股份,从而获得商业利润。上举的孙时家庭分家析产之前儿子们就已经拥有属于自己的财产股份的情景,就体现了商业经营的这个特点。

明清时期徽州商人家庭在分家析产之前其儿辈们就拥有财产的方式,并不止以上所述的孙时家庭这一种。还有一种较为普遍的方式,是在分家析产之前,由各个儿子各自经营属于自己的商业经营项目如开设店铺,等等。关于此类情景,我们还将在以下的论述中引证资料,以作进一步的论述。

---

① 业师傅衣凌先生曾于20世纪60年代携杨国桢教授到北京中国社会科学院历史所图书馆抄录徽州民间文书,此处所引即为他们当时所抄录,原注收藏第1000070号。特注明于此,谨表对于前辈学人开拓徽学研究的怀念。本抄件及本文所引用的抄件,扫描本均藏厦门大学国学研究院资料库。

（二）商人家庭中的商业经营轮流体制

在我们前面所引述的孙时家庭的分家阄书中,还有一点重要的内容值得注意,这就是虽然孙时的三个儿子在吴兴典当铺中各自拥有数额不等的资本份额,但是他们并不能像农家子弟一样,一道共同参与经营生产,而是必须分开,各自一年,轮流执掌该商铺。即所谓自分家之后,三房轮流执掌,（嘉靖）四十年梅字三房,四十一年松字一房,四十二年竹字二房,周而复始。显然,三个儿子每年执掌一年的商铺经营权,这就使得轮值执掌该年份的儿子,有绝对的权力来行使对于该商铺的经营权,排除了其他儿子对于该商铺的无端干扰。根据孙时所制订的铺中议规,轮值执掌该年的儿子,在规定的经营成本之内进行运作,各个拥有股份者,每年以"三分支银",获得股份利益。这种经营轮流体制,实际上就是家庭内部对于商业行为的"专人专责"。

清代康熙年间徽州商人鲍元甫的分析阄书,更加清晰地表述了家庭内部这种轮流执掌商号"专人专责"的经营方式,该阄书略云：

> 立分析阄书人鲍元甫, ……惟我德薄,一生勤苦在外经营,涉历艰辛勤俭,置增田产遗与汝兄弟二人管理。……从公均分,付兄弟各管各业,不得荒芜田地,先输国课。店业均管,怡怡同心协力经营,恪守乃事。各宜安分,不得争竞。有一违教,是为悖德不孝之论,执此鸣公究治。今恐无凭,立此阄书一样二纸,各执一纸永为子孙存照。
>
> 今将屋宇田地山场开列于后。
>
> ……
>
> 康熙十七年自创启隆店业,在江西浮梁县景德镇,有店底家伙本银,逐年盘货账存据。兄弟二人每管店二年。值事者每年交利银二十四两父母二亲养老支用。兄管店、弟在家,在店每年支一十二两家用;弟管店、兄在家,在店每年支一十二两家用。大房长孙师保,店分纹银二十两,每年支利二两,读书纸笔灯油。长成取亲聘仪之需。二房长孙三桂,店分纹银二十两,每年支利二两,读书纸笔灯油。长成取亲聘仪之需。

长男守讲同创基业有功,将祖遗大坵田四亩身廷佑分下,该八租,坟亭山园四坵,分与长孙志祯管业。……

康熙三十二年八月　日　　　　　　　　　　立阄书鲍元甫 ①

在这份鲍元甫的分析阄书中,其财产共分两大部分:一部分是田地、山地、林木等,分析的方法与传统的农业家庭没有差别,儿子们在分家析产之前,并没有拥有半寸田地,到康熙三十二年(1693)分家析产时,父亲鲍元甫按照传统农业社会的分家方式,把大部分田地山林等较为平均地分配给了儿子二人。鲍家财产的另一部分,就是在江西景德镇的商铺,其日常的经营方式,也是兄弟二人轮流执掌制,“兄弟二人每管店二年。值事者每年交利银二十四两父母二亲养老支用。兄管店、弟在家,在店每年支一十二两家用;弟管店、兄在家,在店每年支一十二两家用”。这就是说,兄弟二人轮流对该店执掌两年,无论是哪位执掌,都必须缴纳给父母养老银两二十四年,交纳给非轮值在家中的另一位兄弟利银一十二两作为家用。这种家庭内部商业经营的轮流制度,也是促成商人家庭分家析产之前儿辈拥有资本财产的直接因素,因为作为轮值的兄或弟,在执掌商号期间,除了需要按一定数额交纳给父母与非轮值兄弟的“利银”之外,还有一个经营盈利与亏损的问题。轮值者经营盈利,盈余的部分原则上归轮值者所有;经营亏损,欠缺的部分原则上也由轮值者赔补。这样一来,商业家庭内部轮值执掌商号的儿辈们,势必拥有属于自己的盈余资本或亏损债务。从上引孙时阄书中所反映出来的三个儿子所拥有的典当铺本银数额的不同,显然就是由此所形成的。

明清时期徽州商人的这种轮流经营专人专责的运营方式,从商业发展史的角度来考察,是具有积极的进步意义的。自十五、十六世纪以来,由西方社会所衍生的商业经理制度,现在已经基本上盛行于全世界。经理制的优点,就在于资本权与经营权的分开,排除了众多资本拥有者对于商业企业经营的纷杂干扰。我们从徽州商人家庭内部的这种轮流执掌“专人专责”的经营方式中,多少能够看到中国早期经理制度的某些雏形。

---

① 中国社会科学院历史研究所收藏整理:《徽州千年契约文书·清民国编》第四卷,花山文艺出版社 1993 年版,第 395—405 页。

　　实际上,明清时期徽州商人在商业及其资本运营过程中所实行的具有某种程度上的资本权与经营权分离的"专人专责"经营方式,并不仅仅局限在家庭内部,在与家庭之外的同姓同族人员,甚至于同乡里的异姓商人的合作过程中,也往往采取这种专人经营的方式。这里举商人陈维新与胞侄陈仕美所签立的一份认领经营契约为例:

　　　　立领墨胞侄陈仕美,今缘伯父国初向在本镇芋头田下首,开张新亨店业,系盐、油、米、豆、糟坊、杂货生理,经今数十余载无异。近因堂兄仕寄一旦谢世,伯父年逾古稀、桑榆老迈,长侄正实年幼,未谙经营,次侄正嘉年甫二周,尚在怀抱。今伯父深虑年老孙幼,不能掌管店业,央凭亲族将店业托付身承领,代为执管。已凭亲族立墨,领计伯父名下店内除赊银账目自讨外,计现存货物、现钱共计二百两整,平合九五。议定每年交纳利九五色银二十六两整。又本店尾货及家伙租,每年交纳九五色银三十二两整,二共每年共计九五色利租银五十八两整。每年按季交纳,不得短少。当日三面议定五年为定,不得愆期。倘生意赚钱折本,不涉伯父及侄正实等之事,尽是仕美承当。此系身上体伯父当日声应乞求、共襄家道之念,下会先兄今日父老子幼。自领之后,须当忧勤惕励、俭谨小心,毋得少负伯父之托。即侄正实在店,自必循循指示引导前进,侍侄正实五年谙练生意成立之日,情愿即将原本银平遵照原领兑出,并本店屋家伙尽行照原项件交还清白,任从侄正实接手自行开张、掌管营运,以绍箕裘,永保伯父不世之基。侄仕美应照还不得推诿拦阻。义属伯侄,实同父子。凭中力领号业无遗。今欲有凭,立领墨存照。

　　一　议仍新亨招牌,不得更改。
　　一　议伯边收谷仍在本店内入仓,照旧进出。
　　一　议店内家伙仍同照单注簿,日后照数交还。如有赔补家伙、小修,不涉伯边之事。
　　一　议新亨店做酒炭,伯侄各收一轮。若永泰亦在新亨造酒,则作三轮,伯边收一轮,侄边收两轮。
　　一　议本店酒筹亦用永泰酒筹。

一 议店屋凡翻盖添换砖瓦并工,伯边认其饭食,侄边认其店铺屋第二进进土库屋内两边地脚。房后北头原装成壁橱两昭,并楼梯下藏贮积年账簿、书簿,仍听伯父自行封锁贮物,再批。

其本银合九五色,九五平,再批。

乾隆三年三日初一日

立领墨朐侄　陈仕美

凭亲　汪昆若　郑式采

房兄　陈尔善　陈圣三

侄　　陈公绅　陈右铭

亲弟　陈子亮 ①

这份认领经营文书说的是商人陈维新开设有"新亨号"商店,盐、油、米、豆、糟坊、杂货生理已达数十年之久,到了乾隆初年,陈维新本人已年迈,儿子陈仕寄早逝,孙子年幼,无法继续经营该商号,只好家族公亲协调,劝谕胞侄陈仕美前来认领经营五年。在胞侄陈仕美经营的五年期限内,除了每年应向原店主陈维新缴纳每年五十八两的利银之外,陈仕美拥有相对自主的经营权,自负盈亏。而值得注意的是,在这份认领经营文书中,还附有不得更改"新亨"店铺招牌以及培养历练年幼孙子陈正实从事商业才干的职责。一旦五年期限已满,孙子陈正实也长大成人、谙练商务,"新亨号"商店便完完整整归还陈维新,由陈维新的直系孙子得以继承。陈仕美作为"新亨号"商店的认领人,不可否认地具有该商店"经理人"的身份与地位。当然,陈仕美这个"经理人",更类似于"承包"制的"经理人"。还是这位陈维新,另有一座磨碓屋,经营加工粮食,于康熙晚年出租给同族陈鲁昌,也是采取这种"承包租赁经营"的方式,所谓"立租碓磨人陈鲁昌,今租到族弟维新名下土名琅玕水磨碓屋一所,石磨一付,碓三枝,石碣一道,全付足身租赁承管。三面议定,每周年硬交纳租赁九五足银二十二两整。其银每月支付,不得短少。若欠一季不纳,听从本家收回碓磨取息,无得刁难异说。今恐无凭,立此租约存照。一议本东舂米不取碓分。一议修车开磨作碣,不涉本东之事。其换车

---

① 傅衣凌等抄录历史研究所契约文书,原注收藏第 1000686 号。

轴、盖瓦,本东认及平栈轮料。……"①

商人陈维新除了开设"新亨号"店铺之外,还于康熙五十八年(1719)与同乡里的胡稼书共同出资开设榨油作坊及磨坊,二者立有合同书如下:

> 立议墨合同人胡稼书、陈维新,今因陈维新有土名琅玕小磨碓高栈
> 屋两边基地,胡稼书挽中向陈维新合议,愿同造榨屋,做油榨,打桐子油
> 生业。陈维新出一半,计银六十两整,胡稼书出银六十两整,亦作出一
> 半。每年公议榨租九五银十六两整,内扒一两纳陈边地租,仍十五两。陈
> 维新分得七两五钱,胡稼书分得七两五钱外,又议认租陈边水碓三枝,每月
> 硬认纳陈边碓租九五足银三两整。仍觅余利,两半均分,陈维新分得一半,
> 胡稼书分得一半,无得异说。其榨中事务,俱是胡稼书包承管理,硬纳陈边
> 地、榨碓三宗租银不误。但生意务必秉公勤心竭力,不得怠惰,怀私肥己窃
> 取等情。如有此情,察出见一罚十。此系两相情愿,如有反悔者,罚白米十
> 石与不反悔之人。恐口无凭,立此议墨合同,一样二张,各执一张存照。
>
> 骑缝两半合同。
>
> 康熙五十八年二月初七日　　　　　　　立议墨合同人　胡稼书
>
> 　　　　　　　　　　　　　　　　　　　　　　　　　　陈维新
>
> 　　　　　　　　　　　　　　　　代笔中见人　胡周大②

在这纸共同开设榨油作坊及磨坊的合同中,合同主人不是同一姓氏的族人,而是同乡里,分属于胡姓和陈姓。他们合办榨油作坊及磨坊,各出本银六十两,即各占一半的股份。而其经营权,则全部交付胡姓一方管理,陈姓一方并不参与具体的经营管理。胡姓稼书一方取得经营权之后,每年除了交纳地租和碓租之外,所盈余的银两,"两半均分,陈维新分得一半,胡稼书分得一半"。这里的胡稼书,则是根据自己每年的实际获利情况,与另一业主陈维新进行利润的对半分配。这种情景,比起上述的"承包经营经理人",更具有近代企业"经理人"的意味。当然,由于资料的欠缺,我们还无法断言明清

---

①　傅衣凌等抄录历史研究所契约文书,原注收藏第 1000686 号,"陈维新户续置产业抄白契簿"。

②　傅衣凌等抄录历史研究所契约文书,原注收藏第 1000686 号。

时期徽州商人的股本合营与专人专责的委托、租赁经营是否具有普遍性,但是这种专人专责经营模式的出现,毕竟比乡族内部资本权与经营权混淆在一起的经营方式,更能促进工商业的发展,因此值得引起我们注意。

(三)商人经营的家族义务

在中国传统社会里,商人们不论是在家乡经营,还是远离家乡,甚至奔波于海外,都对自己的乡族,特别是家庭与家族,负有诸多的社会与经济的义务,譬如家族祠堂、蒸尝田等家族组织的建设,乡族公益事业的投入,帮助接济贫困的乡人、族人,助教兴学、迎神拜佛,等等,都必须本乡族、本家族的商人参与,甚至倡导。关于这方面的史事,已有不少论著予以论及①,在此可不赘述。

从商业经营的角度来考察,从事商业活动是具有一定经济风险的,徽州商人固然有大量成功者存在,但是也必定有少量的经营不善者,生意失败,血本亏折,甚至倾家荡产者。在这种情况之下,家庭之内,以及近服之内的族人,往往又担负有一定无法推卸的亲情义务。下面我引述汪尔承家庭的分家阄书为例:

> 立阄书分墨父汪尔承,予父家运未振,仰承无资,生予兄弟四人,予行居长,而鸿雁中分,未能聚首,何憾如之!自予娶妻吴氏,得生三子一女,俱各完婚出室,不具论矣。予壮年手无遗资,经营婺邑,长子从焉。几经栉风沐雨、戴月批星,苦积赢余,复我邦族,开张长发店业。幸合三子营谋,生业日焕,续置田产以为子孙之计。不幸发妻谢世,后娶侧室邓氏,又生子女二人。……予今八旬已周矣。……所存产业分拨四大房,实为允当。惟是前街店屋,次子开张;后街店屋,长子开张。此其自本营生,无得异议。其店屋三所,并店内家伙,每年租息四十两,又二百两,长二两房领取生息,每年加利银二十五两。此在该店交纳,予为支给之需,不可轻费者也。但长、二、三房俱各成立,惟四子尚初未谙生理。若予终年之后,将店屋租贴补四子肇祺仝妻支给。十年之后,每年拨租银十二

---

① 可参见陈瑞:《明清时期徽州宗族社会关系控制初探》,《安徽史学》2007年第2期;《明清时期徽州宗族的内部救济》,《中国农史》2007年第1期。

两与妻日给,仍租银二十八两四股均分。

所可憾者,三子肇祚中年病故,幼孙未立。所存本银二百六十两,在长、二两房均分生息,以为日给。倘犹未足,拨予店屋租银六两补凑。此亦情之不容己者乎!厥后初孙成立,其附本之银二百六十两,听其自运,毋容阻执。至四子肇祺尚在童年,幼女时未及笄,俟其长大,取予生息存店之银二百两,与其嫁娶可也。长子肇祥,从予辛勤,长孙万泰,例有分授,应将予承父所分楼房二间,拨与管业,诸子不得异说。兹凭亲族写立阄书四本,各执一本。……

雍正十二年岁次甲寅孟秋月　　　立阄书父尔承(以下各众略)①

根据这份阄书所述,徽州商人汪尔承在本府婺源县开张长发店经营商业,生有四个男儿。在其分家析产之前,父亲汪尔承开张的"长发"店业,由其本人掌管,长子等也参与经营。在本店之外,随着儿子辈的长大成年以至成家,长子和次子也分别有了自己的店业,"前街店屋,次子开张;后街店屋,长子开张。此其自本营生,无得异议"。到雍正十二年(1734),汪尔承已年过八旬,没有精力继续亲自经营"长发"店业,于是实行分家析产。在这次分家析产中,由于四子年幼、三子早逝,财产的分配除了留下一定数额的赡养本人和侧室的经费之外,还对四子和三子之子即幼孙的日后生计作出适当的安排外,剩余的银两,大多交付长子和二子所经营的店铺中去生息取利,以求长久。

然而没有想到的是,分家析产之后的长子及长房,由于生意扩展过速,"挪贷资本",经营遇到很大的困难,终至失败,长子忧郁病故,所余孙男万泰又不谙调度,亏空各附资本,从而影响到家庭及家族内部其他成员的生计安排。在这种突发的情景之下,儿子所经营的店业,就不得不承担起善后的事务。故而于乾隆五年(1740),该家庭又补立了一份善后文书,该文书如下:

再立分墨父汪尔承,其住屋产业前已分过,仍有前后店屋家伙学堂分法园地风水等项未分,又予存前后店本银二百两,每年生息,并取两店租银为予供给及四男、幼女婚嫁之费。因长男挪贷资本开张后街店业

① 中国社会科学院历史研究所收藏整理:《徽州千年契约文书·清民国编》第七卷,花山文艺出版社1993年版,第463—466页。

生意清淡,忧郁病故,孙男万泰不谙调度,亏空各附资本,并予存店生息之银。店业收歇,不能偿还,致朱姓控县,万泰远潜他处。不得已把后街店屋家伙分扒长、三两房,前街店屋家伙分扒二、四两房。将长房店屋出当、家伙变易偿还朱姓。其四男、幼女婚嫁之资,系办二男前店生息之本,今仅存本银三十五两。仍有先年安葬父母二男店应用之银,并应三房孙万玙婚娶之银十五两有零,又彰吉侄将来脚赤契托锦波、文潭侄等抵挪予银十五两,亦系二男店应垫。又先年买彰吉侄屋中脊未曾交清。……承众公议处银五十两,并使费,交清中脊割籤,其银亦系二男店应垫。又予历年过用二男店银货二十一两有零。各项众用二男应垫银一百有零。今凭堂弟亲侄将予学堂屋分法并先年买朱文宗、朱周鼎土名七亩届即乌鸦服地风水二契,又雍正四年九月买东湖洪阿范风水一业,共三宗,抵还二男应垫众用之银,为二男应垫众用者之己业。……

乾隆五年岁次庚申季冬月　　日　　　　　　　　再立分墨汪尔承

凭堂弟尔升

亲侄海雯

代书蔡宏璧 ①

由于长房商业经营的失败,家族附在该店中生息的银本亏损严重,四男及幼女的养育及婚嫁之资被迫大打折扣,其他赔补的银两,就只能由二房自己所拥有的店业中来支应了。"各项众用二男应垫银一百有零。"

从纯经济行为来说,分家析产后的二房,尽管其自家的商业经营颇有获利,但是他并不必要同时承担本家庭之外的家族兄弟侄辈的经济负担。然而在中国的传统乡族社会里,这种额外的家族救助的义务,是一般族人所无法摆脱的。特别是作为较为成功的商人来说,这种义务就显得更为突出。幸好汪尔承家族除了经营商业之外,还积累了不少田产,他们可以利用田产来对二房的救助损失作出补偿。尽管如此,这种商人对于家族、乡族所承载的难以摆脱的经济义务,是我们研究徽州商人所不可忽视的一个问题。

---

① 中国社会科学院历史研究所收藏整理:《徽州千年契约文书·清民国编》第七卷,花山文艺出版社 1993 年版,第 468—469 页。

五、清代闽西商纲零拾

中国货运史上的"纲",大体是流行于唐宋时期。据载,唐广德二年（764）,负责漕运的刘晏从扬州运米到河阴,用船二千艘,每十船编为一纲,是为最早的纲运。到了宋代,不但粮运有粮纲,还有茶纲、盐纲等,以及官府对其他一些特殊商品的运送,也采用纲运,如北宋徽宗时的"花石纲"等。然而唐宋时期的纲运,其对象基本上是属于国家专营的物资,故纲运组织多属官方机构。为了弥补官府纲运在人力、物力、财力等方面的不足,当时也出现了一些官民联营的纲运体制,其中尤以福建的情景为突出。[①] 或由私家"纲户"出资搬运,或由官府贷给本钱营运,各享盈利。《建安志》载云:"诸县募有力之人充纲户,使出钱为官搬运。纲到则县道分净利之息、纲户享卖盐之利,此为母养子之义,母得子养,何事不成。"[②] 崇祯《汀州府志》载该地宋代的盐纲情景亦云:"长汀、宁化、清流三县运福盐,上杭、武平、连城三县运漳盐。多者十纲,少者三、四纲。每纲十船,每船六十箩。官给纲本,至福漳二府买盐运至本州编排人户分四等给卖之。"[③]

到了明代,官府的纲运制度逐渐消失,宋代最主要的盐纲也变为"盐引"制度。虽然到明代后期又对食盐运销实行"纲法",有些场合亦称"纲盐",

---

① 参见郭正忠:《宋代盐业经济史》第四章第二节第二目,人民出版社1990年版。

② 同上书,第338页。

③ 崇祯《汀州府志》卷九《赋税》。

但这种纲法实际是"盐引"制度的一种变通方法①,与唐宋时期的货物"纲运"有很大的不同。至于在其他货物和商品的运销方面,则连"纲"的名词都很少见了。

大概是宋代福建比较流行官民联营的盐纲制度,因此经过宋、明的演变之后,在清代的福建西北部山区一带(俗称闽西),存在着民间商业的"纲"的组织。这种商纲的组织,在清代商业史上也是很少见的。

闽西地区包括清代的汀州府和龙岩州。汀州府虽然属于福建省的一个属府,但与福建其他府县的交通十分不便,而与广东东部潮州一带,因有汀江、韩江相连,故汀州府一带的商人,与粤东潮州一带的商业联系比较密切。清代闽西的商纲,便主要出现在汀州、龙岩与粤东潮州一带的商业活动中。清代闽西商人为联络乡谊和方便商业,在潮州府城内共建了"汀龙会馆",并于同治十年(1871)编纂了《潮州汀龙会馆志》,上杭县唐史标在《叙》中说:

> 自乙丑(同治四年,1865 年)之春抵潮谬膺乡馆司事,越七载于兹类。每当馆中岁时报赛,少长咸集,皆以乡馆之建百有余年,分纲置业,以修祀事,将垂久远,而独缺馆志。闻自京都迄直省府镇,凡建乡馆,馆各有志,盍仿照为之非创也。……各董事已欣然踊跃,先即丈量馆基,并及各纲店业,交出纲薄,向规协同参辑,固已条分缕晰,爰汇其次第而分编之。甫成与众共质请于乡先达刘君海姗书序以弁简端,付诸剞,订成一帙,俾客于斯者人人得一览而周知,亦犹会计之薄书耳,忘云乎哉。维时董斯事者各纲总理:篓纸(纲)赖志峰、童宝贤、邱廷封、罗秉盛、罗庆鸿,福纸(纲)邱中荣、刘阶汉、江兆纯、饶恩踢、许鲁堂、仁开斌,龙岩(纲)连用周,履泰(纲)卢步书、卢正和,九洲(纲)黄进襄,运河(纲)张希善,武平(纲)钟毓圣,本立(纲)黄新发,土杭(纲)王锡三,莲峰(纲)张良宝。②

---

① 关于明代的纲盐,缘于明代万历年间"开中法"久坏,虽商人改纳"折色"支盐,但官收场盐不够,商人久候无盐,致积"引"甚多。为疏销积引,万历四十五年(1617)采用盐法道袁世振建议,立"纲法",将各商所领盐引分十纳,编成纲册,每年以一纲行积引,九纲行新引。

② 同治《潮州汀龙会馆志》现藏潮州市康晓峰先生处,康先生为长汀人,汀龙会馆的最后一任理事长。厦门大学历史研究所王日根同志有复印本,并蒙借阅,特此致谢。

从这《叙》文中可知,潮州汀龙会馆所属的各纲,其组织形式主要有行业与地缘两种,篓纸纲、福纸纲、履泰(杂货)纲等,是以行业组成纲,而龙岩、上杭、武平、莲峰(连城)、九洲等纲,则是以地缘商人所组成的纲。

在这些商纲中,以纸业的实力最为雄厚。闽西地处亚热带山区,林业资源十分丰富,自宋代以来就以盛产土纸著称,其中尤以连史纸、毛边纸而闻名于世。据长汀县的记载,仅长汀一地,"清代高产时,年达十余万担。……1946年出版的《福建长汀造纸调查》一书记载,长汀共有纸槽625个,全部竹山年可产纸93,930担,大小年平均年产量七万余担"①。故而在闽西商人活动中,纸张是最主要的外销商品。上述的篓纸纲,主要是经营连史纸、毛边纸、京庄纸的联合组织,而福纸纲主要是经营草纸的联合组织。当闽西商人准备在潮州建立会馆时,实力雄厚的纸业商人便成了倡建的主要者,即所谓"篓纸纲为倡建会馆之首"。会馆建成后的日常开支,亦主要以篓纸纲和福纸纲二纲承担,"汀龙众帮未经抽厘并无公项,其馆中神前香灯每月额定一千五百文,守馆工食每月额定边银一两零五分,均照向规以三分分派,龙岩纲、本立纲、履泰纲共派缴四月,篓纸纲派缴四月,福纸纲派缴四月,闰月匀派。汀龙众帮春秋庆祝公祭香蜡戏金及主与祭执事二席用费照向规以九分派,篓纸纲派缴三分,福纸纲派缴四分,龙岩纲派缴一分,履泰纲派缴一分。倘有修葺馆宇亦同"②。

清代闽西商纲及其所组成的会馆,主要有三方面的功能。其一是联络汀州、龙岩各属在潮州的乡谊,该会馆有匾额镌刻会馆创造宗旨云:

> 汀龙二州密迩毗连,据闽之上游,下与潮属为邻,地壤相接。且鄞汀一水,南流直通潮郡,舟楫往来,众皆称便,凡商贾贩运,托业于斯者,歌乐土焉。盖时当承平清晏日久,海国江乡无复向时鱼波瘴雨矣。由是议建会馆,将上以妥神灵,下以通乡谊,岁时祭赛,樽酒言欢,联一堂桑梓弟兄,甚盛事也。③

---

① 毛星:《建国前长汀商业贸易鳞爪》,《长汀文史资料》第12辑,中国人民政治协商会议福建省长汀县委员会文史资料委员会,1987年。
② 同治《潮州汀龙会馆志》,第21页。
③ 同上书,第3—4页。

福纸纲的《纲薄》亦云：

> 纸之有纲，以答神庥而联乡谊也，祭与宴一岁数举。前之人里资产计长久，设施可不谓善乎？……岁时祭祀宾客燕饮，诸度支使，夫商于此者皆得周知。其出入多寡之数，盖记载明而斟的善，桑梓之情益洽，祖祀之举弥长也。[1]

会馆每年最重要的活动是祭祀天后妈祖，分春秋二祭，三月为天后圣母诞辰，九月为天后圣母飞升。春祭自三月十八日开始，直至三月二十八日，或由各纲转流演戏饮福分祭，或由会馆众帮公祭庆祝。秋祭则从九月六日开始，至九月二十三日止，亦由各纲分祭和会馆公祭。据称，"每年三月廿三日，天后娘娘诞辰，祭祀极为隆重。……天后神前有一对大蜡烛，烛身高大，可接连燃整个月，正中香案上置一大馨塔，也可焚点一月久。……从三月十八日各纲开始分祭天后圣母诞辰，在戏台演戏，邀请地方官员、士绅、知名人士、商界巨子饮宴、观戏，极为热闹"[2]。据《会馆志》记载，会馆各纲每年于祝神日饮福演戏达 25 日之多，闽西各地商人在这频繁的祝神饮福演戏活动中，联络了乡谊，并且解决会馆及各纲内的诸种事务。

为了进一步联络乡谊，会馆及各纲对于往来于潮州的桑梓士绅，予以特别优待，福纸纲的章程规定："自道光二十四年经众议额津贴花红程仪，文武乡榜四元，文武甲榜八元，恩拔副岁优各贡二元，钦赐二元，举人副榜俱同。钦点翰林主事一十六元，鼎甲加倍。倘有州县候补现任者至馆行香，奉程仪八元，同知通判俱同。府道以上临时酌议。若非本纲及外籍者未议额。"[3]

闽西各商纲及会馆的第二个功能，是筹集经费并且代替商人完纳国税。公馆及商纲举行联络乡谊等活动，需要资金。会馆所需资金由各商纲分摊，而各商纲则向商人们抽取。如履泰纲，"杂货帮，按货抽厘置买业产，为会馆香灯祭祀之费"。篓纸纲，"从前各字号所抽厘金及各房店租息向交篓纸行

---

① 同治《潮州汀龙会馆志》，第44—46页。
② 李兰芳、李传耀：《潮州的汀龙会馆与莲峰纲》，《连城文史资料》第16辑，中国人民政治协商会议福建省长汀县委员会文史资料委员会，1992年。
③ 同治《潮州汀龙会馆志》，第44—46页。

主收存办理"。上杭、九洲、运河诸纲,"各字号按抽纸厘共立为馆中每年祭祀庆祝之资,所有章程俱载"。福纸纲和篓纸纲的经济实力最为雄厚,故对各商抽厘之外多有盈余,在潮州府内购置了多处地房产,出租收息,积蓄经费。

会馆对于经费的管理和使用,先是由各商纲轮流执掌,至道光十七年(1873)以后,实行聘请经理制,每任三年为期,商纲在对商户抽取经费的同时,亦制订了为商户代完国课的条规,如篓纸纲的"饷规"云:

> 各项纸庄由上山采办装篓记明字号刀数,船运至东关揭挥完饷,高米纸每刀正饷银一分五厘柒,毛边纸每刀正饷银二分二厘零柒,书纸每担六分九厘。每饷银百两加费补平在外,由行代完,纹、佛银各半。①

福纸纲的"饷规"规定:

> 各庄福纸由上山采办,盖用各字号戮记,所有双合纸黄纸每四十二张为一刀,每五十刀为一片,合二片为一百刀为一捆。船运至东关,每捆完正饷银四分六厘。大包各庄纸每八十四把为一球,每球完正饷银三分八反。向规每饷银一百两加耗银解费三两,补库平银三钱。至道光十六年再议每百两加费银四两,合前共加银七两三钱,纹、佛各半。……各字号纸张由客批定行收,揭挥到东关,按挥先代垫完清正饷,并代发船脚,侯纸货售卖后,总共与客结算订记行单薄内。②

交纳商税和应付官府往来是商人们感到困扰的一件事,商纲组织委托商行代完税饷,对商人起到了一定的庇护作用。

闽西商纲的第三个主要功能,是制订一些同业行规,协调同业之间的行为。篓纸纲行规、脚规规定:

> 各项篓纸批行收入售卖,俱作钱价,每钱六百八十二文伸花边一元,每花边一百元现用佛边,该补贴花水边十元。纸张售卖,行用九七扣,每百元扣用三元,行内与客结算,每钱六百九十文伸花边一元。……其各

---

① 同治《潮州汀龙会馆志》,第28页。
② 同上书,第41—42页。

字号客到行,便饭一次,席请一次,俱照旧章。

　　船户到峰馆领载,高连纸每担批钱八十元,毛边纸每担批钱一百六十文,书纸每担批钱一百六十文,轻次书纸每担批钱八十文。运至东关交稽夫检按各字号发筹担入行内,每担钱一十一文,俱行内代垫,发后与客结算,每四篓为一担。……

　　各行售卖纸张,务先向客说明市价,庶免以后争论。其纸货批入各行,倘有润张湿角,亦须通知各字号到行面验看过,提出结价,可免争多论寡。①

这种行规、脚规,在本纲之内具有法律般的效力,纲内的商人都应当遵守执行。福纸纲所制订的行规等,更呈请地方官府批准勒碑督行,该规条除了与篓纸纲规条相同之处外,还有一些较详细的规定:

　　各字号客到行便饭一次、席请一次,前人定规,原以存宾主体统,行有请客之名,客有贴行之费,若书此除去,虽有另送,将来彼此效尤,致启争端,殊为不雅,自后宜照旧规以昭划一。……

　　各纸客由蔡家围搭小船到郡,每人约略给钱一十六文,其各纸客回家由东关搭小船至大船,每人并行李一担,共给钱一十六文,若另有货物,每担给钱六文。……

　　纲内有与他省之客合伙字号者,向章推照字号一体抽厘,凡馆中祭祀宴饮,倘纲内字号应当与席,许同与席。但日后不得藉称已共抽厘,为伊同籍坤士科甲花红程仪争论津贴,及择经理,混争纲业为公共。②

闽西各商纲虽然各自制订有通行于本纲内的各种条规,但因商纲之上又有以汀州、龙岩地缘为组织的会馆,故在纲与纲之间,有时也有一些共同协作的条规,如福纸纲与武平纲,就曾合股购买店屋,"兹有武平纲付有七兑洋银三百元,即日交付众公等收入记薄,其银归与众福纸纲凑买长养坊三家巷行屋兑价,其行店租银众纲内收入。递年三月二十七日众纲内应办武平纲戏金一本

---

①　同治《潮州汀龙会馆志》,第28—32页。
②　同上书,第43—47页。

庆祝,其武平纲内人等演戏之二十七日应向众纲内收回租钱一千文,以办香纸油烛串爆等费。其戏金戏班递年俱照众纲所雇,以垂久远,永无违议"①。再如上杭、永定等以地缘而组成的纲,则委托福纸纲代为抽取本纲客人有经营贩纸者的份厘,"上杭纲同治元年合同九洲纲内上杭各字号,与运河纲本立纲各字号,按抽纸厘,……附入福纸纲","本立纲纲内向抽杂货厘金,后抽纸厘,入福纸纲一体抽厘,所有章程俱载本纲薄内,照旧办理"②。

毫无疑问,闽西的商纲组织及其会馆,对闽西商人在潮州粤东一带的商业活动,起到了一定的促进作用。直至解放前,闽西商人仍然是潮州地区最主要的外籍商人集团。

闽西商人在外地组成"纲"的组织,似不只潮州一地,据解放初期华东军政委员会所编的《福建省农村调查》一书,汀州商人也在福建省城福州市内组成商纲的会馆,这个会馆原是长汀、上杭二县经营纸靛的商人组织的"纸靛纲"(书误作"网"),后由"纸靛纲"扩充为"四县纲",再进而为汀州会馆。③在明末清初赣南、闽西一带,亦有农民或客户组成的"客纲",以便于与当地地主抗争租额。可见"纲"的组织在闽西山区有一定的延续性。④傅衣凌先生曾经说过,中国的会馆的起因是多方面的,唐宋以来的"纲运",可能是明清时期会馆的一个起因。然而有关明清时期商纲的记载,已经是凤毛麟角了。笔者因得睹《潮州汀龙会馆志》,无意中了解到这里较为详细的商纲资料,故特掇拾于此,以供研究中国商帮史及会馆史的同好们参考,或对加深这一方面的研究,有所裨益。

① 同治《潮州汀龙会馆志》,第 56—58 页。
② 同上。
③ 华东军政委员会土地改革委员会编:《福建省农村调查》,1952 年,第 78 页。
④ 傅衣凌:《我是怎样研究中国社会经济史的》,《傅衣凌治史五十年文编》卷一,厦门大学出版社 1989 年版。

六、福建各地博物馆等收藏契约文书举隅与分析

　　契约文书是历史研究的重要资料,但是长期以来,也许因为契约文书是属于民间的私人文献,一般的公立博物馆以及档案馆、图书馆等机构就较少注意及此。就福建的情景而言,学界前辈傅衣凌教授是中国最早注重民间契约文书的搜集和研究的一位学者,厦门大学人类博物馆的创始人、首任馆长林惠祥教授,早在20世纪50年代就在江浙一带收集了一批民间契约文书,并且典藏于厦门大学人类博物馆。尽管如此,在"文化大革命"以前,福建省各地博物馆、图书馆以及档案馆中所收藏的民间契约文书的数量还是相当罕见。所幸的是,自20世纪60年代兴盛"阶级斗争"运动以来,许多地方都把契约文书当作阶级斗争的"变天帐"来加以搜集和展览。轰轰烈烈的运动一过,大部分文书被付之一炬,而少部分契约文书被一些有心的人士收进博物馆、档案馆以及图书馆等公立机构。这种歪打正着的机缘,使得一部分珍贵的民间契约文书被保存下来。

　　为了对福建各地博物馆等机构所收藏的契约文书有一个大致的了解,近年来,我和我的学生们深入到福建的每一个县市,走访了各地的博物馆、图书馆、档案馆,以及文化馆、公安局、土地管理局、财政局、工商业联合会、地方志编纂办公室、政协文史办公室等。在各地相关部门的大力支持和我们的不懈

努力之下,终于取得了可喜的成绩。经过初步整理统计,可知目前福建省各地博物馆、档案馆以及图书馆等机构所专类收藏的契约文书(不包括附在其他档案卷宗之中的契约),大致有三千件左右。具体分布有如下:

地　区	件　数	地　区	件　数
宁　德	约 1300	龙　岩	约 150
泉　州	约 900	厦　门	约 100
漳　州	约 200	莆　田	约 100
南　平	约 200	三　明	约 100
福　州	约 200		
合计	约 3250 件		

在以上各地收藏民间契约文书的各种公立机构中,尤其以寿宁县档案馆和泉州市闽台关系史博物馆(现归并到中国闽台缘博物馆)的收藏数量为最多。

福建省各地博物馆等机构所收藏的这批契约文书,无疑为今后进一步开展明清以来福建区域社会经济史的研究,打下了良好的资料基础。在此,我略举一些比较特殊少见的契约文书稍作辑述分析,以期能够引起同行们的兴趣,把民间契约文书的搜集和研究工作推向一个新的台阶。

(一)民间契约中的人口交易

福建是一个家族组织比较严密的地区,乡族社会对于男性血缘的继承相当重视。我们见过数纸"继嗣"文约,兹抄录如下:

立继嗣书人陈门吴氏,传有口养第三孙名□□□年五岁,因父亡母出乏人抚养,情愿将此孙央媒送与本族内石蔡都厝炯郁妇林氏为嗣、炯摄为侄,即日凭媒取过身价银五拾肆大员,随收足讫,其孙就日随则入门听炯郁妇教诲口养,娶媳成家,育子遗孙,永承石蔡都宗祀。如有风水不测,乃系天命,不敢言及。日后亦不敢来往,唆教饥来饱去,盗逃回家,异言生端。保此孙亦无过房承继别戚不明等情,如有此情,吴氏合眷同媒抵当,不干石蔡都之事。此系两家三面言议,甘心情愿各无悔,惟愿瓜瓞绵绵。今欲有凭,立继嗣书壹纸附收为照。

为媒人　沃蜜

炯豆

知见人男长孙　基祥

基爪

钦闹

代书人　基爪

同治二年七月　日　　　　　　　立继嗣书人　陈门吴氏

子孙昌盛,高大门闾　知见人礼银一大员

为媒人礼银四大员

代书人礼银二大员 ①

这是本族之内的血亲领养,被领养者长大之后,承继领养者的宗祀。屏南县的"领养"文契,也是因父亡子幼而被同宗领养,但儿子长成之后仍归承原生父的宗祀,该领字云:

> 立领字堂伯宋天辉,为因堂弟天增娶室张氏,不幸亡故,所有业产及幼男侄媳不能持家掌管,经蒙亲族进前相议,将产业契券交领管理,并三人到家同扶养管领,接代宗枝。日后二侄长成,自能管理者,应将原交领等日契券付与二侄前去兴家立业,不得私存情弊。今欲有凭,立领字为照。
>
> 嘉庆十三年二月
>
> 右列田段种数名次于约字相同。
>
> 此一纸应是朝鹤收存,张奕发执错。发将此字兼合约二纸粘缴在官批准唤讯。②

莆田县民国时期的"过继"文书,则是孙姓男儿半继给陈姓舅亲,日后生子各半,分别承祀生父与养父的香火,该文契如下:

---

① 原件藏厦门市博物馆,复印件由厦门大学国学研究院资料库收藏。
② 原契藏屏南县档案馆,复印件由厦门大学国学研究院资料库收藏。

　　立过继约字功建里二保街孙陈氏、善化里贵墩村陈尾郎,缘陈氏因本家胞弟尾郎年老无子,陈氏愿将亲生第三子开祥立字半继尾郎为子。开祥娶妻郑氏,后来生男育女,俱各半继陈家为嗣。三面凭亲友商议,陈家所有公私业产交付开祥管掌,不得典卖。凡陈家祖宗祭祀,开祥支当照顾,孙家亲疏不得借口言说,而陈家房亲亦不得拈业翻异等情。自开祥夫妇入门以后,准在陈家居住,照顾祖宗业产祭祀,付流子孙。俱各孙、陈两姓共继宗支。各无异说。今欲有凭,立过继约字两纸,各执一纸为照者。

　　本日所约是实。

　　民国二十四年二月　日　　　　立过继约字人　孙陈氏　陈尾郎

　　　　　　　　　　　　　　　　见约人　孙开龙、开仁

　　　　　　　　　　　　　　　　　　　　陈清镐

　　　　　　　　　　　　　　亲友证明　陈桂林　林鸿章

　　　　　　　　　　　　　　　　陈　材　陈黄羽

　　　　　　　　　　　　　　代书　　陈少其、明 ①

　　以上各契约的领养关系,都是极力继持家族宗祧的继承,但也有些贫民为生活所迫,不得不把自己的亲生儿子卖断给外姓,泉州市的契约便有一个例子:

　　立卖尽断亲生子字人惠邑南门外十九都双林铺西塘乡陈扁观同妻王氏,有亲生第二子名叫桐子,年登六岁。今因为扁从前侵借多项,债主追讨,无以为情,姑与三婶妥议,愿将此第二子托媒引就邀来泉城卖与门外三十五都浦西乡庄树埕上为己子。即日同媒三面收过乳哺银完足,其此子即日同媒送交它上,听其改名换姓,抚养成人,接续庄宅宗祧。他日如显祖荣宗,乃庄宅之福,与扁夫妻无干,不敢异悔,借端贴赎滋事。保此子系扁同妻亲生己子,今为扁外出,债主迫讨难堪,故就此举与亲疏无干,亦无先收他人财礼过继填主不明为碍,如有来历不明,一切氏自抵当,与宅上无干。此系两愿,各无反悔,恐口无凭,立卖亲生子字一纸付

_____
① 原契藏莆田县档案馆,复印件由厦门大学国学研究院资料库收藏。

执为照。

媒人　刘绢娘　魏叶娘

蔡不娘　陈氏糠娘

知见　妻王氏

同立卖亲生子字人　陈扁观

（其夫不在,王氏代花押）

代书人景福 ①

民国六年二月　日

　　卖儿抵债固然凄惨,而把亲生儿子立契给人当学徒,其处境也十分艰难,兹引民国时期泉州的一纸学艺文契,可略见当时的情景:

　　立字据人邓恩恕,情愿将邓恩贵烦举荐保人荐于太沽铁工厂学徒,谨遵守厂规,专心学艺,不准随意歇工,应学艺四年,并效力节共计一千五百六十工为出师期限,请人谢师。倘有违犯厂规,不遵教训,不受约束,以及不合理之行为等情,甘愿听凭该厂处分。如在未出师年限之内,无端退志,改图刘业,情愿认罪,饭资由投入该厂之日起计算,每日饭资六元,共计几月合洋若干元,应即如数偿还该厂。倘不承缴此项饭资费,均由举荐人铺保双方承缴者。在未（出师）期内设有甩锤打死,失足落水,以及意外不测之事,均由举荐铺保担负完全责任,不与铁厂相干。此系同举荐铺保人双方议决,各无反悔,恐口无凭,立字为照。

立字人　邓恩恕

铺保人　泉盛号

举荐人　赵阴庭

中华民国二十年五月一日立 ②

　　从这张进铁厂学艺的文契可以看出,中国近现代的所谓"工人",其社会地位和生活保障是十分低下的。学艺期间的待遇,几与卖断儿子没有太大的差别。民国时期,国民政府实行抽壮丁政策,这也是让民间相当惊扰的事情,致

---

①　原契藏泉州市闽台关系史博物馆,复印件由厦门大学国学研究院资料库收藏。

②　同上。

使民间出现了用钱买替的现象,我们见到民国二十八年(1939)晋江县的一张契约,便是记述相关的事情,弥足珍贵:

> 兹有林圭于青阳联保庄才淡之子名庄杰材,替入伍,淡原出法币二百五十元正。今因圭之母来对于王缎交涉,对还前日所取款,今日一齐清楚,后日不能再发生枝节,如发生枝节,圭母亲负完全责任。恐口无凭,今欲有证,各无反悔,此系两愿。
>
> 中华民国二十八年八月二十二日　　　　　　黄门林氏注娘。①

这样的契约文书,以最原始的资料说明了民国时期征兵制度及其在民间具体实施过程的复杂情景。

(二)民间契约中的差役交易

明代中叶以来,地方政府的许多差徭逐渐由民户直接服役改为民户交纳银钱而由政府出银雇役,特别是经过一条鞭法的实施和摊丁入亩的改革,地方政府的差徭,已基本上以雇役为主。这些被雇用的衙门差役,虽然从名义上只是皂隶跟班之流,但是由于他们依附于政权,对于一般的老百姓,仍然可以在一定程度上"擅作威福",欺压平民,从而得到一定的经济收入。因此这种雇役也逐渐演变为一种权益,并非人人都可自主地受政府衙门之雇,成为衙门差役的一种,而是往往为一些与官府有所联系的人所掌握。

既然人们一旦当上衙门的差役,就意味着获得了某种权益,那么这种衙门差役的名额,也就如同农村的佃权一样,成了一种可以买卖交易的物权了,请看清代后期泉州地方衙役的交易契约文书:

一

> 立卖断字人晋江县在城天门铺吴白世,有自己置泉州府学门斗一缺,一升二合半,每年的日子七日半,其轮班以及诸事务须到学趋奉

---

① 原契藏泉州市闽台关系史博物馆,复印件由厦门大学国学研究院资料库收藏。

公事。今因乏银费用，托中引就黄宅上溪官卖出佛银二十四大元，重一十七两二钱八分足。银即日同中收讫，其斗缺听宅前去挂卯承当，永为已业，不敢阻当。白保此缺系是已置物业，与房亲伯叔兄弟侄无干，亦无重典他人不明为碍，如有不明，卖主抵当，不干买主之事。此系两愿，各无异言生端。恐口无凭，立卖断字为照。

并缴上手旧契一纸再照。内添一字旧字二字再照。

癸巳年四月二十九日拨出六合二勾半卖与林雄欢再照。

同治八年四月日　　　　　　　　　　　立卖断字人　吴白世

　　　　　　　　　　　　　　　中人　黄祯观　胡梅观

　　　　　　　　　　　　　　　　　陈三老　许诰续观

　　　　　　　　　　　　　　　　　　　　　　蔡海观

　　　　　　　　　　　　　　　　　　代书　黄祯观

二

立卖尽断字人晋江县在城育才铺黄白观，有自己置泉州府学门斗缺六合二勾半的日子三日半，刻其轮班以及诸事务须到学奉公。今因欠银费用，托中引就与商宅上九官卖出佛银十二大员，重每员七钱三分正。即日同中收讫明白，其斗缺听宅上掌管永为已置物业，不敢阻当。白自己抵挡，系是自己置业，与房亲伯叔兄弟侄无干，亦无重典他人不明，卖主抵当，不干买主之事。此系两愿，各无异言生端。恐口无凭，立卖尽断字一张为照。

再收旧字一纸再照。

光绪二十一年十二月二十八日　　　　　立卖尽断字　黄白观

　　　　　　　　　　　　　　　　　　知见　季文观

　　　　　　　　　　　　　　　　　　中人　李元观

　　　　　　　　　　　　　　　　　　代笔　黄才观①

① 原契藏泉州市闽台关系史博物馆，复印件由厦门大学国学研究院资料库收藏。

从以上这两张契约可以看出,清代后期泉州府学的差役——门斗,不但在很早就开始私下交易买卖,且在同治年间交易时,还必须"缴上手旧契"。同时,这种差役的权益,还可以像地权分化那样,被分割出来出卖,同治八年(1869)由吴氏出售给黄氏,而黄氏于癸巳年(光绪十九年,1893)分出一半出售给林氏,至光绪二十一年(1895),再把另一半出售给商氏。我们从清代的历史文献中,可以看到许多关于衙门差役虐民的记载,则这种差役成为一种权益而可以相互买卖的事实,显然是造成衙门差役虐民的一个重要原因。

(三)清代中后期对外交涉的契约文书

清代中后期以来,随着西方殖民者的入侵,福建各地原有的居民,不可避免地要与这些来自西方的传教士、商人等发生经济的交易关系。因此,在我们所搜集的福建契约文书中,还有一部分是关于各地居民与西方传教士、商人乃至外国领事馆所签订的契约文书。这种与外国人所签订的契约文书,在一般的场合,其形式与内容,基本上还是沿袭了明清以来福建民间通行的惯例。而在厦门等通商口岸,我们曾见到一份福建兴泉永海防兵备道与英国领事馆的合约,这属于官方的正式文书,共有中、英文本两份,兹将中文本抄录如下:

> 大英钦命驻扎厦门办理通商事务领事官佛、大清钦命三品衔福建延建邵道调署兴泉永海防兵备道奎,为会同立约纳租事。案查厦门英国租界内英商德记洋行并洋税新关,前经在于租界外该洋行、洋税关门前加筑海滩基地,除公路外,核算德记洋行该十丈零八尺,洋税关该八丈七尺,以周围见方一丈,给租银一两。每年德记洋行应完租银十两零八钱,洋税关应完租银八两七钱。现经公同议明,立约盖印,按年完纳。德记洋行所完地租银十两零八钱,合七钱二分洋银,应十五员;洋税关所完地租银八两七钱,合七钱二分洋银,该十二员。应行一并归入租界内所完每年地租银一百四十九员七角一分内,加入汇缴,计共每年英国租界应完中国地租银一百七十六员七角一分。其银照章仍由英领事署照送交

厦防分府衙门查收。所有该海滩基地即归英国租界内,第五段德记洋行英商,第六段洋税新关,永远承管。惟此次加租系就行前原租海滩渐填,增盖房屋,以后不得再有擅行添筑盖屋,以示限制。所有租界各行仍不得援以为例。除由道呈报督抚将军宪察核请咨总理衙门立案外,恐后无凭,用特合同立约盖印各存以昭信守为照。

大英一千八百八十五年四月二十七日。

大清光绪十一年三月十三日。①

从这张合约可以看出当时英国领事馆单方面不断扩充租界范围"加筑海滩基地"后,以既成事实要挟清朝厦门地方政府签订合约的情景。到 20 世纪初,这种不顾双方条约而强行扩充租界范围的行径,依然发生,请看当时双方事后商订的章程:

谨将英商太古洋行议建飞桥,所有前道及本道与英领事前后商订章程一并开录于后。计开:

一、太古洋行飞桥若与中国税厘以及来往船只有碍,厦门道照会英领事官转谕太古洋行立将飞桥拆去。如不拆去,情愿罚缴洋银一万圆。

二、每轮船用此飞桥,应将进口土货舱口单送与税厘局查验,以免土货走私。

三、土货过桥另有栈房,此栈房无论何时,税厘委员可先知会太古洋行,太古行立即应准委员同一司事进该栈房查验土货,而太古行当嘱自己之雇倨遵照委员之令,将货搬开以便查验。

四、如有捏报货物,每次可以从罚五两。以多报少或假冒走私,皆捏报。若笔墨之间稍有写错,则非捏报矣。

五、如有船只由飞桥经过,须当将桥吊起。倘有耽误以致来往船只受亏,太古洋行应当赔偿若干。

以上五条系周前升道与英国嘉领事所定章程,理合登明。

六、向来轮船货物均用驳船盘运上岸,将来飞桥造成,其货物由苃船

---

① 原件藏厦门市博物馆,复印件由厦门大学国学研究院资料库收藏。

上岸,自可直达栈房,但此系专指太古行栈行而言,若盘运到别行之栈房纲物,议明仍用驳船。仍此虽于驳船生计稍减,然亦无甚大碍。

七、飞桥造成,趸船与岸相接,货物上落甚便,将来若有别行欲行仿造,应由领事与厦门道妥商办理。

八、该处海滩虽系中国租给英国租界前面之地,然建造桥梁之处,恰与中国官筑海滩之地相接,议明日后不得侵占。并不得别生异议。

以上三条系本道与英国满领事商订合并声明。

大清钦命布政使衔本任福建延建邵道调署兴泉永海防兵备道延(花押)。

大英钦命驻扎厦门办理本国通商事务领事官满(英文签名)。①

英国人不断强行扩充租界和清末厦门地方当局的无能,曾激起厦门各界人民的强烈反抗。到了 1918—1919 年,厦门总商会、厦门教育会等 52 个团体联合成立"保全海后滩公民会",派代表分赴上海等地宣传,并派华侨黄廷元、台胞卢心启二人为厦门的公民代表,前往北京外交部请愿。②

从上面引述的这些契约文书中不难看出,福建各地所收藏的民间文书,其中所包含着的丰富学术内涵,还有待于我们进行认真发掘。我们除了应当真诚地感谢那些热心于民间契约文书收藏的博物馆、档案馆、图书馆的同行之外,更有成效地开展民间文献资料的收藏和整理,无疑将是我们今后需要充实加强的一项重要任务。

---

① 原件藏厦门市博物馆,复印件由厦门大学国学研究院资料库收藏。
② 参见何其颖:《公共租界鼓浪屿与近代厦门的发展》第六章,福建人民出版社 2007 年版。

七、遗失了的胜迹：闽台商人与宁波天后宫

　　明清时期社会经济特别是商品经济的进步,福建商帮活跃于海内外各地,是妈祖信仰由福建向外迅速传播的重要成因之一。厦门大学图书馆收藏有一份民国时期的孤本《为争回宁波福建会馆敬告同乡书》,叙述了清代以来福建商帮包括台湾商人在宁波的活动及其修建天后宫作为闽台商人会馆的史实。顾本书绝少为学者所引用,兹稍加整理以论述如次。

　　宁波亦称四明、甬,是中国东南区域的重要对外港口。宋时与广州、泉州同时列为对外贸易三大港口重镇。16 世纪中叶,随着大航海时代的兴起,福建商人以从事海上贸易活动称雄于东西洋,宁波自然成为福建商人往来的重要据点之一。清康熙二十四年（1685）,诞生了中国最早设立的四大海关（江南海关、浙海关、闽海关、粤海关）之一的浙海关。鸦片战争以后,宁波被开辟为"五口通商城市"之一。福建商人所从事的北线贸易,北至辽东、朝鲜半岛,兼及山东、江浙沿海一带,宁波是其重要的中转码头。以清代福建商帮中实力最为雄厚的泉州商帮言之,据载:"清中叶后,泉州最大的商业为郊商,即大宗批发南北各埠土产的商行。道光至同治间,经营郊商的多为有财有势的官绅,如观口黄、元祥苏、象峰陈、钱头吴、万厝埕王,等等。郊商中以宁波郊规模最大,财力最厚,他们成立宁郊会馆,馆址设在南门天妃宫。每年农历三

月廿三日为天妃（妈祖娘娘）诞辰，为该途郊商聚会日期，演戏开筵，热闹十多天，与会行东多为穿花袍戴圆顶有功名的官绅，人们称该途为'五龙袍郊行'。"①

福建商人在宁波建立会馆祀奉天后，始于清代前期的康熙年间。所谓："宁波福建会馆创于清康熙三十五年（1696，按：或为康熙三十四年，见以下所引郑开极碑记），闽人蓝理因前明天妃宫旧址备价收回、输粮过户，重建屋宇，祀以天后，内竖福建会馆横匾，为闽人商于甬者所栖止。"②

蓝理，即跟随施琅将军统一台湾的著名水师战将。《清史列传》卷十一《蓝理传》载云：

> 蓝理，字义山，福建漳浦人，少桀骜，膂力绝人。……（康熙）二十一年，提督施琅征台湾，知理英勇，奏署右营游击领舟师，部议格之，特旨允行。琅令理当前锋，诸弟瑶、瑷、珠皆从。……台湾平，叙功，仍授参将，加左都督。……二十六年，……擢宣化镇总兵，挂镇朔将军印。二十九年，移定海。四十二年，复移天津。赐花翎、冠服，并御书榜曰："所向无敌"赉焉。③

根据此传，蓝理是在康熙二十九年至四十二年担任浙江定海总兵官。蓝理率领闽人同乡在宁波修建福建会馆天后宫就是在这担任定海总兵期间。

康熙三十四年（1695）蓝理带领闽商创建天后宫与福建会馆，迄今留下提督浙江等处学政、闽人郑开极所撰写的《重建敕赐宁波府灵慈宫碑记》，碑记云：

> 宁波府甬东灵慈宫祀天妃古迹也。妃闽莆人，考郡志自宋绍熙年间舟师沈询迎妃像分祀斯土，至顺间赐庙额曰灵慈。及明洪武中，信国公汤和统帅四明，感妃助阵之力，复奏请建祀。历朝护佐漕功，褒封二十四诏

---

① 见陈盛明：《晚清泉州一个典型的世家——黄宗汉家族试探》，《泉州文史》第8期。又参见笔者：《民间文书与明清东南族商研究》第五章，中华书局2009年版。

② 王映川、陈俊星等撰：《为争回宁波福建会馆敬告同乡书》（1928年于日本），厦门大学图书馆藏，第1页。本篇文章中凡未注明引文出处者，均引自此书，不再一一说明。

③ 《清史稿》卷二六一《蓝理传》。

制。天顺间郡守陆阜修葺日久颓圮,基地没入豪强。幸逢今上恩弛海禁,各省商贩云集。蛟宫鼋窟中,赖妃默相保佑,灵异尤著。值定镇蓝公理暨提协张君天福、陈君佳,前镇标原名尔怀,鄞邑令黄君图巩,皆妃里人,同莅兹土,偕吾乡诸君子鸠财协募,清旧基扩新宇,重建庙殿四进。前后楼阁巍焕一新。肇于庚午岁越癸酉。余奉命督学浙江,以校士至宁,瞻拜喜跃,而庙适告竣,立碑征余为记。余思兹宫肇祀有宋,历元至明,中间沧海桑田,几经变更,今复缔造鼎新,壮观一郡。此惟圣天子廓清海内,百灵效顺之征,而亦赖吾乡诸君子辟草莱刈蓬蒿,相与同心襄事,以无作神羞也。经始之为难,告成之不易。继自今宦兹土者,尚其肃将烟祀勿替,引之则明神显相,固宜亿万斯年也哉。爰执笔而为之记,并附宫址图志于后以贻云。

赐进士出身奉直大夫右春坊右谕德兼翰林院修撰钦差提督浙江等处学政前左右春坊左右中允兼翰林院编修己酉云南典试正主考前庶吉士侯官郑开极拜撰,赐进士出身文林郎翰林院编修奉命校阅二十一史朱子总目孝经析义纂修明史兼修皇舆图志赐蟒三袭戊辰科会试同考官前庶吉士四明仇兆鳌篆额,赐进士出身文林郎前翰林院庶吉士闽中金潮书丹。

附本宫基址图考:

宫在宁波府鄞县甬东一图,坐北向南。旧碑载宫之东至滨江庙街,西至城壕官路,南至官路,北至东渡门城东铺。因明末庙毁,居民侵地盖屋,迄今年久,人烟稠密,难清旧址,姑以本宫现在方正围墙基址丈实弓数地亩入志。……

一 大门内天井左土地祠,右竖碑记,墙后厕屋。

一 二门一座五间,接戏台,左右有空地水井。

一 大殿五间,前月台甬道,左右天井,廊庑十间,供祀龙神。

一 大殿左附屋三间,祀地藏王十王。

一 大殿右附屋三间,香积厨。

一 第四进楼阁一座五间,祀大士,旁祀诸佛,左右附屋层楼僧舍。

一 楼阁前左右八角楼祀古佛玄帝。

一 众信捐缘银并需用账目及另置田亩另载册志。

　　一 感妃授梦拯魂,康熙三十一年福建士商陈文经等为仰体宪恩请丈税地等事佥请鄞县黄详情宁波府张详情藩宪批准甬东一图原提司废地丈量科税,每年银一钱四分三厘,造□陛册内江心寺□□按册据其地填平□□贮棺屋十间,骸权□□间,坐落义冢左旁□□闽义建夕庐,府县明示,另有勒石。时在龙飞康熙三十四年岁乙卯仲冬榖旦士商等立石。

在康熙三十四年（1695）郑开极的碑记中,不仅说明了蓝理等人率领闽商创建天后宫及福建会馆的过程,而且还详细地记载了当时天后宫的基址范围和各种附设设施。宫中除了奉祀主神妈祖之外,还有龙神、地藏王、观音菩萨诸佛、古佛玄帝等,同时还附设贮棺屋和义冢等,以安置办理闽人客死宁波的事务。

　　到了乾隆年间,福建会馆天后宫于乾隆三十四年（1769）遭受火灾,"乾隆乙丑岁毁于邻火,同人复出力重新加充拓焉"。这次重建之后,请来文华殿大学士、吏部尚书、闽人蔡新撰写《闽省重建会馆碑记》,该碑记云:

　　天下之大利半出于海,海各有神,载在祀典者多矣,而呼吸变幻之间,祷之而立应、请之而辄效者,莫灵于天后。余生长海滨,幸际国家累洽重熙海波不扬,巨商大贾皆得骈集于蛟宫鼍窟之区,而其间祥飙送飒晏然无恙,莫非藉天后垂慈以相默佑。故凡里人之客于外者,若楚之武昌,吴之姑苏、蜀之成都,靡不鸠工庀材建祠立像,以答保佑之德,兼藉以联桑梓之欢。呜呼盛矣！浙于闽为邻省,浙之宁波尤海滨一巨镇也。考旧典,自宋绍熙年中舟师沈询初迎天后祀斯土,至顺间建庙赐额,宫之名灵慈。自此始,其后星霜屡易,兴替不一。国初同里诸公嗣续营构,焕然改观。追乾隆乙丑岁毁于邻火,同人复出力重新加充拓焉,迄今十有余年矣。余尝念闽省距吴山川迢递、水陆暌阻,而与越相去远者不过千里,近者仅数百里耳。宁波虽云海滨,而严衢之间从陆迁途,亦不旬日可至,而吴独以地当孔道,为南北往来必由之区。忆昔銮辂南巡翠华至止,感天后裕国之功、惠商之德,亦尝躬亲拜礼焚香展币致敬有加,乡人荣之,谨镌圣驾亲临四大字于神前,以为光宠。而吾乡仕宦之至灵慈瞻拜玉容者,盖十不一二至。虽余自与计偕登仕版,迄于兹四十余年,往返不暇十余周,奔驰不暇亿万里,而慈宫竟与若楚若蜀之未尝一至为憾,得非地势使之然与？虽然神之在天下，固如水之地中，无所往而不在，而发源之处，其取精也，必多意者。神之所栖，其尤在于近方者耶。盖海道自南而北可达津门，然皆发轫兹土，而天后又闽人，则精爽之所钟，其必有所由始，非仅桑梓慕敬之义而已焉。癸卯年春，吾乡人始邮书请记于余。余谓天后之德固当食报无穷，而吾乡人之朝夕托处斯土，仰邀灵庇者不在崇观瞻联声气，尤当体天后之慈仁以睦姻任恤通有无济缓急相引于勿替。异日者倘蒙圣天子予赐归田，尚思入庙拜稽以观其盛焉。是役也，捐金董事若而人，而欧阳君辉、陈君若坤尤与力。提帅蓝公理之后，亦仅见者。至于修废颠末，前人已详言之矣，故不复赘。是为记。

赐进士出身光禄大夫经筵讲官内廷供奉文华殿大学士吏部尚书兼受国子监事务前礼部兵部尚书刑部工部侍郎提督河南顺天学政内阁学士翰林院侍读翰林院编修加三级蔡新拜撰。赐进士出身通议大夫光禄寺卿前大常寺少卿通政司参议工科给事中贵州道监察御史翰林院检讨加三级蓝应元篆额，赐进士出身文林郎翰林院庶吉士蔡善述书丹。

捐金首事陈世杰……

漳泉台众商捐金三千五百六十一两。晋江众商捐金四千零七十二两，诏安众商捐金三千七百两，福州众商捐金二千八百三十两，漳浦众商捐金二千两，厦岛众商捐金一千七百八十九两，烟丝众商捐金一千七百八十四两，汀州众商捐金一千七百四十四两，兴化众商捐金一千二百五十三两，龙岩众商捐金八百两，宁德众商捐金六百零六两二钱，烟业众商捐金二百六十两，陈藉观捐金一百两，南安惠安众商捐金六十三两。

乾隆四十八年岁次癸卯应钟月上澣□日立石（西湖骆亨镌）

在这篇由蔡新撰写的碑记中，除了说明乾隆年间福建会馆天后宫重修的经历之外，最引人注目之处是此次重修的捐资众商中，已经明确写上"漳泉台众商"。这也就是说，宁波的福建会馆天后宫，实际上已经包含了台湾的商人在内。所谓宁波福建会馆天后宫，也可以说是闽台会馆天后宫。

乾隆年间重修福建会馆天后宫，可能历时十余年。上引蔡新撰写碑记并立石的时间是在乾隆四十八年（1783），但是早在乾隆四十年（1775），宁波府鄞县衙门就已经为重修的福建会馆天后宫出示了保护告示。该告示云：

> 特调鄞县正堂加三级记录十次记大功三次张，为公恳押逐示禁以
> 肃庙貌以昭诚敬事。据闽省各商林又新、陈达生等呈称，切惟治下甬东
> 地方建造天后宫为新等闽省各府众商会馆，今复鼎新，现已落成。大殿
> 后殿两庑楼台俱用金漆丹青涂染黝垔，四周高墙俱用砖甃层叠鳌砌。此
> 番工料迥异从前，实为崇奉永垂久远，不致亵慢起见。讵料大门棂星门
> 内外尚未漆垔添彩，即有一班恶棍，各霸一隅，或摆茶摊，或卖果食，招众
> 饮食喧哗，咳唾污秽，肆无忌惮，殊干不法。痛思后宫无殊圣宫，历朝崇
> 祀既已详载祀典，兹复钦奉御题赐额，宠光庙貌并垂不朽。现蒙各宪朔
> 望行香，并蒙历历示禁各在案，则棂星门内外是何处所？岂容若辈胆肆
> 玩法，撒野摆摊毫无顾忌？必系仗盈戈地棍串合地保，纵容把持，均未可
> 定。得蒙差押斥逐取具，不敢再入摆摊，招聚污秽依结备案，仍一面檄行
> 就近甬东司主不时添役巡查，四周围墙毋许污秽堆塞，墙上不许钻钉搭
> 挂，致伤砖石，动摇砌鳌。公叩迅准押逐给示严禁等情前来，据此除檄行
> 就近甬东巡司不时稽查外，合行给示严禁。为此示仰该图庄保及该主持
> 人等知悉，嗣后倘有不法棍徒仍敢在官内外摆设茶摊、聚众座谈、饮食咳
> 唾，杂还喧哗、裸体污秽，以及附近宫墙就地居民敢将四面墙壁钻钉搭挂
> 堆塞污物等项，均许尔庄保住持等不时赴县指禀，以凭严法重究。该庄
> 保倘敢扶同容隐，一经察出，或被告发，一体治罪。各宜凛遵毋违特示。
> 　　乾隆四十年十月廿四日给（发天后宫实贴）

从乾隆年间蔡新撰写的碑记与鄞县衙门发给的示禁告示时间看，当时重建天
后宫是一项艰巨的工程，闽商众商捐资的大量银钱可不待言，即以建筑的时
间而言，前后也得花费十余年。在雍正、乾隆年间，由于闽省各地商人在浙江
宁波的活动得以发展，他们还在宁波的另外地方建立了另一座天后宫即水
仙宫作为福建会馆的"别庙"。乾隆五十二年知县钱大昕修《鄞县志》第七
卷："天后宫旧名天妃庙在县甬东隅，县东二里东渡门外，宋绍熙二年建。元
至正末毁，明洪武三年汤和重建，天顺五年守陆阜重修。明季颓废，国朝康熙
二十三年后海禁既弛，闽粤商贾辐辏，海中屡著灾异，捐资修建，为城东巨观。

雍正五年敕号天后,别庙在大嵩所。"又光绪二年张恕修《鄞县志》第十二《坛庙门》云:"天后宫,一名灵慈庙,县东渡门外,宋绍熙二年建,元皇庆二年重建,延祐元年封护国庇民广济明著天妃。天历二年加封福惠。至正末毁,明洪武三年中山侯汤和重建,指挥张理继成之。天顺五年知府陆阜命主簿沈祐重修,并建寝殿。国朝康熙二十三年诏封天后。五十九年奉旨春秋致祭,编入祀典。咸丰元年正殿灾,七年重建。别庙在县东八十里大嵩所。又三江口南北海商公所,并有分祀。(按志内所云七年重建,盖即闽人集资重修,有郭柏荫撰碑可证。)"①

在光绪《鄞县志》中,提到"咸丰元年正殿灾,七年重建"。事实上,宁波福建会馆天后宫曾经在道光十九年(1839)就遭受过火灾,咸丰元年再次发生火灾。咸丰五年(1855)鄞县衙门为天后宫重修的告示中说:"天后宫殿供奉圣火,为春秋祭祀之所。道光十九年间宫之左侧一带民房失火,延烧宫墙,殿临危险。……咸丰元年五月间宫殿回禄,延今未及兴工。兹择于本年十月初十日告土起造。"可知清代后期福建会馆天后宫的这次重修,始于咸丰五年(1855)十月初十日。这次重修同样花费了十余年时间。宫殿修整完毕之后,闽台商人恭请署湖广总督、湖北巡抚、福州人郭柏荫撰写《重修福建会馆碑记》,撰写的时间是同治七年(1868)。该碑记云:

> 四明为并海要津,航樯辐辏,闽士商公建会馆,祀天后香火于中,盖历有年所矣。年久重修,同众各出囊金通力合作,垣墉栋宇焕然一新。吴君淑金、陈生舟典暨同乡诸君协董其成。工既竣,邮书嘱柏荫为之碑记。窃维天后降神湄州,修道入圣,自宋元以来节次褒封,列在祀典。比至国朝,益如灵迹,备在志乘,可略言焉。所尤异者,庚申辛酉年间,浙江先后被兵,所在焚掠,吾乡公所之在苏者,仅遗万年桥之山馆大门一座,乍浦则片瓦无存。宁亦贼踪所至,而斯馆独完。闻发匪纵火时火势已及馆墙,忽为反风扑熄,谓非神灵之所保护乎?吾乡估舶以苏(州)、宁(波)、乍(浦)三大帮,而宁帮最为朴实,重信义屏浮华,尤讲乡谊,逆旅中望街对宇,操土音相慰问,式好若弟昆。行李之出于其途者,偶

---

① 参考乾隆《鄞县志》和光绪《鄞县志》。

乏困周给必丰,无丝毫吝者。盖虽居囹圄之中,而有士君子之行焉。斯馆之存,惟神之灵,亦人和之所感召也。继自今有讲信修睦敦善行以敬迓神庥,千艘云屯,百货鳞萃,气象必更有隆隆以兴者,是则柏荫之厚望也。是役经始于咸丰乙卯年十月,落成于咸丰辛酉年十月,糜白金二万七千五百九十八元三角四分六厘,市钱十一万八千一百五十千零九百六十二文（出资芳名附登于版）,同治七年岁在戊辰十月初吉。赐进士出身诰授资政大夫署湖广总督湖北巡抚侯官郭柏荫撰文。

......

首事　吴淑金　黄竣渊　马晓林　黄邦芳　柯凌波　陈升典
　　　陈了器　李利芳　黄邦杰　涂捷秀
同治七年岁次戊辰十月　谷旦　闽商公会①

这次重修天后宫的捐资闽省众商,同样也有台湾如"淡水帮"的商人参与其间。据《重修会馆众商捐资条目》等文献记载,当时主事闽商有"募缘重建首事闽中林篆新、陈泗、周道旸、陈文经、曾嵒、张迪纶,督工林子善、陈景明"等。捐资各福建商帮有：

泉州帮捐银一万六千一百九十五元零六分二厘正,钱四万四千一百五十六千四百十四文,

温陵深沪帮捐银四千三百零六元一角一分八厘正,钱二万三千六百六十千零四百六十四文,

具安帮捐银九百一十七元五角六分六厘正,钱五千零九十一千零六十六文,

福州帮捐银三百七十五元九角二分三厘正,钱一万六千三百八十一千八百四十文,

丹诏帮捐银一百三十元零三角一分七厘正,钱八千八百九十四千三百四十五文,

温陵渔帮捐银一百四十三元零六分八厘正,钱四千五百九十八千零

① 《为争回宁波福建会馆敬告同乡书》,1928年印行,现藏厦门大学图书馆。

十一文，

　　宁阳帮捐银六百四十元零九角七分八厘正，钱三千九百八十九千一百九十三文，

　　温陵淡水帮捐钱三千八百九十一千零六十文，

　　龙岩帮捐钱三百五十四千文，

　　温陵洋货帮捐银二千零七十二元六角五分九厘正，

　　海焰众商捐钱三十七千六百五十五文，统合共捐银二万七千五百九十八元三角四分六厘正，钱十一万八千一百五十千零九百六十二文。

　　同治七年岁次戊辰十月　毂旦　闽商公立。

以上闽台众商的捐资额达到银元二万七千余元，钱十一万八千余千文，数目相当巨大。在《咸丰间鄞县告示》中，我们还可以看到倡建的闽商商号有：通泉、书田、万利、新丰、乾丰、仁丰、恒昇、谦和、德春、洽源、泉裕、慎茂、礼记、昆合、通裕、润美、义兴、瑞裕、益泰、秉记、顺记、和成、顺发、顺昌、安记、万裕、义丰、集昌、振成、振昌、瑞记、万祥，等等。从这些商号及所捐献的银钱数量，我们可以大致想见到当时闽台商人在宁波的兴盛情形。

　　经过咸丰、同治年间的这次重建之后，宁波福建会馆天后宫的规模更加雄伟辉煌（见图）。然而到了民国十七年（1928），宁波市政府在境内实行不动产物权登记，把福建会馆天后宫作为公共寺庙即社会公产勒令闽商进行登记。为此在宁波市的闽台商人不复，向宁波市政府上呈了《闽商声请书》，要求以闽商会馆私产的资格登记天后宫的物权，该声请书云：

　　具声请书，福建会馆众商书为确保会馆并非寺庙，请求派员彻查免予登记事。窃敝帮旅甬经商，有百余年于兹。先在江东地方（面临大□头渡）创设会馆，敝帮称为老会馆。大门内第一横额即悬有会馆二字，并廊屋

内有石碑载明福建老会馆字样。复于江厦地方（在双街西旁）新建会馆,其范围大于江东老会馆。大门内第一横额悬福建会馆（有呼之为八闽会馆者）,并两旁石碑三四座,亦多载明会馆字样。但门面上层系天后宫,以致天后宫三字作为地名称呼（如呼宫前宫后之类）,实即主体为福建会馆附设天后神像而已,其性质与江东南北两号之会馆丝毫不相上下。特敝帮会馆筑于商场极繁盛之区,以致天后宫三字相传迄今。兹贵市政府等寺庙财产出有布告限令登记。敝帮天后宫亦在其列,看做会馆而为寺庙,实则寺庙与会馆性质有所区别。凡果属十方寺庙,断不能悬以私人团体之会馆。惟私人团体之会馆,得自由附设己所崇拜之神像。敝帮藉海运以谋生活,所崇拜者天后耳,故于会馆内附设天后。总之会馆名义匾额石碑证据累累,恳请贵市政府派员彻底查核,真相立见。至江东老水仙官,亦为我众商等养病及休憩之所,非普通寺庙属于十方性质者之可比,亦请一并查核。为此沥情环叩钧长逾格体恤,迅予派员彻查恩免以寺庙例登记。一俟核准归普通土地登记,方为合格而免误会,不胜迫切待命之至。谨呈宁波市政府登记处长公鉴。

中华民国十七年二月　日具声请书福建会馆众商。

但是当时的宁波市政府根本不理闽商的正当要求,坚持原议,在三月一日批文中写道:"书悉。查天后宫、水仙宫均系寺庙之类,应即遵奉以寺庙声请登记,并照登记条例第三条同时声请土地登记。现在限期已满,仰即速来声请毋违。此批。"闽商于三月八日和三月二十七日第二次及第三次上书宁波市政府,要求更改原议,以福建会馆私产的资格登记天后宫的物权。宁波市政府依然置若罔闻,坚持己见。闽商在百般无奈之下,于四月十四日第四次上呈声请书。第四次声请书云:

> 为奉批惶惑补叙事实附呈证据声请再议事。窃商等为福建两会馆(即天后宫)登记一节,叠经具书请以土地登记,送蒙批示在案。惟四月七日第三次书奉批"查鄞县志坛庙门天后宫一名灵慈庙在东渡门外、别庙在县东大嵩所,均经载入祀典,且历代修理重建等工作亦均出地方官之手,足见该天后宫基地建筑完全为公家产业,毫无疑义"等因,奉读之下,不胜惶惑。爰特稽阅新旧鄞志、参考宫内碑记,摘录有关所有权之语,为我市长陈之。按乾隆年间钱大昕重修《鄞县志》载:"明季颓废,国朝康熙二十三年后海禁既弛,闽粤商贾辐辏,海中屡著灾异,捐资修建。"又按康熙三十四年郑开极撰重修碑记(竖在宫内,拓本附呈)略云:"日久颓圮,基地没入豪强。"又云"鸠财协募,清旧基扩新宇。"又云"明末庙毁,居民侵地盖屋,迄今年久,人烟稠密,难清旧址。"基上各条记载,则天后宫基地建筑从前或为官,有官修,明季已入豪强之手。入清以后,经闽人集资清基营造,其物权早移转为会馆所有,可断言也。故本会馆每年输纳天后宫户钱粮以尽不动产纳税之义务(粮票拍照附呈)。且天后宫屡遭回禄。康熙一修之后,再修于乾隆四十八年,三修于咸丰乙卯年,皆是闽人集资襄事,丝毫不用公帑。有蔡新、郭柏荫撰二碑竖在宫内(拓本附呈),班班可考。此外尚有历次官厅保护告示可资证明者甚多(告示拍照附呈)。至祀典一节,当君主专制时代,方幸此为光宠,无拒绝之理,亦无拒绝之势。例如御葬冢墓当时由公家赐金造坟遣官致祭,其后仍归其子姓承管,绝不闻有收为官产者。况福建会馆之未动用公帑耶?再查钧批援引之书,盖用光绪年修鄞县志。然其中有云"咸丰元年正殿灾,七年重建",虽不指出于何人之手,而以当时碑记告示考之,实是闽人营造。今统指为官修,恐与事实不符。总而言之,如以天后宫为官地,则纳粮义务何以责之闽人?如以天后宫为官修,则有清一代三次重修之碑,曾无一语及此。钧府不总观天后宫沿革,仅执一偏之见,难昭折

服。用敢指出确证，声请再议。且闽人远商各处，均建有会馆，无一不以
天后宫命名，倘宁波福建会馆可因天后宫三字没收，则全国中千数百处
八闽会馆之天后宫，皆可指为官有。靡特蹂躏闽人立会结社之自由，即
揆诸先总理民生主义保护地权之旨，亦未免大相刺谬。为此渎请钧长收
回成命，准将福建会馆即天后宫照土地登记办理，以重物权，实为公便。

闽商在第四次上呈声请书时，大体知道了兹事之不可挽回，因此在愤慨之余，
撰写了《为争回宁波福建会馆敬告同乡书》，并把天后宫历次修建碑记以及
包括四次声请书等各种相关的文献刊印成册，发放给在宁波的闽台各商帮。
《敬告同乡书》写道：

> 迳启者，宁波福建会馆创于清康熙三十五年，闽人蓝理因前明天妃
> 宫旧址备价收回、输粮过户，重建屋宇，祀以天后，内竖福建会馆横匾，为
> 闽人商于甬者所栖止。屡次重修，皆由闽商集资建筑。历年应缴国课，
> 亦由闽商全数担负。是福建会馆为闽商之私产已无疑义。此外尚有名
> 人勒石碑记、历任官厅出示保护各陈迹，皆证明闽商之所有权。故历管
> 数百年毫无异议。本年二月，宁波市政府开办土地登记，以闽人私建之
> 八闽会馆列入寺庙勒令登记。经董事等三次具书声辩，请以土地登记列
> 册，未蒙核准，且援引县志，指为官产豫备没收。查乾隆五十二年鄞县志
> 内有天后宫在县东二里东渡门外，宋绍熙二年建，元至正末毁，明洪武三
> 年建，明季毁，清康熙二十三年海禁弛，闽商辐辏，捐资修建等语，是天后
> 宫为闽商所建，县志业已叙明，无争议之余地。又查清季重修县志，康熙
> 二十三年诏封天后编入祀典。咸丰元年正殿毁灾，七年重建等语，因简
> 略记载，未叙建者何人。惟建筑时有镌石碑记，叙明募款数目，复有当时
> 官厅出示保护载明发起闽商姓氏。种种古迹，足为非官产之佐证。宁波
> 市政府执一偏之见，使民众数百年之物产归于乌有，似未公允。试问天
> 后宫倘属官产，何以每年国课概属闽商担负？既有纳税之义务，自有管
> 业之特权。法律有灵，当不如斯颠倒。且闽人远商各处，均建会馆，无一
> 不以天后宫命名。倘宁波福建会馆可因天后宫三字没收，则全国中千数
> 百处闽人会馆之天后宫，皆可指为官产，靡特蹂躏闽人立会结社之自由，

即揆诸总理民生主义保护地权之旨,亦未免大相刺谬。不得已声恳大君子主持公道援助民权,实为公感。

八闽董事:王映川、陈俊星、李任、辜耀德、朱仁歧、黄焕如、张允贞、蔡锡合、陈梦兰、林冠贤、陈伯臣、蔡伯瑢、陈钧、丁则余、李希膺、黄耀藜、丁安润、黄翊庭、黄编、张甫生、郑超、陈文甫、张西川、黄先友、曾润庆、许道生、陈玉麟等敬启。

中华民国十七年四月　日

民国期间宁波市政府的这一举动,对福建会馆天后宫造成了无可挽回的损失。由于丧失了物权,天后宫也就失去了管理的主体,再加上近现代宁波一带的战乱破坏,在之后短短的数十年时间里,福建会馆天后宫就逐渐颓废,终至倒圮。一座极富建筑艺术和文化内涵的宁波天后宫,就这样在昏庸政府的行政干预之下,从历史中消失了。如今,在宁波市内,本来规制比福建会馆天后宫小,建造时间迟在清代后期的安庆会馆天后宫,因保存下来的缘故,成了宁波市有数的几处全国重点文物保护单位之一,成了宁波市的一处文化骄傲场所,而更为辉煌、历史悠久的福建会馆天后宫,却几乎被当代宁波市的人们所遗忘。我们从厦门大学图书馆所保存的《为争回宁波福建会馆敬告同乡书》中,可以还原福建会馆天后宫当年的盛况以及她所走过的辉煌历程,但是民国十七年前后宁波市政府的愚蠢刚愎的行政行为,同样也可以作为文化罪人的一个形象,为人们所记取。

卷二　闽台历史文化

一、闽南文化的国际性特征

　　长期以来,人们对于世界文明发展史的思考,往往局限于"欧洲中心论"的格局之中。随着 20 世纪下半叶世界多元化进程的加快,近年来,国内外的许多学者,都进一步认识到中华文明发展对于世界文明发展史的重要贡献。有一部分学者进而提出了"大中华文化圈"的概念。这些研究和思考,无疑对于继承和弘扬中华文化,起到了十分积极的作用。

　　然而,许多学者也认识到,中华文化的另一个重要特征,是相对内敛型的。从上古社会来考察,中华文明的对外交流,主要是通过西域的所谓"丝绸之路"和东南沿海的海上交通。唐宋以后,通西域的"丝绸之路"已经凋零,中华文明的对外窗口,就主要集中在东南沿海的海上交通之上。

　　东南沿海的海上交通史可谓由来已久,但是在唐宋之前,一是以政府的"朝贡"贸易为主,二是其规模数量都比较有限。宋末元代,阿拉伯商人基本控制了世界大港泉州一带的对外贸易,闽南地区的海上贸易活动盛极一时。入明之后,东南沿海地带的海上走私贸易得到空前的发展,东南沿海的商人们,逐渐把经营活动的范围,转移到从内地组织货源而走私贩运到东西洋各地。商人们的活动空间结构重心,已经不再局限于国内的市场,而是跨越出政治与国家行政的藩篱,寻求着跨地域的经营网络。到了明后期及清代,情景又有了新的变化。一方面,西方殖民势力已经在亚洲建立了比较稳固的商业贸易体制,亚洲的商业贸易格局已经突破了原有的亚洲本土的限制,逐渐纳入到国际商业贸易的大市场之中;另一方面,大量沿海居民迁移台湾宝岛促进了台湾社会经济的迅速开发,不仅使得台湾成为中国市场的一个不可或缺的组成部分,同时也使得台湾成为中国市场连接海外东南亚市场乃至西方市场的一个重要据点。在以上国内外经济贸易格局的变化之下,东南区域特别是福建沿海的商人们,也迅速地顺应这一变化的趋势,把自身经营活动的空间,转移到以闽台海峡两岸间的商业贸易为核心,进而连接国内市场以至国际市场的海洋格局之上。

从比较世界史的立场来观察,明初中国国力的鼎盛时期,正是欧洲"黑暗"的中世纪。西方透露出资本主义的曙光,和明中叶以降中国社会经济与文化思潮的新旧交替的冲动几乎同时。随着欧洲资本主义原始积累的步步推进,早期殖民主义者也跨越大海,来到了亚洲及中国的沿海,试图打开中国的社会经济大门,谋取原始积累上的最大利润。差不多在同样的时期,伴随着明代中期社会经济特别是商品市场经济的发展,中国的商人们也开始萌动着突破传统经济格局和官方朝贡贸易的限制,犯禁走出国门,投身到海上贸易的浪潮之中。

16世纪初叶,西方葡萄牙人、西班牙人相继东航,他们各以满剌加、吕宋为根据地,逐渐伸张势力于中国的沿海。这些欧洲人的东来,刺激了东南沿海地主商人的海上贸易活动。于是嘉靖、万历时期,民间私人海上贸易活动,冲破封建政府的重重阻碍,取代朝贡贸易而迅速兴起。中国沿海海商的足迹几乎遍及东南亚各国,其中尤以日本、吕宋、暹罗、满剌加等地为当时转口贸易的重要据点。他们把内地的各种商品,其大宗者有生丝、丝织品、瓷器、白糖、果品、鹿皮以及各种日用珍玩等,运销海外,而换取大量白银以及胡椒、苏木、香料等回国出售。由于当时的欧洲商人已经染指于东南亚各国及我国沿海地区,因此这一时期的海外贸易活动,实际上也是一场东西方争夺东南亚贸易权的竞争。中国的沿海商人,以积极进取应对的姿态,扩展势力于海外各地。据许多外国商人的记载,当时17世纪前后,中国的商船曾遍布于南海各地,从事各项贸易,执东西洋各国海上贸易的牛耳。嘉靖前后,闽粤沿海经商者众多,且分布相当广大。

万历时期,即15世纪末、16世纪初,欧洲陷入经济萧条,大西洋贸易衰退,以转贩中国商品为主的太平洋贸易发展为世界市场中最活跃的部分。中国商品大量进入世界市场,在一定程度上缓和了世界市场贵金属相对过剩与生活必需品严重短缺的不平衡状态;由嗜好中国精美商品而掀起的"中国热",刺激和影响了欧洲工业生产技艺的革新,促进了经济的发展。中国商品为 17 世纪西方资本主义的兴起作出了不可磨灭的贡献。

明代中后期不仅是中国的商人们积极进取应对"东西方碰撞交融"的时期,而且随着这种碰撞交融的深化,中国的对外移民也形成了一种常态的趋向。唐宋时期,虽然说中国的沿海居民,也有迁移海外者,但是一是数量有限而非常态,二是尚不能在迁移的地方形成具有一定规模的华侨聚居地。而具有真正意义上的海外移民并且形成华侨群体的年代,不能不断定在明代时期。这种情况在福建民间的许多族谱中多有反映,譬如泉州安海的《颜氏族谱》中记载,该族族人颜嗣祥、颜嗣良、颜森器、颜森礼以及颜侃等五人,都是在成化、正德、嘉靖间经商于暹罗并侨寓其地而死的。《陈氏族谱》中记载该族族人陈朝汉等人于正德、嘉靖年间经商于真腊而客居未归。再如同安县汀溪的黄姓家族,明代成化年间有人去了南洋,繁衍族人甚众。永春县陈氏家族则于嘉靖年间经商于吕宋而定居于其地。类似的例子很多,几乎举不胜举。[1] 这些闽南"生理"(Sangleys)人在马尼拉等地从事各种物品交易,如1574 年西人 Hernando Riquel 写道:"中国人每年继续扩大他们的商业,提供给我们许多物品,如糖,小麦,面粉,胡桃,葡萄干,梨,柑桔,丝绸,瓷器,铁器,以及其它我们在这个岛上所缺乏的小型物品。……华人也是最好的书籍装订工,因为,当他们从西班牙人那里学会了这门手艺后,就开起了属于自己的店铺,慢慢地把他们的师傅排挤出这一行当。"[2]

印度尼西亚的巴达维亚城是荷兰东印度公司的所在地,1619 年前华侨人数不足 400 人,不到十年间,即 1627 年,该城的华侨人数已达 3500 人,而其中大多数是福建漳州、泉州二府的移民。万历年间担任福建巡抚的张孚敬,在一次上疏中也谈到福建沿海居民移居东南亚的情景说:"夫沿海居民,

---

① 以上见王日根、陈支平:《福建商帮》,香港中华书局 1995 年版,第 117—119 页。

② Alfonso Felix, Jr., ed., *The Chinese in the Philippines*, Volume I, Manila、Bombay and New York:Solidaridad Publishing House, 1966.(本资料承蒙张先清先生提供并翻译成中文,特此致谢。)

凭借海滨,易以为乱,往者商舶之开,正以安反侧杜乱萌也。……东西二洋,商人有因风涛不齐,压冬未回者,其在吕宋尤多。漳人以彼为市,父兄久住,子弟往返,见留吕宋者,盖不下数千人。……有越贩惧罪之夫,其在吕宋诸番者,不可以数计。"① 有记载显示,明清时期的福建沿海商民,甚至有远到欧洲、美洲定居的。

14 世纪至 17 世纪,固然是西方殖民主义者向世界各地扩展的时期,从而也逐渐推进了"世界史"的涵盖空间。但是其时东方的明代社会,中国的商人们以积极进取应对的姿态,同样也把自己的活动范围向海外延伸进展。这种双向碰撞交融的历史进程,无疑在另一个源头促进了"世界史"大概念的形成与发展。因此可以说,14 世纪至 17 世纪的中国明代社会,同样是推进"世界史"格局形成的一个重要组成部分。

明清时期中国的东南沿海商人,其中福建沿海的商人们占有极为重要的比重;而所谓福建沿海商人,当然主要是闽南地区的商人们。到了清代中期,他们大量涉足于海峡两岸间的商业贸易活动,并且伴随着福建沿海地区居民迁移台湾的潮流而进行的,是立足于家族、乡族的力量而进行的。家族、乡族组织及其力量的相互依赖与互助,在一定程度上促进了商人们在商业经济运作上的成功。而家族、乡族的移民,台湾新的家族、乡族聚居点与新的家族、乡族组织的形成,又使得这些商人们,始终与原籍家族及台湾新家族保持着比较密切的关系。这样一来,清代福建沿海的商人们,其所依托的社会活动空间,已经不仅仅只是商业市场的经济层面,而是逐渐扩展到社会与文化的层面。正因为如此,我们现在来考察福建特别是闽南区域与台湾的关系,就不难发现这二者自清代以来,不仅已经形成了一个基本自成体系的经济区域圈,而且还具有一个比其他经济区域圈更具鲜明的特点,这就是"闽台社会文化圈"。或许也可以用另一种表述方式,应该说是"闽南区域文化圈"。因为这个文化圈,无论是福建沿海区域也好,台湾区域也好,基本上是由闽南区域文化派生出来的。假如我们要研究台湾的社会经济与文化变迁历史,这二者是不能分开的,我们必须把福建沿海地区特别是闽南地区与台湾地区联系

① 张孚敬:《疏通海禁疏》,《明经世文编》卷四〇〇。

起来,综合考察,才能较为全面地把握这个自清代以来新兴的经济与文化区域圈形成与发展的基本特征。

明清以来闽南人的对外移民,并不仅局限在台湾的流向。其实在此之前的很长时期内,随着海外交通的发展和海上私人贸易的进步,闽南人移居东南亚以至海外其他地区的情况就已时有发生。明代中后期,中国的商人们积极进取应对新时期的"东西方碰撞交融",中国东南沿海特别是闽南地区的对外移民也形成了一种常态的趋向。闽南区域向海外移民人数较多的家族,往往是父子辈、兄弟辈相互连带的。当1571年西班牙殖民者进抵菲律宾群岛并构建了以马尼拉城为中心的殖民据点后,积极开展与东亚各国贸易,采取吸引华商前来贸易的政策,前往菲岛的华商日渐增多,其中不少人定居下来。据当时明代福建官员的描述:"我民往贩吕宋,中多无赖之徒,因而流落彼地不下万人。"① 有的记载则称这些沿海商民,"流寓土夷,筑庐舍,操佣贾杂作为生活。或娶妇长子孙者有之。人口以数万计"②。至于明代后期聚居在马尼拉的华人,据1574年西人 Hernando Riquel 写道:"中国人每年继续扩大他们的商业,提供给我们许多物品,如糖,小麦,面粉,胡桃,葡萄干,梨,柑桔,丝绸,瓷器,铁器,以及其它我们在这个岛上所缺乏的小型物品。"③ 此外,一部分华人还从事建筑、裁缝、印刷等各类手工劳作,一部分人则开设商铺、饭馆、药铺,行医等。④

这种带有家族、乡族连带关系的海外移民,必然促使他们在海外新的聚居地,较多地保留着祖家的生活方式。于是,家族聚居、乡族聚居的延续,民间宗教信仰的传承,风尚习俗与方言的保存,文化教育与艺能娱乐偏好的追求,都随着一代又一代移民的言传身教,艰难存继,而得到了顽强的生命力。这种由民间传播于海外的一般民众生活方式,逐渐在海外形成了富有中国特

① 张燮:《东西洋考》卷五《东洋列国考》,中华书局1981年版,第91页。
② 顾炎武:《天下郡国利病书》卷九十三《福建三》,广雅书局光绪二十六年刊本,第13册。
③ Alfonso Felix, Jr., ed., *The Chinese in the Philippines*, Volume I, Manila、Bombay and New York:Solidaridad Publishing House, 1966, p.21. 此资料由张先清教授提供,特此致谢。
④ 关于早期华人在马尼拉的社会生活,见李毓中、季铁生:《图像与历史:西班牙古地图与古画呈现的菲律宾华人生活(1571—1800)》,刘序枫主编《中国海洋发展史论文集》第9辑,台北:"中央研究院"人文社会科学研究中心2005年版,第437—477页。

色的文化象征。可以说,中国沿海商民特别是闽南区域商民向外移民的一个
重要特征,就是能够在相当高的程度上保留和传承其在祖籍的生活方式。于
是,经过数百年来中华海外移民的艰难挣扎、薪火相传、生生不息,世界各地
逐渐形成了具有显著特征而又不可替代的"唐人街"、"中国城"。我们走遍
世界各地的"唐人街"、"中国城",其充满着中华文化浓郁气息的建构与特
征,几乎都是一致性的。这种一致性的建构与特征,正显示了由闽南沿海商
民迁移海外所传播过去的一般民众生活方式基层文化在海外的成功传播与
发展。到了 20 世纪上半叶,在一般西方人眼里的中华文化,基本上就是等同
于分布在世界各地的"唐人街"、"中国城"了。即使是到了今天,遍布在
海外各地的"唐人街"、"中国城",依然在传播中华文化的道路上,发挥着
极其重要的桥梁纽带作用。而这一重要桥梁纽带的形成与发展,是由明代社
会奠基起来的。因此,我们在回顾中国以儒家经典为核心的意识形态文化在
明代后期向西方传播的同时,绝不能忽视明代中后期以来一般民众生活方式
对外传播的文化作用及其意义。

　　如果我们把思考的空间进一步扩大,我们还可以发现一个东南沿海商人
们的一个延续千年而又十分有趣的思维模式,这就是:自汉唐以迄清代后期
日本人侵占台湾之前,东南沿海的居民们出海谋生、跨海贸易,很少考虑到国
家与国家之间的界限,甚至根本就不存在所谓"国家界线"的概念。东南沿
海商人跨海贸易,更多的是关注到交通工具的可行性,而较少顾及出国与入
境的障碍。只要航船可及,他们就可能前往贸易互通有无,甚至定居下来,成
为当地新的居民。即使是定居下来,他们也始终认为自己是福建沿海某地人
或闽南某地人,而不是东西洋的某地人。我们现在到东南亚各国考察当地的
华人社会,其祠堂、寺庙里的先人牌位,无不是如此慎终追远写上诸如"大清
国福建省泉州府晋江县第几都第几图某乡村人",绝少有人在自家祖先的牌
位上写着东南亚某国人的。这种状态,一直到了 20 世纪中叶以后才有了所
谓"国别"的改变。

　　上千年来东南沿海商人们的这种无"国家界线"的思维,显然是与长期
以来亚洲地区的历史文化沿革及区域间的往来状况互为联系的。从各个不
同国家与地区的政府层面上看,自然在不同程度上存在着"国"与"国"的

某些界线。但是由于亚洲国家数千年来基本上未能形成严格而具有制度性意义的"国家界线"与居民出入境政策，特别是中国的历代政府，更多的是奉行着"自敛性"的国民出入境的管理措施，政府对于民间的对外交往，主要着眼点是在于控制本国人，而不是控制外国人。这样就自然而然地使中国沿海的居民只要敢于冒险犯本国不得随意跨海交通外洋的禁令而前往其他区域进行贸易等活动，就基本上没有了太多的"国家界线"上的障碍。这种情景与近代西方国家的情景很有不同。十四、十五世纪以来，西方国家逐渐推性着向外扩张性的政策，"国家界线"随之日益严格起来。亚洲国家的"国家界线"意识，正是在西方列强的侵略压迫下逐渐建立起来。特别是到了 19 世纪末期至 20 世纪初叶，西方殖民主义者以及日本等列强国已经完全控制了东亚的国际贸易权益并且在不同程度上霸占了弱势国家的领土之后，亚洲各国才真正确立起来"国家界线"的主权意识，以及与之相应的国民出入境管理制度。

回顾了这样的一个历史演变过程之后，我们的思考似乎可以超越"闽台区域经济圈"的局限，跨越政治活动空间的思维模式，进一步扩展到"环闽台海洋经济圈"。我们在前面论述明清时代福建沿海商人的活动范围时，已经多次提到他们虽然立足于本家族、本乡族，但是他们的活动空间，在专注于闽台海峡两岸之间的商业贸易的经济经营之外，还兼及东南亚各地以及中国的东部沿海各地。因此在事实上，清代东南沿海的商人，已经营造出一类经济联系比较密切的"环闽台海洋经济圈"。而这个"经济圈"的概念，或者是学界所常说的"经济区"的概念，正是以往人们研究中国经济史时所忽视的。不仅如此，"环闽台海洋经济圈"的形成，正如我们在研究商人时所一再指出的那样，是与福建沿海的家族、乡族的依托、互助和外植联系在一起的。因此在这一"经济圈"所涉及的区域里，同样在不同程度上存在着区域文化圈的许多特征。

近年来，国内外的许多人士注意到所谓"大中华文化圈"的问题，如果这个概念具体到东南亚地区，那么这个所谓的"大中华文化圈"，就不能不首先是"环闽台海洋经济文化圈"，或者可以更准确的说，是"环闽南台湾海洋经济文化圈"。因为所谓"大中华文化圈"是率先由东南沿海的区域经济文化圈特别是"环闽台海洋经济文化圈"或"环闽南台湾海洋经济文化圈"等南中国地域向外辐射发展出去的。就中国本土而言,"环闽台海洋经济文化圈"或"环闽南台湾海洋经济文化圈"及南中国的广东等地,虽然属于一个边陲地带的经济文化圈,但是从中华文化的对外影响力来考察,则是国内任何一个经济文化圈所不能比拟的。

19世纪末、20世纪以来,"国家界线"的政治概念日益得到强化,古老的中国正处于苦难深重之中,疆土日蹙。清代以来由海峡两岸人民所建立起来的"环闽台海洋经济文化圈",逐渐地为人们所淡化。"环闽台海洋经济文化圈"或"环闽南台湾海洋经济文化圈"的遗迹与记忆,只能在历史学家的追寻中得到某种程度的描述与复原。21世纪以来,一方面随着中国改革开放的深化及其国际经济地位的迅速提升,另一方面,国际经济的一体化,已经把地球上所有国家与区域之间的经济格局,基本上联系在一起。在这样的历史背景之下,我们在这里突破政治上的某些空间结构思考模式,重提闽南文化的国际性特征以及"环闽台海洋经济文化圈"的概念,应该不无其历史的价值与现实的意义吧。

二、从《闽谳》看明代后期府县行政司法败坏之二端

近年来,日本庆应大学山本英史教授及北海道大学三木聪教授等,从事明清时期地方案牍文献的搜集整理及研究工作,卓有所成。2009 年我应邀访问这两所学校,承蒙三木聪教授盛意,惠赠明代后期曾任福建漳州府知府汪康谣的《闽谳》一书复印本。粗读一遍,觉得其中所载,颇有补阙其他文献所不载的史料。惟因这些年来杂务繁多,未能及时予以整理论列以请教于治明史的各位同好。近来稍有空闲,再次想起《闽谳》一书,爰就其中有关府县行政司法中的诈假官和诬良为盗、故重人罪的两个问题资料,稍作整理,敷衍成篇,或可对于推进明代后期地方府县行政问题的研究,起到边鼓衬拳的少许作用。

汪康谣,明代徽州休宁县人,在《安徽通志》、《江南通志》及《东林列传》等书中有传记,兹抄录陈鼎《东林列传》中的记载如下:

> 汪康谣,字淡衷,号鹤屿,休宁人。精研理学,以紫阳朱子为宗。弱冠,举于乡,万历癸丑成进士,授诸暨令。摘奸剔暴,不避权贵,擢户部司庾临清,以练兵备白莲贼有功,陞郎中。出守漳州,莅任日翟然起曰:是紫阳旧治也,吾产于其乡,仕同其地,岂别问治谱哉?一一考故宪申之。为自约者八,约属者三,又有八禁、五不拟,著为令。皆以实心行实政,州

大治。寻举卓异第一,推漳南参藩。适魏、崔肆焰,崔(呈秀)为同门友,尝授意招致,乃峻词拒绝。守漳三载,迄不通一字,崔衔之。巡抚周起元坐赃数万,下漳州籍没,士民汹汹泣诉。康谣亦泣曰:吾不惜此一官以护孤忠,寝其事,不累漳一人,益忤崔意。推陞疏上逆珰矫旨削夺。去后,漳民思其德,奉祀朱文公右,额曰:新安两夫子祠。崇祯改元,起福宁兵宪。时红夷不靖,贼氛群起,乃广什伍、集亭障、严接济;尝以元旦驰师,寇不及备,斩馘无算,寇平。以疾告归,日讲学于天泉还古书院。精治尚书,书体朱子大意,为之注,有《尚书删补》一编行于世,学者称鹤屿先生。①

根据上述及综合其他传记,我们大体可以了解到汪康谣仰奉朱子之学,立身持正,为官清廉,勇于担当。当天启年间魏忠贤等宦官当政之事,不肯依附,故仕途比较坎坷,终于府、道之职,不得展其抱负。陈鼎在《东林列传》本传中为之惋惜说:"先生守漳及备兵福宁,政事功绩历历在人耳目。惜乎终于泉石而不复出。噫!先生亦知时事之不可为矣。"② 正因为汪康谣持身刚正,为官比较清廉,因此从他所经历并记述的《闽谳》中,可以反映出当时即明代后期的基层官府行政司法的某些真实状况。

(一)地方官吏的"诈假官"现象

汪康谣《闽谳》收有"一起查究假官事原拟依诈假官律斩罪",所谓"诈假官",指的是罪犯各方假造官凭印信私相授受,并持此假造官凭印信到相应的衙门就职招摇诓骗。该案件谳文如下:

> 一起查究假官事,原拟依诈假官律斩罪,转详未示,续蒙巡按福建监察御史姚会审,蒙道行府,该本府知府汪审得颜显、黄英,以贩佣而窃名器。谳者屡费推敲,几欲辟之,几欲生之。其辟之者谓名器不可假人,既

---

① 陈鼎:《东林列传》卷二十二,清文渊阁四库全书本。
② 同上。

已知情受官，且窃禄逾年，俨然猴冠民上也。其生之者谓天下无二法，何均一受假官，而各省有或戍或辟之殊。且过付之杨显反得戍，而故受者反得斩也。本府以为此皆就事论人，而未尝就情论律也。夫律于诈假官之下，明注谓假与人官者斩，知情而受假官者流。是诈假官与受假官明分两人，而罪有轩轾矣。今伪印伪凭俱出熊祁之手，业已按律拟斩，是诈官之律已尽矣。若复以显与英之受假者同坐为斩，不几于两事而牵合为一律乎？

　　近奉宪驳内云：既以彼造此受者俱为诈假官，律文何必又设一知情受假官之条乎？诵此两言，信为此狱之铁案矣。说者又谓林荐亦以同犯拟辟。不知此时熊祁未获，故不得不行重创。及祁已戮，而显已戍，使荐不登鬼录，安知不援王廷可诸人戍例以求活乎？如必以到任受事窃禄逾年为二犯辟案正，恐律无是文也。总之，与人官与受人官，原为二事。诈假官与受假官自为二律，律文定矣。二犯允应改戍，以还受假官之本律也。将颜显、黄英问拟依知情受假官律减等，杖一百徒三年。①

明代"诈假官"的案例文献，保留存世的相当罕见，故至今很少有学者论及此事。因此汪康谣《闽谳》中的这一记载，尤为显得难得珍贵。我们仔细研读以上记载，至少可以看到三个问题：一是"诈假官"事件，不是个人所为，必须是一个群体，即所谓"是诈假官与受假官明分两人"。此次案例中的受假官者为二人，颜显和黄英。而伪造印信官凭的是熊祁，"伪印伪凭俱出熊祁之手"。此外，似乎同犯者还有"杨显"、"林荐"等人。这二者之间颇类似于做买卖的交易行为。"与人官与受人官"者交易之后，与人官者得财，受人官者得官职，各得其所。二是这种"诈假官"事件，并不是发生在福建漳州的孤例，而是在其他地方也时有出现，所谓"受假官，而各省有或戍或辟之殊。"也就是说，各省各地均有出现诈假官事件，但是在法律实践上有所不同，据此，我们或许可以把明代末期的时有出现"诈假官"事件，称之为"诈假官"现象。其三，根据汪康谣在福建漳州知府任上的这次"诈假官"案件

---

　　① 《闽谳》第1—2页。三木聪教授复印自日本内阁文库所藏汪康谣：《箓漪园集》。是书刊刻于明代崇祯年间。

的审判中,"与人官与受人官"这二者的法律责任是不一样的,与人官者罪重,应辟,即死罪;而受人官者罪轻,只是"杖一百徒三年"而已。

由于相关文献资料的稀缺,我们固然无法对明代末期"诈假官"现象的出现及其具体状况做出进一步的分析,但是从明代后期官僚体制的演变过程特征来推测,似乎还是可以理出某些头绪来。自明代万历中期之后,明神宗独断专行,破坏早朝理政的惯例,朝廷的许多公务如铨选、理财等要务,经常置之不理,朝政日益废弛,政府的日常正常运转受到了严重的破坏。《明史·神宗本纪》云:"神宗冲龄践祚,江陵秉政,综核名实,国势几于富强。继乃因循牵制,晏处深宫,纲纪废弛,君臣否隔,于是小人好权趋利者驰骛追逐,与名节之士为仇雠,门户纷然角立。驯至悊、愍,邪党滋蔓,在廷正类无深识远虑以折其机牙,而不胜忿激,交相攻讦。以致人主蓄疑,贤奸杂用,溃败决裂,不可振救。"① 在神宗怠政、朝纲废弛的情况下,朝廷应有的官员铨选制度也得到很大的破坏,人事任用混乱,甄别考核往往根据朋党的好恶而定,不少衙门出现无人理政的反常现象。如《明史·选举志》中谈及这一情景时云:

> 万历中,百度废弛,二十五年,台省新旧人数不足常额设之半。三十六年,科止数人,道止二人。南科以一人摄九篆者二岁;南道亦止一人。内台既空,外差亦缺,淮、扬、苏、松、江西、陕西、广东西、宣大、甘肃、辽东巡按及陕西之茶马,河东之盐课,缺差至数年。给事中陈治则请急考选,不报。三十九年,考选疏上,复留中不下。推、知拟擢台省,候命阙下,去留不得自如。四十六年,掌河南道御史王象恒复言:"十三道御史在班行者止八人,六科给事中止五人,而册封典试诸差,及内外巡方报满告病求代者踵至,当亟议变通之法。"大学士方从哲亦言:"考选诸臣,守候六载,艰苦备尝。吏部议咨礼部、都察院按次题差,盖权宜之术。不若特允部推,令诸臣受命供职,足存政体。"卒皆不报。②

在明代后期朝廷用人如此混乱的情况下,某些偏远的地区如福建等地出现"诈假官"现象,就不是偶然的事情了。

---

① 《明史》卷二十一《赞》。
② 《明史》卷七十一《选举三》。

非但如此,我们在《闽谳》中还可以看到府县衙门内的吏员们,偷盖官府印信、伪造官府文书而取利的情景,该书有"一起出巡事原问依伪造诸衙门印信律斩罪"的案件,其缘由始末如下:

> 一起出巡事,原问依伪造诸衙门印信律斩罪,续蒙巡按福建监察御史姚会审,蒙道行府,该本府知府汪审得龚蕉以弱冠而充县书,即能雕刻邑符,大开骗局,目中宁复有三尺乎!斩似无容诬矣。但细阅招案,于情殊多有未协者。据县审称伪造诈财有年,疑当是一老滑贼,且累累也。及问其当年充役,时仅十七岁耳。问其入衙门几载?则才五阅月耳。夫以弱冠之年而初承县役,即天生滑骨,亦未易辩此。至问其所诈之赃,则纤毫乌有也。不知县审诈财有年此四字从何着落也?且觉发假印,系朱新、林华期二人,为此案紧关佐证,而今问之杨会廷,则云二人者,当日原不在家,则县审岂为说鬼说梦乎?况当堂未经复刻,假印未经搜出,夫坐人以重辟,而许大关节,俱未确破,此本县之过也。以致后之谳者面试描模,则云草草为之。面试复刻,则云不成字画。是实迹一无可据,而悬坐以假印之辟,恐无以服本犯之心也。及再验其两票,印文笔画相符,轻重稍别,此明系印油干湿不一,想是本犯预造假票而盗用官印无疑矣。然县官欲避盗印之嫌,不得不点缀假印以卸己之责,而甚本犯之辜耳。此赃证一无足凭,而成一莫须有之狱也。至于坐以假印不得,又复转而坐以描摹,毋亦过听本县之初招而成,心终有未化乎!合照盗用印信县衙门者律减等杖一百徒三年,具招解详。①

在这个案件中,原谳拟定犯人龚蕉"以弱冠而充县书,即能雕刻邑符,大开骗局,目中宁复有三尺乎!斩似无容诬矣"。幸有汪康谣仔细审核阅读原档,发现龚蕉年龄不过十七岁,充当县书亦不过五个月,同时也不会镌刻手艺,"面试复刻,则云不成字画"。因此重新审断,发现所伪造的官府文书,"两票印文笔画相符,轻重稍别,此明系印油干湿不一,想是本犯预造假票而盗用官印无疑矣"。最后以盗用印信县衙门者律减等杖一百徒三年,免除了原拟的

---

① 《闽谳》第39—40页。

"律斩罪"。虽然说,汪康谣的最终定谳,对于犯人龚蕉而言,是逃过砍头的一劫,但是不管是"伪造诸衙门印信",还是"预造假票而盗用官印",就府县的行政管理来说,都是一种严重的失误,说明了明代末期府县行政的日益废弛。正因为如此,我们在《闽谳》中,还看到一个普通的民间斗殴致死案件,由于衙门吏员及仵作的受财枉法,致使府县官员经过十年的漫长审理,难得雪冤。该案牍记云:"审得石珽、林应之一案也,王兴招始因换银被殴,衅起仓卒,必不带毒而来。且立毙登时,毒又从何而至? 况见殴有证,负尸有人,初验真伤有案。一死一偿,在石珽万无可生之路矣。独怪奸仵林应始焉受贿,而隐殴为毒。继惧败露而寻尸代换,先将兴招之真尸沉于海底矣。而继发一尸又发一尸,独不畏有开棺见尸之律乎? 且既累死招兄、饿死招母矣,而又拖累其妻,并死其子,独不畏有累死人命之条乎? 即今案延十载,不知费上官几许心力,始得辩明。"这也就是说,有石珽者与王兴招斗殴,王兴招伤重不治死亡。石珽本应死罪抵命,但是他贿赂仵作林应,"隐殴为毒",企图减轻石珽的罪名刑罚。于是在仵作吏员的把持下,官司反复不定,拖累王兴招一家冤死数人。最终由于汪康谣的重新审核,案件才得以辩白得雪,"前案绞珽而戌应者,不过以棺未埋葬而盗开见尸者,律止杂犯之科,岂知漏泽园内尸棺以厝为冢,以官为主,非寻常之无主未埋者比。今林应已于厝内开二棺见二尸,视发冢开棺见尸之律更加一等矣。林应改绞无辞,石珽应照原拟。合候详夺,问拟林应依发冢开棺见尸律,石珽依斗殴杀人不问手足他物金刃律各绞,具招解详"①。此案虽然最终定谳,但是从这个漫长的诉讼过程中,我们可以看到明代末期地方行政司法的败坏与国家权力外移至私人之手的微妙过程。这一系列的变化,无疑也是促成明朝最终败亡的重要因素之一吧。

(二)地方官吏的故重人罪与枉法求财现象

在《闽谳》所载的案例中,我们还看到许多有关地方官员及员弁故意加重犯人罪名,甚至强加给无辜贫民罪名的现象,在此略举三例如下:

---

① 《闽谳》第24—25页,"一起残尸事,原拟依仵作行人受财故检验不以实、赃重者计赃以枉法从重论"。

1. 许仰松案

一起贼兵劫骗事,原拟依官司差人捕获罪人□众中途打夺因而伤人者律绞罪。犯人一名许仰松蒙巡按福建监察御史姚会审,蒙道行府,该本府知府汪审得许仰松之行劫,既无失主告发,又无赃仗见获,乃当日竟坐以绞者,全重"聚众拒捕"四字耳。今细阅招情,始谓仰松同王见丑聚众二十余人,夺回陈尚罕,而伤蔡新一手指矣。何谳者仅拟见丑一杖?毋亦知聚众之事未必有,而姑为是以薄惩乎?此时仰松即出身对簿,亦无伤也。及逃至蓟屿,谓仰松已被兵捆缚在船,复呐喊致三十余人,各执器械夺回。此尤为不通之论。夫既有三十余人,何不乘其在岸时抢夺以去,岂容绑缚在船而后抢也?既置之船矣,自当扬帆迅发,即仰松复呐喊聚众,不亦晚乎?且身既绑矣,复何能喊?而三十余众,又非仓卒能聚,此尤理之易见者。相像此时光景,聚众固为文致,即缚船亦是增添。当时哨兵与仰松偶遇于途,一时逞凶拒捕以逃耳,则拒捕之情近真,而聚众之事实枉。不然,既称三十余人,而哨兵岂不能辨认一二开列姓名以报,乃仅混称已乎?是仰松一案,从前拒捕而论,在王见丑已蒙宽宥,现有论杖之条,从后拒捕而论,在仰松原非聚众,断无可死之法。宪驳四疑已洞剖此中之隐情矣,拒捕查无折伤,许仰松相应改徒问拟。[1]

2. 杨一孟案

一起地方事,原拟强盗已行得财不分首从律斩罪,续蒙巡按福建监察御史姚会审,蒙道行理刑馆,该本府兼管理刑知府汪审得杨一孟一犯也,称系陈次溪伙盗,然次溪殊未捕获也,既非盗党之供扳,又无失主之识认,只凭林良之一言,遂成莫诬之辟案。……夫使一孟为盗夥供扳,则钱衣俱为赃物。今一孟依然一行旅之人,安知银钱非随身路费,而绸衣非常穿通用之物乎?且无引而走四方者八闽比比皆然,何独于一孟而疑之且递加之以盗也?明系林良途遇行旅携赍,乃同哨兵挟诈,故文致其

---

[1] 《闽谳》第7—8页。

事而成此罗织之狱耳。不然,何次溪伙党多人,并无一人败露,而独一孟就缚也?又被掳一十四名何更无一人生还,而偏林良能识认也。总之一人之口供难定辟案,随身之银衣安辩盗赃?然据本犯诉词自供前往日本经纪,则只当定一走番之巨猾,不当坐以御人之大憝,应依越贩律改配。合候详夺。①

3.吴朝敬、郑七、林敬二、龚婉十案

一起为擒获强贼事,依强盗已行律斩罪,犯人吴朝敬、郑七、林敬二、龚婉十,该本道参看得甚哉,八闽濒海,生灵之不得死所也。寇至则以杀戮而死于寇;寇退则以诬扳而死于法,等死也,亦等不得死所也。即如吴朝敬一案,阅宪批大要,不出三语。陈聪之妄首也,寨弁之要功也,问官之锻炼也,尽之矣。先以陈聪之妄首言之,而此狱大略可覩矣。陈聪原系剧贼,思欲首贼要功,因报秦把总称宁德有强贼游瑞庭等三十余人,约官兵擒拿。及至而一人蔑有,乃转而思及陈春店内有挑夫栉工乞丐小子共有九人,何不俱指为盗也?乃诱之上船,实未行劫。及至洋而布裙一招,官兵共围,九人中鲍起跳水身死,陈聪更诬八人原在橄榄屿劫兴化客人白髂钓鱼船银四两五钱、猪二口,并器械等物,指为真盗,解赴本寨通详院道。此陈聪首贼之本末也。据诬共数十人,有溺死者,有在囹圄死者,有在途死者,大半多填鬼录矣,独吴朝敬、郑七、龚婉十、林敬二四犯在也。吴朝敬、郑七、林敬二俱出陈聪首,而龚婉十又郑七扳之者,招中明明说出,而何谓招不说明也。就林敬二一犯,谳者以子光之非敬二,已了然矣。独执二两四钱之赃以为贿贼,而且以吴朝敬为证。经刑馆审明,谓二两四钱乃偿贼之盘缠,非贿贼也。设果行贿,则金钱必多,必买于平时,岂以人各七钱之银而犹待临时方付,则二两四钱原非敬二贿贼赃也。且今朝敬又改口不认矣。又经臬司复审与馆同,且谓如子光者生之可也,则子光似有生理矣。窃意吴朝敬、郑七、龚婉七此三犯者,俱为陈聪所首,且招中亦明言无现获真赃,无失主告发。即镇下门一劫,据招

---

① 《闽谳》第44—45页。

称劫浙江客人银一百三两,夫银至百两,银亦不少,浙之去闽,路又不远,何不见失主认领,而竟肯飘然以去也? 即如前陈聪之诬挑夫栊工乞丐八人往橄榄屿行劫,招称劫银四两五钱、猪二口,此系官兵当场起获,而尚毫无影响,则此三犯焉知非陈聪诬报八人之故智乎? 今林敬二蒙宪批亟宜宥释,则此三犯亦俱出陈聪之妄首,与敬二同也,其毫无影响亦与敬二同也。岂敬二可出,而三犯独可入乎? 所以前院批不独林敬二之可矜矣,三犯似宜概为开网以施上台好生之仁,以昭盛世平明之治。①

在上面的案例中,第一例犯人许仰松,原谳以“聚众拒捕”定死罪绞,经过汪康谣的审查,并无实证,“当时哨兵与仰松偶遇于途,一时逞凶拒捕以逃耳,则拒捕之情近真,而聚众之事实枉”。许仰松原非聚众,“断无可死之法”,最终以“改徒问拟”。第二例犯人杨一孟,“原拟强盗已行得财不分首从律斩罪”。但是根据汪康谣的复审,所谓追随剧盗陈次溪结伙在海中抢劫,也是毫无证据。杨一孟被捉,纯属偶然与巡哨相遇于途。最终以杨一孟曾经经商日本入罪,“应依越贩律改配”。以上这两例以徒刑定罪,已经是相当勉强了。至于第三例中的吴朝敬、郑七、林敬二、龚婉十四人,更是奇冤无比。原谳“擒获强贼事,依强盗已行律斩罪”。然而所有证据,均处于陈聪一人的“妄首言之”。所谓抢劫,既无赃物,也无失主,显系被诬告。在汪康谣的复审并上报省院核准,一概予以无罪释放,“林敬二蒙宪批亟宜宥释,则此三犯亦俱出陈聪之妄首,与敬二同也,其毫无影响亦与敬二同也。岂敬二可出,而三犯独可入乎? 所以前院批不独林敬二之可矜矣,三犯似宜概为开网以施上台好生之仁,以昭盛世平明之治。”

以上三例,或是无辜,或为轻罪,但是原谳均拟以绞斩死罪,这其中一个重要原因,就是地方官员“故重人罪”。如在第一例许仰松案中,经办官员“相像此时光景,聚众固为文致,即缚船亦是增添”。在第二例杨一孟案中,也是“明系林良途遇行旅携赀,乃同哨兵挟诈,故文致其事而成此罗织之狱耳”。此类地方官员故重人罪的案例,在《闽谳》中还有记载,如章二仔一

---

① 《闽谳》第51—53页。

案,原谳拟"海洋强盗事,依强盗已行得财不分首从律斩罪"。但在汪康谣的复查中发现,"章二仔之一案也,令人可哀,亦令人可恨。哀之者,哀其当日现获仅七人耳,而为毛把总、陈主簿混拷混扳,致淹毙于狱者共二十人。虽案久论定,蒙释有五六人,而前之冤死过半,已不可复生矣"①。

　　在任何一种正常的司法制度实践中,冤案的出现是不可避免的,但是其出现的概率一般是比较低的。可是在《闽谳》中所看到的情景,明代后期福建沿海一带以贩海、海盗为名的审判,故重人罪的冤案比例相当高。汪康谣为这些冤案主持相对地公正,远不止寥寥数人而已,而是多达数十人。《安徽通志》记载汪康谣"出守漳州,有泛海遭风者七十四人,镇将等诬其为寇,康谣廉得实,尽释之"②。《江南通志》亦云汪康谣:"出守漳州,有贩海遭飓风者七十四人,前吏诬为海寇,康谣廉实释之。"③邹锺泉在《道南渊源录》中也有类似的记载:"汪康谣,……实心实政,数谳积狱,全活多人。有泛海遭飓风者七十四人,镇将及僚佐利其金,诬坐为寇,独廉其实,尽释之。"④《大清一统志》云:"汪康谣,……万历中知漳州府,有员重赍贩洋,遇逆风廻舟者七十余人,时寨帅利其有,诬为海寇,将尽戮之。康谣为剖晰矜全,给还原金。"⑤

　　明代后期福建沿海一部分地方官吏之所以经常故重人罪、以贩海、海寇定罪,是因为自明代中期以来,海上私人走私贸易既是福建沿海民间的一项暴利而铤而走险的生业,同时也是负有禁止此类走私贸易的地方官员贪赃枉法的一种重要路径。这正像上引《道南渊源录》和《大清一统志》中所指出的那样:"有泛海遭飓风者七十四人,镇将及僚佐利其金,诬坐为寇。""遇逆风廻舟者七十余人,时寨帅利其有,诬为海寇,将尽戮之。"汪康谣在《闽谳》所收录的案牍中,虽也隐隐约约地指出了这一点,但是在此类官方正式文件中,总归是不好明言之。而当其"儿曹"即将刊刻《箓漪园集》并收录

---

①　《闽谳》第21—22页,"一起超获海洋强盗事,依强盗已行得财不分首从律斩罪"。
②　光绪《重修安徽通志》卷一八五《汪康谣传》。
③　乾隆《江南通志》卷一四七《人物志·汪康谣》。
④　邹锺泉:《道南渊源录》卷六。又参见张夏:《雒闽源流录》卷十九《汪康谣》。
⑤　穆彰阿:《(嘉庆)大清一统志》卷四二九《汪康谣》。

《闽谳》时,汪康谣特地为《闽谳》卷首撰写了"闽谳漫述",把他平反冤案的原由和盘托出,从而使得我们今天多少了解了当时的真相,该漫述云:

> 凡民间有冤抑不能申者,余当力为昭雪。适郡司理林栩庵为余言,今有大狱几百,人人负冤不能释,皆寨帅挟要津为之,未敢开口发一言者。公岂有意乎?余应声曰:奉天子命以抚吾民,惟知有民,岂复知有要津乎?即要津能予夺人,余不惜一进贤窾,要津其若我何!乃令其人赴告巡方。使者送本府,其事株连四省,凡七十有四人,皆贩洋回帆而负重赀者。偶为逆风,艤舟至岸。寨帅利其有,且诬为海寇,欲并歼以灭口。余视其牍,太息曰:忍哉寨帅,利人之有未已也,且并欲歼人以灭口。彼知有要津,宁知有天道乎?复知有不避疆御之太守乎?乃力为昭雪,且追其原金,人获数百缗以去。未几而使者行部。……①

从以上记述可以知道,明代后期福建沿海部分地方官员之所以屡屡故重人罪,一方面固然反映了这部分官员道德败坏、丧失天良以牟利,但是更为重要的是,这种事情的不断出现,实际上体现了明代后期王朝政治行政及司法的失控。某些地方官员为所欲为,尽管人人皆知,但是无人敢于揭露,正如上引漳州府司理林栩庵所言,"今有大狱几百,人人负冤不能释,皆寨帅挟要津为之,未敢开口发一言者"。因此许多冤案连地方官都知道是案情不合常理、审判也不合程序,却能够一拖再拖,延误至十余年之久。这种地方司法的败坏,与上面所谈到的"诈假官"行政败坏一样,都是明王朝最终败亡的内在因素之一,值得我们重视。

---

① 《闽谳》卷首。

三、沈葆桢与台湾苏花古道的史料辑述

（一）前言

沈葆桢督办台湾防务期间（同治十三年五月—光绪元年七月，1874—1875），实行开山抚"番"，筑成苏花古道，这是宜兰及台湾东北部地区开发史上的一件大事。然目前学界对这一事件的研究成果不多，且研究者所依据的资料，主要是沈葆桢的《福建台湾奏折》和罗大春的《台湾海防并开山日记》，研究资料的开拓颇受限制。笔者在福建省图书馆和福建师范大学图书馆查阅资料时，曾获见手抄本《沈文肃公牍》二册，其中有沈葆桢与罗大春的信函 20 件，内容均为这一时期开山抚"番"的记述。故这些信函尚未为学人所引用，适逢"宜兰研究"第二届国际学术研讨会召开，笔者特辑录如下，并稍作申述，或可为从事宜兰及台湾东北部地区史研究的学人们，提供某些研究资料上的线索。

（二）信函

1. 致罗景山军门

念九倚装，匆复寸函，想经达览。嗣得大府书云："仍请台旆东渡会商,益深翘盼。弟初一日偕潘方伯、日军门联舟而济,方伯初二日即抵台,弟与日军门往澎湖踏勘。初四方伯安平晤奎翁、筱翁,询知倭兵仍踞牡丹社,南风司令,琅峤已难下碇,其兵船六七号,多于北路游弋。诸同事会商应办者三事:曰舌战、曰预防、曰开禁。计改土归流,非旦夕事,且必倭兵退后,乃可举行。舌战则伟翁邀同日军门亲赴琅峤,定于初八展轮。盖伟翁在沪已面晤其柳原公使,商允退兵,故将柳原信往面诘西乡,似稍有把握,然恃此而不备,断难戢其贪心,则预防与舌战必同时并举。南路以府城为根本,安平炮台颓废,轮船一炮可直入郡城,拟明早与诸公亲履其地,仿照洋法修之,以固南路。惟北路为全台精华所聚,非得独当一面之才,无可措手。苏澳为民番交接处,尤岛族所垂涎。公议请节钺驻苏澳,目前以杜彼族窥伺,将来以招抚生番。尚恐有见不到处,特派靖远轮船往迎大纛来台郡,面罄一切。初一外,再派飞云往载部众,直赴北路。贵都能以几营行,乞自酌之。至旧部王游戎一军,台从抵台时,亦即赴北路听指挥。弟等日内即以此意具疏,容再咨达,务望星槎速驾。大府处弟即日函致也。

2. 致罗景山军门

奉到五月念七日惠书,就论选练士伍备极苶劳,竹报常通,椿闱偶尔违和,旋占勿药有喜,至以为慰。容示疏稿,崇论闳议,度越寻常,佩服无量。承垂询进止缓急,鄙人梼昧,何足以知之,台事紧要,不自今日始,早在洞鉴之中。迭次奉读谕旨,宵旰焦劳,此臣子卧薪尝胆之秋,弟独敢以缓耶!老伯吉人天相,爱日方长,定无他虑。惟尊疏大处落墨,此间饷源匮竭,勇已另募,无以仰副苶怀,则又自愧智术之浅短,办事之粗率,而悔不可追者也。伟人定识定力,自有权衡,叨爱至深,敢竭拙诚,兼陈悚歉,候高明垂谅,而采择焉。筱涛展轮北行,计日内已抵苏澳。知念附陈。

3. 致罗景山军门

前覆寸笺,计当入览。比维旌节于十三日安抵苏澳,福星载路、备叶颂私。临淮壁垒一新,想兰淡士民不知如何快慰也。唐军门已挈淮军四营到,营于凤山。柳原到京,所议尚无定局。倭奴为天所弃,病疫者多,其将急欲退兵,而其主贪心不戢,内变将作,暴师日久,非我之患,而彼之患也。邻省来书皆力劝缓师,以待其备之集,弟断不敢轻率从事。惟彼若再抚生番,则又不能胶柱鼓瑟矣。兹将折片各稿,抄呈冰案,乞密存之,为望。

4. 致罗景山军门

读赐书,知十三日安抵苏澳,福星载路,备叶颂私。惟贵体以长途溽暑,致有腹疾,深用驰念,尚祈荩勘之余,加意节宣,至以为祷。承商布置一切,缕析条分,钦佩无既。又深谅饷需之难措,弥叨镌铭。洋式炮台,郡正在商办,洋匠甫到,图尚未成,请俟此间创有端绪,约计需费若干,再行奉达。添勇一节,由筱涛观察交到,另示于泉州调建威左营,添募一营,并夫千名,于彰化添募一营,此皆必不可少者,何敢以饷绌为辞。惟现在轮船万难周转,所有尊处召募之兵勇,可否雇用商船载来?抑或俟淮军到齐后,再拨轮船到泉装载,伏候卓裁。后膛洋枪已报起程,殆九月可到,到时自当遵命奉拨。兹将奉到寄谕录呈,伏乞密存。再倭营日内无甚动静,柳原到京,所议亦未有定局,彼国复派大久保带十六员来,殆亦急欲了局欤。知念附陈。

5. 复罗景山军门

七月念八日奉到台函,敬聆种切。比维荩画从心,壮猷集祜,至以为祝。北路兵力太单,而山溪险恶,番族凶顽,开通原属费手。饷糈宜裕,转运宜筹,兵勇宜增,皆眼前不容缓者。弟已将一切据情入告,密录疏稿,缄达典签,阅毕幸为秘之,勿付钞胥是荷。贵部需饷,已嘱筱涛宽筹,指款迅拨。淮军头批到后,回空各轮仍赴瓜州矣。知念附闻。抚绥番众,足征威惠咸宣。惟秋暑荳山岚雾仍重,尚冀随时节宣,为国自玉。卓见所及,更祈时赐指撝幸甚。

6. 致罗景山军门

得前月念三日赐书,病未能作幅,歉也何如。比奉月朔续札,辱蒙通盘筹画,备极精详,且感且佩。月饷已嘱筱涛宽为指拨,眼前必不至掣肘。惟添营之后,又不知足敷腾挪否耳?番割欺番,报之以杀,招抚难望得力,诚如尊谕所云。窃谓招抚尚属空谈,开路方有实际。虽进一步难一步,然铢积寸累,日起有功。碉堡可恃,凶番无所逞其锋。居民渐多,番割亦无所施其技。玉山营当前敌,一寸实撤不动。朱镇为未练之新营。商诸黎、夏诸君,请调戴镇一军,得便船即装之,由东港北行,至苏澳登岸。倘风色不顺,则至基隆登岸,听候指事调遣。朱镇勇甫到百余名,俟到齐练训经月,补扎东港,以佐袁警翁开山之用。盖南路亦时出民番互戕之案,袁警翁仅一军,开山外不敷弹压也。倭营病者过半,其国风灾异常,总署意在抚,大久保到京,将有定局,目前必无战事。郡城并无存储一炮,省局之田鸡炮,筱涛云断不得用,香、沪无炮可购,定诸外国,非半年外不能到。炮台虽赶成,恐亦无益。台从一离开番境,恐开山之事松动,且不免有意外葛藤也。林绅之禀,不能不照例批之,事似可暂缓,高明以为何如?用陈辉带开山之勇,诚得其人,计丈给钱,尤中窾窍。知荩筹所及,必迎刃而解也。生番向以伏路狙杀为长技,兹忽能踞竹围储粮械,既不信番割,又有愚民为通接济,固不容大意。然挟仇二字,似亦不能无虑也。许巡检禀当付召民,其勇丁招齐,当赴中路矣。弟患腹疾新愈,率意作此。后膛洋枪尚未到,前膛者新到四百杆,饬局并备火药二百桶,解呈。金陵解来火龙,如尊处用之,可移局拨付也。

7. 致罗军门

奉十一日教言,敬聆一是。三营改为四旗,并壮丁千人,如命分咨省师,建威左营作罢论矣。恩威并用,旨哉言乎。凶番稍受惩创,当知敛迹。我勇受伤者都平复否?台地风雨,消息全阻,竟是常事。十九日郡城狂风骤起,屋瓦皆飞。大雅罗昌智管带官,在岸上不及开浪,淹于安平,死者十人。安澜与济安往接戴镇,均未能到东港。闻安澜水缸炸裂,搁损凤鼻,死者十四人。济安尚不知下落。船遭此厄,以后周转愈难,奈何奈何!此间炮台,洋人估价十一万余元,恐台防料贵工懒,所费定不止此。然既做,即不敢附会,但尚未动工。鸡笼两处,非台从亲行相度,殊难放心。而日前开山事宜,万难松劲,请于皆急之中,先其尤急者,何如?

8. 致罗军门景山

奉十七日教言，知步步碉堡，煞费苦心，不胜纫佩。北路苦风雨，此间亦然。安澜系被风所遏搁浅，非水缸炸裂也。水手死者一人，受伤者颇多。现饬飞云、振威往迎戴军，以慰荩系。招致居民，极扼要之策，第恐穷民力薄，拮据旷时，可否劝板桥林家，向已开路处分段屯垦，各富绅有闻风而起者，一律许之。则彼之获利长，而我之成功速，高明以为何如？兰营制兵既守碉出力，自应量加津贴，惟绿营饷章，弟望之茫如。拟商诸筱涛，如不合例，则设法匀销可也。彰化朱令禀辞时，甚以该处提标百余名难于约束为言。可否檄调到苏澳，两得其便。

正封函间，读台端致礼堂书，知守备三受标伤，殊深悬念。以事势论之，似能急行垦荒，则凶番无由伏莽，开路方有实际也。

9. 致罗景师军门

奉念八日教言，知旌节亲履大南澳，相阴阳、观流泉，并赐以图说，感何可言。弟前函请执事劝林绅认垦，不谓鄙意竟能上符卓见，应乞行辕即日出示，并晓以捷足者先得，勿自误。营哨官有愿自任者，亦许之。但领垦须有限期，如认领而逾期不垦者，即改给他人。则荷锸云兴，鬼域无潜踪地矣。执事能驻奇莱，不特于北路扼吭拊背，并可渐与中路通气。土勇一律给予夫价，似执事更易驱策，酌之。飞云、振威计已抵鸡笼，戴营当到苏澳矣。玉山疟后复感冒，该处良医殊难，弟嘱其开明病症，医方寄与伟翁酌定。执事以为何如？

10. 致罗景山军门

奉重阳前二日赐书，知兰地绅民已有议醵资开垦者，想日内当有成说。彰化提标调防，兵饷及泉丁月饷，询之筱涛，所答甚详，原书奉阅。板桥林家，意在奇莱，然从大南澳先开，则步步脚踏实地，俟陆路既通，奇莱不难以次递举。若越海以开奇莱，则风汛不常，粮运未免费手。造船呼应较灵，自不当惜费，然风色不顺时，亦勿强之，已派琛航将安澜所起炮械运工后，即赴泉装勇。无如淮军三起，至今消息渺然。洪、秦二将亦一去不返,省门无船来者半个月矣。洋炮教习遵派程仲英、郭荣贵二名,船不及待,支应局给川费令由陆路登程,其薪水由日意格领到九月念二日止,以后由尊处给发,每人月十二两。洋枪到时,自当即行起运。大雅、安澜船均撞坏,安澜机器或可想法,大雅则并机器亦难之。王玉山以时症服补济,遂至沉重。弟请伟翁提方寄去,日来未卜何如?其人甚可用,其营又当前敌,日夕为之心悸。前嘱筱涛函商阁下,极盼环音也。

11. 致罗景师军门

奉九月念三日赐书,敬聆一是。大南澳经执事出示招垦,必有应者。洋炮教习洪、秦二将亦到,惟秦将尚守军火于澎湖,日内当亦来郡,请饬福星来接之。玉山已愈,惟久病之后,体气尚未复元,烦加调摄耳。北路苦雨,此间则晴久,天气太躁,琛航阻风半月有余,闻日内始到旗后,殊为焦灼。扬武洋教习谓其操演多旷,不便调之,惟琛航多走两次耳。郡城所筑洋式炮台,费巨而工迟,奎沪断无此力量。日意格来书云,现新雇一匠头,熟翻土筑台之法,俟到时再行奉闻。伟师云唐营得伯相信,有倭议已有端绪之语,现去封河之日无多,想成约定不远矣。

12. 致罗景师军门

奉前月三十日教书,敬聆一是。营哨进扎浊水溪事,已过半桥,成后定日起有功。出来肆扰之番,击退而不穷追,可谓仁智兼尽。陈光华内地之勇只二百余名,添作一旗何如?澎湖大风经月,南北来往轮船均滞于其中。郡城待船孔亟,派福星到澎湖调飞云、伏波来。福星再装饷械北去。玉山已全愈,可宽荩系。得总署信,倭议已定,费恤银五十万。大久保已来琅峤,船到即兵去。此间委子玉太守并郑游戎荣往交收。尊处可专意开山事矣。

13. 致罗景师军门

初旬肃扣寸函,计邀青睐。望日奉初十赐札,敬悉开路已抵石公岭,架梁聚米,备极经营,报国爱民,苦心千回百折出之,无任钦佩。沿途险夷不等,非垦田则已开之路无由保全。绅民既无应者,不得不行此法。

兵勇有愿挈家入山结茆而居者听之,有与生番两愿通婚姻者亦听之,能教生番耕种则尤佳。想我公必能因势利导,与赵充国后先辉映也。太鲁阁生番出迎,事势尤顺。琅矫倭兵日内当可尽归矣。换班台兵业已暂停。连日此间风暴大作,闻琛航尚滞澎湖也。

14. 致罗景师军门

迭奉三函,以议覆总署海疆密疏,掐索枯肠踌躇半月,不能下笔,致稽裁答,罪甚。入山之路固不厌多,里数前经礼翁函致,以弟揣之,各处所定里数,均不免意为高下。大抵平原之里较长,山险之里较短,亦调剂之道也。琛航何以至今未到,此间亦许久未有来船,总缘风色无常之故。出力员弁,请择尤开示。大南澳路可通舆马,可通耕牛,则垦事可举,慰甚。泥板代瓦,亦因地制宜之妙策。尊谕疆理田畴,经营城邑,抚未尽抚之番,服未尽服之社,必良有司从容而善其后。已窃取大意,具疏请中丞东来。至老伯大人吉人天相,爱日方长,执事报国之时,即椿闱教忠之日。总署筹海一疏,病深创巨,虽东海一隅不足以久羁李郭,欲浩然归里,恐徒增怅触,奢愿难偿也。福靖前营,已咨请制府委人,尊处之员乞赐示。想制府亦当凭以加委也。

15. 致罗军门

奉客腊念五日教言,辱承示悉种种。宣义熊营想当先到,唐营亦饬催之矣。节钺将赴岐莱,经画花连港一带,伏波铜柱复见于今矣。斗史五社卒骈首而来,武乡攻心固是上策。泉勇从十一月起支大口粮,甚属公允,当嘱筱涛照办。壮丁口粮与练勇不同,另立营头,可无后言否? 乞訾酌之。淹毙勇丁,极当给恤,容与筱涛议之,林得茂当遵谕列奖。执事贻书之日,正不才抵工之时。满拟将船事清厘一是,再行东渡。不料十九得玉山噩耗,为之心痛肠断。玉山忠国爱民,诚开金石,防倭极镇定严毅。窃以为远到之才,不图不尽其用,中道以陨也,然马革裹尸,流芳青史,较秋间殁于枕席者,有余荣焉,不得谓非天福忠良也。销案今日附会出门,刻日即当展轮。匆匆作此,祇请勋安,言不尽意。

16. 致罗军门

本月六日捧诵教书,并赐示图说,且感且慰。以不日展轮,行色匆匆,未遑作答,罪甚罪甚!就审福星载路,移节新城,回纥罗拜,令公节笮欢迎,司马摩崖纪绩,辉映古今矣。添碉堡加石工筹储运,此昔必不容已者。加礼宛社独知耕种,甚属可喜,似当以农具给之,观其后效。顽悖者示以威,亦理势之所必然。招垦一节,嘱筱涛催办。城池宜于岐莱,诚属卓见,惟经费奇绌,建城设官一时碍难并举。目前有大纛镇之,即以营旗为吏治,事权归一,俟招垦有效,以次举行,似未晚也。宣义两营闻已到防,谅敷调遣。巡抚移驻一疏,得李伯相书云,经吏部议准而部文则尚未到,中丞何时可来,亦未有定局。弟号令不明,致玉山罹此奇惨。得信后催齐饷项,初十日展轮,十三抵台。与俊侯商定,先清榛莽断接济以取全胜之势。为玉山请予谥专祠,十七日拜疏内渡矣。璧躬以荩勚太过,致多不适,伏望加意调摄,以慰朝野之情。国事如此,台事如此,断非大臣可以言退之时。无论万难邀准,且必非心之所安。首席断不复有波澜,乞廓襟怀,勿稍芥蒂,至祷至祷!

17. 致罗军门

读致子玉太守书,知疟势缠绵,不胜驰念,新城医药不便,应出驻苏澳,或至鸡笼珍摄之余,仍可就近调度。时事方殷,朝廷断不能听晋公高卧绿野,惟加意餐卫,至以为祷。念二日淮军入山归营地,生番拒战,破草山社,杀数十余番伤百。战我军亡哨官游击束维清、勇数名,伤二三十名,知念附闻。

18. 致罗军门

奉二月念六日赐书,知抵台后肃覊芜笺尚稽达览,就论抚番通道,纲举目张,惟荩勚有加,致堤躬尚未复元,闻之不胜驰念。前函请台从暂出山外就医,兹承示将赴噶玛兰,所见略同,私衷稍慰。洋行有药名金鸡挪,为治疟妙品,试服少许何如?但万不可多耳。噶厅去苏澳不远,各营仍可随时恪遵调度。招垦一节,当嘱筱涛催地方官速办,而一切机宜仍须执事指挥,方免法立弊随。替人诚属万难,并非弟之忍不相谅。人才本非易易,况足替执事者,此亦执事所自知,无待弟之喋喋也。筱涛离开郡城,即无主人,所以奏明专办中路,至今未能一行。现南路事未了,更不必说转晌科试矣。兰舟以忧去琅峤,便无督办。调段培元来,非夏末不能到,到亦只能接兰舟席面。弟处赘疣之地,能牵率人以苦事,不能筹所以位置之者,良自愧歉,所望大君子念国步之艰难,尽一分心是一分事,庶几不废半途,俾海疆有磐石之安,相与长揖归田,则心安理得矣。狂瞽这说,幸垂采焉。

19. 致罗景山

上浣肃䍱寸笺,未卜何时入览。比得洪别驾报知旄节已回苏澳,惟吉人天相,餐卫复元,至以为颂。此间复得蓝印,为之心悸魂摇,省信传系嘉顺皇后也。南路淮军已移扎竹坑埔,仍步步斩棘披荆而进。凶番殆将远遁,须久驻以困之。役愈而费不资,如骑虎难下何?闻英使请总署执照,委副领事由缅甸入滇,为滇民所杀,疑中丞指使,滔滔皆是。陆地亦复扬波,非但海疆而已。杞忧其何日艾耶!筠仙臬闽,沅浦抚陕,朝廷方留意锁钥,禹生计亦抵都,想不久当得旨矣。此请大安,书不尽意。

20. 复罗军门

读三月十三日教书,奖饰逾恒,益深颜汗。另示日来病状,并苏澳医药之难,焦灼下私莫能举似,事之繁赜如此,公之困顿如此,一味束手无策,非惟负公,且恐负国。第兰洲忧去,筱涛不能离郡,霁轩方瘁于中路,环顾可以代公者,实无其人。即求才于省门,未有踌躇满志者。意宋魁五镇军任建州时,官声甚好,惟向未获与之共事,不能悉其底细。执事生同里闬,闻之必深,能否胜任,与贵部能否融洽之处,幸密以见示。此外何人可以曹随,乞并赐诲,以便遵循。如得其人,则一面奏调东来,暂行接办。我公乞假于艋舺,静养一两月即可复元,将来所以仰仗扶持者,无穷期也。敬披腹心鹄候垂答,祗请大安,书不尽意。

（三）结论

沈葆桢来台之前,清朝政府虽然在台湾设立了行政机构,但其主要功能,在于统治地方,管理民政,对于台湾在国防上的重要意义缺乏重视,防务十分松弛。并且府、县等行政机构,大多集中在西部、南部地区,而政府对于台东北地区的控制能力比较薄弱,所谓"台地延袤千有余里,官吏所治只滨海平原三分之一"。即使是这三分之一的"官吏所治",也是弊窦丛生,"山前之入版图也,百有余年,一切规制何尝具备。就目前之积弊而论,班兵之惰窳也、蠹役之盘踞也、土匪之横恣也、艮俗之慆淫也、海防陆守之俱虚也、械斗扎厝之迭见也"①。地方管理十分松散和腐败。沈葆桢受命来台督办防务后,虽时间仅一年,但他对台湾的民政、海防等进行了全面的整顿,主要措施有请移福建巡抚冬春驻台、台北拟建一府三县、请开台地后山旧禁、请改台地营制以及开山抚"番"等。② 这些措施基本上奠定了清末台湾民政、海防以及区域开发的大政方针,其后任者虽然对一些措施政策有所更改和创建,但就其主要趋向而言,则大体上继承了沈葆桢的治台构想。而其中沈葆桢所实行的开山抚"番",更是直接推动了台湾东北部地区的开发。

沈葆桢对于开山抚"番"有十分精辟的认识,他说:"夫务开山而不先抚番,则开山无从下手;欲抚番而不先开山,则抚番乃属空谈。"因此他认为开山抚"番"应与整个台东北地区的开发和教化全盘结合起来,不可偏废,"今欲开山,则曰屯兵卫、曰砍林木、曰焚草莱、曰通水道、曰定壤则、曰招垦户、曰给牛种、曰立村堡、曰设隘碉、曰致工商、曰设官吏、曰建城郭、曰设邮驿、曰置廨署;此数者,孰非开山之后,必须递办者? 今欲抚番,则曰选土目、曰查番户、曰定番业、曰通语言、曰禁仇杀、曰教耕稼、曰修道塗、曰给茶盐、曰易冠服、曰设番学、曰变风俗;此数者,又孰非抚番之时,必须并行者?"③

---

① 沈葆桢:《请移驻巡抚折》,《福建台湾奏折》,《台湾文献丛刊》第29种,台北:台湾银行经济研究室1959年版。
② 吴永华:《苏花古道宜兰段调查研究报告》,《宜兰文献丛刊》5,宜兰县立文化中心1994年版,第22—24页。
③ 见沈葆桢:《请移驻巡抚折》,《福建台湾奏折》,《台湾文献丛刊》第29种。

　　沈葆桢对于开山抚"番"的这些设想,在《沈文肃公牍》中也有所反映。然当时北路开山十分艰难,所谓:"防倭易而开山难;开山则南路难而北路尤难,愈进而需兵愈多,番社愈僻则愈愚而愈毒。"① 沈葆桢不得不采用恩威并济的办法:"番顽抗如故,居民营勇零星行走,续有被其狙杀者,法立然后知恩,用威良非得已。与俊侯诸君商定先清榛莽乃殪豺狼,总之毋欲速、毋贪功,进一步扎一步,数节而后当迎刃而解。"② "北路……生番狙杀者已寻常,从前杀而不杀可以置若罔闻,今则箭在弦上。然其乐生恶死亦不甚异于人,加以惩创,抚局乃有实际。"③ 虽则如此,沈葆桢对于"番"族的态度,还是尽可能地以招抚为主,他甚至鼓励军队兵勇及入山汉民与"生番"通婚联姻,他在给罗大春的信中说:"开路已抵石公岭,……兵勇有愿挈家入山结茆而居者听之,有与生番两愿通婚姻者亦听之,能教生番耕种则尤佳。想我公必能因势利导,与赵充国后先辉映也。太鲁阁生番出迎,事势尤顺。"④ 在《沈文肃公牍》卷上《题杨卧云舍人榕阴日课序》中,沈葆桢对于教化生番寄予厚望,他说:"圣天子怜番社蠢蠢,囿于所习,欲举狂榛是而邹鲁之,窃谓抚番自教民始,教民自造士始。台自郑延平以孤忠启疆,陈永华为建学校,当时诵如子产,后进豪杰之士,必有濯磨奋兴者,得先生为之师,其所以正人心、美风俗,优游渐渍而成就之者,其神效岂疆吏条教号令所敢几也哉!"

　　为了使开山抚"番"更有成效,沈葆桢认为,"开山不先招垦,则路虽通而仍塞"、"欲集居民,必先招垦。居民渐多,番割乃无所施其技"。在《沈文肃公牍》中,也有一些比较详细的招垦数据,且有他书所不载者,如同治十三年(1874)九月《致罗军门景山》中云:"招致居民,极扼要之策,策恐穷民力薄,拮据旷时,可否劝板桥林家,向已开路处分段屯垦,各富绅有闻风而起者,一律许之。则彼之获利长,而我之成功速。"其后又曾多次与罗景山商谈敦请板桥林家出首认垦一事,"弟前函请执事劝林绅认垦,不谓鄙意竟

---

① 《沈文肃公牍》卷上《致陆存斋观察》。此书现已收入笔者主编:《台湾文献汇刊》,九州出版社、厦门大学出版社1994年版。

② 《沈文肃公牍》卷下《致李制军》。

③ 《沈文肃公牍》卷下《致王中丞》。

④ 《沈文肃公牍》卷上《致罗景师军门》。

能上符卓见,应乞行辕即日出示,并晓以捷足者先得,勿自误。营哨官有愿自任者,亦许之——一则荷锸云兴,鬼域无潜踪地矣"。"兰地绅民已有议酿资开垦者,想日内当有成说。——板桥林家,意在奇莱,然从大南澳先开,由步步脚踏实地,俟陆路既通,奇莱不难以次递举。若越海以开奇莱,则风汛不常,粮运未免费手。"① 至于"番"族有意耕垦者,沈葆桢尤为重视扶持,光绪元年(1875)初《致文将军》中云:"阿迷番求赏地耕垦,似当许之,阿迷番者见逼于北路凶番,遁而南,受役于诸番,若汉人雇役,则番目抽其值。其性耐苦,颇知耕作,不敢杀人,其困于番者久矣。"在《致罗军门》中云:"加礼宛社独知耕种,甚属可喜。似当以农具给之,观其后效。顽悖者示以威,亦理势之所必然。招垦一节,嘱筱涛催办。"②

后之论者,多称沈葆桢之北路招垦毫无成效,这种看法似失之偏颇,以当时情景度之,开山艰难,"番"族又不时顽抗,招垦自然一时难见明显的效果,但其真正的意义,应在于首创之功。这一点日人伊能嘉矩说得比较公允:"抚番垦荒政策……其已有端绪亦不可置疑,然未奏效而了事,实系为全台之通弊也。"③

《沈文肃公牍》因是私人之间的通信,故还保存了一些不便为外人所道言的信息,如关于罗景山的乞休,一般记载都认为是身体疾病的原因,但从《沈文肃公牍》中所载,可知罗景山与上司的关系不洽,也是其中重要原因之一。同治十三年(1874)三月,日本军队进犯台湾琅峤,沈葆桢及闽浙总督李鹤年、福州将军文煜等会商请调福建陆路提督罗大春(景山)驻扎苏澳,罗大春迟不赴任,遂为总督李鹤年所劾。沈葆桢在《致吴桐云观察》及《致夏筱涛观察》的信中均提到此事,"景山以诡文怯将,闻大府疏劾之,不审作何究竟"、"景山闻为大府所劾,台北事我公(夏筱涛)独为其难"④。罗大春被迫赴台后,与上司总督的矛盾似乎始终未能缓解,故于光绪元年(1875)

---

① 《沈文肃公牍》卷上。
② 《沈文肃公牍》卷下。
③ 转引自吴永华:《苏花古道宜兰段调查研究报告》,《宜兰文献丛刊》5,宜兰县立文化中心1994年版。
④ 《沈文肃公牍》卷上。

三月间屡屡称病求去,沈葆桢在《致黎观察》的信中云:"景山不得志于首席,坚意求去。咨函鳞迭,饷奇绌,材亦奇绌。处赘疣地无可着手,奈何奈何!"沈葆桢加意挽留,并奏请赏假两月,出山调理,但罗大春一以病重为由,不肯复职任事,最后以八月卸任离台。沈葆桢于是月写信给王凯泰巡抚的信中说:"琛航初五从苏澳载景山归,据云咯血未愈,然丰采如旧。惟垂涕以道其郁郁之怀耳。"① 时沈葆桢因升任两江总督兼南洋大臣,先期离台在福建处理善后,罗大春途经福建时,沈葆桢特意上船探访,他在给夏筱涛观察的信中说:"景山坐琛航来,不登岸,扁舟访之。据云血疫未愈,然脸色不恶。道其怫郁之怀,泪随声坠。"② 可见罗大春的坚辞归去,与总督李鹤年的关系不洽致生怫郁之怀,有很直接的联系。

总之,资料的发掘是深化宜兰史及台湾史研究的前提条件之一,由于大陆与台湾两地的长期隔绝,大陆地区保存的许多有关台湾历史的古籍资料,在台湾则较难获见,而台湾学人的许多研究成果,大陆学人也甚为隔膜。如果两岸学人能够在这方面进行有效的沟通联系,提供更多的资料线索和研究成果,则无疑将切实地把两岸史学的研究,推进到一个新的高度。

---

① 《沈文肃公牍》卷下。
② 同上。

四、明清以来金门"被动寇乱"的历史反思

明清以来,金门经历了不少寇乱和战乱的侵扰,给金门的社会经济发展造成了十分严重的破坏和负面影响。然而这些寇乱与战乱,其成因均不是由金门内部因素所形成,而几乎都是由外部力量所强加于金门的,我们姑且称之为"被动型"寇乱与战乱。探究其原因,大致有三。其一,从东亚世界的格局看,明清以来东南沿海地区特别是闽南地区的海上贸易与海外交通迅速发展,金门岛以其特殊的地理位置,自然成了这一庞大世界贸易网络以及海盗网络的重要一环。其二,明清两代政府对于沿海岛屿的管理不甚重视,沿海岛屿往往成为政府与走私商人、海盗等多方势力的中间地带。而金门是这些沿海岛屿中最为突出的一个,当各方矛盾激化的时候,势必成为各方争夺的要点。其三,从疆域海防的军事意义上看,金门岛无疑也是控制东南沿海安全的重要前哨地,极易引发利益各方的战争。下面,我们就对明清以来金门的战乱情景作一简要的回顾。

(一)明清以来金门的战乱

根据清代后期以来金门地区各方志的记载,明清以来金门所经历的战

乱,主要有以下这些:

明正统十四年,沙尤邓茂七作乱。贼党陷同安,引夷艘焚劫浯洲仓盐,毁民舍,杀掠兵官。

嘉靖二十七年四月,海寇阮其实大掠小嶝,知府程秀民发兵攻之;再战再克,诛其魁。余党溃奔,金门指挥张文昊尽擒之。

三十八年五月,倭掠大嶝,村民保于虎头寨。贼破寨,杀戮蹂躏极惨。

三十九年三月,倭酋阿士机等自料罗登岸,掠十七都,死者数百人。复有倭艘沿石壁兜登岸,合党据平林,掠人民庐舍。四月,攻阳翟,合社与战败,死者百余人。于是诸乡自危,奔太武石穴中。

天启二年,红毛夷城澎湖,出没浯屿、东椗诸地,海滨戒严。三年,红毛夷登料罗,浯铜把总丁赞出汛拒战,死焉。

六年春,海寇郑芝龙泊金门、厦门,树旗招兵。

崇祯二年,海寇李魁奇纵横海上。魁奇惠安人,向与芝龙同党,芝龙忌之。是年春,攻后浦堡,堡陷,死与被执者百余人,大掠联艘而去。

(清)顺治三年秋,芝龙弟郑鸿逵自安平镇屯踞金门。

三年秋,芝龙族郑彩与其弟联遁居金、厦,北迎监国鲁王于舟山,进彩建威侯。

四年春,杨耿分踞岛,缙绅多罹其毒;耿,芝龙旧部将也,监国鲁王封为同安伯。九月,觊后浦田百顷,外与海邻,可以威劫,观兵堤下,声言决流而入,实冀以厚贿偿;仓卒无以应,遂尽决堤岸,于是良田变为海国,苦垦累者数十年。

六年八月,成功夜渡金门。……遂踞二岛。……郑泰守金门,家赀以百万计,民遭其毒。

乾隆五十九年二月,盗劫商船于料罗,防汛把总何国祯革职。

嘉庆四年八月,艇匪窜入后浦港;文武仓卒整兵。……十二年,海寇骤炽,内港土匪因之而起,随在肆劫。……二十三年五月,土盗林宰夜劫龙溪运盐船于料罗之鸟屎礁。

道光十四年,内港土匪劫渡船。九月,马巷厅通判、护理提标后营游击吴建勋会剿山后亭柏头各匪乡(详《吴建勋传》)。十九年,鸦片禁严,夹板船有诡称遭风,往来二担洋面或泊料罗及涧礁埯。……二十年七月,夹板三、四十艘入厦门之青屿口,金门戒严。

咸丰三年,海澄人黄位作乱,推其乡殷户黄得美为首。四月,率众入厦门城,踞提督衙署。时提督施得高师船巡洋,闻报,收泊中港,令游击郑振缨率兵二百战败死之,得高退泊镏五店。金门兵单饷匮,人心惶惶。①

从以上这些战乱看,金门的战乱,其根源基本上是来自岛外及海外各地。其中大部分为源于大陆的寇乱,也有少部分源于倭寇及西方“红毛夷”。到了民国年间,依然如此,1991年增修《金门县志》云:“民国肇建以来,金门初无重大兵事,兵制亦废置无常,惟内陆盗匪不时肆劫,小丑跳梁,患犹小者。迨抗日战起,本县地当闽海要冲,首遭敌寇蹂躏,沦陷八年,备极惨痛焉。”②至于1949年之后海峡两地国共对峙,金门遂被誉为“复国前哨”③,然战乱之痛,宁不为外部势力之强加者乎!

（二）金门“被动寇乱”的社会影响

明清以来金门所经历的“被动寇乱”,给金门的社会经济与文化发展,产生了一系列的影响,其中最显而易见的影响,就是居民人口的变动与迁徙。每次大大小小的战乱,都在不同程度上给金门居民生态造成了相应的破坏,特别是那些比较严重的战乱,往往使金门的人口大量流失;田宅祠宇损毁。举明末清初的战乱为例,郑氏集团与清军的往返争战,金门的居民或被杀戮、被掳,或因饥馑、疾病而死,或客死异地、外迁无回,等等,使金门人口大量减少。我们现在从金门的一些民间族谱中,不难看到这样的记述。如后浦《金门珠浦许氏族谱》,康熙庚戌年许云举在《迁次鸠祭》文中即说道:“无何癸卯兵火之变,桑梓邱墟,云礽流播,八年来鸠族计齿十亡八九。”④《浯江下坑陈氏世谱》亦记载:“世藩远遁台湾,嘉、浯之人,祠庙田宅,尽为垗墟,惜两岛

---

① 林焜熿:《金门志》卷十六《旧事志·纪兵》。
② 1991年增修《金门县志》卷九《兵事志》第二篇《民国兵事》。
③ 同上书第三篇《反共兵事》。
④ 《金门珠浦许氏族谱》《序志·迁次鸠祭》,金门许氏宗亲会1987年印行,第202页。

之人,迁界流连,百中仅存一二。"① 阳翟陈氏,二十三世孙陈观泰于康熙九年《止庵公重修世谱序》文中提到:"独自今日,几岌乎不可问矣。改革之际,兵燹之余,旋值迁移之厄,吾族世居岛中者十有其七,倾木覆巢,鱼惊鸟散。重以饥馑疠疫,豺虎纵横,家家凋敝,无以自存。或糊口四方,或掳掠北去,族姓既有飘荡之忧,故牒又秦灰之叹。"②

残酷的战乱,迫使不同时期的金门居民,转而迁徙岛外各地。《金门珠浦许氏族谱》云:"忆自浯海沧桑以后,宗族星晨,迁徙而来澎者,十有四五。始也去珠犹思还浦,继焉萍迹遂成梓邦,嗣而生聚渐繁。"③ 后浦许氏在台、澎地区,尤其是澎湖一地,留下许多的后裔,竟成澎湖的第二大族。其余如琼林的蔡氏、下坑的陈氏亦是如此。浯阳陈氏的族谱中亦记载:"独自今日,几岌乎不可问矣。改革之际,兵燹之余,旋值迁移之厄,吾族世居岛中者,十有其七,倾木覆巢,鱼惊鸟散。重以饥馑疠疫,豺虎纵横,家家凋敝,无以自存。或饷口四方或掳掠北去,族姓既有飘荡之忧,故牒又有秦灰之叹。"④ 又载:"鼎革后同邑迭罹兵火,凡邑居子姓,其田园废于荆棘,家室慨于忝离者多矣。而岁值癸卯,浯阳又值播迁,虽航江绕获济族相依,而伶仃踬尾转徙他乡者,亦不谓无其人也。"⑤《增订新编澎湖通史》说:"清康熙初年起至康熙二十年前后,迁来者亦不少,此期多因兵乱而来者,概系金、厦两岛居民为多。"⑥《澎湖县志》曾就澎湖十大姓之分布概况,发现最早源自金门的二十七个村庄中,就有十四个之多,超过一半。⑦

在战乱的破坏下,以金门地区生态环境贫瘠、环海善舟的特点,迫使金门岛内的居民,不仅向澎湖台湾以及福建等地迁徙,而且还直接向东南亚等海外地区迁移。《金门县志》记载:"金门滨海,民多业渔。但各种渔具,悉从旧式,故所获日少。而耕种又不注重垦荒,致举目多芜废之地。此由于往

---

① 《浯江下坑陈氏族谱》,康熙癸丑年《沧浯陈氏谱志》,金门:手抄本。
② 《浯阳陈氏族谱》,陈观泰《止庵公重修世谱序》,金门:手抄本。
③ 《金门珠浦许氏族谱》,《增建澎湖家庙小引》,金门许氏宗亲会 1987 年印行,第 212 页。
④ 《浯阳陈氏族谱》,康熙庚戌年《止庵公重修世谱序》。
⑤ 《浯阳陈氏族谱》,康熙庚戌年《宜亭公世谱序》。
⑥ 蔡平立:《增订新编澎湖通史》,台北:联鸣文化有限公司 1979 年版,第 281—290 页。
⑦ 李绍章:《澎湖县志》上册,第 131—135 页。

南洋谋生,得资较厚,故弃难而趋易。"① 县志又载:"自南洋航路大通,金门人民多出洋谋生。"② 关于自清代后期以来金门居民向海外迁移,增修《金门县志》有一段简要的论说:"海禁大开,厦门为五口通商口岸之一,航路畅通,金厦咫尺,相互援引,其往南洋者,乃如过江之鲫,直视南洋作外舍焉。盖岛上土地硗确,风多雨少,居民虽兼业农渔,然终岁勤劳,所获犹难足温饱,一遇旱潦之年,则难免受饥馑之苦,故自昔男子年届十六七时,大多相率背井离乡,远渡重洋,谋生活之出路,寻海外之桃源,胼手胝足,克勤克劳,以辛劳所获之资,按月汇寄,以赡一家生计,故侨汇之多寡,动关地方经济定荣枯。外出者或三年五载,稍有余积,即促装言旋,奉父母之命,凭媒妁之言,完成婚姻之事,但未几即又告别父母,远离妻子,行色匆匆附舶而去。若时运亨通,鸿图得展,事业略有成就,即携赀回乡,兴建新屋,以安居家眷,荣耀乡里,旋又扬帆出海,继续经营,历数十年之奋斗,幸而行囊绰有余裕,随得捆载荣归,半生辛苦,至此叶落归根,优游晚景,安老于梓里矣。此即俗所谓华侨三部曲也。然能循序到此境者,十无一二焉,其或一事无成,穷途潦倒,老死异乡者有之,或挈眷迁居,远托异国,终身夷狄而不返者有之,故浯昔有'六亡、三在、一回头'之谚,而侨眷接收侨汇时,亦曰'典夫子卖子钱'也。"③ 由此可见清代以来金门居民迁移海外的艰辛历程。

明清以来金门岛所经历的 "被动寇乱" 与 "被动战乱",虽然给金门当地造成了严重的损害,它一方面促使这里的居民转而迁移外地,顽强寻求新的生存之地,另一方面,也造就了金门的居民的坚强奋进的人文性格,激发了金门本土对于战争的关注,以及对于金门本土社会安定的教化。正因为如此,明清以来金门的儒学与武学,成为福建乃至全国的前茅之地。

金门岛原属于泉州府同安县,泉州府等闽南一带,本来就是福建省内文化教育与科举比较发达的区域,而金门虽然偏寓海中,但是在整个清代的科举考试中,始终占据先进的行列。林焜熿在《金门志》中记述这里的士风时

---

① 民国《金门县志》卷十三《礼俗》。
② 民国《金门县志》卷七《赋税》。
③ 1991 年增修《金门县志》卷十《华侨志·金桥简史》下册,金门县政府 1992 年版,第 1275 页。又林焜熿:《金门志》卷十五《风俗记·商贾》。

说:"朱子主邑簿,采风岛上,以礼导民;浯既被化,因立书院于燕南山。自后家弦户诵,优游正义、涵泳圣经,则风俗一丕变也。……浯洲为泉、漳门户,地辟民聚;鸡犬相闻,缙绅杂沓。号称海滨邹鲁。浯岛科第辈出,不独以文章重;诸德业可师者,亦足以示仪型而风后进。浯洲弹丸岛耳,而石坚土厚,屹峙大壑之中。其人性悼而不憍、神王而不儦。士多光明俊伟之概,次亦勉以廉隅自饬。以至妇人女子守贞从一、视死如归者,肩项相望。"①

金门的文化教育与科举之盛,可与同安县境内的其他各乡作一比较。金门原归属于同安时,仅占同安县属的一小部分。在清代前期尚未实施"盛世滋生人丁永不加赋"政策之前,及雍正年间之前,金门岛内在官府册籍中的人丁数尚不及同安县全县的十分之一。②但是在科举方面,万历《县志》载:同安乡榜,始盛于嘉靖戊子、辛卯及万历戊子。前戊子八人,浯居其五,联捷者四;辛卯七人,则皆产;后戊子十一人,浯九。夺魁者二,浯一;相继登第者八,浯五;己丑联翩者五,浯四。以封域论,同安分有十里,浯地尚未备乎一里;科名风节,接武比肩,为阖邑冠。统计明兴同捷乡、会闱三分之,浯有其一。其中冠南宫、取鼎甲、选词林、拜阁学及文武乡榜、文武进士以至由荐辟、由学校、由吏员,不可枚举。故谚云:"无地不开花";而邑人亦曰:"无金不成同。"海中撮土,亦灵怪矣哉。同安父子进士,自刘存德、梦松、梦潮而外,惟浯之张凤征、继桂、蔡贵易、献臣二家。同安得谥者惟蔡公复一;忠贞亮节,翕雅干济,略展布于黔、楚间,得谥"清宪"。不知蒋侍郎孟育谥文介、张大中丞廷拱谥襄靖、林阁学焊谥文穆皆易名,则皆浯产而邑顾未之有;以洪侍郎朝选犹无之,论者谓洪可补谥。然如卢大司马若腾文章政事,当时事既非,棱棱风骨;前而间关勤王,后而流离励节,即宜追谥,且当补祀乡贤。慰忠魂,所以厉风化也。③

林焜熿的《金门志》又记云:"吾乡能诗者,在宋有邱钧矶先生,而魏秀才、陈乐所亦同时唱和。明兴,邵参将应魁从俞大猷游,故以名将能诗,有雅歌投壶气象。陈孝廉廷梁,家贫能诗。蔡布政守愚,有魏、唐风味。蔡光禄献

---

① 林焜熿:《金门志》卷十五《风俗记·士习》。

② 参见民国《金门县志》卷九《户口》。

③ 林焜熿:《金门志》卷十六《旧事记·丛谈》。

臣,明净简远;子谦光,变为娟秀高华,间亦冲淡,有微云河汉、疏雨梧桐之致。许太史獬,冲秀高华,兼收陶、谢;而其先如光哲、如伯玉、如彰仁、如惟达、如从任,八世能诗,盖有得于家学焉。蔡经略复一,以经济显,尤工于诗;何乔远谓其出入汉、魏、唐、宋间,居然一代名作,古风即徐文长、袁中郎不敢并驾。继经略为卢司马若腾,然吉光片羽,鲜复有存者矣。"①

在武将、武功方面,金门也占据同安境内的前列,更是国内其他县境少有可与之相匹。根据林焜熿《金门志》所载金门"武绩"中,比较著名的金门籍武将就有以下 32 人:

> 邵应魁,字伟长,号榕斋;金门所人。
>
> 洪公抡,字廷扬,号鼎铭;后丰港人,累世同居。
>
> 子旭,号念衷。唐王时以军功得官,郑成功甚重之。累官中提督,封太子太师、忠振伯。
>
> 卢若骧,贤聚人;尚书若腾胞弟。
>
> 若骥,腾族弟。
>
> 卢恩亦若腾同族,从定国公郑鸿逵纠义旅海上。
>
> 许盛,字际斯,号武岩;后沙人。
>
> 周全斌,字邦宪;浦边人。
>
> 康朝功,偢居金门浦东,为金镇右营千总。
>
> 洪就,烈屿人。
>
> 董方,金门人。
>
> 李辉先,古宁头人。
>
> 江永泰,后浦人。
>
> 陈邦光,后崎人。
>
> 蔡攀龙,字君宠,号跃洲;平林人。
>
> 陈元成,董林人。
>
> 杨华,字良渊,号凤山;湖下人。

---

① 林焜熿:《金门志》卷十六《旧事记·丛谈》。

李光显,字鉴亭;古宁头人。

邱良功,字玉韫,号琢斋;后浦人。

杨康灵,后浦人。

求生,水头人。

林廷福,字锡卿,号受堂;后浦人。

陈光求,字耀臣,号蕙圃;后浦人。

文应举,字君贤,先世粤人;曾祖际高历官参将,先为金门游击,因家后浦。

郭扬声,字腾圃;后浦人。

黄振玉,字金声;英坑人。

吴建勋,字勖斋;原籍永定县,祖亮兴移居后浦。

萧兴邦,字绩斋;后浦人。

文成才,字子弼;千总应彩次子、总兵应举侄。

萧南枢,字杓斋;后浦人。

林捷辉,字齐甫;后浦人。

许瑞声,后浦人。[①]

民国《同安县志》记载明清时期该县著名的战将约七十余人,其中出自金门籍的有二十余人,占近全县的 1/3。[②]

本来,金门岛偏寓海中,依照常理,文化教育与科举功名,一般都要稍逊于生态环境比较优越的内陆地区,但是金门的情景正相反。明清以来金门地区儒学与武学之盛,不能不与金门屡遭"被动寇乱"而激发金门的居民奋发图存的坚韧决心有着密切的关系。

(三)结语

我们通过明清以来金门"被动寇乱"的分析,或许可以得出两点认识:

---

① 林焜熿:《金门志》卷十一《人物列传》。
② 民国《同安县志》卷三〇《人物录·武功》。

第一,明清以来金门岛所经历的"被动寇乱"与"被动战乱",虽然给金门当地造成了严重的损害,但是面临大海的生态环境与恶劣的社会环境,反而造就了金门人民坚毅奋进的人文性格。这种人文性格维系了金门地区社会经济与文化的不断进步,这种人文性格也从一个比较独特的区域文化中更为突显出闽南文化的基本特征。

第二,作为后世的历史学者,如何恰如其分地反映明清以来金门地区"被动寇乱"及其社会影响的历史评价,首先应该尽可能地排除政治观点对于地域历史文化研究的干扰。就大陆的情景为例,曾几何时,诸如"农民起义"、"郑成功民族英雄"的话语权定位,影响到数十年历史学研究对于这些领域的某些误导。如关于郑成功及其政权的研究,基本上是捧扬歌颂,而对于其在福建等地所进行的残酷掠饷苛索,则视而不见。甚至郑军掠饷所至,当地的研究者们反而多有赞扬。与此相类似,在大陆改革开放之后纂修的地方志中,只要历史文献上有"盗"、"贼"、"寇"等的记载,大家都如获至宝,一概称之为"农民起义军"。前人纂写地方志时,往往要把战乱的史实记录下来以警示后人。但是新编的地方志中,只要是前人记载为"盗"、"贼"、"寇"的,也一律换上欣赏的文字:"义军"。当然,如果这些"盗贼"出身于本地,也许是"官逼民反",勉强可以说是"义军"。但如果是外地的流寇,窜到本地烧杀淫掠,修志者不加区别,再称之为"义军",这不啻是说"欢迎外地贼寇光临本地烧杀淫掠",于理、于情、于历史,均为不通。从这样的认识出发,我们对于明清以来金门地区所遭受的"被动寇乱",是否也应该有一个比较清醒的认识?

五、连城四堡邹氏家族的妈祖信仰

明清时期,妈祖信仰随着社会经济特别是市场商品经济的发展而迅猛地在国内的许多地方传播开来。虽然从整体上看,妈祖信仰较多地集中在商品经济比较发达的市镇以及交通要津一带流行,但是由于中国各地的社会经济与文化习俗差异性比较大,不同地方的妈祖信仰,也会呈现出一些不同的特色。近来,我翻阅以往搜集来并堆放在书库角落里的族谱,无意中发现闽西连城山区四堡乡邹氏家族的《邹氏族谱》中,记录有该家族建造天后宫和信奉天后妈祖的文献。兹略加整理如次,以便对于不同地方妈祖信仰的差异性做些个案性的分析,以加深对妈祖信仰差异性的进一步了解。

(一)连城四堡乡的从商习俗

清代连城县四堡乡,虽然处于深山老林之中,却是当时中国赫赫有名的木板雕刻印刷业的四大中心之一。居住在这里的邹氏家族和马氏家族,大部分族人都是以从事刻书、贩书作为主要的职业,从商服贾的习俗之盛,在国内的其他区域内也只有少数乡村可以与之媲美。

四堡的印书业究竟始于何时,尚无定论,但至迟是在明代后期。据说,万历八年,邹学圣从杭州辞官归里,带回了元宵灯艺及雕版印刷术,此后遂"镌经史以利人"。至明末清初,以雾阁乡为中心的四堡地区,印书业及贩书业已颇为发达。① 如马氏十八代马阳波,明末以"授经"为生,其儿辈则从事"贸书",渐至以此为"一家所业";十九代厚斋,于"操持家政"之余,"兼贾书于江广间,凡十四、五年,颇获利。……而募匠雕枣梨,摹印书籍,以为诸贾贩,其利且倍蓰于远贾"。邹氏的印书业及贩书业,至清康熙年间亦成"世业"。如邹氏十五代藻初,"壮年贸易广东兴宁县,颇获利,遂娶妻育子,因居其地,刊刻经书出售。至康熙二十年辛酉,方搬回本里,置宅买田,并抚养诸侄,仍卖书治生。闽汀四堡书坊,实公所开创也"。清乾隆至嘉庆年间,四堡的雕版印刷业进入了全盛时期。如云,"吾乡在乾嘉时,书业甚盛,致富者累相望";"开坊募梓,集书板充栋,致赀信饶,若素封者然";"广镌古今遗编,布诸海内,锱铢所积,饶若素封"。据估计,邹氏和马氏世代相传的大书坊,共有百余家。其中仍可查考者,邹氏族内有碧清堂、文海楼、文香阁、翰宝楼、玉经堂、崇文楼、素位堂、素位山房、萃芸楼、梅中昌、种梅山房、本立堂、以文阁等十三家;马氏族内有泗波堂、林兰堂、万竹楼、翼经堂、德文堂等五家。② 这些自立堂号的大书坊,除经营刻印之外,一般也兼营销售,可谓集生产与贩卖为一体。《马氏族谱》亦记载云:"明末清初马屋文风相当兴盛,先后在文昌阁、六祖庙、珠峰寨、东升寨等处设立书院,传授经史。……文风盛极一时。……走上雕版开坊印书行业。据族谱列传对维翰、利群、隆禧、怡庵、富良、履恭、则忠诸公均有记载其无意功名、刊刻书版创设书坊等事迹,为马屋雕版印书奠定了根基。……至康熙、乾隆、嘉庆年代一百多年的鼎盛时期,印刷坊遍及全村。秋冬季节家家户户、男女老少都投入印刷,准备明年春天客商之需求。……每年元宵节后,马屋与雾阁交界处官地坝里,湘、赣、粤、桂、苏、浙各省书商如期汇集采购,成为热闹书市交易场所。……马屋雕版印书,据不完全统计,各种书号有二百五十多部版本。"③

经过长期不断的努力,四堡书商与各地客户建立了密切的联系,逐渐由

① 参见邹日升:《中国四大雕版印刷业基地之一——四堡》,《连城文史资料》第4期,1985年。又参见笔者:《民间文书与明清东南族商研究》第七章"清代闽西四堡族商研究",中华书局2009年版。

② 参见笔者:《民间文书与明清东南族商研究》第七章"清代闽西四堡族商研究",中华书局2009年版。

③ 1993年重修《孝思堂马氏族谱》二集,《马屋雕版印刷业》。

行商转化为坐贾,到处开设书肆,设置商业网点,建立了比较稳定的书籍销售网。据说,清代四堡书商有三条主要的运销路线,即北线、西线和南线。"当时,北线经清流入沙溪下闽江,或由宁化到建宁、泰宁,进入江西丰城、临川、南昌、樟树、九江等地,再由长江向上游进发到武汉、长沙和四川重庆、成都,下游抵安庆、芜湖、宣城、南京、湖州、无锡、苏州和杭州。西线至长汀后,也分水陆两路,一路沿汀江乘舟南下,入上杭、潮州、汕头,经海运入珠江、进广州,散入粤西各地,或沿珠江上溯至广西梧州、贵县、灵山、横县、南宁、北色,直抵云南各地,或于潮州陆路转入粤东北各地;另一路由长汀向西入赣南和湘南诸县市。南线至连城后分东、南两路,东路入永安经沙溪发行至南平、建瓯、崇安、浦城各地,或沿闽江东下至福州,转海运入温州、浙东各地,伸而入杭州,散于全浙;南路经朋口溪入韩江至广东,或陆路至龙岩、漳州、厦门、泉州等地。"①

连城县四堡乡邹氏、马氏两大家族的雕版印刷业和贩书业,一直沿袭到清代末期。族人们在主要经营印书、贩书的同时,也涉足于其他的商业领域,如山区的茶业、纸业及其他土特产业,族人们除了活跃于国内各地之外,还远涉重洋,进入东南亚各国,从而使得四堡乡,成为闽西客家最早的华侨发源地之一。②

(二)邹氏家族创建"公平墟"和天后宫

清代乾隆年间,随着雕版印刷业和书市的繁荣,邹氏家族为了适应书籍交易发展的需求,在邹氏家族所在地雾阁村,开设了交易市场,名曰"公平墟"。族谱记云:

> 忆昔吾乡新开公平墟,先辈早有以旧墟稍远,每思自辟一区,便于交易。然托诸空言,未果举行。至乾隆戊戌岁之十一月十八日始议,一唱百和,众心齐一。而十九日即起墟场,赶集如云。此时开墟一项,胜公房使费一半,我敷公房、礼崇公、雄公、希孟公、永生公使费一半。③

---

① 邹日升:《连城文史资料》第4期,1985年。
② 参见笔者:《民间文书与明清东南族商研究》第七章"清代闽西四堡族商研究",中华书局2009年版。1993年重修《邹氏族谱》。
③ 民国《敦本堂邹氏族谱》卷二十九《乡村·祠庙·房屋图志》。

关于邹氏家族天后宫建造的
具体经过,《敦敬堂邹氏族谱》有
《天后宫源流序》云:

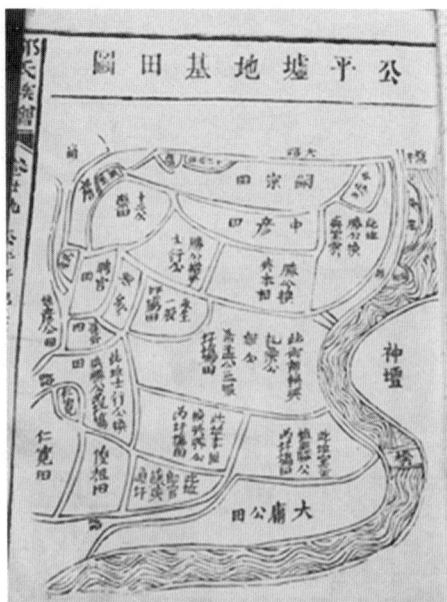

(图引自民国《敦本堂邹氏族谱》卷二十九
《乡村·祠庙·房屋图志》)

> 道光甲辰,吴门俳优于保
生大帝之庙,族人邹明章、华
林、世本、朝梅同往视焉。观
看之下,相顾而言曰:吾等皆
属七郎公之裔,分处三门。上
祖之时,三门皆可云富盛。其
奉祀神明,可谓极其诚敬。如
积福庵建造禅堂,广施香田,
找僧主持香火,敬奉神佛。太
祖庙丹楹刻桷,极其美丽。而
又助下香田,架造庙亭,俾庙
祝栖止,奉祀太祖。独于天后宫,未之有焉。岂圣母灵显之不如诸神
哉?实未有人焉出而倡为之耳。归而与玉生、继院、继仁、裕和、隆选、华
有诸人言,佥曰圣母诞生于闽,大而京师会城郡邑,小而市镇乡村山陬海
澨,无不建宫奉祀。虽是女流,自天子以至于庶人,莫不焚香礼拜。且我
等叨蒙圣母庇佑,或舟行涉水,凡有侥险倾危之际,有呼即赴。此所谓镇
狂澜如衽席,压洪波如砥道,岂非普天慈母,而天下之人之莫不尊亲。吾
等所当出而倡事也哉。于是订簿题捐,各各欢欣,而或多或少,量其分以
出。虽不能出助钱米者,或助石,或助工,无不踊跃而乐赴焉。不数月,
题捐共算得花银数百许,又钱几万许。因择其基址,取于三门下手之罗
星上大路旁,戌山辰向兼辛乙分金。即择于十月初十日辰时兴土动工架
马。按圣母宫之龙从鳌峰起祖,降至黄竹坑开翼,左分鸡薮窠,右分印盒
山为夹,从中抽出脉,委蛇屈曲,美不可言。……此天造地设、美并天宫,
以俟倡首人迁点而为圣母之宫之吉壤者,岂可多得哉!

当架造时,有形家者,因探亲而游于此,览言曰:"尔联云是天上神仙之府，真神仙府也。三年之内，尔贵处当有人蜚声艺苑、品列胶庠者。岁在丙午科，试敏以篾线之才亦幸而见赏李宗工焉。越一岁丁未，华翰幸游璧水。又越一岁戊申，斯钦品重雍宫，远近闻之咸羡。圣母宫之风水，愚以为虽其中有风水，抑亦圣母在天之灵之默为呵获也。……"

今者圣天子初登御宇之年，改元恩科之际，我三门各重订家乘，诸首事欲书原委以订于谱，使后之人得识来由，永垂不朽，而问序于余。余以谢劣无文，不敢擅自挥毫贻后日羞，因揣既蒙圣母庇佑，欲借此以报圣恩于万一，兼以诸首事之命不敢拂，安可再三推诿，遂敬承钧命而为序。

沐恩邑庠生文轩邹清盥手敬撰 ①

四堡邹氏家族在自己的家乡建造"公平墟"和天后宫，从经济的层面上看，是由于随着清代中期四堡雕版印书业及贩书业得到空前的发展，进入到鼎盛时期，以往旧的墟市已经无法适应书籍大量交易的需要，必须扩大交易场所，推进交易的规模。而在"公平墟"建立之后，家族集议在"公平墟"之侧建造天后宫。其目的首先有如上引"天后宫源流序"所言，"圣母庇佑，或舟行涉水，凡有侥险倾危之际，有呼即赴。此所谓镇狂澜如衽席，压洪波如砥道"。希望在出外经商时得到天后的护佑。其次，当每年"公平墟"开市交易之时，各地客商来自四面八方，难免良莠不齐。在"公平墟"之侧建造供奉天后妈祖，显然具有强烈的精神公判作用，这对于维持书市交易的正常进行，起到一定的震慑作用。再者，从"天后宫源流序"中我们还可以看到一个信息，即所谓天后宫建成之后，居然对邹氏家族的科举功名大有益助。这也许体现了邹氏家族读书人的一种普遍愿望。在《邹氏族谱》的传记中，我们可以看到这个家族虽然有大量的族人刻书、贩书，服贾起家。但是从家族的最高价值观来衡量，读书依然是最值得崇尚的。读书人也往往成为家族事务的积极参与者。正因为如此，天后宫的建造，在这班读书人心目中，也许保佑旅途平安、生意兴隆的诉求是第二位的，而求得科举功名的成功才是第一位的。这种无法公开宣扬的诉求，也许只有在这种家族所有的天后宫庙宇文献中，才有可能得到比较真实的反映吧？

---

① 1994 年重修《敦敬堂邹氏族谱》卷首《天后宫序》。

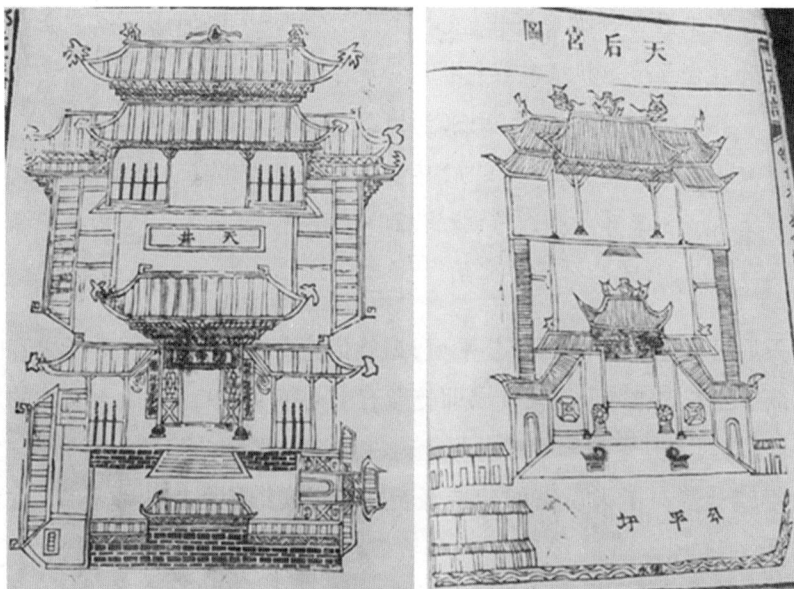

（图引自民国《敦本堂邹氏族谱》卷二十九《乡村·祠庙·房屋图志》）

（三）邹氏家族天后宫的管理机制

作为家族所有的墟市和寺庙，四堡"公平墟"和天后宫从其建造之初的资金筹集到日后的管理祭祀等，无不都是通过家族的形式进行的。

当建造之初，邹氏家族相关各房就"公平墟"和天后宫的经费筹集等进行协商，订立了合同书。该合同书如下：

> 立合同人胜公子孙同曾侄孙、礼崇公子孙御祖、洪生、熊云、中彦、雄彦、一彦、圣乾、征耀等为本乡水口新起公平墟，老少欢悦，俱各齐心踊跃，各出自己粮田以作墟场。其建造店宇并小庄，皆照八股均派。胜公房墟基使用俱出祠内公项，礼崇公、雄公、希孟公、永生公四公合成一半，胜公一半。自后每年收公平墟税，当作八股收税。胜公房收墟税四股，礼崇公房亦收四股，其实二房每收一半。至递年收墟税公议，胜公房择知事首四人，礼崇公房择知事首四人，至临收租之期，务要知会八人同往，均收均分，毋得越议一二人专擅。恐口无凭，立合同字各付一纸，永远为照。
>
> 乾隆四十四年六月廿三日立合同人　　　　　　胜公、崇公子孙仝立。

一批胜公扶桐岗墟田,丈积上则三亩四分五厘五毫,原载正米一斗八升六合五勺七抄。其钱粮折胜公祠子孙收纳。

礼崇公、雄公、希孟公、永生公四公扶桐岗墟田丈积上则三亩一分,原载正米一斗七升二合八勺,其钱粮内礼崇公、雄公、希孟公三股,墟田载正米一斗二升九合六勺,折御祖公子孙完纳。永生公墟田载正米四升三合二勺,折永生公子孙完纳。①

天后宫建造的时间迟于公平墟,据族谱记载,是在乾隆"壬子之春阖族佥议欲于公平墟建造天后宫"②,即乾隆五十七年(1792)。由于参加的族房有所增加,因而其建造经费的分派上是在建造公平墟的基础上有所调整,嘉庆七年族众曾对于天后宫的建造经费及管理交纳地租诸事立有碑记,其碑记如下:

至乾隆壬子之春,阖族佥议欲于公平墟建造天后宫。我四公子孙邀礼衡公子孙入墟叩之,即欣然乐从。我四公开墟前用之项,照依五股派还四公,自得当众交讫。嗣后公平墟墟场墟租,胜公房子孙分收墟租一半,敷公房、礼崇公、礼衡公、雄公、希孟公、永生公,五公子孙分收墟租一半。前后立有合同,大簿载明,付执永为凭据。聊志数语,俾后人知先后之由矣。一,礼衡公子孙帮出开墟使用花边一百二十圆;大路下余剩田二小坵;天后庙背上田一坵,丈积九分三厘三毫六丝;襄彦助出田一处,正米三合六勺。 附:通墟众造庙屋开后:天后宫左畔,一植大客店一所,二植大客店一所,三植店一间,四植又一间,五植又一间,六植又一间,共六植。其右畔个人自造之店屋,各人自己递年纳地租交众,及小庄租钱交众。

嘉庆七年壬戌岁秋首事邹胜公、敷公二公子孙仝立碑。③

为了让家族对于天后宫的管理得以持久并保障经费来源充足,邹氏家族对此专门设立了"天后宫龙翔会"。龙翔会类似于清代福建民间流行的民间

---

① 民国《敦本堂邹氏族谱》卷二十九《乡村·祠庙·房屋图志》。
② 同上。
③ 同上。

金融互助组织"钱会"。共分为四班。这四班人员的名单如下：

首班：时运、子仁、子荣、仁宽、仁盛、元暄、志乾、志和、元超、全远、圣云、礼光。

二班：观辉、寿官、成官、科瑞、含辉、殿赓、扬朝、扬山、扬轩、圣坤、新顺、荣雨。

三班：雄彦、聘官、猷官、善官、本官、安官、以中、弼中、全仁、天中、元超、传应。

四班：复生、殿试、崟生、元超、显登、郎官、清官、运官、服官、振官、宗官、琪官。

共四十八人，分为四会。当日每人出大番二圆。众议将此银自一会领起，交至二会、三会、四会，轮流生息，周而复始。存至嘉庆十七年，本利大番五百零六圆。原额日后倘有会内要拆回者，只许领回本大番二圆，批照。①

除了组织龙翔会筹集银两以轮流生息之外，邹氏家族还于嘉庆十七年专门购置了田地，并且还在官府的册籍中以"邹龙翔"的名称登记入籍，以租谷收入供天后宫的日常费用：

嘉庆十七年十二月购买田片列后：

一处本里神坛下，田一坵，上则，丈积二亩二分二厘四毫正，载正米一斗二升零零九抄九撮正。东至路，西至征秉田，南至子仁田，北至熊云公田。

一处本里塘策空，田三坵，中则，丈积一亩三分八厘八毫，载正米五升九合九勺六抄一撮六圭。东至周祯公尝田，西至叶胜公尝田，南至宗望田，北至郎官田。

一处本里社树下，田二坵，下则，丈积一亩四分三厘八毫，载正米四升四合三勺六抄二撮五圭八粟七粒六微。东至子仁田，西至选官田，南

---

① 1993 年重修《邹氏族谱》卷六《蒸尝·学田·天后宫龙翔会人名暨嘉庆十七年购买祀圣母之田产》。

至路,北至路。

以上三处,共正米二斗二升四合四勺二抄零一圭八粟七粒六微。该钱粮三钱九分零五毫。本仓一斗五合五勺一抄,在保四图四甲新立邹龙翔户轮纳。

以上三处,共去契价大番四百九十五圆零。①

有了庙宇设施及经费保障之后,邹氏家族对天后宫的轮值祭祀也做了相应的规定,族谱载"天后圣母娘娘千秋规额"云:

> 备办祭仪等物,假如一班值事收田钱,预先另请二班、三班、四班各班请出一位公平正直能办之人,为上下明甫,备办祭仪、席面等物,其钱在直事之班支用。其值事班,但办凳桌,不得买办。今自一班轮至四班,周而复始。倘有不请各班一人为明甫办事,希图渔利者,定罚戏一本,以杜私弊。是为记,批照。②

从以上这些记载可以看出,四堡乡天后宫,作为邹氏家族的族有庙宇,从筹建、庙产,到每年的祭祀管理轮值等,都是通过家族内部的组织来推行的。就国内其他地方天后宫的一般情景而言,天后宫较多的是跨姓氏的、在一定地域内受到崇拜和管理的庙宇。而作为某一个姓氏家族所有并为之管理崇祀的天后宫,则相对少些。尽管如此,我们通过对于连城县四堡乡邹氏家族天后宫的分析,无疑可以进一步对于中国各地天后宫崇拜信仰的不同形式的了解。也许正是这种存在一定差异性的天后妈祖崇拜,显现出天后妈祖崇拜的多样性和社会适应性,而这种多样性和社会适应性,正是天后妈祖信仰能够冲破地域的界限和时代的界限,得以永久延续的一个重要内在因素,值得我们重视。

---

① 1993 年重修《邹氏族谱》卷六《蒸尝·学田·天后宫龙翔会人名暨嘉庆十七年购买祀圣母之田产》。

② 民国《敦本堂邹氏族谱》卷二十九《乡村·祠庙·房屋图志》。

六、闽北建瓯厚山村的三圣公王庙会

厚山村又称后山村,位于闽北建瓯县的东北部,现属川石镇管辖,与政和县的石屯、樟口等乡相邻。这一带山陵起伏,交通不便,人口相对稀少。居民有杨、吴、徐、叶等二十余个姓氏,他们共同崇祀"三圣公王",每年农历七月二十三日至八月初三日,举行隆重的"三圣公王"庙会。笔者在考察这一庙会的民间崇拜意识与社会组织联系的同时,注意到这一定期庙会对于偏僻山区居民的商品交换所起的经济作用,也是饶有意味的。

(一)

厚山村的庙宇共有三间:一为"保角庙",又称"唐东平王庙",祀"唐御史中丞张睢阳巡也"[①];二为"福兴寺",是一座比较正规的佛教寺庙,规模虽然不很大,但里面崇祀的是三宝佛及十八罗汉,没有其他混杂的神祇。另外,一座庙宇便是"三圣公王庙",又称"后山庙"。据当地故老介绍,此庙可能始建于宋代,历经元、明、清各代,时有整修。"文革"期间曾遭摧毁,偶像无存,庙宇成为公社大队的仓库。近年来由村民集资稍加整饰,修补破漏,重新塑造旧有的诸神偶像,并恢复了一年一度的庙会。

---

① 民国《建瓯县志》卷二十一《祠祀志》。

　　"三圣公王"有三尊偶像，是三兄弟，姓李（当地群众也有讹为吕姓者），
《建瓯县志》记云：

> 神为李娃，材、槭、槐兄弟三人，唐末任指挥使，讨黄巢有功，死于难，
> 七日容色不变，郡人立庙祀焉。时闽北皆建安境，故其祠遍延、建、邵三
> 属。据疆域今为崇安人。……地方循例私祭者不少云。①

据此可知"三圣公王"是闽北崇安人，于唐末抗击黄巢战死，故《崇安县志》
对李材兄弟的事迹也有相应的记载：

> 材，崇地黄亭人，唐末屡立战功，授指挥使。乾符间黄巢入寇，材与
> 仲弟槭、季弟槐率所部兵击贼于竹湖山下，被执不屈死。邑人立祠祀之，
> 谓之三圣祠。②

　　厚山村的"三圣公王"庙除了供奉李材三兄弟为主神外，还有十尊附祀
的神祇偶像，其从左到右的排列顺序如下：

三圣夫人共三尊	顺天圣母	本境福主东平尊王	本境福主赐福夫人	开路先锋	护国庇民慈惠李公共三尊	地母圣娘	观音大士	华光天王

---

① 民国《建瓯县志》卷二十一《祠祀志》。
② 民国《崇安县志》卷二十四《列传·忠义》。

东平尊王、华光天王、观音大士在闽北的民间崇拜中较为普遍,"三圣公王"庙把这三尊神明请进附祀,可能是受到闽北各地民间信仰的一般影响。顺天圣母即是顺懿陈靖姑夫人,建瓯及闽北各地的民间道士大多属于闾山派,奉陈靖姑为主神,又称"奶娘"派。开路先锋是"三圣公王"的马弁,负前驱执鞭之责。地母圣娘则不知出自何方神圣,抑或"地母"。唯有三圣夫人,据当地耆老称是"三圣公王"的夫人,故又称属"三圣娘娘",然根据《县志》的记载,"三圣娘娘"是建瓯的土著,"三圣娘娘祠,……相传建是邑即有是祠,曰范、曰汉、曰李,其氏族也。灵应颇著,官斯土者无不虔祀,民间亦多奉之"。[①] 据此可知所谓"三圣娘娘"是"三圣公王"的夫人,是后人的牵强附会,而这种现象,正是福建民间信仰中的一个鲜明特点。

从这些神祇偶像的来历看,厚山村"三圣公王"庙的崇拜对象,是以当地土生土长的三圣公王和三圣夫人为主神的。而出生于闽北地区的神明,受到当地人的崇拜,这种桑梓相亲的概念是十分自然的,人们相信有着乡里之谊的三圣公王和三圣夫人,对于家乡的福佑,必然更为尽心尽意。同时,三圣公王生前因为捍卫家乡不受黄巢流寇的袭扰而献身,其成为神明之后,人们盼望地方的安宁与风调雨顺,自然而然地把三圣公王当作建瓯及闽北一些农村的地方守护神。

厚山村处于群山之中,交通闭塞,人口相对稀少,据民国五年(1916)的统计,建瓯县共有人口三十五万余,而约占全县面积 1/15 的川石乡,人口仅9790 人,还不到全县人口的 1/35。[②] 人口虽然稀少,但可耕土地面积却十分有限,农业生产条件比较恶劣。民国《建瓯县志》说这里农村的生产状况时云:"若力作之苦,瓯属为甚。无平原广隰,率半耕山、春涨则潦,夏阳则焦,阴翳则蝥贼易生,林深则鹿豕交害。尝闻穷谷之民农麻御冬,煨芋卒岁,且终其身有不识金钱为何物者。"[③] 这种比较闭塞而又落后的农业耕作状况,在闽北山区农村有一定的普遍性,如《崇安县志》说那里的农民,"听其天雨之多

---

① 民国《建瓯县志》卷二十一《祠祀志》。
② 民国《建瓯县志》卷十五《户口志》。
③ 民国《建瓯县志》卷十九《礼俗志》。

寡,山水之大小为旱涝,蓄水之池塘,运水之桔槔,未之间也。"①《浦城县志》
云:"浦地宜稻,火耕水耨,民习俭勤。"② 可以说自唐宋以来,这里的农业耕作
技术和经营方式进步甚少,直至民国年间,人们基本上还保留着近千年来丰
歉由天的落后农业传统。在这样的农业社会里,人们对于神明的祈求,首先
是年景的丰顺与平安,所以笔者在厚山村调查时,于庙会的第二天,即农历七
月二十四日,访问了一百位前来进香的信男与信女,他们中的大多数人认为
"三圣公王"给当地带来的第一件福佑就是风调雨顺,赐给好收成。

其次,交通不便而偏僻的山区,自然也是山寇经常出没的地方,川石厚山
与松溪、政和等县相连,与浙江省亦相距不远,故自唐宋以来,均在不同程度
上受到山寇的骚扰,所谓"建瓯毗连赣浙,交通未便,深山穷谷,良莠难齐,迨
承平既久,民不知兵,小丑跳梁,村落为墟矣。……清初戊子一役、咸丰洪杨
之乱,所伤实多"③。据说在民国年间,建瓯东北乡一带,包括川石、厚山等处,
仍然不时有掳掠过往行人客商,以勒索钱财的事件发生。故在《建瓯县志》
的《祠祀志》中,记载着许多曾经保境安民的先世人物,在这里被当作神明
奉祀立祠,如建州刺史叶公庙、童五郎庙、观察使陈公庙、袁抚谕使庙、雷押衙
徐将军祠、章太傅练氏夫人祠、宋李忠定公祠、韩蕲王庙、石矶三侯庙、徐义卒
祠、元詹公祠、赠按察使张公祠等,此类靖寇保境而被奉祀的神明祠庙,几占
《建瓯县志·祠祀志》中所载该县祠庙的1/3。④ 由此可见,建瓯县山区农村
的民间信仰中对于具有保境安民功能的神明的重视。而"三圣公王"正是
因为抗击黄巢流寇的骚扰而死后被奉为神明的。山寇的侵扰与偏僻山区的
不安宁,人们必然祈望有一位能够驱寇消灾的神明来护佑地方。换言之,厚
山村及闽北地区一些农村对于"三圣公王"的崇拜,以及祈望"三圣公王"
福佑地方风调雨顺、驱寇消灾的心理,是与这些地区仍然维持比较落后而保
守的传统农业社会这一区域特征相联系的。

---

① 康熙《崇安县志》卷一《风俗志》。
② 顺治《浦城县志》卷一《地里考·风俗》。
③ 民国《建瓯县志》卷三《大事记》。
④ 民国《建瓯县志》卷二十一《祠祀志》。

（二）

"三圣公王"的诞辰日是农历七月二十五日（可能是大哥李材的诞辰日），阖村要举行庆典，而在平常的日子里，庙里的事务由住在这里的外地道士管理，管庙的道士多者四五人，少者一二人，村里购置有十余庙田，由管庙的道士们代为管理收租，租金收入作为庙宇管理的日常开支及道士的生活费用。"三圣公王"庙每日由道士们洒扫开放，本村的居民及外村的居民可随时前来祈求还愿、抽签问卜，在祭祀上并无特别的限制。

"三圣公王"庙最热闹也是最隆重的崇拜活动，便是农历七月二十五日的庆诞盛典。每年庆典活动的组织，则是由"会首"们操持的，因此，会首的组成，是厚山村"三圣公王"庙会及其社会组织最重要的一环。

厚山村的地理位置是坐落在闽江上游建溪支流松溪的河谷上，居民沿着溪岸而构筑房室，形成村落，故整个村落呈长条形。目前厚山村共有居民近三千人，细长条的村落连亘一公里。村里的居民以吴姓为主，约占全村居民总数的一半，其余的姓氏有张、徐、李、叶、林、吕、宋、彭、黄、刘、施、罗、范、邹、童、江、余、杨等二十余姓。吴姓的人数虽然占有半数，但他们并非出自一支，而是分为两族，一族自称"渤海吴"，大约在宋末时从浙江迁入；另一族则不知属于何宗，只知道是明代时从江西经顺昌分迁而来，至今繁衍约二十代。所以，厚山村的居民聚落虽然尚属集中，村落规模也比较大，不像闽北许多偏僻山村那样分散零碎，小村寡民；但是这个村落内的居民，却基本上是杂姓聚居，这又不像福建沿海一些大型村落，往往是某一大姓的聚居地。

这样的村落规模及居民特点，直接影响着"三圣公王"庙会会首的组成。由于是杂姓聚居，会首的组成无法像福建沿海单一姓氏聚居的村落庙会那样，庙会的组织由家族内部来执行。厚山村"三圣公王"庙会会首的组成，必须在一定程度上反映出各个姓氏居民的参与感，从而使各个姓氏能够比较和谐地共同参加庆典。但在另一方面，两个吴姓家族又在厚山村的居民数中占有明显的优势，特别是"渤海吴"，经济实力也比较雄厚。笔者曾了解1949年以前该村的三户最有钱的人家，五位被访问人几乎都一致指出是吴家城、吴卢地等吴姓的族人。由于族人比较多,经济实力比较雄厚,所以这个村落的政府基层管理人员,无论是民国时期,或是1949年以后,有相当一部分是由吴姓族人担任的。这种状况也必然要反映到"三圣公王"庙会的会首组织上。

大体言之,厚山村"三圣公王"庙会的会首是由两班人员组成的,每班会首人员分别由两个吴姓家族的人员为骨干,然后联络其他姓氏的人员组成。"渤海吴"的族人大多聚居在厚山村沿溪上游的细长条村落上,故又称"上厚山",而另一吴姓族人大多数聚居在沿溪下游的溪边,故又称"下厚山",因此"三圣公王"庙会的两班会首人员又分别称为"上厚山"会首和"下厚山"会首。每班会首每年组织一次庆典,庆典结束之日举行会首交换仪式。如此轮流承当,年年周而复始。

每年一班会首由12人组成,担任总会首的吴姓族人一般要有三、四人担任这一职务,其余的会首则由同居于"上厚山"或"下厚山"的其他姓氏承担。出任会首固然是社会权利的一种象征,但它同时又具有一定的责任,特别是在庙会庆典的经费筹集上,会首们必须率先倡捐。据耆老们回忆,在1949年以前,每位会首必须向当年的庙会捐出10担稻米,总共120担稻米。除此之外,则向全村的男丁派摊,一般是每个男丁数升到十升稻米,当年新出丁的家庭及新娶的家庭,另加捐喜米。

经费筹集后,会首们对经费进行统筹安排,置办各种有关庙会的物品,到了农历七月二十三日,庙会庆典正式开张。是日,会首们指挥村民在"上厚山"的龙角石(该村最上头的一个"角落"的名称,为"渤海吴"聚居处),搭起一座彩楼,道士们念唱经文,把坐落在村庄后山庙宇里的"三圣公王"请抬至龙角石的彩楼上,村民们焚香迎拜。这一日的活动称为"迎神身"。从这日起,每日晚上一般都有戏班演出或木偶戏演出,戏文一般要演三至六日。

第二日即农历七月二十四日,由本村的各个姓氏居民进行轮流祭拜,充当会首的吴姓族人是理所当然的第一位祭拜者,总会首祭拜之后,再依次由各个"角落"轮流祭拜。当年如果是"上厚山"为会首,则先由上厚山的各姓氏轮流祭拜,如果是"下厚山"为会首,轮祭的顺序则反是。

　　七月二十五日是"三圣公王"的诞辰日,也是庆典最隆重的一天。主要仪式是晚上的游神,驱邪护境。夜幕降临之后,会首们召集相关的人员,各职所司,抬着神像,按照规定的顺序和行走线路,在村落内巡游一番。

　　走在游神队伍最前面的是二位古装打扮的鸣锣开道者和二位提灯笼的小男孩,紧接着是由四位壮丁抬着"三圣公王"庙里的"开路先锋"偶像。后面是十二位举着十二面幡旗和火把的仪仗队。仪仗队之后,就是三尊"三圣公王"偶像。"三圣公王"偶像的后面,是锣鼓队和吹奏队。再后面是举着火把、焚香、燃爆竹的信男信女们。

　　巡游的线路,依照旧例是要从"上厚山"的龙角石开始。龙角石是"渤海吴"的最先聚居地,巡游仪式从这里开始,大概是对"渤海吴"在本村拥有一定的优先地位的认可吧。在龙角石角落巡游完毕之后,巡游队伍沿着山边村后的一条小道向下游巡进,一直到达"下厚山"的最后一户人家,并在村尾溪口的"社公庙"一带环绕一圈。然后,再从溪口沿村庄前面的大道向上回巡,最后回到"上厚山"龙角石的临时栖神的彩楼。

　　游神队伍出发之前,各家各户都准备了香烛和祭供品,摆设在门口。本村仅"渤海吴"有祠堂,是日祠堂必须打开大门,燃烛点香。当巡游的神像从各家各户门前经过时,各家均焚香燃爆竹,也有烧纸钱,恭迎神驾。神像经过祠堂时,吴姓家族的族长同样也在祠祠堂前恭候,焚香迎神。

　　七月二十六日,"三圣公王"庙和龙角石栖神彩楼继续开放,接受信男信女的祭拜。在这一日中,祭拜者更多的是邻近乡村的人们。由于"三圣公王"庙在这一带偏僻的山乡中是规模较大的一座庙宇,在建瓯、政和、松溪这三县交界处有一定的影响,故往往有步行数十里甚至百余里前来祭神者。

　　七月二十七日,"三圣公王"庙诸神偶像除继续接受人们的祭拜外,最主要的仪式是在神明面前进行轮值会首的年度交接仪式。仪式中,除了把有关经费开支做详细的公布移交后,一把象征会首权力的令旗便从本任会首移交到下一任会首之手。

　　会首交换仪式之后,庙会可以在这天结束,也可以一直延续到农历八月初三。这一日举行"三圣公王"回宫仪式,即由两任会首们一道协作,把龙角石彩楼中临时栖放的"三圣公王"神像请回到后山的"三圣公王庙"中去。这样,历时五天或十天的"三圣公王"庙会便告结束。

从厚山村"三圣公王"庙会的组织形式及庆典的情景看,这个村落虽然是杂姓聚居,但两个吴姓家族在居民人数和社会权力上占有一定的优势,因此这就使得这一庙会的组织参与,既不像沿海地区强宗大姓所把握地方的民间崇拜那样,由某一姓氏专行独断。同时,也不像笔者在崇安县武夷乡黄柏村所看到的"辟支古佛"庆典那样,杂姓聚居的村落内任何一种姓氏都无法形成人数和权力的优势,因此村民对于庆典的参与程度是比较平等的。① 而厚山村,两个吴姓家族特别是"渤海吴"家族,在"三圣公王"庙会中所起的作用,比较其他杂姓所起的作用显然要突出一些,但是他们也必须顾及到其他姓氏对于庙会所拥有的权利和义务。这种情况,既体现了各个姓氏的不同实力,在庙会组织甚至于地方权力上所获得的地位程度随之有所不同,同时也是这种杂姓聚居村落内部相互协调社会关系的一种行之有效的方式。

(三)

厚山村"三圣公王"庙会之所以可延续十天之久,并不完全是庆典祭祀上的需要,在一定程度上是出于商品交换上的需要。

如前所述,厚山村是沿着溪边形成的居民聚落点,一般的房屋都是背山面溪,所以在居民与溪流之间,形成一条比较宽广的大路,大路的一侧是溪流,另一侧是民居的门面。由于这一庙会在当地方圆数十里内有较大的影响,各乡村前来参加者不少,久而久之,在举行庙会庆典的同时,人们便利用朝溪的门面及大路做物品交换的场所,从而使庙会与商品交换的集市结合在一起。

厚山村地处建瓯县的东北部,与政和、松溪二县相毗邻,自古以来与外界的联系十分不便,一直到 20 世纪 60 年代,川石、厚山一带赖以与外界的联系通道,北上政和、松溪至浙江,全靠肩挑步行;与建瓯县城及闽江的联系,则

---

① 参见笔者:《流动的移民社会与松散的宗族组织——崇安农村社会的一个调查》,《中国传统社会经济与现代化》,广东人民出版社 2001 年版,第 460—478 页。

依靠发源于松溪、政和两县的松溪流经该境,人货可搭载小型船只顺流南下
至建瓯县城与建溪合流,再南下至延平(今南平市)注入闽江。如果是逆
水行舟则十分艰难。故《县志》称"建瓯界连赣浙,山川阻隔,交通至为不
易。……水陆虽均可通,然山岭崎岖、溪滩险恶,运输终属不便"①。正因为如
此,建瓯县的东北部地区格外显得闭塞,一般的贫苦农民,较少与外界进行商
品市场方面的联系,诚如《县志》中所言,有"终其身不识金钱为何物者",
"农力甚勤,不事商贾末技"②。

至 20 世纪前半叶,建瓯县及闽北地区的大部分农村经济,商品交换的程
度都比较低下,农民所进行商品交换的场所,一般是定期的墟市。根据 30、
40 年代的调查,当时建瓯县共有定期墟市 8 个,这 8 个定期墟市均分布在建
瓯的西部、南部,唯独东北部没有墟市,兹将这 8 个墟市的分布及定期情况列
表如下③:

地 点	每旬逢墟日期	墟市坐落方位
南雅口	五、十	县城之南约二十五里,位建溪之傍
房村口	二、七	县城之南约三十五里,位建溪之傍
七道桥	五、七	县城之西约三十里,有高阳溪与顺昌相通
小 竹	二、七	县城之西约五十里
吉 阳	五、十	县城之西约三十五里
丰 乐	一、六	县城之西北约三十里,位建溪之傍
徐 墩	二、七	县城之西北约十八里,位建溪之傍
小 松	三、八	县城之北约二十五里,有小松溪与建溪相通

从以上的调查数据可以看出,20 世纪 30、40 年代建瓯县的农村墟市,
基本上集中在建溪的沿岸,以南部及西北部为多,而川石、龙村、水源诸乡,则
未能形成有比较固定场所及交易日期的墟市。虽然在松溪的下游、接近建瓯
县城的东游、东峰、溪东等处曾一度因当地土产杉桐竹麻及茶米的输出,有过

---

① 民国《建瓯县志》卷二十四《交通志》。
② 民国《建瓯县志》卷十九《礼俗志》。
③ 翁绍耳:《福建省墟市调查报告》,福建邵武私立协和大学 1941 年印行。

交易市场,但这些市场距厚山村等最东北部的乡村,距离甚远,交易不便。

尽管厚山村等建瓯东北部农村相对闭塞与外界联系很少,但农家经济要完全脱离市场的联系也是不可能。于是为了弥补建瓯东北部山区未能形成固定场所与交易日期这等墟市的缺陷,"三圣公王"庙会便自然而然地形成了每年一次定期的商品交换场所,从而在有限的地点和时间内,为附近居民提供了一次既热闹而又实用的商品与日用品交换的机会。

一个定期墟市的形成,必须具备一定的社会条件和经济条件。假如一个定期墟市不能吸引足够数量的参与人数和集散足够数量的商品,那么这个墟市必然要拉长墟市的间隔时间,甚至于自动消亡了这个墟市。反之也是如此,如果某一个墟市所吸引的人数和商品量不断增加,那么这个墟市就势必缩短墟市的间隔时间,从每旬一次改为每旬二次、三次,直至日日为市。厚山村"三圣公王"庙会所形成的每年一度的定期商品交易会,正是适应了这一带农村较为闭塞、商品化程度较低的这一经济状况的。我们前面曾说厚山村"三圣公王"庙会有从农历七月二十三日至八月初三日,其实这是这个庙会最兴盛的时期,这个庙会延续时间的长短,在很大程度上取决于庙会上商品交换所延续的时间的长短,如果商品交换的时间延续不到八月初三,庙会便于七月二十七日,即会首交换日结束,"三圣公王"神像也于这一日回宫。根据 20 世纪 20、30 年代的资料,川石、厚山一带的茶叶生产颇盛,商品交换比较活跃,故庙会的时间延续至十日,而到了 40、50 年代,茶叶生产衰落,交易比较萧条,庙会时间也相应缩短为五日。至于 1995 年笔者的田野调查,如今交通比较方便,各乡村又有各自的小型商店,故庙会上的商品交换仅维持三日便已消散。

据老人们回忆,1949 年以前,这里庙会里所集中的商品,基本上以日常用品及生产必需品为主,具体而言,盐、铁器、农具、布匹等是外地客商运至庙会上销售的主要商品,而当地农民与之以货易货的是农家土特产品,如茶、笋、木竹器物、药材、米、油等。当地农民用土特产品换回一年中所必需的、无法自己生产的生活用品,而客商们则利用庙会把这一带的土特产品汇集起来,运销建溪、闽江下游各地。笔者于 1995 年农历七月下旬曾到厚山村实地观察这一庙会市场,其交易的商品,虽然不再是盐、铁器、农具等,但其大宗商品,仍然是以布匹衣料为主。

在清末及民国时期,前来厚山村参加"三圣公王"庙会商品交易的人们,除了本村的群众及专门前往做生意的客商外,附近数十里甚至百里以上的建瓯东北部山村的农民和邻界政和县的一些农村的农民,也都会前来交易。本来,建瓯县东北部山区的相对人口稀少,村落零散,是这一地区无法形成定期墟市的一个重要原因,因为路途过于遥远,与所谓"日中为市、日落而息"的墟市交易特点无法适应。而每年一度数日的定期庙会,恰好能够弥补这一缺点,路途遥远的农民,不必担心当天不能完成交易返回家中,而是可以一日前往,次日交易,休息之后,从容返回。因此,这种每年一度数日的庙会,其辐射的半径区域,反而要比定期墟市更为广阔。

事实上,建瓯县东北部地区的每年一度定期庙会及商品交易会,并非仅厚山村一处,据笔者的了解,还有溪口乡的土地公会,每年二月上旬举行;川石乡的天王庙会,每年九月下旬举行;洋屯乡的国光老佛会,每年六月上旬举行。这些乡村距厚山村十余里,二、三十里不等,每年庙会所进行的商品交换时间也是二、三日至十日不等。由于各个庙会在时间相互错开,当地农民参加了这个庙会之后,如果还需要某些商品交换,就可以隔些时日再到另一个庙会去进行必需品的交换。因此,虽然建瓯县东北部地区没有定期的墟市,但是几处相互错开的每年一度数日的庙会,却能基本上满足了这一带闭塞农村对于日常商品交换的需求。正因为如此,民国十八年(1929)编修的《建瓯县志》,也把川石、厚山两地列为该县的"乡市"之列。①

从厚山村"三圣公王"庙会的实例中,我们看到了闽北地区一些偏僻闭塞农村里进行商品交换的特有方式,而民间信仰崇拜的庙会与商品交换的相互联系,以及由此所启示的中国农村传统市场的形成途径,无疑应当引起我们进一步注意的。

---

① 民国《建瓯县志》卷六《城市志》。

七、福建的正顺尊王与安溪茶王公崇拜 的文化意义

（一）正顺庙之谢佑信仰

正顺尊王,又称正顺圣王、正顺王公,是起源于宋代的福建地方性民间神明信仰崇拜。其中最为著名的是流行于现今三明市一带的正顺圣王信仰崇拜。根据三明市一带的记述,这里的正顺庙起源最早,始建于南宋绍定六年（1233）,为祭祀宋谢佑而建,历代均有修葺。平面呈长方形,建筑面积534平方米。主殿悬山顶,抬梁、穿斗混合木构,面阔7间,通面阔21.13米,通进深25.29米。里外金柱均为梭柱,石柱础为素面覆盆式,保留宋代特征。现存主要木构架为明代之物,斗拱、柁墩、雀替等构件颇具地方特色。1984年,当地政府设三明市正顺庙文物保管所负责保护管理。1996年,福建省人民政府公布为第四批省级文物保护单位。2006年5月25日,正顺庙作为明代古建筑,被国务院批准列入第六批全国重点文物保护单位名单。

这里崇拜的正顺圣王谢佑（？—1087）,原居白水村（今三元区中村乡）,后迁居历西（今梅列区列西）。北宋元祐二年（1087）,谢佑功成羽化。乡民们感激谢佑护国佑民有功,自发建祠奉祀;并且请求丞相李纲上表朝廷,为谢佑请功。于是,朝廷敕封谢佑为"广惠将军显烈尊王"。南宋淳熙十六

年（1189），宋孝宗赐"正顺庙"额。南宋绍定六年（1233）七月，乡民在沙溪河西岸建成"正顺庙"，奉祀谢佑。咸淳十年（1274），丞相文天祥又奏请朝廷加封谢佑为"日月盈光大帝"，配祀慈惠夫人。民国《正顺庙志》载有"正顺庙碑记"云：

> 祭法曰能御大灾、捍大患则祀之。沙邑正顺庙，御灾捍患常最矣。按旧记神谢姓，祐（佑）其讳也。世居沙阳白水村，后徙历西。少年游剑浦（今福建南平），从黄裳学。宋元丰五年从黄守泉南三载，遣价于建，谒异人于水晶洞，留憩三日，授以金符玉册而归。由是体骨不凡，即礼萨真人为师，得至道。元祐二年捐麈，真人奏申雷霆使者。绍兴九年民具灵迹上请敕封广惠将军、显烈尊王。淳熙十六年赐正顺庙额。[①]

绍定六年（1233）七月，三元、梅列乡民在沙溪河西岸建成"正顺庙"。咸淳十年（1274），丞相文天祥又奏请朝廷加封谢佑为"日月盈光大帝"，配祀慈惠夫人。现今的"正顺庙"坐北朝南，属道教建筑，布局有点像北方的四合院，为封闭式

---

① 民国《正顺庙志》卷首。

宫庙。建筑结构为单檐歇山式,梁架按宋代通行的六架椽屋分心用三柱式建筑法。庙宇第一层东西两间各立一匹木雕神马。第二层中央供奉"递符"神像,两边分别是"神荼"和"郁垒",西梢间神龛供"土地爷",东梢间供的是"韩信将军"。第三层东梢奉祀十二位夫人像,西梢是罗成祖神位,正中须弥座上敞轿高坐的就是"日月盈光大帝广惠将军显烈尊王",也就是谢佑将军。①

(二)正顺庙之谢安信仰

三明市的正顺庙及尊王信仰,是福建省境内历史最早、影响最大的正顺尊王信仰崇拜,自南宋以来,由于朝廷的敕封,谢佑的神名日渐显赫,在闽西北一带,伴随谢氏子孙播衍各地,在沙县、永安、尤溪、南平、顺昌、将乐、漳平、德化等地均建起了规模不等的"正顺庙"。然而,随着正顺尊王信仰在谢氏家族的不断向外扩散,时过境迁,到明清之后,一些距离三明沙县较远的谢氏家族崇拜正顺尊王,则往往把尊王误认为在历史上曾经赫赫有大名的东晋名臣谢安。

闽西的龙岩市适中镇,谢姓居民占全镇总人口过半。古俗每逢干支记年的甲乙丙三年的农历十月,便举行一次为期半个月的迎神赛会,叫（盂兰盆盛会）,乡俗就叫"做十月半"。盛会始终以虔诚奉祀"正顺圣王"谢安为中心,成为隆重纪念谢安的活动。盛会的地点,从上月的廿九到初九在白云堂,初十开始依"巡程"在洋东村的上赖点,保宁村的水尾点,中圩村的新安点,中溪村的石桥点,中心村的黄田点。上赖点是个过路点,不设彩阁和演戏,其他各点都有彩阁和两班对台的戏剧,只有一天的热闹,唯有新安点热闹三天。每逢盛会,全乡斋戒,又严肃又隆重。邻乡近里前来与会观光者,车水马龙,人山人海,热闹非凡。

白云堂是适中最大的寺院。从谢家谱载,明正统之后,由陈、林、赖、谢四姓扩建,嗣后在明万历、清嘉庆以及民国年代,迭有修缮。除供游人观光,善男信女礼拜外,主要是盂兰盆盛会的主道场。每届会期,先一年就要修饰一

① 以上参见《百度百科·福建宋代人物·谢佑》。访问时间:2015 年 11 月 29 日 16:35。http://baike.baidu.com/link?url=7kx1FnakannsF1T9x7p4UA22GuknZajwQQxksdIyPLIVw8vjuHeZuEeB3NvsdBjfH3kKuooxId127812B96YKZQD41_esJrIQOIhdZYzeU9.

（龙岩适中《岩坪谢氏族谱》中的谢安及宝树堂图片）

新。盂兰盆盛会建醮四十九日清醮。干支甲乙丙三年中,每年只做半个月道场,丙年多做普渡四天,合四十九日功德。

盛会在九月最末一夕开始,在中圩村谢氏上祖的万公祠排戏试演,俗称"万公试粉"。十月初一当事人"挑公鸭"诸供品入庵,初二全乡斋戒,铺开建醮程序,一应七团理事、香丁、香父、相尊等人士,每日必到庵排班歌佛。庵内自是日夜灯烛辉煌,香烟缭绕,弦歌时起,钟鼓联鸣,班列祈颂,肃穆庄严。庵外广场则日夜锣鼓喧天,惊天动地。联台对戏,有歌有舞。人山人海,欢彻霄汉。初十日"圣王出巡"神队自庵出发,晨在上赖早点,赖姓东道主;中午水尾点,谢姓阳明户东道主;中午水尾点,谢姓阳明户东道主,十一至十三新安点,谢姓阳高户东道主;十四日石桥点,林姓东道主;十五日黄口点,陈赖现两姓联为东道主。十五日下午"圣王"起驾回庵。十六日全乡开荤,是夜普渡孤魂野鬼,"十月半"便此结束。"出巡"六日中,驻谢姓点四日,热闹多在谢家。初十日,"圣王公出巡"把盛会推向高潮,是日家家摆香案供斋果,一俟迎神队路过,户户便点烛焚香烧纸鸣炮,善男信女叩头礼拜。沿途香烟霭霭,炮仗如雷,观者云集,盛况空前。①

———————————

① 以上见龙岩适中《岩坪谢氏族谱》上册,岂闻:《适中原始盂兰盆盛会概况》,龙岩适中谢氏家族 2000 年印行。

在漳州平和县九峰谢氏家族有崇福堂,也是崇祀谢安,号为"王公"。崇福堂殿堂正中供立王公、内宫第一夫人、第二夫人和王尊等木雕座像。座像前向,左右各泥塑卫将一,高如常人,神勇威武,挺立两旁,并各围木栏杆。再前祀观音。座像后侧泥塑有立姿高一百六十多公分的佛教创始人释迦牟尼等七尊佛祖神像和一尊笑眯眯的弥勒佛像。殿内对称园石柱挂有木刻楹联一对,上联:"公志在东山,我亦志在东山,帐望千秋尚友弥激素抱";下联:"晋升遭强虏,今复遭强虏,横瞻八极问谁克绍前勋"。殿堂由内到外,左侧依次陈列有哪吒、吴真人、十八罗汉、五显帝、保人大夫、地头爷、天上李老君;右侧为闾君天子、阎罗王、十八罗汉、关大帝;蛇王神仙、五谷主,对面向内有三界爷等泥塑神像。左右两壁分别画上十八地狱和二十四孝图。庙宇经历漫长岁月,除维修屋面外,殿中抬梁、木构架、斗拱穿枋、瓜形木斗至今无发现蛀朽,保持着明代建筑风格,是闽南地区保存最完整的县级文物保护单位。20世纪 90 年代以来,闽粤二省邻县的民众,海外侨胞和港、澳、台同胞人来人往祭祀王公。据庙宇理事会近几年来统计,每年来殿前朝拜的香客平均达一万五千多人次。

九峰人民祭祀王公已有千年之久,而庙宇始建于元末。王公原是历史上真人,东晋宰相谢安(320—385),降生于陈郡阳夏(今河南太康县),是一位杰出的政治家。他的侄儿谢玄,年轻有为,智勇双全,是一位天才军事家。谢安叔侄生前为东晋治理朝政,兴兵扶晋,共举大业,特别是淝水之战,使他们名扬天下;身后还传出了很多关于他们显灵显圣的故事。传说,一千五百多年以前,南蛮小妖四出,社里黑云翻滚,飞沙走石,一场大灾大难眼看降在人间。王公受先帝司马懿旨意,带八万神兵神将,降落人间,平息南蛮十八洞小妖,辟邪消灾。据平和县志书记载,平蛮十八洞之一伽蓝洞,洞在城东十里马蹄山麓,该洞极为严险,昔妖玉作乱居此。尔后,其声灵赫赫,炳如日星,建庙宇祭祀王公遍布各城镇乡里,九峰人民也与各地人民一样,把忠义神武、仁勇威显、护国保民的谢安叔侄当作慈善之神来敬奉,乡民于现在崇福堂的对面,隔溪河畔的公路上,暂建一小座庙堂,取名崇福庵,雕塑王公金身,虔诚祭之。千年以来,乡民求医问卜,祈寿纳福,辟邪消灾,择日等,社里安宁,百事平安,人们安居乐业。民众为了答谢神恩,于明初议约建新庙。官绅、士绅、

（漳州平和九峰的正顺尊王庙宇及神像）

乡贤认真筹划，乡老献计献策，乡民捐钱、献物、献地。原在崇福堂及其附近聚居的是姓罗小村寨，他们也以祈求王公护佑，叩首谢恩，乐愿移居献寨，让出"雄牛卧地"吉穴给王公做庙址。庙宇建成后，众首也因以罗氏故宅作为建庙之地而又名罗寨庵。①

在安溪县城关的厚垵谢氏家族，族众甚多，这里也奉祀谢安为王爷，每年有"送王爷"的尊神风俗。

（三）安溪正顺庙之谢枋得信仰

安溪县感德镇的正顺庙，奉祀宋代名臣谢枋得。根据当地的文献记载，正顺尊王俗姓谢，名枋得（1226—1289），字君直，号叠山，江西弋阳人，南宋爱国志士、诗人，与文天祥为同榜进士。宋亡后，谢不为利禄所诱，不顾身家安危，坚持忠节，全家被捕，绝食殉国。枋得那种对元兵横眉冷对的民族气魄，高风亮节，千古流芳。他的道德文章亦为后人所尚。殁后被民众敬奉为

---

① 以上见朱秀山主编：《平和县崇福堂庙史·沿革与布局》，福建漳州平和县，2001年。闽南漳州一带崇祀谢安之外，另在长泰县还有一座"正顺庙"，奉祀英烈圣侯陈耸。中国台湾网2011年8月5日长泰消息：日前，由台湾彰化市里长、威惠宫信众等34人组成的进香团到长泰县正顺庙进香。正顺庙始建于元至正十九年（1359），至今已有六百五十多年，供奉主神是英烈圣侯陈耸（也称孝子公）。清康熙至乾隆年间，长泰县的陈、林、曾、蔡等姓先民，移居台湾彰化县，并引正顺庙香火一同带去，祖辈虔诚供奉圣侯公。

神,尊称"正顺尊王"。该村黄氏先祖将谢枋得雕塑成神像,供奉于家。相传乡人有事往祷之,辄有应验。尊称为"伊府舍人"。每年正月十五日元宵节,乡民敲锣打鼓,恭迎"伊府舍人",放铳枪、擎火炬、掌彩灯、燃火花、放鞭炮,非常热闹。邻近乡里信众亦前来进香,络绎不绝。

集福堂,坐落于感德镇槐植村境内,内供奉释迦牟尼及文殊、普贤菩萨、正顺尊王等。明成化五年(1469),当地黄氏先祖智五(讳亨,号齐府)献地,由黄、陈、苏三姓集资兴建。时占地面积约一千平方米,建筑面积约五百平方米,规模宏大,雄伟壮观。清顺治十六年(1659),三姓合塑正顺尊王神像供奉于娥眉山上,康熙十年(1671)奉进集福左殿崇祀。右殿祀奉黄智五神位。1958年,集福堂被夷为平地,今仅存遗迹,敬奉活动也中止。1986年,当地黄、陈、苏三姓重塑正顺尊王金身供奉。①近年来,谢枋得被当地民众奉为"茶王公",重新建造庙宇神殿,焕然一新。

当地学人的采访资料记述:感德镇槐植陈、黄、苏三姓恭迎正顺尊王——茶王公谢枋得的习俗由来已久,这是因为谢枋得在槐植(旧称左槐)期间,竭力倡导种茶,让先民们增加收入,因此,先民把他视为"茶王公"、"茶圣"、"茶的倡导先祖",是和这种为了报恩、纪念的朴素理念分不开的。时在南宋末年,政治腐败,民不聊生,加上连年的自然灾害,使得"一斤茶叶换不到菜豆叶",所以有一部分茶农失去种茶的信心而使茶园荒芜。谢枋得极倡种茶之后,情况又得到好转,人们将其所以会有较安定的生活,寄恩于谢枋得身上,也就在情理之中了。

人们恭迎正顺尊王,这是元顺帝妥懽帖睦尔在1333年间敕封给谢枋得的封号,很多是按照他的人生经历和日常生活、供职级别以及佛学理论,糅合民俗风情而安排的。槐植人恭迎正顺尊王——茶王公谢枋得,具体时间订于每年的正月初十至正月十二日,前后三天三夜。正月初十由法师先到集福堂的"茶王公庙"发文恭迎,信众负责迎送,小绕村子送到行宫(应天岩,在左槐水尾的陈姓境内)安排休息。第二天(正月十一日)再从应天岩割火(取圣火,由和尚恭请)出发,再绕着全村的范围,然后迎进值祭祖宇的厅堂。

---

① 见《安溪寺庙大观》《集福堂(遗址)》,安溪县寺庙管理委员会,2007年,第199页。

第三天（正月十二日）这一天是法师与和尚的设坛道场。①

事实上，历史上的谢枋得虽然到过福建，但是留居地是闽北地区，并没有到过闽南的安溪县。《宋史·谢枋得传》略云：

> 谢枋得，字君直，信州弋阳人也。为人豪爽。每观书，五行俱下，一览终身不忘。性好直言，一与人论古今治乱国家事，必掀髯抵几，跳跃自奋，以忠义自任。宝佑中，举进士。德佑元年，吕文焕导大元兵东下鄂、黄、蕲、安庆、九江，凡其亲友部曲皆诱下之。枋得与吕师夔善，乃应诏上书，以一族保师夔可信，且愿身至江州见文焕与议。会文焕北归，不及而反。明年正月，师夔与武万户分定江东地，枋得以兵逆之。吕军驰至，枋得走入安仁，奔信州，不守。乃变姓名，入建宁，寓逆旅中，日麻衣蹑履，东向而哭，人不识之，以为被病也。已而去，卖卜建阳市中，有来卜者，惟取米屦而已，委以钱，率谢不取。其后人稍稍识之，多延至其家，使为弟子论学。至元二十三年，集贤学士程文海荐宋臣二十二人，以枋得为首，辞不起。又明年，行省丞相忙兀台将旨诏之。枋得曰："上有尧、舜，下有巢、由，枋得名姓不祥，不敢赴诏。"丞相义之，不强也。二十五年，尚书留梦炎以枋得荐。枋得遗书梦炎，终不行。福建行省参政魏天佑见时方以求材为急，欲荐枋得为功。枋得骂曰："天佑仕闽，无毫发推广德意，反起银冶病民，顾以我辈饰好邪？"及见天佑，又傲岸不为礼。天佑怒，强之而北。二十六年四月，至京师。已而病，迁悯忠寺，见壁间《曹娥碑》，泣曰："小女子犹尔，吾岂不汝若哉！"留梦炎使医持药杂米饮进之，枋得怒曰："吾欲死，汝乃欲生我邪？"弃之于地，终不食而死。②

谢枋得虽然没有到过闽南安溪一带，但是以其文章道德与坚贞气节，深得各地人民的敬仰。安溪民众因而奉谢枋得为神，也就不足为奇了。

---

① 见黄戊寅：《恭迎正顺尊王——茶王谢枋得的阵容》，2010年5月交送《感德镇志》办公室。
② 摘录于《宋史》卷四二五《列传第一百八十四》。

（安溪县感德镇正顺尊王庙及其金身）

（四）福建各地正顺尊王信仰的
异同及其文化意义

由上所知，福建民间的正顺尊王信仰崇拜，至少有谢佑、谢安、谢枋得三种不同历史来源的神明为主体。作为一种为民间所广泛接受与崇祀的神明信仰，寻求他的历史真实性，其实是没有意义的。我们从相关的记述与传说中可以看出，无论是谢佑，还是谢安、谢枋得，他们在福建的由人而神，都有许多无法自圆其说的地方。

如关于谢佑的民间叙述。白水村迎谢佑的日子是每年的农历六月十二。在此期间，村里人从六月初九斋戒，直到六月十三早上结束才开斋。据白水村谢氏族谱记载，谢佑是大宋英宗年间（1064—1068）生于白水村。1073年间回到谢氏入闽始祖元大公居住地——邵武禾平，拜黄裳为师，接受启蒙教育。也就是说，谢佑在白水生活的时间并不长，但故乡清秀的山水无疑给了谢佑灵气，为他后来从人转变为神提供了精神的家园。并说配金氏夫人为妻。但据三明市博物馆刘晓迎先生最新的考证成果，谢佑当年师从黄裳到泉州三年是以书僮的身份，后遇见奇人学些道家炼丹奇门八卦之术，因此，他回到列西并坐化时年龄不过 15 岁左右。如此看来，年少的谢佑根本不可能如族谱所说的娶金氏夫人为妻。①

---

① 以上参见《百度百科·福建宋代人物·谢佑》。访问时间：2015 年 11 月 29 日 16:35。http://baike.baidu.com/link?url=7kx1FnakannsF1T9x7p4UA22GuknZajwQQxksdIyPLIVw8vjuHeZuEeB3NvsdBjfH3kKuooxId127812B96YKZQD41_esJrIQOIhdZYzeU9.

闽西南一带的谢安崇拜。谢安与谢玄叔侄，根据民间传说，"一千五百多年以前，南蛮小妖四出，社里黑云翻滚，飞沙走石，一场大灾大难眼看降在人间。王公受先帝司马懿旨意，带 8 万神兵神将，降落人间，平息南蛮十八洞小妖，辟邪消灾"。这种传说，显然是从宋代"杨文广平闽十八洞"的故事演绎而来 ①。至于谢枋得的传说，除了与谢佑、谢安的庙额、神号等相互沿袭之外，在一些传说方面，同样存在相互沿袭的现象。如在安溪县感德镇的谢枋得茶王公崇拜和平和县的谢安崇拜中，均有所谓祭祀不用"鸡"作为供品的祭规。安溪县感德镇的祭规称："恭迎正顺尊王——茶王公谢枋得还有与别地迎神不同的是供品。谢枋得在弋阳家中曾梦见有人对他说：'听到鸡啼就逃，免得被抓捕。'于是在某夜子时，他听到了公鸡的提前鸣叫（子夜，即从 11 点到 1 点），就赶快逃出家门，闪过一劫。他便认为公鸡是他的救命恩人，立誓不吃鸡肉。于是村民在为他备办供品时，是绝对不供鸡的。"②《平和县崇福堂庙史》也记载这里的谢安崇拜，供品不得用鸡。该书有"不吃鸡的由来"一节记云："淝水之战中，公鸡提前报晓使谢安叔侄深深感激。据说，当时作战双方议定，天亮之后在淝水北岸交锋。前秦部队后撤，让出阵地；东晋兵马渡江交战。前秦苻坚原先计划等晋兵渡到江中一举歼灭。开战前一夜，双方剑拔弩张。当时还没有计时钟表，夜晚行动，时间以鸡鸣为准。东晋方定于三更鸡鸣时起床，作战前准备，四更出发。巧的是，二更时分，雄鸡一声清脆响亮的啼叫划破寂静的夜空，全部兵马提前一个时辰出发，'兵贵神速'，两军对垒，晋方首先赢得了时间，赢得了主动。淝水一战，东晋大胜。为了感谢鸡的功德，从此，再也舍不得吃了。"③

显然，福建各地的正顺尊王信仰崇拜，既有不同的一面，又有相互影响沿袭的一面。其崇祀的功能也各有不同。但是，民间信仰作为延续近千年根植于人民群众心中的一种文化精神寄托，人们所追求的是内心情感的慰藉与精神的向往，对于神明的历史真实性与庙宇的历史变迁，显然并不重要。福建各地正顺尊王信仰崇拜的文化意义，就在于它对地方社会的道德规范、文化

① 关于《杨文广平闽十八洞》章回小说，由鹭江出版社 1987 年出版。
② 黄戊寅：《恭迎正顺尊王——茶王谢枋得的阵容》，2010 年 5 月交送《感德镇志》办公室。
③ 朱秀山主编：《平和县崇福堂庙史》，2001 年。

向往与精神的提升。尤其是安溪感德镇一带的正顺尊王信仰崇拜,随着民间社会经济生态的变迁,逐渐演化为与茶叶生产密切相关的"茶王公"崇拜,并且在祭祀仪式中糅合了与茶叶生产规范的内涵。毫无疑问,这样的神明信仰崇拜,其文化意义已经不仅仅局限在精神的层面,而且还带有明显的现实社会意义。

八、从客家族谱所见的两个史实问题

客家人重视族谱的修撰,这是众所周知的事实,而客家旅谱中所蕴涵的丰富的社会文化内容,更是值得引起人文科学研究者的高度重视。近来,本人在阅读客家《曾氏崇本堂世谱》和《吕氏家谱》时,发现有二则饶有意味的记载,对于进一步探讨客家的历史文化问题,具有一定的参考价值,顾前人未曾引述,爰摘录论列如下。

(一)客家与河洛的异说

《曾氏崇本堂世谱》,清末抄本,不分卷,现藏漳州南靖县南坑高港村。据是谱记载:"按古谱武城五十七代孙(就宗圣公计起也)为六十三郎,由宁化迁上杭与平和分支,和六十四郎再传而素庵公;我祖六十三郎公六传而百五郎公,则皆从汀州西来矣。"可知南靖、平和的曾氏家族,是闽西汀州客家人的后裔,约于明代前期定居于漳南一带。

曾氏家族迁移平和、南靖之初,这一带仍然是人烟稀少,外地移民和当地土著畲民杂处。该族谱复云:

> 吾族僻处深山,前朝(明朝)风气未开,惟服农亩而已,殆无余(异)武陵黯源,人自安口穆淳风。故终明代二百七十余年间,有读书之

人不闻有出仕者。漳本边徼，自唐垂拱间陈将军元光乃请割潮之绥安、泉之龙溪、汀之龙岩，以建州治。元世又割三邑之地建南靖，而三团属焉。当未建邑之先，未知定属何县？但唐宋以前，三团左右俱为蓝、雷所居，未入版图。故今无从稽查也。三团之名，今罕有道及者，盖自山城缘溪上溯百余里，直至吾社，皆称三团，过岭乃为和（平和）辖，称芦溪焉。蓝、雷者，即传记所称猺人是也，乃槃瓠之后，楚粤为盛。闽中唐宋以前亦在在有之。然多在深山穷谷中，又迁徙无常，故土人称之曰"客"，而彼称土人为其"河老"，为其自河南光州来，畏之也。凡三团左右有曰"畲客营"者，有曰"客仔寮"者，有曰"番仔寮"者，皆其旧址也。

在这里，人们对于"客"的认知，指的是蓝、雷等姓的畲民，而所谓的"河老（河洛、福老）"，是指这些自称是来自北方河南的汉人，当然也包括曾氏家族的客家人。这种对于"客家"、"河老"的认知，与我们现在所通行的认知差异甚大，但是它体现了清代时期部分客家人对于自身族群认同的模糊意识，而这种模糊意识的存在，正是明清时期"客家"一词少见于文献记载的社会基础。事实上，《曾氏崇本堂世谱》中关于"客"与"河老"的解说，在清代福建西南部的地方志中也有反映，《云霄厅志》云：

> 猺人猺种，椎髻跣足，以槃、蓝、雷为姓。……自结婚姻，不与外人通也，随山散处，编荻架茅以为屋，植粟种豆以为食，言语侏离，性颇鸷悍，楚粤多有之，闽省凡深山穷谷之处每多此种，错处汀潮接壤之间。……自称狗王之后，各画其像犬首人身，岁时祝祭无文字。其贸易商贾科木大小短长以为验。亦有能通华文者，与土人交，有所不合或侵负之，则出而殴讼理。一人讼则众人随之，一山讼则众山随之。土人称之为"客"，彼称土人曰"河老"。明初设抚猺土官，使绥靖之，略赋山税羁縻而已。……猺性固阘多悍疾，然居山自安化外，苟抚驭得人，亦可无事，自当事者多所征求，土人又从而激之，于是不胜其忿，而悍疾之性一发不可复御。①

---

① 嘉庆《云霄厅志》卷三《风土志·猺獞》。

不仅当时闽西南的许多客家人和闽南人对于"客"和"河老"（福老、河洛）的认识甚为模糊，在福建的其他地方，对于"客"称呼的运用，也是多有歧义。如福州府属的《永福（今永泰）县志》，就另有别说：

> 永邑皆山田，火耕水耨，……穷冈邃谷多漳泉延汀之民，种畲栽箐伐山采木，其利乃倍于田，故永多客氓，黠而为党，凌轹土著，岁褫竿而呼者皆客氓也。①

综合明清时期的各方面记载，至少在清代中期的福建地区，有关"客"、"客家"的认知还是十分模糊的，即使是闽西南的客家人，对于"客家"的认同也还是有所歧义的。正因为如此，我一贯以为"客家"族群及其地域，基本上是自我文化意识的认同。到了清代后期以来，由于社会经济的急剧变迁，促使闽西、粤东的客家人加强了这种自我意识认同的紧迫性，"客家"一词也就逐渐成为客家族群的专用名词。这种自我意识认同的过程，是应当引起研究客家历史文化的学者们重视的。

（二）郑成功与客家的关系

南靖书洋吕厝《吕氏家谱》，不分卷，民国甲子年（十三年，1924）编修。据家谱所载，南靖书洋吕氏家族始祖为大政公，先迁在汀州府上杭县，移住永定金丰里。大政公生下二大房，长房良簧公，次良簋公，侄石福公。良簋公移在古竹溪口居住，良簧公移住漳州府南靖县书洋社，是个客家后裔的家族。该家谱有一则记载值得注意：

> 顺治九年壬辰五月十二日郑国性（姓）北镇来联络，银共壹百五十两七钱正。每楼间出银壹拾五两，共去油七百斤，每百斤银六两。其油系借萧仰宇银，后仰宇被烧，其数被萧泮抢去，将数差兵来迫取完。
>
> 顺治癸巳年九月廿八日下午，萧中冲、萧仁来攻楼，十月初二日老屋

---

① 乾隆《永福县志》卷一《舆地·风俗》。

被焚,至初六日刘立寰、刘仲林左协处和退兵,共花红银壹拾贰两正,源及兄弟出银四两壹钱正。又回差礼银壹两九钱,心俊自出。又告示银六钱七分、猪贰头、酒贰瓮、鸡乙只,谢林左协银七钱,又饷银陆拾两。无银写田折银开左:

一 南溪房吊钟岭田,系绝房公田,带官米乙斗五升,写卖契,今带民米七升,壬子赎回。

一 枋头洋屈边旱田受种子乙斗,栽契银乙十六两,带民米三升半,癸卯年赎回。

一 内坑口旱田受种子乙斗,带民米贰升半,折银壹拾捌两。此田系润宇公私业,无赎回,将屈边一项踏换与润宇公为业。

乙未年正月初二日,萧镇差官来对取仰宇银,共打发差礼银贰两四钱。又园仔礼乙钱。初十又即魁兄弟公入六两足。又宏弟卖牛银私入乙两,共柒两足,带下枰楼内亲交萧泮收赎,出原约又书批为凭。

南溪房去杨春回来住龟洋坑,回在枋头后洋楼下厝仔居住,生一子名启,丙寅年生,于清丙戌年故,无后。有一姊丙辰生,嫁于冯孟,妹嫁于萧家。尚有祖坟厝仔楼间倒圳水田。其祖坟一在后田墓边,一穴在枋头洋楼脚,一穴在福坛前,一穴在后洋山,一穴在庵仔坝,一穴在东山岭大坪路边。其厝仔因清萧仁贼变讼官卖银拾两正,其田在吊钟岭,公写与萧仁镇骗去无收银两。

其余物业因萧仁贼征饷无银,被叔侄开发耗尽,今尚存实田坐落倒圳,受种子乙斗,楼间壹间透尾,历年循管催代掌管坟墓香火。

以上记载的是清初顺治年间(1644—1661)郑成功的军队在南靖一带征收税饷的情景。有关清初郑成功军队筹集粮饷的问题,人们较多了解的是郑成功集团掌握海上贸易的利润收入来维持军队的开支,而对于郑成功军队所到之处向民间征集税饷的史实,各种文献偶有记载,但大多语焉不详。事实上,由于军费开支刻不容缓,福建沿海地带资源有限,郑氏军队不得不多方筹措税饷,甚至采用某些掠夺性的手段以解决战争的需求。南靖《吕氏家谱》不仅记载了郑成功军队深入南靖山区向各地居民征收税饷,而且各种税项的名目繁杂,有以所谓"楼间"的间数来计算的,还有油、猪、酒、鸡等物品,以及差札银等。这些记述都是其他有关郑成功文献所不经见的。

值得注意的是,这班郑成功的部下在征收税饷时,由于吕氏家族一时筹不到那么多的银两,竟允许当地居民以田地折抵,所谓"饷银陆拾两无银,写田折银"。田地是不动产,郑氏军队流动作战,在南靖山区客家区并无固定的根据地,因此是无法进行有效管理的。这种以田代饷的获益者,势必是当地人,而不可能是以海上为归宿的郑氏集团。从上述记载中多次提到的萧中冲、萧仁、萧泮、萧仰宇,以及吕氏"妹嫁于萧家"的记载看,这些所谓的郑国姓北镇的将领萧仁等人,极有可能就是同为南靖书洋客家的萧氏家族的族人。该族谱"盈宇公"条下另有这样的记述:"盈宇公,姚沈氏,生十一子。长子名圣,次子名对,三子名言,四子名宝,其余七子俱往潮州居住。盈宇公固萧海作乱,屡擒萧家贼党杀之。萧中冲复起,杀以报怨。彼时逃在潮州,萧中冲寻至潮州,杀以逞志,其余子女皆安全。惟圣、对、言、宝回祖家,余七子住在潮州。"从这段记载的情景看,吕、萧二族结怨颇深且由来已久,并非郑成功军队进入时所形成,如此则萧中冲等人为南靖书洋人无疑。这也就是说,当明末清初郑成功起兵抗清时,郑氏的军队曾经进入到闽西南的客家区域,而一部分客家人也加入到郑成功的抗清队伍中。

《吕氏家谱》的记载虽然简略,但是透露了一个关于客家历史的重要信息,即明末清初之时客家人是否跟随郑成功进入台湾?由于文献的缺欠,人们普遍认为客家人迁移台湾应迟于闽南沿海居民。清初郑成功收复台湾时,率领大批闽南人进入台湾,成为开发台湾的重要力量,而客家人则没有跟上这一开发台湾的潮流。然而,明末清初郑成功所领导的抗清队伍,远不止人们所认知的那样仅限于闽南人,而是包含了闽西、闽中、闽东等的许多民众。特别是闽西南地区,反清力量十分活跃,如与南靖相邻的客家区域,《永定县志》记载当郑成功在沿海起兵抗清时,这里的民众奋起响应,顺治三年(1646),"上杭来苏里农民张恩选(绰号猪婆龙)在杭永边境举行起义,派部将张大祥(绰号秤锤)率部攻破永定县城。顺治五年(1648)四月,一支以反清复明为旗号的十三营队伍,围攻县城。十月,郑成功部将江龙率军万余人,从大埔进攻永定县城,围城三个月后撤去。……顺治六年(1649)郑成功部将招讨太将军苏荣（又名苏逢霖）在古竹率众起义,李天成于湖坑召众响应。……顺治十一年（1654）十月,郑成功自海澄班师回厦门,派黄兴、万礼等到永定筹集军饷。"①《长汀县志》亦有相似的记载:"隆武二年,即清顺治三年（1646）八月二十七日,唐王聿键（时已称帝）被清兵追及,被俘于县朱紫坊赵家塘,……康熙十三年（1674）三月,福州耿精忠反清,汀州副将刘应麟据城附于福州耿精忠。……又降于郑经,奉明永历年号。十二月,败逃台湾。"② 从这些记载中,我们不仅可以知道清初郑成功的军队不时到达闽西汀州以及粤东一带活动,而且得到当地民众的响应。虽然这些抗清活动最终都失败了,但是他们当中的一部分人必定跟随郑氏军队"败逃台湾"。郑经时期,著名将领刘国轩原籍汀州客家,显然就是在这一抗清的潮流中加入到郑成功队伍中去的。

因此可以说,清代初年郑成功的抗清队伍中,不仅有福建沿海的民众,而且,有闽西南客家的民众参与。郑成功以及郑经等率部收复台湾和经营台湾之时,这一部分客家人如同刘国轩等,也成了较早进入台湾的福建人之一。南靖客家《吕氏家谱》的记载,为这一历史事实提供了新的证据。

---

① 《永定县志》之《大事记》,中国科学技术出版社1994年版,第3页。

② 《长汀县志》之《大事记》,生活·读书·新知三联书店1993年版,第12页。

九、孙中山在福建的史迹及其影响

　　孙中山先生毕生推行民主革命运动,福建、广东等沿海地区海外华侨是他的重要支持力量。但是由于地理因素的缘故,孙中山先生一生奔波于大陆、日本及欧美之间,却很少来到福建。正因为如此,如今得以保存下来的孙中山在福建的史迹,就更加显得珍贵。本文仅就我搜集到的有关孙中山先生与福建有关的史迹做一初步的整理概述,以期有助于学界对于孙中山先生学术研究更为全面的推展以及探寻孙中山先生往来于福建与台湾海峡之间的艰辛历程。①

（一）1912年及1913年孙中山先生的福建之行

　　孙中山先生祖籍广东,与福建相邻为省,但是在他一生的浪迹生涯中,仅有1912年四月份在福州做过短暂的停留以及1913年8月在福州马尾海上停留一天。

　　1912年是孙中山先生政治威望最高的时候,他秉持民主共和的理念,辞去临时大总统的职务,遂乘回粤顺道之便,坐"联鲸"号军舰来闽。因此在福州受到各界人士的热烈欢迎。当时的报纸报道:"孙中山先生坐泰顺轮船

① 　本文承蒙洪卜仁先生、黄真真女士帮助搜集孙中山先生题字墨宝资料,特此致谢!

二十日晨抵闽,孙(道仁)都督早派顾问官陈恩焘坐福安船出港迎迓。座轮过长门时,礼台悬挂国旗及万国旗,并升炮二十一响,各兵士礼服整列行举枪礼。至十一时抵马江时,交通、军务两司所派小轮船官座已先到迎候,各司局长及地方官皆亲往迎谒。"① 孙中山先生下船后,先在仓前山桥南社少憩,与福建同盟会诸同志畅谈。之后同胡汉民等人去广东会馆,受旅闽广东同乡会的欢迎、午餐并留影。下午进城,到南门内左侧明伦堂,出席福建国民协会和各界代表的欢迎会。当时的报道记载此次的欢迎盛况云:

> 维时国民协会支部、共和实进会、全闽学生会、国民集益会、人社、赤十字社、盐业研究会、共进会、警察学会、社会党、海外留学生联合会、统一党支部、桥南公益社、自由党支部、中山自治社、闽侯城自治会十余团体各举代表一员,持柬前往陈述欢迎,随蒙传请各代表面晤。嗣命政界各员,以次接见。……由代表陈述各团体聚集明伦堂候望颜色,不下三千人。……堂内匾额、楹联均用鲜花结成,匾为"中国一人"四字。联为"有天下而不与,微斯人谁与归"十二字。经五小时许,在明伦堂摇铃开会,各社员以次就席,赞仪员陈君敬肃孙先生及来宾依次入席,先生瀛眷并汪精卫、胡汉民诸君等分坐于席之东西,社会总代表陈君衍报告开会宗旨,雷君霆宣读欢迎词,赞仪员请先生演说,次来宾格致书院总理弼履仁,又次胡君汉民相继演说毕,合座摄影。赞仪员肃先生以次退席,茶叙后出南大街,直到咨议局,时已六句钟矣。②

其后,孙中山先生一行向南大街鼓楼前进,转入贡院埕大街,群众夹道欢迎。到了咨议局,孙道仁都督以下文武官员都在这里欢迎。孙先生登台讲演,大意说现在我们虽已"恢复中华,建立民国",但这不过是革命事业的开始,要如何巩固民国基础,如何解决民生问题,都必须靠同志们加倍努力,才能达到革命的目的。欢迎会后,孙中山先生视察了都督府和政务院。晚餐后,又去

---

① 上海《民立报》1912年4月27日《孙前总统莅闽记》。又参见郑贞文:《孙中山先生来闽》,载福建省政治协商会议文史委员会编《福建文史资料》1981年辛亥革命纪念号。
② 《闽人欢迎孙先生纪盛》,上海《申报》1912年4月30日。

浙江会馆,出席彭寿松主持的旅闽共和实进会的欢迎会。①

次日即 4 月 21 日,上午,各国驻闽领事及税务司均进见,旋赴天安堂出席耶稣教会欢迎会。午后,孙中山先生一行由省城回到马尾,"随从人员及由省来送者,数舟鱼贯而至"。到马尾后,应邀参观考察了马尾船政局所属制造轮机、锅炉等厂,并在欢迎会上演讲。演讲完毕,"众皆欢呼鼓掌。以次胡汉民、彭寿松、翁浩君相继演说,主客尽欢而散。至夜同送孙先生登舟,候潮开驶"②。是晚,孙中山先生离闽启程赴粤。

孙中山先生在福州虽然仅逗留两天,但是他那深具民主共和理念和关心国家民生前途的意识在福建各界留下了难以磨灭的印象。当时参加欢迎孙中山先生莅闽的钱履周先生在后来的回忆录中写道:

> 三十年以后,一九四三年我在重庆和国民党一个老中委李文范同事。我……就把当年欢迎和亲聆孙先生教导的事说给李听,李补充如下:孙先生从上海到福州,船泊马尾,孙道仁就上船迎接,请孙先生下轮船,换坐"甲板"船到南台登岸。孙先生有些生气地说:"刚才江面小船有'欢迎孙大总统'、'孙大总统万岁'的纸旗,太不成话。共和国的总统卸任就是平民了,怎么还可称总统?至于'万岁'两字本是封建专制皇帝硬要手下的官民称他的。我们革命的先烈为了反抗'万岁',牺牲了多少头颅?流了多少血?我如接受这个称呼,如何对得起许多先烈呢?如不取消,我不能熟视无睹,我不下船!"孙道仁惊惶谢罪,即叫随行人员把那些旗都改为"欢迎孙中山先生",这样孙先生才出舱换甲板船进城。……我听完李君所说的,更增加对孙先生的景仰。以后,每听到对人称"万岁",就记得孙先生的遗言,他真是我国近代史上伟大的人!一九三〇年,国民党政府给孙先生在南京做的坟墓,叫做"中山陵",下葬的仪式叫做"奉安"。这个"陵"和"奉安"都是封建专制时

---

① 参见郑贞文:《孙中山先生来闽》,载福建省政治协商会议文史委员会编《福建文史资料》1981 年辛亥革命纪念号。

② 《追记孙中山先生过马江事》:上海《民立报》1912 年 5 月 3 日。

用于死帝王的。这完全违反了孙先生生前的志趣。①

1913 年袁世凯窃国专制,孙中山先生在上海策划讨袁失利,准备南下广东以谋再起,于是在 8 月 3 日乘船再度经过福州马尾,在马尾海上做暂时的停留。据载,"癸丑讨袁之役,南京不守,孙先生愤甚。乃与胡汉民、李朗如、梅光培等乘德船赴港入粤,主持一切。道经福州,有日本领事来见,言粤不可为。幸毋往港,恐为港政府所辱。时福建都督孙道仁宗旨将变,日领知孙先生不能留,请先生先渡台湾,转赴日本,先生感其盛意诺之。先生乃召集胡、李、梅诸人处置各事,嘱李、梅等赴港,独与胡渡台"②。

此次孙中山先生在闽停留时间很短,也不曾登岸,但是与台湾之关系十分密切。8 月 4 日孙中山先生一行由日本人村田省藏陪同,改乘日轮"抚顺"号离福州抵台湾。孙中山先生此次台湾之行,虽然基本上由日本人安排,但是他不忘与台湾的革命志士联络,给台湾革命志士予很大鼓舞。后来的论著称:

> 一九一三年八月四日孙中山偕同胡汉民及日人村田省藏,自福州马尾乘日轮"抚顺丸"第二次至台。给台湾革命志士很大鼓舞。台湾总督对中国革命的莅临,十分恐惧,一面伴示欢迎,一面在孙先生下榻的台北御成町"梅屋敷"四周,以安全为由严加警监,企图制止孙先生与抗日志士联系。但是罗福星等人仍多次见到孙先生,详细汇报了台湾情况。罗福星遵照孙中山的指示,于八月十九日派金星桥持他的亲笔信往福州找孙道仁都督联系。③

我们从孙中山先生由福州转道台湾的历程中,也可以看到福建与台湾关系的密切,以及孙中山先生在全省心投入国民革命的同时,始终不忘台湾的革命前程。

---

① 钱履周:《记孙中山先生来福州的见闻》,载福建省政治协商会议文史委员会编《福建文史资料》1981 年辛亥革命纪念号。
② 邓慕韩:《孙中山先生轶闻》,载《建国月刊》1929 年第二卷第一期。本文转引自王耿雄:《孙中山史事详录——1911—1913》,天津人民出版社 1986 年版,第 611 页。
③ 范启龙:《辛亥革命时期台湾人民要求回归祖国的抗日战争》,载《中日关系史论集》第二辑,吉林人民出版社 1984 年版。

（二）孙中山先生在福建的遗迹

孙中山先生虽然在福建逗留的时间极为短暂，但是他还是在福建留下了不少的历史遗迹。而其中保留至今的，基本上是他的题词墨宝。

1912 年 4 月 20 日孙中山先生第一次来到福州的时候，曾应福州桥南公益社和广东会馆之请，分别为之题写"独立厅"和"戮力同心"的牌匾。"戮力同心"的牌匾得以保存下来，而桥南公益社的"独立厅"题匾，则于1914 年为袁世凯党羽汪声玲所毁。①

孙中山先生在福州交游的时间有限，在福州留下的题字墨宝也比较有限。但是由于孙中山先生在从事民主共和革命的历程中，与福建省的海外华侨有着密切的联系，因此他曾应华侨以及民主革命志士的请求，题写了一些纪念性的文字。

福建省沿海泉州府，是华侨比较集中的祖籍地。泉州著名西医黄中流是中国同盟会会员，与孙中山先生有良好的交谊。辛亥革命时，黄中流致力于泉州的光复活动，策动军队起义，赶走泉州府尹，孙中山先生屡次加以表彰。1914 年至1915 年间，是孙中山先生革命的低潮时期，但是黄中流先生始终追随孙先生，与之保持紧密的联系。在此期间，孙中山先生先后为黄中流先生题写了"医兼中西"和"泰西华扁"两个匾额。可惜这两块匾额至今下落不明。

清末孙中山先生在海外鼓吹革命，曾前往英国鼓励华侨反清，被清朝驻英国使馆人员告密，致在伦敦蒙难，监禁于牢中。时有英国人安礼逊之父以A. S. 贵族的身份进行交涉，认为英国法律对于外国政治犯，例不干涉，孙先生遂得释放，继续在英国从事革命活动。因此当安礼逊先生来中国从事教育事业时，孙中山先生极为礼遇支持，于 1920 年为安礼逊先生在泉州所创办的"培元中学"题写了"共进大同"的匾额，上署"培元学校"，末署"孙文"。此匾至今仍然悬挂在泉州培元中学之中。

---

① 参见郑贞文：《孙中山先生来闽》，载福建省政治协商会议文史委员会编《福建文史资料》1981 年辛亥革命纪念号。

泉州牙科医生盛九昌,也是同盟会会员,陪同安礼逊先生一道前往上海晋谒孙先生并请求题字,故孙中山先生在为安礼逊先生题写"共进大同"之后,亦为盛九昌先生的牙科诊所题写了"卫生之一道"。该题字原稿现保存在福建省博物馆。

1924年即民国十三年,泉州华侨杨元勋先生在故乡修护洛阳桥和兴办学校,孙中山先生甚为赞赏,为之题写了"好行其德"及"里党观型"二匾。杨元勋先生认为孙中山先生的题字应当留之久远,因请刻工镌刻于晋江永宁虎岫岩之悬崖,二题相近,至今为游人民众所瞻仰。

厦门是中国近代最早对外开放的通商口岸,海外华侨亦多,孙中山先生在厦门也留下了一些题字墨宝。其中最著名的是给厦门地方报纸《江声报》和厦门名物"松筠堂"药酒的题字。

厦门《江声报》创办于1918年11月21日。该报的主要创始人物均同情民主共和革命,试图利用《江声报》的阵地,宣传以孙中山先生为首的民主共和革命,进而报道地方新闻,引导社会新风气和监督地方政治。1924年,厦门老同盟会员许卓然先生出席了在广州市召开的国民党第一次代表大会,会议期间,许卓然先生向孙中山先生请求为《江声报》刊头题字,孙中山先生遂为之题写了"江声报"三字。其后《江声报》虽然因为各种原因时有停刊,但是孙中山先生题写的"江声报"三个字,始终作为该报的精神支柱,激励着历届报人进行着不懈的追求。1950 年以后,《江声报》是唯一可以在厦门继续出版发行的一家报纸,1952 年,《江声报》合并于共产党主办的《厦门日报》,在大陆正式停刊。至停刊之日止,这家报纸一直使用孙中山先生的题字作为报刊的报名商标。《江声报》为厦门地方社会改革和民主思想的传播,起到了不可磨灭的贡献。

厦门"松筠堂"药酒,是清末民初闽南和东南亚著名拳师翁朝贤所创立的药酒品牌。药酒的配方是由他的师父、南少林五祖拳始祖蔡玉明传授的秘方酿造而成。该药酒舒筋活血的功效比较显著,深受人们的欢迎。翁朝贤早年参加中国同盟会,热心民主主义革命,与孙中山先生有良好的交谊。故翁朝贤先生向孙中山先生请求题字时,孙先生欣然命笔,写下"松筠堂"三字作为该药酒的商品招牌。① "松筠堂"药酒经历清代、民国和中华人民共和国三个历史时期,酒厂所有权拥有者数次易人,但"松筠堂"的字号却一直被沿用下来。如今该酒厂属亚洲酿酒(厦门)有限公司所有,2000 年该公司庆祝"松筠堂"药酒 100 周年的时候,在《厦门晚报》上写下了这样的文字:

> "松筠堂"酒系清末武举人翁朝言(贤),以少林五祖拳一代宗师蔡玉明所秉承的唐朝少林古方,融汇古代中药秘方精心研制而成,功效奇特。该酒以陈年高粱酒为酒基,采用名贵地道药材,经磨、碾、浸、煮、熬等多道传统的制酒制药工艺,精心调制,储存陈酿而成。质醇味香,不寒不燥。松筠堂酒是属滋补性酒,针对风湿伤湿患者有特殊疗效,而对跌打损伤者则起止痛、消肿、活血化瘀作用。四时常饮具有驱风祛湿、舒筋活络、补气壮阳、强身健骨之功效。1900 年,孙中山先生曾亲笔题匾"松筠堂",由此而享誉海内外。2000 年是孙中山先生"松筠堂"题匾 100 周年,为纪念孙中山先生"松筠堂"百年题匾,使松筠堂酒古方酿

---

① 见洪卜仁:《"三堂"药酒》。该文最早在厦门市广播电台播出,其后厦门市广播电台把有关厦门地方掌故的广播稿汇辑为《天风海涛》集刊依次印行。洪卜仁先生此文载《天风海涛》第三辑,厦门人民广播电台编辑部,1981 年。

造的奇特功效发扬光大,造福更多的中老年人,我们在重阳节期间隆重推出馈赠亲友之上品"百年松筠堂"益寿装,同时开展"百年松筠堂,关爱父母的每一天"主题活动,向社会中老年人奉献一份爱心。本月各周六我们将在各共同场所举行纪念孙中山"松筠堂"题匾100周年即"百年松筠堂"益寿装现场展销活动。另外,在本月各周六、日,在福建人民广播电台(调频 FM 95.6)下午 5:30—6:00 播出"百年松筠堂,关爱父母的每一天"中老年保健专栏,向您提供保健咨询。详细情况敬请留意每周三本版介绍。①

亚洲酿酒(厦门)有限公司的这则报道虽然在史实上有些出入,孙中山先生的题匾恐怕没有那么早,并且有着浓厚的商业广告的意味,但是从这篇报道中我们可以看出孙中山先生的题匾对于"松筠堂"药酒的发展,起到了多么重要的作用,并且这种作用还将在今后的日子里继续发扬光大。

孙中山先生在福建的遗迹,除了题字之外,还因为与福建的革命志士及华侨的联系中,留下了不少的书信真迹。但是由于这些书信绝大部分收藏于私家之手,我们无法进行有效的统计。在此仅举二纸孙中山先生与福建革命志士及福建籍华侨的书信为例:一纸为孙中山先生写给缅甸仰光中国同盟会会长、厦门籍华侨庄银安吉甫的信,另一纸是孙中山先生写给厦门同盟会会员许卓然的信。从这两封信中,我们可以看出福建华侨及革命志士与孙中山先生关系之密切,以及他们当时的革命活动。我们希望今后能有更多的私家秘藏书信见诸于世,以期对于深入开展孙中山先生的学术研究,有

---

① 亚洲酿酒(厦门)有限公司:《"百年松筠堂,关爱父母的每一天"——纪念孙中山先生"松筠堂"题匾100周年》,《厦门晚报》2000 年 10 月 11 日。

所贡献。

综合以上所述,孙中山先生虽然在福建省逗留的时间极为短暂,但是由于福建省的革命志士和海外华侨是辛亥革命的基本依靠力量,因此他短暂的福建之行,但意义却相当重要。一方面,孙中山先生的福建之行鼓舞了福建人民进行民主共和革命的决心,为日后北伐革命的胜利打下了更为广泛的社会基础;而另一方面,孙中山先生经由福建的台湾之行,也进一步证实了孙中山先生对于台湾革命运动的关注以及福建与台湾两岸关系的密切。正因为这样,现在得以保存下来的孙中山先生在福建的史迹,就更加显得珍贵。它将永远促使我们去怀念这位革命先行者的丰功伟绩,永年不朽。

十、《台湾通史》（六卷本）导论

（一）写作的缘起

1920 年连横先生撰写的《台湾通史》正式出版印行，这是第一部有关台湾区域发展史的完整著作，在台湾历史论著的撰写历程中，无疑具有里程碑的学术意义。自从连横先生的《台湾通史》问世之后，在 20 世纪二三十年代，学界一度引发了一股编撰台湾历史著作的小高潮。这其中有虞衡志的《台湾通史》，彭子明的《台湾近世史》，林进发的《台湾统治史》和《台湾发达史》以及由"汉人"编著、朱谦之校订的《台湾革命史》等。1932 年至 1933 年，天津大公报馆也出版印行了七卷本的《六十年来中国与日本》。

1937 年之后，抗日战争爆发，学界对于现实的关注度大大提升，有关台湾历史文化的学术性著作明显减少。1945 年台湾光复之后，台湾的治理及其历史文化再度引起社会各界的重视，相关的台湾历史文化介绍性著作大量涌现。这其中既有台湾地方政府组织编撰的著作，也有民间个人编撰的著作，门类不等。如汤子炳的《台湾史纲》，郑伯彬的《台湾新志》，邹豹君的《台湾新生》，李震明的《台湾》和《台湾史》，庄孟伦的《台湾全貌》，郑凤仙的《台湾研究》，陈延庭的《认识台湾》，蔡人权的《台湾真面目》，刘满子的《台湾省的高山族》以及台湾省行政长官公署宣传委员会及新闻处编写出版的《台湾指南》、《台湾要览》等。这个时期海峡两岸有关台湾历史文化的著作虽然出版了不少,但是基本上属于知识普及性的读本,学术价值不高。

　　1949年中华人民共和国成立之后,海峡两岸学者的政治意趣有所不同,在台湾历史文化著作的撰写上,也明显出现了不同的趋向。20世纪50年代,大陆出版了几部影响面很广但仍属普及介绍性的著作,这其中最著名的有吴壮达的《台湾》,王芸生的《台湾史话》,刘大年的《台湾历史概述》。除此之外,20世纪五六十年代大陆学界对于台湾历史文化的著述,大多以革命斗争史为主题。如王思翔的《台湾二月革命记》,三川等的《台湾人民盼解放》,钱君晔的《台湾人民斗争简史》,杨克煌的《台湾人民民族解放斗争小史》,陈国强的《郑成功收复台湾的高山族》,朱杰勤的《郑成功收复台湾事迹》,张宗洽、方文图合著的《郑成功收复台湾》等,这些著作体现了当时大陆学者对于阶级斗争理论的关注以及盼望解放台湾的良好愿望。

　　20世纪50年代到70年代台湾的历史学界,由于受到以蒋介石为首的流亡政府刻意渲染"国民政府继亡续绝正统论"的影响,大家所关注的研究命题,反而大多是中国历代王朝的传统史学,对于台湾地方史的研究,依然较为关注介绍性和普及性的著作,出版了不少这样的书籍,如张其昀的《台湾史纲》,方豪的《台湾民族运动小史》,郭廷以的《台湾史事概说》,台湾省文献会的《台湾史话》,蒋君章的《台湾历史概要》,林熊祥的《台湾史略》,黄大受的《台湾史要略》,苏同炳的《台湾史话》,高贤治的《台湾三百年史》,程大学的《台湾开发史》等。比较深入的专题性研究论著比较少。现在所能看到的著作,仅仅为黄典权的《台湾史事研究》和赖永祥《台湾史研究初集》等少数的几本。尽管如此,这一时期台湾史学界在台湾文献资料的搜集整理出版方面,取得了突出的成绩。20世纪五六十年代,台湾银行经济研究室组织学者编纂《台湾文献丛刊》,搜集整理出版有关台湾历史文化的典籍多达数百种。这部巨著成为当今研究台湾历史文化最重要的文献史料之一。与此同时,台湾学者也在重新编纂本土地方志上下了很大的功夫,许多新撰修的台湾地方志,也在20世纪下半叶次第出版,从而为学界开展台湾历史文化研究提供了较为丰富的史料来源。

　　20世纪80年代以来,海峡两岸的政治形势有了很大的变化。一方面,大陆实行改革开放政策,国民经济得到迅速恢复并稳步发展;国家与美欧、日本等西方社会的外交关系日趋正常化,国际地位不断提升。在这种情势之下,统一台湾的问题成为国家战略势在必行的重点之一,开展对于台湾问题以及台湾历史文化的研究,也成了学界当务之急的大课题。于是,以厦门大学台湾研究所成立为契机,大陆关于台湾问题以及台湾历史文化的研究,很快成了学界的热点之一,研究成果不断涌现。而在另一方面,台湾岛内外的某些"台独"倾向日趋明显,台湾学术研究中的所谓"本土化意识"也迅速出现并逐步弥漫。与之相对应的"台湾史"研究,同样在台湾得到迅速的发展。"台湾史"的研究机构在台湾各地先后成立,台湾大学里的"台湾史"课程也得以推广并逐渐普及化。在海峡两岸不同社会环境和政治倾向的促动下,自20世纪80年代以来,无论是在大陆,还是在台湾列岛,台湾历史文化的研究均形成了高潮。

与之前以介绍性、普及性为主的论著有所不同, 20世纪80年代以来海峡两岸所兴起的台湾历史文化研究,其专题性、专门性的研究得到广泛重视,研究深度和研究领域都有着很大的开拓。在台湾通史性的论著撰写和出版方面,大陆的学者也试图突破五六十年代侧重于介绍性、普及性以及阶级斗争理论框架的局限,陆续出版了一些较有学术意义的相关著作。其中, 1982年出版的由陈碧笙先生撰写的《台湾地方史》,是新中国成立后大陆第一部具有学术研究性质的台湾通史类著作。其后,由陈孔立主编的《台湾历史纲要》和编著的《简明台湾史》也于20世纪90年代在北京出版。到2000年,田钰先生的《台湾史纲要》由福建人民出版社出版;2005年,张崇根的《台湾四百年前史》在九州出版社出版;2010年,张海鹏、陶文钊主编的《台湾简史》在凤凰出版社出版;两年后,即2012年,张海鹏、陶文钊的《台湾史稿》扩充为上、下册,再次由凤凰出版社出版。在这些台湾通史类的著作中,尤以陈碧笙的《台湾地方史》、陈孔立的《台湾历史纲要》、张海鹏、陶文钊的《台湾史稿》最为引人关注。

在台湾方面,有关台湾史的论著也大量涌现。在通论方面,主要有史明的《台湾人四百年史》,杨碧川的《简明台湾史》,钟孝上的《台湾先民奋斗史》,戚嘉林的《台湾史》,吴密察的《台湾通史:唐山过台湾的故事》,林再复的《台湾开发史》,叶振辉的《台湾开发史》,张胜彦等的《台湾开发史》,

薛化元的《台湾开发史》，邱胜安的《台湾史话》，李筱峰、刘峰松的《台湾历史阅览》，汗极炖的《台湾近代发展史》，周婉窈的《台湾历史图说》，陈正茂的《台湾史纲》，台湾省文献会的《台湾近代史》，李恭蔚的《台湾史导读》，尹章义、陈宗仁的《台湾发展史》，陈水源的《台湾历史的轨迹》等。有些台湾学者还到大陆出版台湾通史性著作，如宋光宇的《台湾史》，2007年由人民出版社出版；戚嘉林的《台湾史》，2011年由海南出版社出版。由于受到"台湾文化本土化意识"的影响，这些通论性著作的不同作者史观有了很大的不同，有些著作偏离了学术的严肃立场，带有明显的政治化倾向。但是在篇幅中，依然以介绍性和普及性的体例为主。

在通论性的著作之外，从20世纪80年代开始，台湾学界对于台湾史研究的重要成果，更多的是体现在专门史和专题性的论著上。在专门史方面，如周宪文的《台湾经济史》，王世庆的《淡水河流域河港水运史》，林满红的《四百年来的两岸分合：一个经贸史的回顾》，陈慈玉的《台北县茶叶发展史》等，都具有很好的学术价值，其他如台湾农业史、盐业史、茶叶史、贸易史等，都有各自的著作问世。在专题性研究方面，成果更为突出，研究的领域涉及政治、社会、经济、文化、宗教的各个方面，研究的深度得到不断的挖掘。不少研究成果不仅具有开创性的学术意义，而且还具有较为久远的学术生命力。

纵观自20世纪初叶以来，也就是连横先生撰写出版《台湾通史》以来，有关台湾历史文化的通史性著作虽然出版了不少，但是其中大多是以介绍性、普及性的著作为多，虽然也出现了诸如陈碧笙先生的《台湾地方史》、张海鹏，陶文钊的《台湾通史》等深具学术深度的著作，但也由于篇幅字数的限制，许多地方的论述只能是浮光掠影式的。特别是自20世纪80年代以来海峡两岸的台湾史研究取得了突飞猛进的成果，这些成果还未能较为全面地反映在相关的通史类著作之中，因而也就无法更为系统理性地把台湾历史文化的概貌体现出来。

厦门大学和闽南师范大学，是大陆最早开展台湾历史文化研究的学术平台，同时也是最早开展与台湾学界进行合作研究的大陆高校。有鉴于台湾历史文化研究中通史类著作撰写的这一缺陷，我们联络了福建师范大学、福建中医药大学以及台湾的"中央研究院"、佛光大学、彰化师范大学、东吴大学等闽台两地的学者，一道合作编写这部六卷本的《台湾通史》。通过这部六卷本的《台湾通史》的撰写，我们希望能够在广泛吸收海峡两岸学者最新研究成果的基础上，把一部时间跨度最长、涉及面最广、内容叙述较为详细、观点较为新颖的台湾通史呈现给海峡两岸的所有人。当然，撰写一部大篇幅的《台湾通史》，难度很大。虽然撰写组成员来自海峡两岸的著名学术机构，但是毕竟各有自己的事务，学养也各有不同，分工撰写起来难免顾此失彼，较难面面俱到。再者，相关的文献资料分藏于两岸各地，检索查找起来多有不便。因此，这部六卷本《台湾通史》的出版，其中存在粗疏错误之处定当不少。我们愿意在为海峡两岸提供这样一部较为全面系统叙述台湾历史文化著作的同时，更愿意接受海峡两岸方家学者的批评指正，以促使我们修正提升，把台湾历史文化的研究工作推向一个更为崭新的高度。

（二）早期台湾史的重新审视

早期台湾史，是以往各类台湾历史文化通史类著作中最为忽略的部分，即使是近三十年来在学界甚为活跃的专题性、专门性研究中，也是往往被忽略的部分。早期台湾史之所以被忽略，其中最主要的原因，是大陆学界对台湾近半个世纪以来的考古成就知之甚少。从大陆学界这方面看，中华文明源远流长，大陆各地重大考古发现层出不穷，许多考古新发现足以震撼世界学术界，而孤处海中的台湾岛，似乎缺乏早期显著的文明传承历史，在台湾开展考古学研究没有多少学术意义，尤其是不太可能出现"轰动效应"的考古新发现。因此，在某种程度上可以说，大陆历史学界和考古学界对于台湾的考古发现，普遍存在着一种"不屑一顾"的状态。从台湾岛内这方面看，虽然台湾为数不多的考古队伍恪尽职守，勤勤恳恳地在台湾各地不断地开展早期台湾文明史的考古工作，时有成果出现，但是在 20 世纪 80 年代之后，台湾掀起的"台湾史"研究热潮，在很大程度上是为了对应所谓的"台湾本土意识"这一政治理念而产生的。特别是有一部分具有"台独"意识的历史学从业者，利用研究"台湾史"的名义，从事文化"去中国化"的行径。凡是关于台湾史中与大陆有关联的文献、文物以及考古发现等，或是予以曲解，或是视而不见。在这种情境之下，台湾岛内研究"台湾史"的学界，至今对于台湾本土的考古成就，同样也是处于一种基本"失语漠视"的奇怪状态。在大陆历史学界、考古学界与台湾岛内研究"台湾史"学界的双重因素下，大陆学界对于台湾本世纪以来的考古发现，就不能不知之甚少了。早期台湾史之被忽略，也就成了理所当然。

关于早期的台湾历史，中国学界以及推而广之的社会各界，有一句十分流行的论说，这就是所谓的"台湾自古以来就是中国领土不可分割的一部分"。这句流行性论说的历史意义与现实意义是毋庸置疑的，然而作为以追求历史真实性为宗旨的历史学界来讲，光有这句流行性论说是远远不够的，因而这一流行性论说也遭到了海内外诸多学者以及部分关注海峡两岸关系的各界人士的质疑，甚至嘲讽。在这种状况之下，作为中国的历史学家们，就有责任和义务寻求出尽可能多的论据，来充实"台湾自古以来就是中国领土不可分割的一部分"这一历史命题论说。

大陆的历史学界，似乎也十分重视这一命题的论证，但是由于早期文献史料的稀缺，这一命题的论证显得相当艰难。尤其是有一小部分学者为了论证这一命题，不惜在某种程度上以曲解文献史料记载的方式，来敷衍成篇，以讹证史。"台湾自古以来就是中国领土不可分割的一部分"这一严肃的学术与政治命题，逐渐落入了"口头禅"式的误区。举许多中国学者所津津乐道的有关三国时期台湾就归属中国的记载为例，我们只要查阅原书，就可以发现这种引证似是而非。葛剑雄教授说道："过去的历史教科书都强调早在三国时期孙权就派卫温、诸葛直到了台湾，以此证明台湾自古以来是中国的领土，却从未讲到卫温、诸葛直去的目的是什么。（谭其骧）老师让我们查阅史料，一看才知道他们是去掳掠人口的。书本以此证明大陆跟台湾从那时起就是友好往来，这一方面是歪曲历史，另外对促进两岸统一也没好处。"①

这部分学者对于中国古代典籍的解说，其出发点也许是用心良苦，但是这种做法对于严谨的历史学来讲，未免有失严肃；尤其是对我们理直气壮地对外宣示"台湾自古以来就是中国领土不可分割的一部分"的庄严立场，并

① 葛剑雄：《历史教科书的"底线"》，《同舟共进》2013 年第 5 期。

无益处。然而,我们如果了解了台湾近五十年来的考古发掘资料,则完全可以看到早期台湾历史与大陆源远流长的密切关系,从而可以以比较坚实的史料,论证说明"台湾自古以来就是中国领土不可分割的一部分"这一极具现实意义的论说。

首先,从自然地理变迁史上看,台湾属于闽台半岛华夏古陆的一部分,从福建沿海到台湾岛,在史前时期多次成陆地而连为一体。由于喜马拉雅山的造山运动和冰期影响,最迟在第三纪上新世时,台湾和沿海岛屿曾与大陆相连。早更新世前期,由于地壳上升和气候变冷,沿海地区发生海退,海岸线向海洋推进,这时,台湾海峡海底露出水面,构成广阔的大陆架平原,台湾岛和福建沿海岛屿成了大陆的一部分。人类可以轻易地随狩猎的动物由华南来到台湾海峡及台湾其他地区,进而在台湾定居。① 早更新世后期,气候转暖,海平面上升,这时海水进入台湾海峡,台湾与大陆分开。中更新世前期,又一次地壳上升和气温降低,发生海退,台湾与大陆再度相连。此后,地球气候时暖时冷,海面时升时降,台湾与大陆的连接和分开交替出现。大约一万年前,即更新世结束,地球的气温开始回升,海平面开始上涨。在之后的一千年内,海平面上升了约一百四十公尺。台湾方才跟福建脱开,成为一个海中的大岛。② 到六千五百年前,气温上升达到顶峰,气候温暖,海水高涨。这时候的台湾地貌,跟现在所看到的地貌是完全不一样的。山很高,河面很宽,冲积出来的平原面积不大。六千年以来,海平面有所回落,台湾岛内的陆地也逐渐扩大。然而到了 17 世纪末明朝万历年间,因海防上的需要而绘制的《海防图》,从福建看台湾,只看到海上有几座大山,山与山之间是广阔的水面。西洋人更把台湾画成三个连续的小岛。③ 现在我们看到的河口平原是从五千

---

① 参见黄士强:《台湾史前文化简介》,台北:台湾省立博物馆 1986 年版。

② 以上参见刘振胡、王英民、王海荣:《台湾海峡盆地的地址构造及演化》,《海洋地质与第四纪地质》2006 年第 26 卷第 5 期;何传坤、祁国琴:《台湾第四纪澎湖海沟哺乳动物群及古生态环境变迁》,"中国地质学会"八十四年年会论文集,1995 年;林俊全:《台湾东海岸地区的海岸线变迁与史前遗址关系之研究》,《田野考古》1993 年第 4 辑第 1 期;陈正祥:《台湾地志》,台北:南天书局 1993 年第 2 版。

③ 参见杨子器《舆地图》、传教士利玛窦《坤舆万国全图》以及《福建海防图》,均收入曹婉如等编:《中国古代地图集》,文物出版社 1990 年版。

多年以来到最近四百年，因山崩、土石流、台风等原因，泥石顺流而下，在河口冲积而形成的。直到 18 世纪前后，方才出现我们现在所认识的台湾地貌。台湾与大陆的自然地理属性，为两地的生物往来和迁徙提供了天然的便利。

六千多年前，在海平面最高的时候，在北纬 30° 左右的大河口，如非洲尼罗河口三角洲、西亚的两河流域、印度河流域、中国的黄河流域中游和长江流域下游，发展出人类最早的农业文明。有文字、有农耕、有定居的聚落。现在称为 Malayo-Polynesian 这个民族，即被学界通称的南岛语族的祖先也在这个时候，开始从华南向太平洋周边移动。六千多年来，Malayo-Polynesian 这个族群一直在移动，以游耕、采集方式生活，没有发展出文字记录乃至城邦等复杂的政治组织。他们擅长海上航行，从东亚的南部出发，向东到达太平洋上各个岛屿，向西到达非洲的马达加斯加岛。在这个大航海、族群大迁徙的浪潮中，台湾显然是最先到达的地方之一。[①] 最早乘船进入台湾的人群，就住在大山脚下的河口，海水淹不到的地方。由于是新开发的地方，物产相对的丰富，生活比较富足，人口也就快速地增长。

从目前台湾学界的考古发掘资料看，台湾史前文化最早阶段出现于更新世晚期，距今约三至五万年前，与整个东亚、东南亚比较，可说属于旧石器时代的晚期阶段，亦有学者称为先陶文化阶段。

台湾史前文化的旧石器时代晚期阶段，出现两个文化相貌稍有不同的文化类型。一个是分布在东部及恒春半岛海岸的长滨文化；另一个在西海岸中北部丘陵地带地区的是网形文化。此外还有发现于台湾南部地区的化石人左镇人和出土于台湾海沟内的更新世晚期古生物化石。长滨文化出现的年代至少在三万年前，且可能早到距今五万年前左右，结束的年代在距今五千五百年前左右；网形文化年代测出结果最早在距今五万年左右，结束的年代在距今八千年左右，从文化遗物相貌而言，与广西新州地区旧石器时代晚期出土遗物相似，应属旧石器时代晚期。这两个文化年代和华南的旧石器

---

① 参见张光直：《中国东南海岸考古与南岛语族起源问题》，《南方民族考古》第一辑，四川大学出版社 1987 年版。

时代晚期相同,但延续到较晚。[①] 近年来福建的考古发现,可以作为台湾同一时期的比对与发展,福建的文化类型反映了从旧石器时代晚期到新石器时代早期的转变与发展。根据最近福建省博物馆研究人员所提供的史前文化证据,其遗址从旧、新石器过渡期一直延续到新石器早期,地层堆积连续、清楚,三期文化一脉相承,体现了较完整的文化序列。其中旧、新石器过渡期的石器打制技术与台湾长滨文化十分相似,说明两地之间在旧石器时代晚期的可能关系。[②]

到了新石器时代早期阶段,台湾的史前文化以"大坌坑文化"类型为主,从遗址的大小及文化层堆积形态得知,已经是定居的小型聚落,主要分布在河边或海边、湖岸的阶地。年代依据遗址测定所得的绝对年代在距今6500—4500年之间,晚期也可能延伸到四千三百年左右才结束。这个文化的陶器通称粗绳纹陶,特征是手制,质地较松软,通常含砂,火候不高,表面颜色呈暗红、深褐、浅褐色。器型简单,通常只有钵、罐两种。作为日常工具的石器数量不多,种类也少,只有打磨的石斧、石锛、网坠、石簇、有槽石棒等少量工具。一般相信大坌坑文化人可能也使用不少竹木所制的工具。从出土的石制生产工具如石锄、石斧等,可以推测当时人已知农耕。[③] 台湾新石器时代的大坌坑文化与中国福建、广东二省沿海的早期新石器时代文化有密切的关联,尤其是发现在闽南沿海以金门复国墩、平潭南厝场和闽侯溪头下层为代表的复国墩文化以及粤东沿海以潮安陈桥、海丰西沙坑为代表的西沙坑文化期,与大坌坑文化相当近似,可能属于同一个文化的不同类型或是有密切关联相互影响的两种文化。大陆东南沿海居民,由于长年在海中渔捞,对海上航行经验逐年累积,造成向海外岛屿拓展移民的机会。台湾大坌坑文化的居民,可能就在这样的背景下从大陆东南沿海到达了台湾。有的学者还根据台湾大坌坑文化与福建的壳丘头遗址下层、昙石山遗址下层、闽南的遗物

---

① 参见宋文薰:《史前时期的台湾》,载黄富三、曹永和主编《台湾史论丛》第一辑,台北:众文图书公司1980年版。

② 参见臧振华:《试论台湾史前史上的三个重要问题》,《台湾大学考古人类学刊》1989年第45辑。又刘益昌:《前时代台湾与华南关系初探》,载张炎宪编《中国海洋发展史论文集》(三),台北:"中央研究院"三民主义研究所1988年版。

③ 参见刘益昌:《台湾的考古遗址》,台北县立文化中心1992年版。

均有部分的类似性，加上澎湖菓叶 A 遗址的彩陶器型和彩纹，与昙石山遗址中层和溪头下层早期墓葬的彩陶具有类似性这些点看来，大坌坑文化可能与壳丘头遗址下层、昙石山遗址下层和中层等几个不同年代的遗存先后有过接触，显示当时的史前人类可能存在着从福建沿海一带经金门、澎湖而到达台南地区的这一接触路线；也说明了新石器时代早期文化并非孤立于台湾地区，而可能透过物质交换体系与亚洲大陆东南沿海互动往来。① 从生产形态上看，台湾的原始农业也深受中国大陆农业生产的影响，甚至是直接传承而来的。距今五千年前左右，带有小米、稻米等种子作物耕作的文化要素与人群再次从亚洲大陆东南沿海迁入或影响台湾西海岸南北，构成台湾史前文化的重大变迁。不但人口增多，聚落增大，而且还向山区迁移，进入不同生态体系，已经完整分布于全台湾各种不同的生态区域，可说是落地生根成为整个台湾的主人。②

进入新石器时代的中期，台湾史前文化与大陆的联系依然处处可见。如这个时代分布于台北盆地与北部沿海地区至宜兰平原的讯塘埔文化，西海岸中部地区以及丘陵台地地区的牛骂头文化，西海岸南部地区以及澎湖、恒春半岛的牛稠子文化和东部地区以绳纹红陶为代表的遗存。不可否认，台湾的绳纹红陶文化，确实和福建同一时代的昙石山文化有许多共同的要素，显示二者之间密切的往来关系。③

从文化发展的角度而言，台湾这些区域性的绳纹红陶文化在各地区逐步演化发展为同一区域各个新石器时代晚期的文化。相似的陶器形制局部发现于闽南到香港之间的亚洲大陆东南沿海地带，福建东山岛大帽山遗址陶器形制与台湾西海岸绳纹陶器类似，同时出土可能是澎湖玄武岩制造的石器，

---

① 以上论述可参见张光直：《中国东南海岸考古与南岛语族起源问题》，《南方民族考古》第一辑，四川大学出版社 1987 年版；凌纯声：《古代闽越人与台湾土著族》，《中国边疆民族与环太平洋文化》，台北：联经出版事业公司 1979 年版；宋文薰：《史前时期的台湾》，黄富三、曹永和主编《台湾史论丛》第一辑，台北：众文图书公司 1980 年版。刘益昌、郭素秋：《金门复国墩遗存在亚洲大陆东南沿海的地位及其意义》，载连江县政府文化局、"中央研究院"人文社会科学研究中心考古学研究专题中心共同举办"中国东南沿海岛屿考古学研讨会"论文集，2005 年。

② 同上注。

③ 参见刘益昌：《台湾的考古遗址》，台北县立文化中心 1992 年版。

年代亦相近,二地之间相互往来的可能性极高。台湾圆山文化以台北盆地北侧为中心并延伸至北海岸地区,以浅棕色素面的陶器为主。其文化特质具有许多外来移民的因素,其来源可能是广东沿海的海丰到香港之间。台北盆地同一时期稍早的芝山岩文化,则被认为是从浙南及闽北地区移民而来,近年来研究也证实和浙江南部与福建北部、闽江流域的黄瓜山文化具有密切关联,甚至可能是直接移民所致;植物园文化也可能受到福建南部印纹软陶的直接影响,北部地区这三个文化可说是这个时期与东南沿海地区关系最密切的史前文化。[①] 令人惊讶的是,这个时期大陆的少量青铜器已经导入北部台湾的圆山文化及土地公山遗址文化类型。大陆青铜器的输入,虽然属于当时的偶发性行为,但是由此足见在新石器中晚期,大陆文化对于台湾史前文化的影响力。[②]

距今 2500—1800 年左右,台湾进入新石器时代晚期后段,或可称为新石器时代末期,在台湾东海岸具有清楚金属器(青铜、铁器)输入的状态。台湾原住民的生产及生活形态,也迈进了金属器与金石并用时代早期阶段,其延续年代为距今 1800—1000 年左右,局部可能晚至距今八百年前左右。台湾西北部的十三行文化遗址目前的数据显示距今 1800—1600 年金属器迅速替代石器作为主要的生产工具。至于西南部平原地区的情形则与十三行文化类似,已经大量使用铁器为主的金属器。但是迄今为止,在这些文化遗址的发掘中,尚未发现金属冶炼制造的遗迹。唯一可以解释的是,这些金属器特别是铁器的使用,首先源于外来文化的传入,而海峡对岸的华南区域无疑是其中最为重要的源头。

在这期间,大陆的文献已经开始涉及台湾及澎湖岛的记载。距今约一千八百年的东汉时期,有所谓"东鳀"、"夷洲"的记载。印证这些在大陆东汉及三国时期的文献记载,我们可以知道大陆不仅长期以来与台湾之间有密切的种族与经济文化联系,而且也是有文献记载以来最早登陆台湾、澎湖列岛的人们。

---

① 参见刘益昌:《史前时代台湾与华南关系初探》,载张炎宪编《中国海洋发展史论文集》(三),台湾"中央研究院"三民主义研究所 1988 年版。
② 参见宋文薰:《由考古学看台湾》,载陈奇禄等著《中国的台湾》,台北:"中央"文物供应社 1980 年版;刘益昌:《台湾的考古遗址》,台北县立文化中心 1992 年版。

从台湾旧石器晚期以至公元 15 世纪即明代前中期,台湾的考古发掘资料,至少可以从三个方面证实"台湾自古以来是中国不可分割的一部分"的历史命题。一是从地理位置上看,先古时期的台湾原属于中国东南区域的一部分,二者连接在一起。即使是到了距今一万年以来,由于海平面的不断上涨,台湾与中国大陆南部区域之间形成海峡,但是作为大陆架的延伸,台湾依然属于中国的一部分;二是中国大陆对于早期台湾历史文化的影响是独一无二的,不论是从种族的迁移,还是生产、生活等文明形态的传播,都是任何其他一种文明所无法比拟的。甚至可以说,台湾的早期史前文化,基本上是中国大陆南部区域文明的派生亚种,海峡两岸的文明关系从来就没有间断过;三是自从有文字文献记载以来,同样也是大陆的人们最先进入台湾、澎湖列岛,并且与之发生关系。以近现代国际法对于领土拥有的原则,谁先发现就属于谁,那么台湾、澎湖列岛理所当然地归属于中国领土的一部分。

（三）台湾历史与中国海洋史的关系

上古时期从大陆南部逐渐南移的南岛语族,与稍后生存在南方沿海各地的古闽越族人一样,有着善于渡海迁徙的习性。在地理环境变迁等因素的诱动下,这种习性,一方面促使他们继续向海上迁移,寻找适合生存的土地;另一方面也会在适当的机会里,再回来台湾。在距今 4200—3700 年前,台湾的人群带着台湾特有的台湾玉所做的器具,顺着海岸向南走。以巴士海峡的巴丹岛和巴布烟岛为跳板,进入吕宋岛,乃至整个菲律宾。同一时期或稍晚,台湾和福建、广东也有密切的往来。近年来的研究确定台北芝山岩遗址的文化形态,确定是闽江口一带黄瓜山文化的后裔。西南平原上的大坌坑文化晚期跟广东的珠江三角洲,也有密切的关系。台东的卑南文化晚期到三和文化的文化形态,与上述的文化形态来源有所不同,被确定为跟菲律宾的北部吕宋岛有密切的关系。[①]

---

① 参见刘益昌:《史前时代台湾与华南关系初探》,载张炎宪主编《中国海洋发展史论文集》（三）,台湾"中央研究院"三民主义研究所 1988 年版,第 1—27 页。又张光直:《中国东南海岸考古与南岛语族起源问题》,《南方民族考古》1987 年第 1 辑。

由于受到大陆以及南亚地区外来文化的影响,上古时期台湾的生产生活工具,主要以石器、陶器为主,正如我们前面所述,具有很明显的大陆南部的文化特征。然而由于外来文化的多元性,在一定程度上推动了岛内原住民之间的相互影响,这时期的陶器逐渐放弃原来的绳纹,出现精美的黑陶、彩陶;器型也有很大的变化,种类增加。与此同时,由于本土资源的优势以及外来制作陶器等工艺的影响,"台湾玉"作为生活用品的重要标志,在台湾各地得到较快的发展和流传。从东南亚一带的考古发现中也可以知道,在距今四千年前向菲律宾迁移的人群,也带着"台湾玉"同行。[1]

原先迁徙到东南亚的南岛语族族人,逐渐散枝分布于南亚各地以及大洋洲的许多地方。而在距今二千五百年前后,有一部分族人又越过巴士海峡,重新回到台湾南端的东西两侧。在东侧的卑南文化晚期的人群开始转变,由于受到大陆文化以及南亚、西亚等地文化的影响,成为拥有黄金、青铜、铁器、玻璃、玛瑙等新的物质文化以及制造这些东西的高温烧制技术的人群。这些外出的人群,在南海的四周接触来自印度的文明,学会了高温烧制玻璃珠和陶器的方法。千年之后,他们的后人又回到台湾,把这套高温烧制的技术带回来。我们现在可以看到在卑南遗址的上文化层墓葬中,出土的陪葬品有高温烧制的陶容器、石器、玉器和琉璃珠。在花莲的花冈山遗址,近来也发掘到一个新的文化层,葬式是蹲式屈肢葬,以玉器和玻璃珠、金属器陪葬。台湾的考古学家认为,这显然是一个外来人群所建立的新文化体系。[2]

这些新的物质文化彻底改变了台湾史前人群的装饰。原本以玉为主的装饰又加上以玻璃、玛瑙和金属制品为主的装饰。而这些玻璃、玛瑙和金属制品或是从东南亚地区交换而得,其中金属制品也有可能是从大陆交换所得。这种以原始"交换"为主的贸易体系,直到九、十世纪及唐宋时期福建商人兴起,方才改变。从此,台湾的原住民开始逐渐远离南岛(Malayo-Polynesian)的文化体系,而形成岛内的复杂文化。这些放洋回归的人群,由

---

[1] 参见刘益昌:《初期南岛语族在台湾岛内的迁移活动:聚落模式以及可能的迁徙动力》,载《东南亚到太平洋:从考古学证据看南岛语族扩散与 Lapita 文化之间的关系》,台湾"中央研究院"人文社会科学研究中心考古学专题中心 2007 年版,第 49—74 页。

[2] 参见臧振华、刘益昌:《十三行遗址:抢救与初步研究》,台北县政府文化局 2001 年版。

于拥有不一样的制造技术,也许就成为现在我们所看到的鲁凯和排湾族的贵族制度的起源。时间的跨距大概是在距今 2500—1000 年前。

在距今一千年之前,我们对于早期台湾历史文化的认识,最为可信的当然是考古发现了。在距今 1000—450 年之间,在台湾的西海岸地区,已经进入外界特别是大陆对台湾有些许文字记录的时期。在沿海地区,玻璃珠和玛瑙珠已经很常见,可是山区还是少见。因为运输和转换是需要较长的时间。而在此期间在澎湖出土大量产自大陆的各类陶瓷。台湾本岛西部有一些遗址出土一些确定是来自大陆的东西,如瓷器硬陶和青铜器。例如新北市十三行遗址的十三行文化层出土了鎏金青铜碗、旧香兰遗址出土少量的硬陶、台东外海兰屿岛上出土的高丽青瓷等。台湾的考古学家曾经比对大坌坑文化、北海岸各遗址所出土的宋元时代瓷器,指出:大坌坑遗址所出土的十二、十三世纪的贸易瓷组合,几乎与琉球的奄美大岛、日本博德遗址一致。说明台湾在当时确实是贸易航线上的一个停靠点,虽然规模不大。这条航线从福州或泉州出发,经过台湾北海岸,到琉球,再到日本博德。[①] 琉球在 14 世纪崛起,在 15 世纪成为东亚的一个重要的转口站,也成为中国朝贡贸易制度中的一员。明朝出使琉球国的使臣也都选择经由这条航线往返。在明朝的记录中,那时的台湾称作“小琉球”。17 世纪葡萄牙人、西班牙人、法国人开始绘制世界地图时,对台湾岛的称呼也是“小琉球”,旁边附记“Formosa,即福尔摩萨”。[②]

14 世纪琉球王国兴起,中国大陆即明朝时期,与琉球的关系空前密切,双方的官方及私人的贸易往来从未间断过。由于台湾的特殊地理位置,这时候,台湾大坌坑遗址可以看到元代龙泉窑制造的青瓷大盘、青瓷碟、高足杯,景德镇的青白瓷执壶、德化窑的白瓷军持器、白瓷碗盘等。到了 15 世纪初,明朝实施海禁政策,琉球透过朝贡制度,继续中琉和日本之间的贸易,可是在台湾北海岸各遗址所出土的中国青瓷、白瓷有所减少。台湾刘益昌等学者认

---

① 参见刘益昌等:《台湾的史前文化与遗址》,台湾省文献委员会台湾史迹源流研究会 1996 年版。

② 参见翁佳音:《大台北古地图考释》,台北县立文化中心 1998 年版。

为，这时期可能只是船舶的短暂停留，贸易的数量不会太多。[①] 在 15 世纪中，中国—琉球—日本的贸易航线日益发达之后，原本擅长航海和贸易的台湾本土十三行文化的原住民部落，可能竞争不过福建商人，而逐渐转向从事台湾内部各部落之间的贸易，有时还依赖福建商人供应铁器。在台湾其他海岸遗址，只有少数遗址出土上述北海岸各遗址所见的外来遗物，这种现象说明，当福建海商兴起后，由于台湾没有什么特殊的、值钱的物产，同时也因为原住民毕竟人口稀少，贸易需求量不大，而被排除在由大陆东南沿海商人所建构的世界贸易圈之外。[②]15 世纪中国—琉球—日本贸易航线的形成，在很大程度上是有国家政府体制指导的，由于航线偏离等原因，作为素来以不同地域、不同族群的民间往来为特征的连接中国大陆与南亚、西亚贸易的台湾岛，暂时地被排除在中国对外贸易的体制之外，在当时应该是理所当然的。尽管如此，我们从上古以来台湾岛与中国大陆、东南亚、南亚各地的往来关系中可以看出，即近五千年来，台湾以其独特的自然地理位置，在中国海洋文明发展史中，扮演着有别于中国传统认知的海外贸易的、呈现出别具一格的海洋文明的角色。

然而到了 16、17 世纪，台湾突然又变得重要起来，这是因为西方欧洲的商人即西班牙人、荷兰人东来之后，不断地攻击进出马尼拉的各国船只，企图切断西班牙人的东方贸易活动，从而与中国东南沿海商人产生了直接的碰撞。这时正值中华帝国明代王朝的中后期。然而，如果把中国明代的历史放到世界历史的发展进程中去考察，我们就不难发现，明代历史是中国历史从"世界区域史"迈进"世界史"的关键时期。换句话说，明代历史揭开了中国历史与世界历史相互交融的新篇章。

事实上，世界上任何一个国家的历史，都经历了从"区域史"到"世界史"的演变过程。这种演变过程是由各个国家的社会生产力水平所决定的。从真正意义上说，"世界史"的形成，无疑是以欧洲中世纪晚期的资本主义原始积累开始，以至"工业革命"的成功为标志的。从这个时候起，先进的

---

① 刘益昌、郭素秋：《台北市考古遗址调查与研究》，台北市政府民政局委托之研究报告，2000 年。

② 参见臧振华：《试论台湾史前史上的三个重要问题》，台湾大学《考古人类学刊》1989 年版。

欧洲国家,逐渐地把经济、文化、政治的触角延伸到世界东方及美洲的许多地区,区域与区域之间的联系随之沟通强化,人们习惯上把这一西方人向外扩张的时期称之为"大航海时期"。地处东方的中国自然也不能例外,东西方之间的碰撞与交流势在必行。中国传统的"区域史"界限也将随之开始突破,从而与"世界史"产生了千丝万缕的联系。具体地讲,这个"世界史"形成的时期,就是公元 15 世纪至 18 世纪,也正是中国的明清时期。明朝是汉族地主阶级建立的最后一个王朝,它把专制主义中央集权的官僚政治推到了一个新的高度,社会经济恢复和超过宋元时代的最高水平,并从中酝酿着新旧交替的冲动。伴随明朝的由盛而衰,社会生活的各个领域,都显示出天崩地解的征兆,延续几千年的中国封建社会进入了晚期发展阶段。正是在这个时期内,中世纪的欧洲发生革命性的变革,向资本主义社会转变。早期西方殖民主义势力与中国航海势力在东南亚和中国东南沿海的相遇,使中国的历史发展进程再也不能孤立于世界历史发展之外了。这些与以前历代王朝不同的境遇,造就了明代独特的历史地位和丰富多变的时代风貌。

从比较世界史的立场来观察,明初中国国力的鼎盛时期,正是欧洲"黑暗"的中世纪。西方透露出资本主义的曙光,和明中叶以降中国社会经济与文化思潮的新旧交替的冲动几乎同时。随着欧洲资本主义原始积累的步步推进,早期殖民主义者也跨越大海,来到了亚洲及中国的沿海,试图打开中国的社会经济大门,谋取原始积累上的最大利润。差不多在同样的时期,伴随着明代中期社会经济特别是商品市场经济的发展,中国的商人们也开始萌动着突破传统经济格局和官方朝贡贸易的限制,犯禁走出国门,投身到海上贸易的浪潮之中。

16 世纪初叶,西方葡萄牙人、西班牙人相继东航,他们各以满剌加、吕宋为根据地,逐渐伸张势力于中国的沿海。这些欧洲人的东来,刺激了东南沿海地主商人的海上贸易活动。于是嘉靖、万历时期,民间私人海上贸易活动,冲破封建政府的重重阻碍,取代朝贡贸易而迅速兴起。中国沿海海商的足迹几乎遍及东南亚各国,其中尤以日本、吕宋、暹罗、满剌加等地为当时转口贸易的重要据点。他们把内地的各种商品,其大宗者有生丝、丝织品、瓷器、白糖、果品、鹿皮以及各种日用珍玩等,运销海外,而换取大量白银以及胡椒、苏木、香料等回国出售。由于当时的欧洲商人已经染指于东南亚各国及我国沿海地区,因此这一时期的海外贸易活动,实际上也是一场东西方争夺东南亚贸易权的竞争。中国的沿海商人,以积极进取应对的姿态,扩展势力于海外各地。据许多外国商人的记载,当时 17 世纪前后,中国的商船曾遍布于南海各地,从事各项贸易,执东西洋各国海上贸易的牛耳。嘉靖前后,闽粤沿海经商者众多,且分布相当广大。

明代中后期不仅是中国的商人们积极进取应对"东西方碰撞交融"的时期,而且还随着这种碰撞交融的深化,中国的对外移民也形成了一种常态的趋向。唐宋时期,虽然说中国的沿海居民也有迁移海外者,但是一是数量有限而非常态,二是尚不能在迁移的地方形成具有一定规模的华侨聚居地。而具有真正意义上的海外移民并且形成华侨群体的年代,不能不断定在明代时期。这种情况在福建民间的许多族谱中多有反映,譬如泉州安海的《颜氏族谱》中记载,该族族人颜嗣祥、颜嗣良、颜森器、颜森礼以及颜侃等五人,都是在成化、正德、嘉靖年间经商于暹罗并侨寓其地而死的。《陈氏族谱》中记载该族族人陈朝汉等人于正德、嘉靖年间经商于真腊而客居未归。再如同安县汀溪的黄姓家族,明代成化年间有人去了南洋,繁衍族人甚众。永春县陈氏家族则于嘉靖年间经商于吕宋而定居于其地。类似的例子很多,几乎举不胜举。① 万历五年(1577)十一月,广东海盗商人张琏、林朝曦、黄君荐等三人在三佛齐"列肆"营商,号为"蕃舶长",联络那里的中国海商侨民,控制与中国的对外贸易。万历八年(1580)起,西班牙殖民者在马尼拉对岸巴色古河沿岸地区,为中国商人建设丝绸市场。这是外国流民的商业区域,在此贸易者不乏广东籍的商民,不少人就成为这里的华侨。又据有关资料记载,从明代中后期始,中国的丝绸、瓷器等商品已由中外商人贩运到墨西哥的拉美地区,一些广东商民便已在墨西哥的阿卡普尔科等地从事造船业或其他行业的生产经营活动。②

15 世纪至 17 世纪,固然是西方殖民主义者向世界各地扩展的时期,从

---

① 以上见王日根、陈支平:《福建商帮》,香港中华书局 1995 年版,第 117—119 页。
② 黄国信、黄启臣、黄海妍:《货殖华洋的粤商》,浙江人民出版社 1997 年版,第 144 页。

而也逐渐推进了"世界史"的涵盖空间。但是其时东方的明代社会,中国的商人们以积极进取应对的姿态,同样也把自己的活动范围向海外延伸拓展。这种双向碰撞交融的历史进程,无疑在另一个源头促进了"世界史"大概念的形成与发展。因此可以说,15世纪至17世纪的中国明代社会,同样是推进"世界史"格局形成的一个重要组成部分。

在这种东西方直接碰撞的"大航海时期",台湾岛极为重要的地理因素再次引起世人的重视。无论是欧洲的西班牙人还是荷兰人,在向东方寻求贸易据点的时候,都先后把立足点建立在台湾岛上。同样的,中国东南沿海的商人们,也纷纷来到台湾岛上,建立起自己的商业据点和生产生活空间。与之相适应的是,从明代中后期始,福建等沿海的居民,也开始批量地向台湾岛内移民,循着上古先人的足迹,来到台湾岛上寻求新的生存地域。于是,台湾岛再次成为中国连接海外乃至欧洲的贸易重地。在17世纪里,中国的东南沿海海商,依托着地理上的优势,终究成为这一广阔海域贸易的主导者。[1] 这一时期世界东方的贸易活动,在很大程度上是围绕着台湾岛而展开的。18世纪以后,虽然中国东南沿海的商人们有所衰落,政府的闭关锁国政策严重地限制了中国商人从事世界性商业贸易的活动自由,但是不可否认的是,从明代中后期起一直到清代后期,台湾岛始终是中国对外交通和贸易的一个重要通道。近现代以来,随着国际化的日益深入,台湾作为太平洋区域的重要战略地位与世界经济贸易联系的活跃区域,一直为世界各国所重视。正因为如此,我们在探讨台湾历史文化的时候,对于台湾数千年历史演变中所扮演的连接中外文明、促进海上丝绸之路的重要角色,是无论如何都不能不予以重视的。

（四）明清时期：核心与边陲的交融

随着明代中后期福建等沿海居民成批量地向台湾岛内移民,台湾岛逐渐成为福建等沿海地区人民生产生活所不可或缺的新开垦地域。于是,当明清

---

① 参见傅衣凌主编,杨国桢、陈支平著:《明史新编》之"前言"及"第八章",人民出版社1993年版。

王朝交替之时,以东南沿海海商势力为依托的郑成功集团,在清朝势力的压迫下,义无反顾地走上了从荷兰人手中收复台湾的壮举。清朝康熙皇帝上台之后,和他的臣子们同样也清醒地认识到:孤悬海外的台湾岛,是王朝子民赖以生存的不可分割的一部分。因此,当郑氏集团逐渐衰落的时候,清王朝统一了台湾,从此台湾列岛成为清王朝大一统体制下的一个行政区划。

纵观明代中后期大陆福建等地向台湾移民,以及清朝对于台湾岛二百余年的治理,可以用一句话予以概况,这就是:中华核心与边陲文化的相互交融。

在大陆福建等地向台湾岛内移民之前,居住在台湾岛内的原有居民,用现在通行的话语,就是原住民。16、17世纪,台湾原住民的生产生活形态大多处于渔猎及粗放农耕的阶段,其社会组织结构也比较原始,有些部落还保存着母系氏族的残余方式。当大陆汉民大量迁移而来,特别是郑氏集团及清王朝的政治体制进入之后,台湾岛内的生产生活形态及社会体制,几乎完全为中华传统文化形态与社会政治体制所覆盖。尤其是其现有的居民,大部分由海峡对岸的福建沿海区域迁移而来,福建社会文化特别是闽南社会文化对于台湾社会文化的影响,基本上是属于移植性的。随着中央政权在台湾岛内行政管理的确立以及大陆沿海民众的迁入与定居,台湾作为中国文化生态圈中的一个区域,其文化经济的存在与发展当然也打上了中国传统文化的思想烙印。中华文化在民族的拓展过程中,以汉族为主导,融合了各民族文化,从而形成了自己的文化特质,体现出中华民族的民族精神。中华民族在融合过程中,强化了境内各民族间的联系纽带,共同的民族文化日益发展,成为中华文化发展的主体内涵。但是,中国幅员辽阔,由于地域间的差异,不同区域社会群体的生活环境、发展历史等因素不同,从而出现具有地方特色的区域文化。东南文化等地方性文化既是中华文化的组成部分,又是具有独特区域特质的文化。台湾社会是从移民社会发展过来的,伴随着东南沿海汉族民众大量东渡,东南文化向台湾传播,台湾逐步演变成与内地闽粤十分相似的定居社会,它是中华民族数千年历史发展过程中各民族、各地区融合的一个部分。台湾文化则是东南文化的延伸与发展,它是生活在中国东南沿海区域与岛屿范围内操闽南与客家方言人民拥有的区域文化的组成部分。

从国家政治体制的层面上看,明末清初,郑成功以厦门等闽南沿海为抗荷复台的基地,并于 1661 年亲率军队东渡攻台, 1662 年郑军赶走荷兰殖民者收复了台湾。郑成功到台后,设一府二县,将明朝的行政设置及管理制度移植台湾,在台湾岛上设郡县加以治理和开发,这是台湾岛上首次建立与大陆模式一样的行政设置及管理系统。郑成功及其子孙在台湾设置府州县,比前几朝代又进了一步,从南宋至明代,大陆郡县制仅及澎湖,而郑氏却将之扩至台湾岛。从此,大陆郡县制扎根于台,为清政府在台湾的行政建制奠定了基础。1683 年清政府统一管理台湾后,为加强对台湾的管理,于 1684 年(康熙二十三年)5 月,设台湾府,为福建 12 府之一,受分巡台厦兵备道管辖,从此时到 1885 年台湾建省,闽台合治两百年。分巡台厦兵备道管理台湾和厦门事务,是福建行省 5 个道级政区之一。1875 年(光绪元年)11 月 27 日,清政府批准了沈葆桢等人的省台兼顾方案,福建巡抚"冬春驻台,夏秋驻省,庶两地均可兼顾"[①]。福建巡抚省台兼顾的方案实行三年,1878 年 5 月后又再废止。经过十余年的讨论酝酿,1885 年 11 月,清政府决定在台湾建省,"著将福建巡抚改为台湾巡抚,常川驻扎。福建巡抚事,即著闽浙总督兼管"[②]。闽台合治两百年的历史事实,反映了闽台地缘关系亲近的状况。

在台湾人口结构中汉族占 97%,汉族移民与东南沿海的渊源关系深远。东南沿海民众人数较多移居澎湖、台湾始于宋代。福建、广东与台湾由于地理位置毗邻,特别是福建和台湾关系密切及历时逾二百年的闽台同省合治制度,形成台湾汉族移民以福建居多,广东其次的特殊状态。至 1811 年(嘉庆十六年),全台湾的汉族人口已达 194.5 万人。后期自光绪元年以后,清政府开禁并主持移民事宜。1875 年钦差大臣沈葆桢的开禁建议得到清政府批准,历时两百年多年对台湾实行半封锁的政策宣告结束。为了更好地组织垦殖,清政府在厦门、福州、汕头、香港等东南沿海各设招垦局,免费运送移民渡台,这样移居台湾的闽粤等地人民又有增加。至 1895 年全台人口已达 370 多万。东南沿海与台湾间的血缘关系还表现在宗族家族关系的产生和发展,这是两地血缘关系的延伸和扩展。中国人思想中蕴藏着一种根深蒂固的观念,就是

---

① 转引自徐万民、周兆利:《刘铭传与台湾建省》,福建人民出版社 2000 年版,第 70 页。
② 《光绪朝东华录》(二),中华书局 1958 年版,第 2009 页。

无论走到哪里都不会忘记自己的根,这使闽粤台间宗族家族的交融成了必然的历史现象。随着闽粤等地人民大量移居台湾,祖籍地的宗族制度以及有关的宗族组织、宗族活动等相继移植到台湾。①

在东南沿海与台湾两地文化的交往融合中,闽粤民间的宗教信仰很自然地扎根于台湾社会,并出现两地民间宗教信仰上的共同特征。这种情况的出现,就是与两地深刻的社会和思想观念等有密切联系。首先,闽粤台宗教信仰的思想基础相同,均源于中华民族传统的思想文化,既有敬天思想、儒家伦理思想,又有道家等思想,这种深厚的基础决定了两地民间宗教信仰交流融合中难舍难分的关系。其次,闽粤台人民既有向海外发展的传统做法,又有着根深蒂固的故土观念,这种强烈的传统观念有各方面的表现形式,其中世代信仰具有祖籍特点的神明,正是人们眷念故土、不忘祖根观念在神缘文化方面的强烈反映。复次,民俗的实用功能和它的传承性,使得闽粤台各种主神信仰习俗得以长期延续,主神的香火经久不替。闽粤台各种相同的宗教信仰已成为一种民间习俗,其信众遍布闽粤台各地。人们受传统思想的影响,并根据自身的经验,自认为信仰祖先神,儿孙能消灾解厄,得到保佑;信仰医神,人们能借助神明的威力驱除疫病;信仰土地公,人们可平安顺利,认为祂能造福乡里;信奉妈祖,能使人们化解航海中的各种危难,等等。此种民俗的实用功能,使各种信仰习俗得以延续传承。而且这些信仰习俗形成后,本身具有明显的传承性。因为这些神祇的信众从小即受到前辈及各种习俗事象的熏陶,必然产生潜移默化的影响。而且这些信众本身就是一个非常广泛的社会阶层。因此,众多信众的心理需求拧成一股不可抗拒的力量,促使这些民间习俗得以代代延续下来。② 除此之外,闽粤等东南沿海人民移居台湾以地缘、血缘关系聚居,在一个社区居住着同一祖籍地的民众,共同奉祀原已膜拜的神明,再加上东南沿海与台湾之间不间断的宗教信仰交流融合关系,使得闽粤台民间的宗教信仰能长期保持着许多相同的特征。这一方面同乡者

---

① 参见笔者、詹石窗主编:《透视中国东南》第十三编,《台海关系:东南文化经济的特殊分布》,厦门大学出版社 2003 年版。

② 参阅陈元煦:《闽人渡台与闽台主神信仰》,载福建省炎黄文化研究会编《同祖同根,源远流长》,福建人民出版社 1997 年版,第 388 页。

祭祀相同神祇,移民们以神庙为活动中心,作为联络乡情的纽带,整合同乡的社群关系,从而聚集力量去进行垦殖和发展。中国传统文化培植起来的"天、地、君、师、亲"构成信仰体系和主要类型,这同样对台湾民众的生活方式、价值观念等产生很大的影响。宗教不但一定程度上给予人们在忧虑挫折中得到慰藉与寄托,同时也在人群团结协作上发挥作用,而且使商贾等社会群体发生社会关系,彼此相识相交,进而互助互慰。在科学技术不发达的时候,宗教信仰也成为移民们战胜恶劣自然环境的一种精神寄托和力量。

从明代中后期福建沿海居民向台湾成批量的移民,一直到清代后期台湾的历史文化变迁,是与大陆政治制度及福建的地方文化完全覆盖于全岛为主轴的。正因为如此,我们曾经结合台湾在中国海上之路上的重要地位,把闽台区域文化的基本特征,归纳为乡族性和国际性这两大特征。①

明清时期,东南沿海与台湾间两地社会生产力发展水平悬殊,大陆东南沿海沿江等经济发达地区农业、手工业生产技术已达较高水平,这为台湾的开发和生产力水平跳跃式的发展提供了条件。这阶段东南沿海与台湾间的交流侧重农业、手工业等方面,并以东南沿海向台湾输出各种物品和较先进的生产技术为主。此后,随着台湾社会经济的发展,生产物品种类和数量的增加以及科技水平渐次发达,其优质物品和较先进的科学技术也输进闽粤等东南沿海地区。东南沿海与台湾间生产物品和科学技术的交流,促进了两地经济的发展和社会的进步。自清政府统一台湾（1683）至1820年,东南沿海与台湾的贸易关系处于持续发展、商缘加强阶段。国家统一,两岸间对峙局面结束,为东南沿海与台湾间商业贸易活动的发展提供更好的环境,但清初两岸间船只对渡仍有严格的限制。1684年,清政府指定厦门与台南的鹿耳门为两岸通商的对渡港口,翌年清政府在安平港设立海防同知,于台湾和厦门设立机构,设于厦门者称为泉防厅,在台湾者称为台防厅,以稽查出入两地的船只。随着政治环境的稳定以及大陆移民的增加,海峡两岸的贸易往来迅速发展。除了官府为了调剂内地军粮等供需的货运往来之外,沿着东南海

---

① 参见笔者:《闽南文化的历史构成及其基本特征》,《新华文摘》2014年第15期。又见何少川等主编《闽台文化大辞典》陈支平撰写导论部分。

岸线地域的民间贸易往来,也相当活跃,两岸商人所及之地,主要涵盖了福建的漳州、泉州、兴化、厦门、福州等,还有上海、苏州、宁波等地。闽台两地商业贸易的最新组织,即郊行组织,在台湾及福建的厦门、泉州各地日益增加,贸易规模不断扩大。在台湾定居的东南沿海商人增多,进一步推动了台湾的经济开发与发展。清代台湾社会经济的发展,正是在这中华核心文化向边陲地区扩展的过程中形成的。

从郑成功治理台湾到清代后期,虽然台湾历史文化的变迁是与大陆政治制度及福建的地方文化完全覆盖于全岛为主轴的,但是在这中华核心传统向边陲文化移植覆盖的过程中,无论是郑氏集团,还是清王朝的历届统治者,均没有忘记对于台湾原住民的安抚与善治。自汉人大陆迁入台湾以来,往往把原住民分为"熟番"和"生番"。"熟番"一般是指已经归化并纳入政府管理的这一部分原住民,因为其居住地比较靠近于山麓、平原,通常被称为"平埔族"。而"生番"则一般指尚未归化纳入政府管理并且居住在深山老林中的原住民,故后来又称之为"高山族"。对于"生番",历届官府基本上采取了不予侵扰、尊重固有生活方式的政策。而"平埔族"人既然在清代已经逐渐地被官府纳入国家户籍管理的体系,它必然与官府发生各式各样的权利与义务诸方面的联系。同时,清代是中国大陆特别是福建、广东两地汉民移居台湾的高峰期,汉民移居台湾的垦殖活动,先从台湾西部的沿海地带开始,逐渐向内陆山区推进,这样就必然与"平埔族"的社会经济活动产生碰撞与交融。于是,清代台湾的所谓"民番"关系以及与官府的关系,既包含着政府与民众的关系,又掺杂着不同族群的民族关系在内,显得格外的复杂。

17世纪以前,即明代嘉靖、万历年间之前,台湾原住民部落众多,各不相属,互有争斗。嘉靖、万历以来,福建等沿海居民开始成批量地迁居台湾,并逐渐在台湾西部沿海一些地区实行垦殖活动。与此同时,欧洲殖民主义者荷兰人、西班牙人也进入台湾西部地区,并且率先在台湾所占据的地区建立了社会管理体制,台湾部分原住民,也就是后来所谓的"平埔族"人的一部分部落,被纳入到他们的管理体制中。因此,对于台湾"平埔族"人进行管理和征税,始于明代后期的荷兰占据时期。清代初年郑成功驱逐荷兰殖民者、收复台湾,其对"平埔族"的管理和征税,基本上承继于荷兰人的机制。清朝统一台湾之后,逐渐在全境推行府县管理体制,然而对于已经归化纳税的"平埔族"人,依然采取设立土官予以自治的办法,并由府县统摄。

荷兰人占据台湾期间,基于殖民主义的理念,对于"平埔族"番税的征收,税负甚重,每年从番社索取鹿皮万余张至五万张不等。[①] 郑氏集团统治时期,由于一直处于战乱之中,军费开支巨大,各种税负无法减免,虽然所征收的税种基本上从鹿皮等土产转化为以征收银两和粮食为主,但是在此期间番税的负担依然是相当沉重的,甚至有增无减。清朝统一台湾之后,政府认识到对于"平埔族"征税的不公平,逐渐采取措施,减免税负,使"平埔族"的户丁税额与汉民的户丁税额持平。清代政府对于台湾少数民族"平埔族"等推行的是一种安抚优恤政策,这正像乾隆皇帝在二年(1737)的上谕中所表达的观念一样,"民番皆吾赤子,原无歧视",汉番应该一视同仁。清朝政府对于台湾归化纳税的"平埔族"人,采取了尽可能消弭汉民与番人界限、一视同仁的政策,具体反映在番税的征取上,显然比起明代后期荷兰殖民者和郑氏政权统治时期,有着大幅度的减轻。除此之外,清政府还从教育、参政、承担地方责任等各个方面,予以原住民一定的政策倾斜照顾;对于地方上所发生的汉番纠纷等事件,也往往会适当地考虑到原住民在经济上的弱势地位,善加保护。这一系列的"抚番"政策,对于维护台湾地区的社会安定,促进民族和谐,显然起到积极的推动作用。

在清王朝统治台湾的两百余年时间里,对于原住民的管理,成效卓著,许多原住民因而转化为汉人,与汉人无异。原住民中的文化成分,也出现了逐渐"汉化"的趋向,汉番通婚的现象也越来越频繁。显然,清代以来台湾原住民的这些变化,应该归功于清朝政府能够从平等的理念来实施"理番"的政策,使得大部分"平埔族"人愿意成为国家的"编户齐民";而另一方面,成为"编户齐民"的"平埔族"人,勇于承担维护地方治安、特别是守卫隘口的责任,这又反过来协助了清政府在台湾的统治。就整体情景而言,清朝政府在台湾的民族政策,是相当成功的,是值得借鉴的。这种政策的实施,又从一个侧面体现了中华文化的包容心态与宽阔胸怀。

---

① (乾隆)范咸:《重修台湾府志》卷十六《番俗通考》。

（五）近代以来：迷蒙中的历史变迁

1895年之后，台湾列岛为日本所占据，经历了半个世纪的日本殖民统治。日本殖民者不仅在台湾建立了高压的政治体制，而且还从经济、教育、文化、民间组织等各个方面，力图实施归属于日本的"皇民化"措施。1945年之后，台湾光复，为国民党所接收。国民党在大陆的腐败统治及其溃败，对台湾的政治社会以及经济等方面，都产生了诸多的负面影响。中华人民共和国建立以后，海峡两岸严重对立，国民党当局不得不依赖于美国政府的庇护，美国政治体制及其文化从此也对台湾的政治社会体制及文化等诸多方面，产生了一定的影响。20世纪80年代大陆改革开放不断深入，与世界的联系日益密切，在国际中所扮演的角色日益重要，同样也对台湾的政治、经济走向产生了不小的影响。在这样的历史背景下，一个世纪以来，台湾的政治走向、文化价值取向、经济结构的演变转型，均处于一种迷蒙的状态之中。

台湾与大陆东南沿海地区在文化上差异的原因受其地理及历史等因素的影响。从台湾所处的自然地理环境看，台湾孤悬海上，受海岛环境制约，其发展面临着更为艰难而相对狭隘的自然地理环境。这样东南文化在播迁台湾过程中，经历了较为急速和剧烈的交融和改造，台湾文化含有更明显的海洋文化特色。虽然说台湾的整体文化是从大陆移植而来，但是特殊的地理位置及海洋国际性的特征，使得台湾文化带有自己某些特殊性和若干差异性。这些差异性主要表现在几个方面：其一，原住民文化的存在。在汉移民大量来台之前，台湾本岛上居住的是南岛语族的原住民。公元16世纪末、17世纪初台湾西南部海岸还有四万余平埔人，原住民文化（或山地文化），的确它是台湾文化中的一个成分，但正如原住民的人口及语言在台湾所占的比例一样，占2%的人口及语言的文化并不是决定台湾文化特质的因素。况且，还有人认为原住民文化也是中华文化的一个支流。所以台湾原住民文化（土著文化）是构成台湾文化的一个独特部分，但只是次要部分。而且"平埔各族人在汉人移入本岛以后，先后为汉人所同化。现在绝大部分人和汉人没有区别,已被归入汉人人口之中"①。其二,移民社会带来的影响。明清时期,大陆东南沿海地区民众大量移居台湾。在 1863 年之前台湾处于移民社会,移民社会本身与大陆东南沿海地区存在一些差别②,这数百年移民社会的历程肯定留下深刻的影响。而且当时移民们除了带来原乡的常民文化之外,还在新环境的斗争中形成了一种较为独特的"移民精神",包括热情浪漫、冒险犯难精神和理想主义。同时,由于不同祖籍的移民之间频繁地进行"分类械斗",在移民中逐渐形成了一种"分类意识"的狭隘的地方主义观念。③当然,从其根源上说,这些稍具差异性的文化因素,基本上还是可以从海峡对岸的福建、广东等原乡地带找到传承的源头。

然而,当日本占据台湾之后,情景就完全不同了。日本的文化传统与中国传统文化存在着价值观上的严重差异。在日本据台的五十年里,台湾成了日本的殖民地,在社会性质和政治制度上都和祖国大陆极为不同。在文化领域里,尽管大多数台湾人民保持了强烈的中国意识,在日常生活中仍然保持中华文化,但是日本殖民者极力推行同化政策和"皇民化"政策,企图将台湾人民同化成为"畸形的日本人"④。日本殖民者的政策,虽然摧毁不了传统的中华文化,但却"在很大程度上侵犯了台湾同胞十分珍视的民族文化传统和独立精神,破坏了台胞世代相传的宗教信仰和生活习惯"⑤。同时,"也在少数台湾人的意识中留下了始终不能平复的伤痕"⑥。在日本统治下,台湾产生了以下几种意识:认同于日本的"日本意识";被遗弃、无力自救的"孤儿意识";要求创造台湾独特文化的"台湾意识"。造成一种"被殖民心态",亲日媚日,在某种程度上产生了"日本化"的倾向,甚至少数台籍知识分子"老是依据日本人的观点去看问题,去判定事物"⑦。日本在台湾半个世纪的

---

① 陈奇禄:《民族与文化》,台北:黎明文化事业有限公司 1981 年版,第 36 页。

② 陈孔立:《清代台湾移民社会研究》,厦门大学出版社 1990 年版。

③ 陈孔立、吴立德:《台湾文化与中华文化关系的历史探讨》,载《同祖同根源远流长》,福建人民出版社 1997 年版,第 123 页。

④ 戴国辉:《台湾与台湾人》,东京研文堂 1980 年版,第 212 页。

⑤ 陈碧笙:《台湾地方史》,中国社会科学出版社 1982 年版,第 279 页。

⑥ 王晓波:《走出台湾历史的阴影》,台北:帕米亚书店 1986 年版,第 302 页。

⑦ 戴国辉:《两个尺码与认识主题的确立》,《台湾与世界》1986 年第 2 期。

殖民统治,在台湾用语中造成影响,台湾一些用语是日语译音词,还有一些与日语中的汉字单词几乎一样。

由于台湾独特的历史遭遇,台湾人民为摆脱殖民统治、反抗专制压迫、实现自主的愿望,进行了长期艰苦卓绝的斗争,同时在特殊的历史背景下形成复杂的心态。第二次世界大战后,美国的强权政治及其优越的经济条件与文化氛围,造成了世界性普遍的"崇美"现象。当台湾政治、军事、经济与美国勾连在一起的时候,美国的政治、经济、文化价值观,就不能不潜移默化地渗透到台湾社会的各个层面。美国先进的经济文化实力,对台湾本地文化造成一定的影响,台湾民众在接受现代化生产方式与现代科技上有较高的愿望和现实性,产生一些优越感。这些因素使得台湾文化在展现出它的草根、本土化属性的同时,也对西方的"民主、科学"等文化价值体系产生了较为强烈的好奇心。二者的相互交错,"甚至包括民众中颇为普遍地表露出来的自大与自卑奇异结合的岛民心理情结在内"[1]。

当然,对于外来文化的侵蚀,台湾人民也有着本能的抗拒与理性的抵制。日本殖民者在台湾实行殖民统治,为了将日本文化移植到台湾社会,破坏和摧残台湾原有的中华文化体系,一度禁止使用汉文代之以日文,封闭中国式寺庙、毁神像改"参拜"日本神社,改中国服装为日本和服,改中国姓名为日本姓名(1940年的"改姓名运动"),禁止中国民间节日活动等,强制台湾人民接受日本文化。台湾人民在五十年间进行种种抵制,此时乡土观念已含有爱国主义的内容。当时普及日语是日本在台同化政策的主要措施,在日据初期,一些台湾民众抵制日式教育,坚持汉文汉字的普及和传播,以保持和延续中华文化的根基。台湾民众继续沿袭传统的书房或私塾教育,学习汉字汉文,他们认为"汉文的保存,乃是台湾民族运动的一大眼目"[2]。一些台湾学生在学校学习日文,在家中用闽南话交谈。即使在皇民化运动期间,传播汉学的书房依然存在,直到1943年才被总督府废止。在日据时期,闽南方言仍是民间交流的主要语言工具,以至于进行同化任务的"皇民奉公会指定演剧

---

① 吴能远:《从经济观点看闽台文化关系》,载《闽台文化研究》,福建人民出版社1997年版,第133页。

② 叶荣钟:《台湾人物群像》,台北:帕米尔书店1985年版,第256页。

挺身队"在全岛巡回演出皇民化剧目时,因观众许多听不懂日语,不得不用闽南方言进行演出。还有:如成立于20世纪20年代的台湾文化协会采取的一系列复兴台湾地区中华文化的活动,包括举办各种文化讲习会,启迪民智,宣扬中华文化;创办《台湾民报》,利用各种合法场合向台湾民众广泛宣传中华传统文化。日据时期,台湾人民利用这种种的措施保持和发展中华传统文化,当时台湾人民的中华意识,是一种以共同的中华文化为基础的民族意识。① 当美国文化充斥台湾社会的时候,同样有许多知识分子及民间人士以种种方式,力图保存中华固有的传统文化,警示西方文化的负面影响。

20世纪80年代以来,大陆的改革开放取得让世人瞩目的骄人成就,台湾与大陆的联系也逐渐趋向密切,对台湾社会产生了前所未有的影响力。然而,由于日本与美国等外来文化的影响以及某些外部反华势力的刻意纵容鼓动,台湾岛内的"台独"势力迅速抬头并壮大,台湾的政治体制于90年代向选举政治转化,实行了所谓的"政权轮替"。事实上,某种政治体制的出现及其实践,很难以一成不变的优劣观来论定。纵观近一百年来世界上所施行的"民主选举"政治,基本上可以分为三大类,我们姑且称之为"民主振兴"、"民主维持"和"民主自杀"。借民主选举之名而大行民主谋私和政治恶斗,不啻于"民主自杀"。台湾近二十年来的选举政治,或许还处于探索之中,其最终走向究竟指向何方,只能由历史本身给出答案,我们只能拭目以待,因为这已经超出了我们历史学家的关注范围了。

总之,从1895年日本占据台湾以来,我们一方面认识到东南文化、台湾文化与中华文化的一脉相承的渊源关系,台湾文化是和中华文化具有广泛一致性的亚文化,是中华文化的一分支;另一方面要看到台湾特殊的历史背景、自然地理环境和社会经济条件,包据前述各历史时期及战后美国及西方文化对台湾的影响。中国大陆文化与外来文化的联系及受影响控制的程度不同,这使得今日台湾文化与大陆东南文化存在某些差异,台湾文化是东南文化的特殊分布。我们还要看到,各历史时期外来文化的影响终究有限,其冲击不

---

① 具体参阅陈小冲:《日据时期台湾的中华文化复兴运动》,载福建省炎黄文化研究会编《闽台文化研究》,福建人民出版社1997年版。

足以改变台湾文化的基本内核,台湾文化呈现的种种差异也不足以构成台湾文化的核心和主体部分。各历史时期台湾人民都保存了中华文化传统,台湾文化的内核和文化特质仍然没有改变,建立在共同文化基础之上的民族意识成为台湾人民之间及台湾与大陆联系的精神纽带。

以上是我们对于台湾历史文化的基本看法。虽然从篇幅上看,本书多达六卷,近两百万字,但是对于有着数千年发展历程的台湾历史来说,基本上还只能是粗线条的,许多方面只能点到为止,缺乏更为深入的分析。因此,这套《台湾通史》的写作与出版,除了希望为广大读者了解台湾历史全过程提供一部稍微详尽的文本之外,也更希望由此抛砖引玉,呼唤更多的关注台湾历史文化的专家们,投入到这项工作中来。尤其是历史的发展是没有止境的,台湾的政治、经济、社会、文化等各个方面,无时不在变化运动之中。当我们撰写的这套《台湾通史》出版的同时,台湾历史又向前迈进了许多时日,我们期待着后续年轻的学者们,有更新、更好的《台湾通史》呈现给社会。这就是我们这部《台湾通史》所有撰写人共同的祝愿。

卷三　思想文化及其他

一、中华文化影响世界的两种路径：不应被忽视的民间文化

近年来，随着中国改革开放的深化和国际地位的提升，人们在探寻促进中国文化对于世界文明进步有着更大影响力之道的同时，也感叹近代以来中国文化在世界文化整体格局中的式微。从文化传播史的角度来考察明清以至民国时期中国文化与世界文明的碰撞与交流，以及这种碰撞与交流的历史走向和经验教训，无疑对于我们全面客观地了解中国文化对于世界文明进步的贡献，从而以更加广阔的视野来审视明清以来中华文化与世界文化的相互影响及其历史地位，有所裨益。

迄今为止，学界对于中华文化之于世界文化的影响，习惯性地局限在上层文化即中华经典文化特别是儒家文化的对外传播史之上，而忽视了中华民间文化特别是中国东南沿海区域民间文化对于世界的传播。这种看法无疑是十分偏颇的，事实上，从明清以降，中国东南沿海区域民间文化的对外传播，已经逐渐成为中华文化对外传播的主体。

（一）明代中后期至清代前期：中西文化的平等交流

我们要厘清这一问题，首先应该把中国明清时期的历史放到世界历史的

发展进程中去考察。明代中后期即公元 15、16 世纪之后，是中国历史从"区域史"迈进"世界史"的关键时期。换句话说，明代中后期历史揭开了中国历史与世界历史相互交融的新篇章。具体地讲，在 15、16 世纪以前，世界上的不同地域与国家，基本上是相互隔离的，虽然有时断时续的经济与文化交流，但是这种交流尚未形成世界性不可或缺的格局，从这个意义上说，15、16 世纪之前的世界各地，基本上还只是"区域"的历史。而这个"世界史"形成的时期，就是公元 15 世纪至 18 世纪，也正是中国的明代中后期。明朝是汉族地主阶级建立的最后一个王朝，它把专制主义中央集权的官僚政治推到了一个新的高度，社会经济恢复并超过宋元时代的最高水平，延续几千年的中国封建社会进入了晚期发展阶段。也是在这个时期，中世纪的欧洲发生革命性的变革，向资本主义社会转变。早期西方殖民主义势力与中国航海势力在东南亚和中国东南沿海的相遇，使中国的历史发展进程再也不能孤立于世界历史发展之外了。这些与以前历代王朝不同的境遇，造就了明代中后期以来独特的历史地位和丰富多变的时代风貌。①

在明代中后期中国社会经济激烈变动及其与早期西方殖民主义势力的碰撞过程中，东西方之间的文化交流也不可避免地发生了前所未有的态势。虽然说，中国的文化对外传播，可以追溯到汉唐时期，但是那个时期的中国文化对外传播，主要局限在亚洲的相邻国家，对于欧洲等西方国家的影响，极其间接且相对薄弱。但是到了明代中后期，情景就不一样了。双方不仅在贸易经济上产生了直接并且带有一定对抗性的交往，而且由于西方大批耶稣会士的东来，在文化领域也产生了直接的交往。

然而遗憾的是，在我们中国的一般明史通史教科书中，人们更多谈到的是明代的科技成就是如何吸收西方先进的思想文化与科学技术，而很少涉及中国文化也在这一国际相互碰撞的过程中向西方传播的。固然，明代中叶之后，伴随着世界地理大发现和新航路的开通，西方思想文化及科学技术，也日渐向外传播。而明代嘉靖、万历时期社会经济的发展，海外贸易所引起的传统商品扩大再生产和改革工艺的要求，迫切期待着科学技术的创新和总结。

---

① 参见笔者：《从世界发展史的视野重新认识明代历史》，《新华文摘》2010 年第 18 期。

欧洲耶稣会士传来的西方科技,如天文、历算、火器铸造技术、机械原理、水利、建筑、地图测绘等,又以其新奇和实际应用刺激了讲究实学的士大夫的求知欲望。在这双重因素的交互推动下,出现了一股追求科技知识的新潮,产生一次小型的"科学革命"[①]。这种思想文化与科学技术的变化,充分地体现了这一时期中国文化与西方文化直接碰撞和交融的初步成果,同时也折射出当时的中国社会,在面对新的世界格局调整的过程中,是以一种包容开放的心态来与西方的思想文化科技展开交流的。

正因为如此,尽管当时西方耶稣会士的东来,是带着宗教传教目的的。传教士对于所谓"异教徒"的文化,往往带有某种程度的蔑视心态。但是在较为开放的中国社会与文化面前,这批西方耶稣会士们敏锐地意识到中国传统文化的博大精深,很少有人用轻视的眼光来对待中国文化。由于有了这种较为平等的文化比较心态,明代后期来华的耶稣会士们,在一部分中国上层知识分子的协助下,开始较为系统地从事向欧洲译介中国古代文化经典的工作。入华耶稣会士先驱利玛窦所撰中国札记以丰富的资料,向西方"开启了一个新世界,显示了一个新的民族"[②],成为西方世界了解"神秘东方"的重要文献。利玛窦还将《四书》译成拉丁文寄回意大利,金尼阁于1626年将《五经》译成拉丁文。意大利耶稣会士殷铎泽和葡萄牙耶稣会士郭纳爵合作,将《大学》译成拉丁文,以《中国的智慧》为名于1662年出版。1687年,柏应理、殷铎泽等人还编译《中国之哲学家孔夫子》一书,该书在巴黎出版后,风靡西方世界。殷铎泽还翻译了《中庸》,取名《中国之政治道德学》。此外,还有巴多明的《六经注释》、钱德明的《孔子传》和《孔门弟子传略》等。到17世纪末叶,已有数十种中国经典译本在欧洲流行。法国国王路易十四还曾专门诏谕皇家印刷厂大批印制传教士从中国带回的《四书》译稿。[③]

---

① 参见杨国桢、陈支平:《明史新编》,人民出版社1993年版,第427—432页。

② [意]利玛窦、[比]金尼阁:《利玛窦中国札记》"英译者序言",何高济等译,广西师范大学出版社2001年版,第21页。

③ 方豪:《中西交通史》(下),上海人民出版社2008年版,第725—728页。又王杰、冯建辉:《欧洲启蒙主义者是如何取儒家思想的》,《北京日报》2007年8月13日。

　　在这种较为平等心态的中西文化交流与文化传播中,中国的文化在西方受到了应有的尊重。据说到了 17—18 世纪欧洲哲学与政治启蒙运动的时候,欧洲的一部分哲学家以及政治家和文人,一度用孔子的名字和思想来推动他们的主张。启蒙思想家在继承古希腊、罗马以来西方理性主义精神遗产,尤其是近代实证论、经验论的同时,又把眼光投向了中国,发现了在两千年前就无比清晰地阐述了他们欲发之言的伟大哲人——孔子。莱布尼茨兴奋地宣布:"全人类最伟大的文化和文明,即大陆两极端的二国,欧洲及远东海岸的中国,现在是集合在一起了。我相信这是有命运的安排。"在耶稣会士从中国带回的各种知识中,没有哪一样像有关中国哲人孔子的思想那样引发欧洲知识界的热情研究与讨论,而与之相关联的对于中国的理性主义、政治制度中的文官制度、科举制度和法律的探讨,更是直接成为欧洲启蒙运动的重要灵感。在西方哲人对古老的中国制度的赞颂中,我们感受到的,其实更多是地理大发现与文艺复兴时代,西方对国家—教会—统性社会秩序的怀疑。宗教改革、文艺复兴、资本主义经济、绝对主义政治,动摇了中世纪教会一统型社会结构,近代西方社会分化与危机造成的恐慌与焦虑,有意识或无意识地表现在对大中华帝国的羡慕与颂扬中。

　　孔子及其所代表的中国政治哲学对于欧洲启蒙运动的影响,使我们可以看到一个有趣的现象:整个 18 世纪所有有关中国的重要著作和西方思想文化史上的重大事件,大体上都是同步出现的。孟德斯鸠的《罗马盛衰原因论》(1734)、杜赫德的《中华帝国论》(1735)、伏尔泰的《中国孤儿》、《风俗论》(1756)和《百科全书》的第一卷(1751)几乎是同时出版的。而使中国的哲学与知识在欧洲获得最大声誉者,有著名的伏尔泰、莱布尼茨等人。伏尔泰从儒学的"人道"、"仁爱"思想和儒家道德规范的可实践性中看到了他所寻求的理想社会的道德理论和道德经验。具有道德教化作用的孔子儒学在伏尔泰眼中,简直就是其自然神论的现实版本,所以他认为"世界上曾有过的最幸福、最可敬的时代,就是奉行孔子的律法的时代"。德国哲学家莱布尼茨惊呼:"从东方的中国,竟然使我们觉醒了。"孟德斯鸠从中国的儒学中看到了伦理政治对于君主立宪的必要性。莱布尼茨甚为感叹中国哲学的内在联系和深刻思想,他强调中国文化的悠久:"中国是一个大国,它在版图上不次于文明的欧洲，并且在人数上和国家的治理上远胜于文明的欧洲。在中国，在某种意义上，有一个极其令人赞佩的道德，再加上有一个哲学学说或者有一个自然神论，因其古老而受到尊敬。"同时代的法国思想家魁奈，是法国重农学派的开山鼻祖，他十分推崇孔子重农抑商、以农为本的思想，并仿行中国皇帝所行的"亲耕礼"，被誉为"欧洲的孔夫子"。以法国狄德罗和达朗拜等为代表的"百科全书派"，也试图从中国的道德理性中获取养分，他们曾经赞扬中国是世界上唯一的把政治和伦理道德相结合的国家。

我们回顾历史上中国与西方的文化交流历程，不能不得出这样的结论：明代中后期以至明末清初，是中国文化对外传播的黄金时期。而这种黄金时期的出现，正是建立在明代社会应对世界变化所持有的包容开放态势的基础之上的。

（二）清代中期以至民国时期：中国东南沿海地区民间文化的对外传播

研究中国文化对外传播史的学者，更多地把这种文化传播局限在以儒家学说为核心的带有意识形态意味的政治文化之上。事实上，仅仅有意识形态意义上的文化是远远不能涵盖明代中后期以来中华文化对外传播的固有面貌的。我以为，明代中国文化的对外传播，至少还应该包含一般民众的生活方式即民间文化对外传播的这一路径。

明代中后期是中国传统朝贡贸易向民间私人海上贸易变迁的重要转折时期。16世纪初叶，西方葡萄牙人、西班牙人相继东航，他们各以满剌加、吕宋为根据地，逐渐伸张势力于中国的沿海。这些欧洲人的东来，刺激了东南沿海地区商人的海上贸易活动。伴随着明代中期社会经济特别是商品市场经济的发展，中国的商人们也开始萌动着突破传统经济格局和官方朝贡贸易的限制，犯禁走出国门，投身到海上贸易的浪潮之中。于是从明代中叶以降，中国沿海海商的足迹几乎遍及东南亚各国，其中尤以日本、吕宋、暹罗、满剌加等地为当时转口贸易的重要据点。他们把内地的各种商品，其大宗者有生丝、丝织品、瓷器、白糖、果品、鹿皮以及各种日用珍玩等,运销海外,而换取大量白银以及胡椒,苏木、香料等回国出售。由于当时的欧洲商人已经染指于东南亚各国及我国沿海地区,因此这一时期的海外贸易活动,实际上也是一场东西方争夺东南亚贸易权的竞争。中国的沿海商人,以积极进取应对的姿态,扩展势力于海外各地。

明代中后期不仅是中国的商人们积极进取应对"东西方碰撞交融"的时期,而且还随着这种碰撞交融的深化,中国的对外移民也形成了一种常态的趋向。明代时期,东南沿海居民向外移民的地点,一般是集中在东南亚地区。清前期海外移民的分布基本上承袭了明中叶以来的区域格局,但又有许多具体的变化。东南亚各商埠和内陆地区的中国移民数量都有很大的增长。华商和潮州人种植业的发展使暹罗成为中国移民最聚集的地区,人数约达 70 万—100 万;爪哇地区除了巴达维亚中国移民持续发展而外,该岛其他地方也出现不少华人集居地,到鸦片战争时爪哇全境华民约在 11 万—12 万之间;婆罗洲矿业的繁荣使中国移民迅速趋集,鸦片战争前夕也已达 15 万之多;马来半岛的种植园区、矿区以及英属海峡殖民地的新埠槟城、马六甲、新加坡等地中国移民亦大大增加;越南、缅甸的中国移民到鸦片战争前夕也发展到各有十多万的数量。总之,到鸦片战争时,海外中国移民的总数约在 100 万—150 万之间,遍布东南亚、东北亚各地。清后期海外中国移民的分布区域的最大变化,就是从南洋地区扩展到美洲、澳洲和非洲。其中,南洋各地仍然是中国移民最集中的区域。光绪三十二年(1906),印度支那的越南、柬埔寨、老挝三国华民总数约为十二万,以南圻地区最多;暹罗华民在 19 世纪中叶就达 90 万—100 万,至清末约为一百五十万;据宣统三年(1911)的统计数字,缅甸华民 12.2 万,英属马来亚(包括新加坡)华民总数为 91.7 万;荷属东印度对外岛扩张使荷印地区在 20 世纪 20 年代的华民高达八十万之多,分布于爪哇和马都拉、苏门答腊、加里曼丹、苏拉威西、摩鹿加、帝汶及巴厘等大小岛屿;菲律宾中国移民在晚清时期的发展虽因战乱而波折,但仍增势甚速,至清末亦当在十万以上。晚清时期南洋地区中国移民总数约达五百万左右。19 世纪末,契约华工的激增及华商的发展,美国、加拿大,澳洲及古巴、秘鲁、南非等地的华侨社区亦已颇具规模。至 20 世纪 20 年代，整个海外华人移民的总数已达 700 万—800 万人。①

　　我曾接触过许多福建沿海地区的民间族谱，其中记载的从明代中期开始向海外移民的资料不在少数。20 世纪末，福建学者林金枝、庄为玑、郑山玉等，曾经在泉州一带搜集民间族谱中的海外移民资料。"据林金枝先生等自（上一世纪）五十年代以来在闽粤两省查阅的 500 部族谱，抄录到 4100 条（人）记载出洋的个案资料，平均每部有 8.2 条。在这 500 部族谱中，有相当一部分属非侨乡的族谱，如闽东、闽北等地的族谱，其中没有或极少有族人出洋的记载，因而所得出的出洋资料总数自不能很多。近年来我们在泉州侨乡尚不全面的调查中，已查阅了 200 余部族谱，得到万余条（人）出洋资料，平均每部约 50 条以上。依次估算，全国侨乡族谱总计在几千部，记载出洋资料在 10 万至几十万条（人），当不为过。"② 在有些族谱中，族人移民海外的记录多达数百条、上千条，如《永春鹏翔郑氏族谱》记载族人自 16 世纪末年到 20 世纪 30 年代，前后三个半世纪，出洋总数 1068 人。《桃源东熙王氏族谱》所载的出洋族人有 498 人。③

　　这些向海外移民人数较多的家族，基本上是处于明清时期私人海上贸易最发达的地带。家族成员向海外移民，往往是父子辈、兄弟辈相互连带的。当 1571 年西班牙殖民者进抵菲律宾群岛并构建了以马尼拉城为中心的殖民据点后，积极开展与东亚各国贸易，采取吸引华商前来贸易的政策，前往菲岛的华商日渐增多，其中不少人定居下来。据当时明代福建官员的描述："我民往贩吕宋，中多无赖之徒，因而流落彼地不下万人。"④ 有的记载则称这些沿海商民，"流寓土夷，筑庐舍，操佣贾杂作为生活。或娶妇长子孙者有之。人口以数万计"⑤。至于明代后期聚居在马尼拉的华人，据 1574 年西人

　　① 　以上见杨国桢、郑甫弘、孙谦合著：《明清中国沿海社会与海外移民》，高等教育出版社 1997 年版，第 41—42 页。
　　② 　庄为玑、郑山玉主编：《泉州谱牒华侨资料与研究》，郑山玉《侨乡族谱与华侨华人历史研究（代绪论）》，中国华侨出版社 1998 年版，第 3 页。
　　③ 　郑山玉：《侨乡族谱与华侨华人历史研究（代绪论）》，中国华侨出版社 1998 年版，第 6 页。
　　④ 　张燮：《东西洋考》卷五《东洋列国考》，中华书局 1981 年版，第 91 页。
　　⑤ 　顾炎武：《天下郡国利病书》卷九十三《福建三》，广雅书局光绪二十六年刊本，第 13 册。

Hernando Riquel 写道:"中国人每年继续扩大他们的商业,提供给我们许多物品,如糖,小麦,面粉,胡桃,葡萄干,梨,柑桔,丝绸,瓷器,铁器,以及其它我们在这个岛上所缺乏的小型物品。"[①] 此外,一部分华人还从事建筑、裁缝、印刷等各类手工劳作,一部分人则开设商铺、饭馆、药铺,行医等。[②]

这种带有家族、乡族连带关系的海外移民,必然促使他们在海外新的聚居地,较多地保留着祖家的生活方式。于是,家族聚居、乡族聚居的延续,民间宗教信仰的传承,风尚习俗与方言的保存,文化教育与艺能娱乐偏好的追求,都随着一代又一代移民的言传身教,艰难存继,而得到了顽强的生命力。

应该特别提到的是,这些有民间自发迁移到东南亚及世界各地的华侨及其后裔们,为了在当地取得良好的社会活动空间,以及不忘家国根本的文化传承,许多人在留居国和留居地进行着华文的传播与教育。紧随近代传教士创办华文报刊的脚步,华侨群体也开始在海外创办了华文报刊。其中,由华侨独资创办、存在时间长、影响也较大的正规华文日报,要数薛有礼于 1880 年在新加坡办的《叻报》。《叻报》至 1932 年 3 月停办,存在了 52 年。"南洋第一报人"叶季允在任新加坡《叻报》主笔期间,以"惺噩生"为笔名发表了数百篇社论和评论,在《论教子弟》(1887 年 9 月 2 日)、《论诚实乃为人之本》(1887 年 10 月 12—13 日)、《论傲字为处事大病》(1887 年 10 月 14 日)、《论交友勿事戏谑》(1887 年 10 月 19 日)、《论报恩》(1887 年 10 月 29 日)等社论或评论中,叶季允十分强调对子弟的家庭道德教育,提倡人与人之间的以诚相待,倡导谦虚谨慎、以德报德,等等,不但向华侨华人宣传中华民族优秀的传统道德观念,同时也向当地人民传播中华民族优秀的传统道德文化。

在南洋地区,随着华侨长期滞留海外,移居南洋的华侨妇女开始逐年增

---

① Alfonso Felix, Jr., ed., *The Chinese in the Philippines*, Volume I, Manila、Bombay and New York: Solidaridad Publishing House, 1966, p.21. 此资料由张先清教授提供,特此致谢。

② 关于早期华人在马尼拉的社会生活,见李毓中、季铁生:《图像与历史:西班牙古地图与古画呈现的菲律宾华人生活(1571—1800)》,刘序枫主编《中国海洋发展史论文集》第九辑,台北:"中央研究院"人文社会科学研究中心 2005 年版,第 437—477 页。

加，且有相当一部分华侨在有了一定的经济基础后与当地妇女通婚，这些行为使南洋华侨社团的二代侨民数量不断增加。渐渐地，一些有经济实力的华侨私人聘请家庭教师教育子女，进而有子女的几户人家联合起来共用一个教师，租赁或借用一个共同的场所，最早的华侨教育机构——私塾就这样产生了。它完全仿照中国旧制建成的传统私塾，教学内容主要是儒学经典，诸如三字经、千字文、百家姓、四书五经等，数学则是珠算、尺牍等实用内容。

20 世纪初，海外开始出现新式华文学校，首先是普遍开办小学（初等学堂）。1902 年，中华学校于马来亚槟榔屿创立，为马来亚办新式学校之先声。1906 年，吉隆坡尊孔学校成立。与此同时，先后兴办的有越南堤岸漳闽学校和中法学校、柬埔寨新民学校、砂劳越诗巫黄乃棠垦场学校、朝鲜仁川华侨学堂、缅甸仰学中华义学和益商学校、新加坡各帮办的道南学校、端蒙学校和启发学校等。1918 年 6 月，著名华侨领袖陈嘉庚联络养正学堂等 16 校总理发起筹办新加坡南洋华侨中学。陈嘉庚首先捐了 3 万元，在他的带领下，各帮侨领共计捐款五十余万元。新加坡中华总商会召开捐款侨众大会，通过董事会组织章程，公推陈嘉庚为总理。董事会成立后，即以 5 万元购置小坡利民律 15 号陆寅杰洋楼两座，作为最初的校舍。又写信给上海江苏教育协会会长黄炎培请其代聘涂开舆为校长。1919 年 3 月 21 日，南洋华侨中学正式开学，是新马地区第一间华文中学，广招南洋各地高小毕业生。该校的创立，标志着南洋华侨教育已从基础教育走向了中等教育阶段，进入了一个新的发展时期。自此之后，南洋各处不但中等学校继起设立，小学也发展得更快。

随后，新加坡华侨还带动英殖民地政府筹办了最早的高等教育机构。当时，英属马来亚以新加坡为首府，英政府起初对华侨教育抱着漠不关心，敷衍了事的态度。对历史、地理、化学等文化知识很少教授，学校教科书只教服务公役书记等科目。后来。美属菲律宾等地的教会学校提高很快，因此英政府所设之政府学校也不得不做了相应的改善，但与菲律宾美国人所设的学校相差甚远。英属马来亚华侨虽然有了中等学校，但就整个英属殖民地而言，尚没有与中等教育衔接的高等教育。因此，积极关注华侨教育的陈嘉庚又开始试图筹办高等学校。1918 年，陈嘉庚答应捐助美国教会在英属马来亚创办大学，但他提出该所大学必须兼教中文，他所捐的 10 万元作为该科基金，教会校长应允了他的要求,并与其签订了付款的具体事宜。在陈嘉庚的带领下,华侨们踊跃捐款,很快就募捐了五十万元。可惜由于英国政府的阻扰,未能实现。新加坡华侨真正参与创办的高等教育机构是著名的新加坡国立大学医学学院(Faculty of Medicine, National University of Singapore),这是新加坡乃至整个马来半岛最早的医学院。1904 年,华侨领袖陈若锦(1859—1917)代表华侨向殖民地总督请愿,要求自创一所华侨医科学校,总督认为只要筹到所需资金,即可向殖民地立法委员会和马来联邦提出创办方案。陈若锦当即率先捐款 1.2 万元,并四处奔走筹款,侨商们大力支持,不久即募得九万余元。在华侨们的共同努力下, 1905 年 7 月 3 日,医科学校正式成立,定名为海峡殖民地及马来联邦官立医学院,开创了马来半岛医学教育的先河。后来,随着华文教育的进一步发展,闽籍华侨陈六使秉承陈嘉庚的意愿,在新加坡主持创办南洋大学,为华人历史上第一所海外大学。①

　　明清以来这种由民间传播于海外的一般民众生活方式及其文化传播,逐渐在海外形成了富有中国特色的文化象征。因此,我们在回顾中国以儒家经典为核心的意识形态文化在明代后期向西方传播的同时,绝不能忽视明代中后期以来一般民众生活方式即民间文化对外传播的文化作用及其意义。

(三)清代中期以至民国时期: 中华民间文化
对外传播逐渐成为主体

　　综上所述,明代中后期以来中国文化对外传播具有两个层面与两种途径,即由西方传教士及中国上层知识分子翻译介绍到欧洲的以儒家经典为核心的意识形态文化,以及由沿海商民迁移海外所传播过去的一般民众生活方式的基层文化。随着时间的推移和世界文明格局的变化,这两种文化传播层面与途径,并没有殊途同归,形成合力,而是经历了不同的艰辛挣扎的发展历程。

　　以儒家经典为核心的意识形态文化对外传播,经历了明清易代之后,其

---

① 参见笔者主编总纂、国务院参事室国学中心主持编写:《中国国学中心·中外文化交流特展馆文本》之五《近代时期·欧风东渐下的文化重构》, 2014 年 12 月。

开放的局面,还继续维持了一段时间。然而到了清代中期,政府采取了较为保守封闭的对外政策,尤其是对于思想文化领域的交流,逐渐采取压制的态势。在这种保守封闭的政策之下,中国文化的对外传播,受到了一定的阻碍。更为重要的是,随着西方资本主义革命的不断胜利和工业革命的巨大成功,"欧洲中心论"的文化思维已经在西方社会牢固树立。欧洲一般的政治家和知识分子们也逐渐失去了对于中华文化的那种平等的敬畏之心,延至近代,虽然说仍然有一小部分中外学人继续从事着中国文化经典的对外翻译介绍工作,但是在绝大部分西方人士的眼里,所谓的中华文化,只能是落后民族的低等文化。尽管他们的先哲们,也许在不同的领域提及并且赞美过中国的儒家思想,然而到了这个时候,大概也没有多少人肯于承认他们的高度文明思想,跟远在东方的中国儒家文化有着什么样的瓜葛。时过境迁,从 19 世纪以后,中国以儒家经典为核心的意识形态文化在世界文化整体格局中的影响力大大下降,其对外传播的作用日益衰微。

　　另一方面,19 世纪的"鸦片战争"之后,中国的"国际地位每况愈下,成为任人宰割的羔羊,只要是西方国家,哪怕是莞尔小国如葡萄牙、比利时等,皆可肆意欺凌之。俗话说:弱国无外交。事实上,弱国在国际学术中也不会受重视。没有国际地位,中国研究当然也不会成为主流学术的重要部分"①。在西方列强船坚炮利以及强势的西方学术文化面前,许多中国的知识分子们,似乎也感觉到中国传统文化"落后保守"的劣根性,或多或少丧失了对于中国传统文化的自信心,转而向西方学习。有一部分学者甚至于一切以西方学术文化的"马首是瞻",加入到贬低中国传统学术文化的行列。在这样的大背景之下,百余年来,中国学术文化以及以儒家经典为核心的意识形态文化在国际上的影响力,就不能不日渐衰微。

　　反观由沿海商民迁移海外所传播过去的一般民众生活方式基层文化的这一途径,则相对通畅一些。清代政府虽然采取了较为保守封闭的对外政策,但是对于海外贸易,一方面是相对宽容,另一方面也无法予以有效的禁

---

① 李伯重:《理论·方法·发展趋势:中国经济史研究新探》,清华大学出版社 2002 年版,第271 页。

止。在这种情景之下,沿海居民从事海外贸易和移民的活动一直被延续了下来。特别是在向海外移民方面,随着国际间交往的扩大和资本主义市场的网络化,其数量及所涉及的地域均比以往有所增长。到了近现代,中国东南沿海向外移民的足迹,已经深入到亚洲之外的欧洲和美洲各地,甚至于非洲。

如前所述,中国沿海商民向外移民的一个重要特征,就是能够在相当高的程度上保留和传承其在祖籍的生活方式。于是,经过数百年来中华海外移民的艰难挣扎、薪火相传、生生不息,世界各地逐渐形成了具有显著特征而又不可替代的"唐人街"、"中国城"。我们走遍世界各地的"唐人街"、"中国城",其充满着中华文化浓郁气息的建构与特征,几乎都是一致性的。这种一致性的建构与特征,正显示了由沿海商民迁移海外所传播过去的一般民众生活方式基层文化在海外的成功传播与发展。到了 20 世纪上半叶,在一般西方人眼里的中华文化,基本上就是等同于分布在世界各地的"唐人街"、"中国城"了。即使是到了今天,遍布在海外各地的"唐人街"、"中国城",依然在传播中华文化的道路上,发挥着极其重要的桥梁纽带作用。而这一重要桥梁纽带的形成与发展,是由明代社会奠基起来的。

从文化传播史的角度来考察明代社会,以往被人们所忽视的由沿海商民迁移海外所传播过去的一般民众生活方式基层文化的文化传播途径,实际上成了 18 世纪以后中华文化向海外传播的主流渠道。我们只要认识到这一点,那么我们对于明代历史在中国历史和世界历史上的重要地位,就不能不有了一个更加广阔的崭新体会。

二、福建儒学文化精神的超时空审视

本世纪以来，继承和弘扬中华传统文化，受到社会各界的高度重视。梳理、总结和弘扬中华传统文化，无疑是当前我们学术界的一项责无旁贷的时代任务。然而近一百年来，由于西方文化的冲击，国内社会政治环境的变迁，以及学界对于人文社会科学理论与方法论的不同理解与坚持，导致了人们对于中国传统文化的梳理、总结和弘扬，存在着种种不同的歧义。而学术歧义的求同存异，理所当然应该通过更为宽广包容的学术讨论予以推进。本文正是希望通过这一学术意趣，就福建儒学文化精神的核心内涵，进行重新的审视。

（一）必须厘清的两个学术思维固定模式

儒学作为在中国历史上长期占据统治地位的文化形式，其对两千多年来中国传统文化的演变与发展，起到最主要的引领及教化作用，是不言而喻的。福建以其独特的地理位置和人文生态，经过数千年的历史变迁与丰厚积淀，形成了具有鲜明地方特色的传统文化形态。[①] 我们今天要梳理、总结和弘扬福建地方传统文化，当然要考虑到这一地域文化的丰富多元的内涵，然而作

[①]　参见笔者为何少川先生总主编的《闽台文化大辞典》所撰写的"导论"。《闽台文化大辞典》正由商务印书馆出版之中。

为这一区域文化的集中表现,无疑应该首先重视对于福建儒学发展史的梳理、总结与弘扬。我认为,在以往的福建儒学史研究中,有两个学术思维固定模式需要予以进一步的检讨与厘清。

第一,以往学者的研究,对于"朱子学"、"闽学"以至整个"儒学"界,基本上被引入到中国思想史即哲学的领域中去,而忽略了"朱子学"、"闽学"的历史学探索,从而在某种意义上削弱了"闽学"应有的社会意义。

与中原地区相比,福建毕竟属于后开发地区,早期的"儒学"发展比较滞后。宋代"朱子学"、"理学"的形成可以说是福建区域文化最为重要的历史文化特征之一,然而到了近现代,"朱子学"、"理学"竟然成为最为人们诟病的文化传统。无论是笃信"朱子学"、"理学"的,还是研究"朱子学"、"理学"的人们,可以从宋代"理学"的庞大体系中找出许多值得世人敬佩和践行的文化精神因素,甚至奉为治国之本;而近现代许多思想敏锐、富有救国救民抱负的学人们,却往往痛责理学家的"以理杀人"、"以礼吃人"。其差异之大,实在令人诧异。从学术的层面来思考,时至今日,人们依然容易把宋代"理学"的研究引入两个极端。这一方面是因为随着近现代西方人文社会科学的引进,"朱子学"、"理学"的研究被划入"哲学"研究的专业范围,"理学"的形而上思维成了哲学家们思考和探究的核心内容,从理学家们的"文本"到研究者们的哲学结论,似乎成了现当代对于"理学"研究的必经之路。而另一方面,历史学的研究,又往往被断代史的分割而无端阻隔,研究宋代的历史学家们,着眼于宋代的"思想史"特征,而研究明清史的历史学家们,注重于生长、生活于这一时代的"思想家"们。各自欣赏、分别陶醉。以朱熹为代表的福建宋代理学家们,固然全力重新建构"政治文化"与自身"内圣"修养的尊严而可贵的"道统",这种"道统"为当时的社会政治文化增添了许多不可忽视的积极因素。但是,我们还是不能否认,这种尊严而可贵的"道统",确确实实也给后世带来了诸多的负面影响,正是这些负面的影响,让现当代许多思想敏锐的学者们,产生了对"朱子学"、"理学"弃之而后快的激愤心态。那么,从宋代到近现代,"朱子学"、"理学"在数百年的历史变迁中,这中间究竟发生了什么变故? 这就不能不引起我们的好奇和思考,而把"朱子学"、"理学"引向哲学化的道路,显然无法合理地揭示这一文化传统的变异过程。①

哲学化了的"朱子学"、"理学"以及其他方面的福建"儒学"研究，由于偏重于哲学概念的附会与解说，使得许多学者的研究意趣，更多的集中在所谓的"义理"、"性理"的形而上层面。这样的学术关注，不能不把"朱子学"、"理学"以及福建儒学的概念深奥化，一方面造成一般的民众对于"朱子学"、"理学"以及福建儒学的理解，往往是一头雾水；即使是哲学之外的学者们，也很难对于这种深奥化的"义理"、"性理"之说产生应有的文化兴趣。另一方面，我们还不能不看到，"朱子学"、"理学"以及福建儒学的极为珍贵的社会意义，被大大淡化了。在"朱子学"、"理学"以及福建儒学的丰富内涵中，除了道德义理、性理的层面之外，还包含着对于基层社会文化重新建构的另一层面的重要内容，不可忽视。②

第二个值得我们检讨与厘清的思维固定模式是，从20世纪中叶开始，中国学界从事学术研究，大多习惯上运用"阶级"划分的理论来阐释各种历史现象，这其中也包括精神文化与道德等哲学领域的问题。受到"阶级斗争"理论的影响，人们把中国两千多年来中国的哲学思想演变历程以及各个不同时期的思想家们，在时段上分为诸如"代表没落奴隶主阶级思想"、"地主阶级思想"、"新兴市民阶层思想"等的时代产物；从思想家个体而言，又可以无端地把他们划分为"唯物主义思想家"和"唯心主义思想家"的两大阵营。就福建的情景而言，这样的研究理论与方法，硬生生地把福建历史上两位最有思想创造性的学人，也就是朱熹与李贽，归类到两个相互对立的哲学阵营之中。朱熹以道德义理、心性、性理之学著名于世，被冠上了"唯心主义思想家"；李贽勇于质疑孔孟之学与宋代理学，被冠上了"唯物主义思想家"。虽然说近二十余年来有关"阶级斗争"的理论逐渐淡化，但是作为学术研究的思路，其余绪依然不可忽视，人们对于朱子学与卓吾之学以及近代启蒙之学的研究，依然各唱各的调，极少关注到他们之间的内在联系。

元明清时期，朱子学受到政府的推崇，加上其自身的生命力，学术思想的

影响力遍布神州大地。而其后学在闽中的强势地位,更是不言而喻。反观李贽,当其在世之时,就已经被政府视为异端,不时受到压制。因此到了清代,李贽思想的影响力远远无法与朱子学相为媲美。清代后期,反满运动兴起,革命家们又记起了李贽的反叛精神,重新予以研究与肯定。在此之后,李贽思想的研究,往往成为政治运动需要的工具,几度兴衰。

20世纪中叶以来由于政治需求而以"阶级斗争"理论来规范朱子学与李贽思想的研究,在很大程度上扭曲了朱子学与李贽思想的本来面目。人们在研究福建哲学思想史的时候,或是全力关注于朱子学及闽学,或是就李贽思想研究李贽思想,或者就近代启蒙思想论述近代福建儒者的历史贡献。似乎这三者之间本来就是互不相干甚至相互对立的三个范畴,根本扯不到一块。然而不可否认的是,无论是朱熹以至朱子后学,还是李贽及近代的严复等人,尽管他们的学术思想内涵与学术思想传承有所不同,社会及政府给予的机遇也不同,但是他们都是福建历史上的"儒者",他们都为福建地区的儒学发展史作出了极为重要的贡献。也许正是由于这些不同儒者所秉持不同的学术思想理念,才能从各个不同的侧面显示出福建历史上儒学发展的多姿多彩和极富特色。我们今天梳理、总结和弘扬福建儒学发展史的优秀文化传统,没有理由把福建历史上最具学术与思想创新精神的朱熹、以及李贽及近代的严复等人的文化发展脉络割裂开来。我们从这些极富思想文化创造力的福建儒者的思想文化传承中寻找他们内在的共同文化精神,或许,这才是我们今天可以超越前人研究成果而把福建儒学发展史研究推向一个新的高度的重要途径。

(二)福建儒者所秉承的共同文化精神:创新进取

自唐宋以来,福建以及明清之后的台湾地区,一代又一代的儒者们为福建文化的建构和发展作出了永不停息的努力。不同时代、不同地域的儒者们根据自己知识的理解及对于世界与社会的认知,形成了各具风格的学说,共同构建了福建地区丰富多彩、形态各异的儒学整体概貌。特别是宋代的朱子学和明代的卓吾之学,以及清代后期以严复为代表的近代启蒙之学,其影响力不仅在福建地区是独一无二,就全国范围来说,这三家学说在中国思想史的发展历程中,也是秀峰并峙、无可替代。

然而时至今日,学界对于朱子学和卓吾之学的评论各持一端,似乎风马牛不相及,对于其他的一些不同风格的儒学学说,也是各唱各调,很少有人思考同为福建出生的儒学们他们之间是否存在着某种必然的内在精神联系?要厘清这一问题,我们必须从福建文化发展的源头历史以及汉唐以来的文化轨迹来进行综合的思考。众所周知,中国上古时期的南方地区,是众多少数民族散居的区域。而在其北方地区,则是社会经济与文化均呈现出先进的所谓"华夏文明"。先进的"华夏文明"对于南方少数民族的影响是不可阻挡的。然而值得引起我们注意的是,在中国典籍中有关华夏文明及中国古代史的传统阐述,从总体上看,是以北方中原地区的历史发展为主要阐述脉络的,甚至可以表达为一种"北方中心论"或"中原中心论"。南方地区上古史的研究,文献既少,且不足凭靠;传统文献中有关南方历史的记载,大约只可作为印证、阐释或附会之用。总的说来,北宋中期以前,有关南方地区历史的记载,可以说主要出自北方士人或持华夏正统观念的南方士人之手,他们对南方地区的描述,主要是立基于华夏正统观念以及中原士人观念的,并且在这种观念之下衍伸出对于南方地区的看法,而并非南方社会经济文化乃至环境的客观实际。正史中的记载尤其如此。我们曾仔细分析了自《后汉书·蛮传》以来有关"蛮"的记载,说明这些记载所反映的所谓"南方蛮",只是华夏士人的看法。其他的许多著述,也都带有浓郁的华夏士人风格,有明显的偏见。① 正因为如此,终其汉唐之时,虽然福建作为后开发区域,已经出现了少量入仕中原的知识分子,但是他们对于福建家乡文化的话语权,我们今天很难看到其有着值得关注的影响力。

五代、宋以来,福建的社会经济开发进入到全面进步的重要时期,由福建本土出生的士子知识分子的数量迅速增长,很快地可以与中原的一些先进地区相为媲美。在这种情况下,福建以及其他中国南方的士子们在继承和补强中国正统的伦理文化规范上作出越来越引人注目的贡献,然而我们在阅读早期福建及其他南方士子们求道为学的著述时,不难从中看出他们津津乐道于

---

① 以上参见鲁西奇:《人群·聚落地域社会:中古南方史地新探》第一章,厦门大学出版社2011年版。

自己已经成为一名"正统文化者"的心态。而这种"正统文化者"的表述中,已经使自己不知不觉地演化成为一名亦步亦趋的北方文化中心标识的追随者。我们在福建杨龟山的家乡,看到了他立愿逝世后葬身于墓门朝北远望北方师门的坟茔;我们在游酢的乡里,到处可以听到和看到关于他们"程门立雪"的传说记述。老实说,对于这样的传说和记述,我一直心存疑问:程氏作为宋代儒学的代表性人物,为何会有如此不合情理而有悖于孔圣人海人不倦的教训、苛待南方学子? 这种带有明显矫情意味的传说,其背后似乎隐藏着一个难于言喻的文化心态,即把自己变成一名北方式的"士子"为荣耀。正因为如此,我们所看到唐宋时期许多南方人所留给我们的文献,与其说是"南方人的著述",倒还不如说是"南方人替北方人著述",恐怕更为妥切。尽管如此,从中华传统文化传播史的角度来审视这一事实,后进地区的文化继承与发展,先以向往模仿先进地区的文化模式为路径,这是一种必然的趋势。

到了南宋时期,福建的社会经济地位又得到迅速的提升。一方面,随着北宋政权的衰亡,中国北方的许多地区沦为北方少数民族的管辖地;而另一方面,福建地区远离战乱的冲击,社会经济的发展又在原来的基础上得以提升,南宋的都城迁移到杭州,福建地区俨然成为南宋首都的"拱卫之区",再也不是以往人们所认知的福建属于边陲之地的概念了。随着福建地区社会经济以及文化的繁荣并且出现了超越北方的趋向的时候,福建及其他南方士子的文化心态也会出现许多微妙的进化。我们从北宋的许多历史典籍中往往可以看到这样的事实:北宋时期,许多著名的北方士子,对于南方的变化及士子的涌现,很不以为然,甚至出现了某些鄙视谩骂的文字。但是到了南宋时期,类似的文字就相当稀少了。反之,赞许、向往福建地区士子知识分子的文字多了起来。这其中,朱子学的出现是一个划时代的文化标志,以朱熹为代表的南方理学家群体对于中国后世的文化贡献成为众所周知的事实。正因为如此,我们对于"朱子学"的研究,仅仅着眼于理学的层面是远远不够的。朱熹其在世时是以清议的本色而屹立于闽中的。南宋时期,中央政府偏安于半壁江山,政治、军事、思想、文化学术,均弥漫于腐败昏庸之中,以朱熹为代表的一批福建学人,目击国家的衰败与世道的沉沦而痛心疾首。他们著书立说,批评朝政,很快引起了国内正义之士的注目与拥戴,而朱熹本人也成了一些当权者的眼中钉,被斥为"伪学",屡屡遭到政治迫害。朱熹的学术思想虽然摆脱不了"托古改制"的老路,但是他那种敢于突破不合理的传统,敢于面对权贵,坚持自己的道德标准而与当权者相抗衡的性格,无疑是福建文化学术能够异军突起的精神支柱。至于朱熹生前历经磨难,身后却备受推崇,被明清统治者奉为理学正宗,支配中国思想文化界达六七百年之久,这正如我们在前面所言,是出于后世统治者的政治需要,与朱熹坚持批判创新的人文精神毫不相干。朱子学的形成,对于传统儒学的反思与重新诠释,对于在社会经济势已超越北方而成为中国经济的重心地带的南方文化的自觉,可以说起到了承先启后的伟大贡献。而这种反思与自觉的核心,就在于勇于突破旧的文化传统思维,创新出一整套足以指导并适应南宋社会文化发展的新学说。学说的创新性,势必与旧的体制发生严重的冲突,这既是朱熹本人屡遭厄运的根源所在,同时也充分说明了他的创新学说对于当时社会政治体制的冲击以及对于后世文化的重大启迪意义。

当然,宋代福建地区社会经济的长足进步与文化教育的兴盛,在官僚政治体制的笼罩之下,其中有不少知识分子被吸引到极具功利诱惑力的官场之中。在宋代,诸如如兴化的蔡氏、闽北的曾氏、泉州的吕氏,在当时的政治权力舞台上炙手可热,显赫一时;明清时期,福建籍人士继宋代的繁盛之后,通过科举制度而进入官僚阶层的人数,一直保持在全国的先进行列,而进入中央政要者也不乏其人。[①] 然而在这种仕途功利的诱惑,并没有完全消磨福建地区许多知识分子的道德义理追求与承担儒者应有的社会责任感。明代李贽卓吾之学的出现,是继朱熹之后福建儒者当中最为突出的一位。

明代后期卓吾之学的出现同样也不是偶然的。研究明清历史的学者普遍认为,明代中后期是中国封建社会晚期发展历程中的一个重要转折时期。这一时期的基本特征是随着农业、手工业生产的进步,商品市场经济得到空前的发展。其在国内,商品经济的发展,使得大量的基层商业市镇不断涌现,并且形成了许多带有地域经济特色的商帮集团。其在海外贸易方面,私人海

---

① 参见笔者:《福建六大民系》,福建人民出版社 2002 年版。

上走私贸易已经超越传统的政府朝贡贸易体系。随着 15、16 世纪西方殖民者对于海外市场的探寻与开拓,东西方的商业贸易日趋密切,形成了所谓的"大航海时代"。在这样的新的世界贸易格局形成过程中,东南沿海一带特别是福建沿海的海商集团及其贸易活动,已经日益参与到世界贸易的网络之中,成为中国东南地区社会经济发展的一个新的动力。毫无疑问,在这样的社会环境之下,李贽及其学说的出现,就不单单是其个人的学识修养问题,而是体现了时代变迁的一种全新的文化思考。

当明代中叶以后中国的社会经济特别是商品经济发展到一个新的阶段时,中国的思想文化界出现了一股反思传统理学、追求个性解放的思潮,其中最具代表性的人物就是福建泉州的李贽。李贽出身于一个典型的汉回结合的商人家庭,从小在沿海浓厚的海商气氛中受到熏陶。作为一个进步的思想家,他敢于冲破当时传统观念的束缚,卑孔叛圣,对传统儒家经典著作采取批判态度,重新评价历史人物,提倡童心,要求思想解放,这对于中国传统政治道德的"禁锢人心"是一个大胆的冲击,在严密思想封锁的历史长流中,迸发出一股活泼、开朗、新鲜的时代气息。我们在上面论述到朱子学的宝贵人文遗产之一是宋儒们对于民间社会规范秩序的建构,道德义理的实施应当更为扎实地在民间社会得到推广。其实我们从李贽的著名的尊重个体的人本主义以及"穿衣吃饭即是人伦物理,除却穿衣吃饭无伦物矣"等的论述中,已经可以看到两位不同时代哲人对于民间社会及其伦理文化的高度重视。从这点上我们也许可以说,朱子学与卓吾之学是相通的,而不是相悖论的。李贽在明代后期所向往的社会及其道德属性,是一个充满着人性自然与本真心境的更加庶民化的理想国。可是令人遗憾的是,李贽等人的这种新的人文思想,并不能在当时的时代里得到顺利地滋长,李贽本人被迫害致死。但是他的影响却在外国或在数百年后的祖国发挥进步作用。日本明治维新运动的先驱吉田松阴,自谓在生死观上颇得力于李贽《焚书》的启发,在日本民主革命中发挥一定的作用。后至"五四"运动时期,吴虞等人也曾引用李贽的学说作为反传统斗争的思想武器。[①] 这一切都说明了作为

---

① 参见傅衣凌:《明清社会经济史论文集》卷一"论明清社会的发展与停滞",人民出版社1982 年版。

福建人的李贽,有着极为执着而深远的创新求变的人文精神性格。这种创新求变的人文精神,虽然不容于专制体制日益严密的明清社会,但是他所具有的超越时代的敏锐学识,却为后世留下了许多足于思考与借鉴的宝贵文化遗产。

清代中后期,中国的传统社会,特别是政治与思想体系,进入日益衰败的没落阶段,而西方殖民主义者则以其资本主义的新兴力量,用船坚炮利打开了中国的大门,古老的帝国进入到"苦难深重"的危急关头。在暮气沉沉的中国文化思想界,同样也迸发出少量极为可贵的、勇于创新探索的儒者,而这在有数的儒者中,福建籍的知识分子们无疑是开风气之先的一个重要群体。福建一直是中国与海外交通的一个重要窗口,一座沟通中国文化与海外文化的桥梁。鸦片战争后,注重经世致用的福建知识分子,最早意识到打破墨守成规、抱残守缺文化思维的急迫性和向西方学习的必要性,很快把注意力从关心国内问题转向关注外交关系,注重研究西洋国家。

在研究西方上,走在最前列的是林则徐。在广州时,他组织人力翻译澳门报刊,选编《澳门月报》,还翻译西方地理学著作,编为《四洲志》一书,扩大了中国视野,对后世影响很大。著名思想家魏源继承他的工作,编写《海国图志》一书,为中国人展开了整个世界的画卷。中日甲午战争后,随着以康有为、梁启超为代表的维新派正式登上中国社会的政治舞台,维新思想也相应地被推到历史的前台。福建知识分子在维新思潮兴起过程中,表现突出,贡献巨大。严复是福建也是全国这一时期最主要的维新启蒙思想家之一。除严复外,在福建维新思潮兴起过程中起过重要作用的还有林旭、陈宝琛、陈衍、陈璧、林纾等人。甲午战争后,严复在民族危机的刺激下,他首先翻译了赫胥黎论文集中的一部分,取名《天演论》,宣传"物竞天择,适者生存"的观点和社会达尔文主义,激起了巨大的社会反响。在 1894 年至 1909 年的十多年间,他还先后翻译了斯宾塞的《群学肄言》、穆勒的《群己权界论》、亚当·斯密的《原富》、孟德斯鸠的《法意》等著作,这些著作的译介,不仅在当时振聋发聩,而且深刻教育、启迪了 19 世纪末 20 世纪初期整整一代热血青年。毛泽东曾将严复与洪秀全、康有为、孙中山一道,作为"中国共产党出世以前向西方寻找真理的一派人物"①。

无论是林则徐、沈葆桢,还是林纾、严复,他们都自许为一名儒者。但是当中华民族处于危难时期,他们却敢于冷静地对待自己的安身立命之学,寻找可以拯救家国的全新学说。因此我们从严复的著述中,可以看到他对进化论的热情倡导,对"自由为体,民主为用"的民主政治观的推崇,以及极力宣扬"鼓民力,开民智,新民德"的"三民"思想。严复认为实现国家自主自强的根本在于利民。因此,他特地撰写了《原强》一文,提倡全面发展人民的力、智、德,来振兴国家。首先是鼓民力。严复认为提高全国人民的体质是国家富强的基础。他说:"今者论一国富强之效,而以其民之手足体力为之基。""民智者,富强之原"。他认为"西方以格物致知为学问本始"。严复所谓的"新民德",从根本上说,就是要用西方的民主、自由、平等来代替中国封建社会的宗法制度和伦理道德。作为一位受过良好而又严格儒学传统教育出身的学者,敢于一反传统,积极提倡"鼓民力,开民智,新民德",敢于把中国封建专制制度看作是民德的摧残者,是民族危亡的社会原因,敢于对君主专制鞭辟入里的无情批判,对西方民主、自由、平等的热情倡扬与向往,在当时的历史条件下,无不具有鲜明的进步意义②,即使是到了21世纪的今天,严复的文化贡献及其社会思考,依然有着相当积极的意义,其学说必然将产生了深为深远的时代影响。

我们跨越自宋代以迄清代末期的近千年时空界限,就不难看出,我们今日所被人为割裂的朱子学、卓吾之学以及近代的启蒙之学,他们在突破不合理传统,勇于创新进取的文化精神,是完全相通,甚至是一脉相承的。而且更为值得福建区域文化自豪的是,从南宋以来,福建区域所涌现的朱子学、卓吾之学以及近代启蒙之学,其文化思想价值是中国其他区域文化及儒者们所无法比肩与跨越的。换言之,福建区域所出现的朱子学、卓吾之学以及近代启蒙之学,当之无愧是自12世纪以来中国文化思想的高峰。

①　参见笔者主编:《福建历史文化简明读本》第五章,厦门大学出版社2013年版。

②　同上。

（三）朱子学、卓吾之学及近代启蒙之学的
历史际遇与文化传承

当然，我们不得不清醒地看到，以朱熹、李贽、严复为代表的福建历史上乃至中国封建社会后期的三座文化思想高峰，他们的历史际遇是不同的，朱子学的历史影响力，不论是正面的，还是受到政治意识形态化所带来负面的，都要比明代后期李贽之学和近代严复的启蒙之学大得多、深远得多。文化思想历史影响力的深远与短暂，除了取决于其学术自身的魅力与精髓之外，更重要的是取决于这种文化思想所赖于生存延续的社会环境。就朱子学而言，正如我们在前面所说的，其兴起是为了适应中国封建社会后期的时代变迁的，中国封建社会的长期延续以及中国传统文化的延续，为朱子学的长期延续与弘扬提供了较为长久的社会基础，使之发挥了比较永久的文化影响力。特别是朱子学中的优秀部分，已经融入到中华文化的优秀传统之中，它所发挥的影响力，将随着中华文化传统的延续与变迁，愈发具有深远的生命力。

明代后期的李贽之学，它的兴起在一定程度上预示着封建社会传统的瓦解与新时代的即将来临。然而不幸的是，由于中国封建社会的长期延续以及传统意识的极端坚韧性，导致中国最终未能出现新时代、新社会的变革。蹈袭着封建极端专制体制的明清时代的中国社会环境，毕竟不能为李贽之学的发展及其产生深远的影响力提供互为适应的土壤，李贽之学的凋零也就成为必然的趋势。虽然，每到中国社会即将出现重大变革的时候，敏锐的文化思想家和革命家们，都会想起李贽之学的重要性，试图从卓吾之学中寻找社会变革的文化精神养分。但是这种影响力毕竟是有限的，只能是时强时弱的、断断续续的。

清代后期以严复为代表的近代思想启蒙之学，其所适应的社会环境，应该是资本主义社会模式的。而中国近代历史的发展进程已经向人们显示了中国发展资本主义社会体制的艰巨性与不可复制性，严复的近代思想启蒙之学，同样也就缺乏其生存和发展的社会基础，这也就决定了它的历史影响力，相对而言是比较短暂的。严复的近代思想启蒙之学和明代后期李贽之学一

样,当社会需要变革的时候,人们往往想起了他们;当社会沉寂下来的时候,他们也会为大部分的人们所遗忘。虽然如此,卓吾之学与近代启蒙之学终究不会为后世的人们所遗忘,这也证实了他们的文化精神,同样具有永久性的特征。

尽管各自的历史际遇有所不同,但是无论是朱子学,还是李贽之学、严复的近代思想启蒙之学,他们在中国文化思想史上的地位都是无可替代和开创性的。我们从中国历史发展进程中自宋代以迄近代的文化思想演变过程中就不能看出,福建的儒者们,都是在不同时代社会变迁的关键时期,发挥着无可替代的文化影响力与历史作用,而这种文化影响力的产生及其永久的生命力,正是源于他们的共同精神核心:勇于批判某些陈旧不合时代进步的传统,力求创新进取。正因为如此,我们今天梳理、总结和弘扬中华传统文化以及福建儒学文化传统,就不应当人为地把朱子学、卓吾之学及严复等人的近代启蒙之学割裂开来,而把他们当做互不相干的偶发性哲学现象来进行研究分析。这样的研究方式及其成果,只能是片面性的,缺乏高屋建瓴式的整体性的宏观审视,从而大大降低了福建儒学及其文化精神的历史作用与社会作用。在我们以往的研究过程中,大家把朱子当做儒家的继承者这是没有问题的,但是对于李贽,则往往过分强调他们的反儒、反孔、反理学的一面,而忽视了他们对于传统文化的坚持与反思。事实上,李贽在一生中都认为自己是一名"儒者",自称"吾儒",并且供奉孔子像。[1] 即使是在他被迫一度为僧时,依然自称"虽落发为僧而实儒也"[2]。在李贽的许多论述中,他所反对批判的理学、儒学,是被后世所庸俗化的理学、儒学。对于先期的儒学,恰恰是他心性理想国中的源泉之地。他对于人物史评中充满着原儒的情结。[3] 严复的情景也是如此。严复从少年时期就接受了正统而又严格的儒家文化教育,打下了极为坚固的儒家传统文化意识。虽然在其之后的人生经历中接受了西方文化的重新熏陶,并且为西学译著及宣传西方文化作出了杰出的贡献,但是他的思想文化之根,依然是怀有深切的达于世的儒家抱负。他在晚

① 参见石教余、向德富:《还原历史、重释思想》,《石河子大学学报》2008 年第 2 期。
② 李贽:《焚书》卷六《初潭集自序》。
③ 参见李美香:《试论李贽人物史评思想的原儒情结》,湖南大学 2004 年硕士学位论文。

年曾经说过:"彼(欧罗巴)族三百年来之进行,只做到'利己杀人、寡廉少耻'八个字。回观孔孟之道,真量同天地,泽被寰区。此不独吾言为然,即泰西有思想人,亦渐觉其为如此矣。"① 因此,严复的最终目的,是执中用西,所谓"四书五经固是最富矿藏,惟须改用新式机器发掘淘炼而已"②。众所周知,中华传统文化及儒家文化最宝贵的核心精神之一是充满着对于多元文化的包容性。也许从哲学的层面上看,朱子学、卓吾之学及近代启蒙之学,确实存在诸多的差异,但是从文化传承及其文化精神核心而言,他们勇于对于不合理传统的批判,对于新思维的探索,是一脉相承的。而这种文化精神上的一脉相承,正体现了福建儒学发展史的最耀眼光辉的历史光芒。

习近平总书记在 2013 年 8、9 月份中曾多次指出:"中华文化积淀着中华民族最深沉的精神追求,是中华民族生生不息、发展壮大的丰厚滋养;讲清楚中华优秀传统文化是中华民族的突出优势,是我们最深厚的文化软实力;讲清楚中国特色社会主义植根于中华文化沃土、反映中国人民意愿、适应中国和时代发展进步要求,有着深厚历史渊源和广泛现实基础。中华民族创造了源远流长的中华文化,中华民族也一定能够创造出中华文化新的辉煌。独特的文化传统,独特的历史命运,独特的基本国情,注定了我们必然要走适合自己特点的发展道路。对我国传统文化,对国外的东西,要坚持古为今用、洋为中用,去粗取精、去伪存真,经过科学的扬弃后使之为我所用。"③ "中华文明源远流长,孕育了中华民族的宝贵精神品格,培育了中国人民的崇高价值追求。自强不息、厚德载物的思想,支撑着中华民族生生不息、薪火相传,今天依然是我们推进改革开放和社会主义现代化建设的强大精神力量。"④ 福建省委宣传部的领导也多次深入省内各地调研,大力推动福建省的闽学研究及其文化精神的弘扬。厦门大学作为福建省内最重要的人文学术研究中心和全国朱子学会的挂靠单位,理应在这方面作出应有的贡献。力争以更高的学术视野奉献出超越前人研究的崭新成果,是新时代赋予我们厦门大学人文

① 严复:《读经当积极提倡》,《严复集》,中华书局 1986 年版。
② 严复:《导扬中华民国立国精神议》,《严复集》,中华书局 1986 年版。
③ 习近平:《在全国宣传思想工作会议上的讲话》,2013 年 8 月 19 日。
④ 习近平:《在会见第四届全国道德模范及提名奖获得者时的讲话》,2013 年 9 月 26 日。

科学工作者的神圣职责。我们今天梳理、总结和弘扬福建儒学发展的历史，正是希望我们的民族，我们的社会，我们的共根同源的闽台同胞们，谨记我们先辈们所怀抱的这种敢于扬弃传统、创新进取的共同文化精神核心，继续进取，为我们的家园，营造无愧于先人的永恒天地！

三、略论朱熹社会管理思想在同安、漳州的形成与实践

（一）朱子学包含道德倡导与社会构建
两个部分的内容体系

自清代以来,以朱熹为代表的宋代理学,逐渐被一部分人们认知为高谈空言、无补于世的迂腐之学,与此相对应,有些学者提出了所谓"实学"的概念,以弘扬那些被认为是对于社会历史发展有着积极作用的"经世之学"。

宋代以朱熹为代表的道理之学,之所以被后世一部分人们认知为高谈空言、无补于世的迂腐之学,主要原因有二:一是到了明清两代,政府出于政治统治的需要,对宋代理学进行了改造利用,如畸形地极力倡导贞洁、孝道等等,试图通过这种畸形的贞节、孝道的提倡,强化人们对于皇权统治、官僚统治的盲目遵从。① 二是明清以来的学者在讨论宋代朱熹以及其他理学家的学术时,基本上关注于他们的"义理"和"性命"之学。特别是到了 19 世纪末至 20 世纪以来,欧洲等西方的人文社会科学被引进到中国,随着近现代西方人文社会科学的引进,"理学"的研究被划入"哲学"研究的专业

---

① 参见笔者:《唐宋变革与明清实践——以朱子学、理学为例》,《厦门大学学报》(哲社版)2014 年第 2 期。

范围,"理学"的形而上思维成了哲学家们思考和探究的核心内容,从理学家们的"文本"到研究者们的哲学结论,似乎成了现当代对于"理学"研究的必经之路。哲学家的思考忽视了朱子学、理学的历史实践。在学者们的推动之下,宋代以朱熹为代表的道理之学,似乎理所当然被理解为仅供学人把玩、乃至可以探索微言大义的"圣贤之学",以及与之针锋相对的"迂腐之学"。

事实上,宋代理学的出现,是建构在知识分子对于唐代后期以来社会道德的沦丧与宋代现实政治的堕落而兴起的一种"经世之学",建构宋代道理之学的主要学人们,无不把对于现实政治的担忧与社会道德的关怀放在自己思考的首位。

朱熹的学术思想体系更是如此。从完整的意义上说,宋代"理学"应该包含道德倡导与社会构建两个部分的内容体系。现当代宋明"理学"研究的"哲学化",学者们过分注重理学家们形上思维的"义理"之辩,恰恰又冷落甚至丢失了宋代"理学"的另外一个重要组成部分,即关于基层社会的设计与管理的方面。事实上,宋代理学家们所倡导的"理学",并不完全只是道德与政治的上层意识形态方面,他们还极力为民间社会的行为礼仪和社会组织进行了重新的构建。

众所周知,唐宋时期社会转型及其变革的一个重要方面,是整个社会的"平民化"或"市场化"程度的推进,汉唐及之前的诸侯门阀士族的社会结构已经不复存在,与之相适应的"宗法"世袭体制也分崩离析,失去了其存在的社会基础。面对宋代以来这种新的社会重构组合历程,宋代许多有着强烈社会责任感的知识分子特别是理学家们,根据这一新的时代特征,对宋代的社会重构和组合设计出了一系列的蓝图。这其中最具代表意义的莫过于民间的宗族制度与乡族组织了。根据冯尔康等先生的研究,宋明时期的宗族、家族制度是从上古时期的"宗法制"演变而来,汉晋时期则演变为门阀士族制度。这种深具统治特权的制度演化至宋代,已经失去了它的社会基础,基本衰败。随着宋代科举制度进一步完善,成为最主要的选官制度,大批平民通过科举改变其社会地位。官僚成为社会的中坚力量,以官僚和士绅为主体建立起新的宗族制度。①

在唐宋的社会变迁过程中，宋代许多士大夫和知识分子，如张载、程颐、程颢、欧阳修、苏洵、范仲淹、司马光、陆九韶等，都积极参与其间，适时提倡建构具有平民色彩的民间宗族制度与乡族组织。宋代的社会现实，使家族制度的重建不可能与古代守法制度完全相同，因此，重建必须因地因时制宜地对古代礼制有所更新。朱熹以其对古代礼制的深入研究为基础，结合当时的民俗，为宋代社会礼仪特别是重建家族制度设计了新的规范。他在《朱子家礼》的开篇位置，就阐明了建立祠堂的最具创造性的举措。朱熹说："今以报本反始之心，尊祖敬宗之意，实有家名分之首，所以开业传世之本也。故特著此，冠於篇端，使览者知所以先立乎其大者。"② 在倡导敬宗收族的同时，朱熹在《家礼》中对于民间社会的诸如婚丧嫁娶等各个方面习俗规范都进行了比较详尽的描述，以期社会有所遵行。

朱熹和宋代理学家们的努力，在宋代以及后世产生了重大与深远的影响。张载、程颐、朱熹等人极力倡导的重建民间家族制度和建立祠堂的主张，在宋以后的社会里已经成为推行家族制度的理论依据；欧阳修、苏洵等人创立了民间私家修撰族谱、家乘的样式，为后代所沿袭；《朱子家礼》的设计，至今还在不少地方影响着我们的日常行为。宋代所提倡的敬宗收族、义恤乡里以及"义仓"、"义学"、"义冢"等，一直为后人所津津乐道。我曾经对闽台一代的民间族谱进行过统计分析，朱熹所撰写的族谱序言，至少在三十不同姓氏的族谱中出现过。③ 在宋以后的许多民间族谱与相关文献的记载中，时时可见朱熹等宋儒们对于这些家族制度及其组织的影响，所谓"冠婚丧祭，一如文公《家礼》"，"四时祭飨，略如朱文公所著仪式"④。可以说，到了明清时期，宗族制度与乡族组织成为中国民间最为重要和坚固的社会结构形式。

到了现当代，特别是解放以后，有些学者从阶级演变与社会进化的角度

---

① 参见冯尔康等：《中国宗族社会》，浙江人民出版社 1994 年版。

② 朱熹：《家礼》卷一《通礼·祠堂》。

③ 参见笔者：《福建族谱》第五章"族谱的装饰与炫耀"，福建人民出版社 2009 年修订版。

④ 参见冯尔康等：《中国宗族史》第三章第二节，上海人民出版社 2009 年版，第 172—177 页。

来讨论中国的宗族制度与乡族组织,指摘了不少关于中国宗族制度与乡族组织的负面因素,并且预示中国的宗族制度与乡族组织必将随着社会的进步而逐渐衰落消亡。我却认为学者们的这种预测未免过于脱离中国的实际情况。当前中国乡村社会的发展出现的两种倾向值得引起注意,一方面,不少地方的家族组织和乡族组织得到不同程度的恢复甚至有所发展,另一方面,在许多传统宗族制度和乡族组织受到严重破坏有一时未能寻找可以与之替代的社会组织的乡村里,普遍出现了一种道德混乱以及社会无序的现象。这两种倾向的出现,正好从两个不同的角度说明了宋明以来中国宗族制度与乡族组织长期存在与民间基层社会的文化合理性。

宋代朱子学、理学演变到近现代,往往被人们讥讽为迂腐不堪、毫无实用的道德标榜,而注重实用的学人们,对于明清以来的所谓"经世致用"之学甚为欣赏。实际上,宋以来中国思想界所出现的"经世致用"之学,说到底仍然是一种形上思维,并没有真正实施的内涵与可能性。倒是宋代朱熹及其他理学家们所提倡的重构社会基层组织的设计与实践,在近千年的中国大地上,得到全面的实施与推广,甚至延伸到海外的华人群体之中。因此,抛开学术与政治上的偏见,如果要在宋以后中国的思想家里寻找真正实施于世的"经世致用"之学,那么,大概就只能是朱熹等宋儒们的这一主张了。

(二)从书生自许到道德经世的转变

朱熹的青少年时期,在其父亲以及崇安五夫刘氏等前辈的教育督导下,他经历了十分严格而又坚实的儒家文化的学习。复因为朱熹聪颖过人,天资卓越,在全面系统研读儒家经典的同时,他涉猎到道家、禅家的诸多著述,理解精到。年轻人的活跃思想,往往又是与天马行空式的浪漫主义色彩联系在一起的。因此,年轻时期的朱熹,当他在融会贯通儒、佛、道各家学说之后,却对于自在缥缈的道学和禅学产生了偏好。然而,朱熹最终走上了倡导道德教化、关怀社会的儒家之道,这是与他从书斋走上社会、经历了在同安和漳州的地方官之任所不能分开的。换言之,朱熹在同安、漳州的地方官任上的社会实践经历,促使了他在社会管理思想上的重要转型。

绍兴二十三年（1153，癸酉），朱熹24岁。春天的时节，他写下《牧斋记》，总结他三年师事道谦和以儒、老（道）、佛（释）谦谦自牧的心学修养和收获。标志着他的思想出入佛老盛极的高潮。五月，朱熹接到任命，动身前往泉州同安任主簿。途径南剑即现在南平的时候，遵照父亲朱松的遗愿，拜会了福建理学的二传弟子李侗。面对年轻气盛的朱熹，李侗虽然感觉朱熹学识广博，但发现他有浮躁而玄虚的学风。他规劝朱熹，日后要"去'圣经'中求义理"，要多看"圣贤言语"，从日用工夫处去理会"道"。对于李侗的规劝，朱熹似乎还没有十分的在意。

六月底，朱熹到达同安县，安顿在主簿廨西北的斋屋。他把自己燕居的西斋更名为"高士轩"，并作《高士轩记》。可以说，从这时起，年轻的朱熹从书斋走进了社会。朱熹除担任本职事务外，还参加修建城池的工程监工。从日常的政务中，他也逐渐见识了官场及社会的真实情况。深秋的一天，朱熹受知县之命督建同安城四角城楼。在秋风萧瑟的郊原里，看到隶役们个个饥饿不堪，身体瘦弱，他深感惭愧并产生思乡之念。为此写下《督役城楼》诗，体现仁者关怀社会的胸怀。

朱熹刚到同安，初涉仕途，颇想有一番作为，决心一本先儒教诲，涉足清流，力避官场丑恶风气，写下《濯足万里流》诗以自勉。十二月，朱熹听闻永春县事治理极佳，亲自前往向县令黄瑀取经，得其"敦礼义、厚风俗、戢吏奸、恤民隐"的经验。回来后，朱熹将县署的"佑贤堂"改名"牧爱堂"，体现他关心民瘼，爱护百姓的用心。

上任半年以来，朱熹已经对于下层社会的症结有所了解。为了缓和社会矛盾，他极力主张推行"正经界"，即理顺田地的占有关系，但遇到很大阻力，无法施行；又主张减免经总制钱，亦施行不得。他开始深切地感受到书本的理想与现实社会，存在巨大差距，因此感到苦恼。虽然如此，他还是在力所能及的范围内，反对税收与征调上巧立名目、横征暴敛，尽可能减轻民众的负担。

朱熹自己是个饱学之士，因此对于同安任下的教育格外重视。他发现当地生员学风不正，以习举子业为主，于是主动向知县请求兼领县学事，请任教谕。"莅职勤敏，苟利于民，虽老无悔。选秀民，克弟子员，身加督励。"（《朱子行状·实录》)。接手同安县学后,立即对其进行整顿,颁布《谕学者》、《谕诸生》、《谕诸执事》等文告,以规章制度严格管理生员。绍兴二十四年(1154)五月,朱熹在县学设立讲座,亲自讲授《论语》,作《讲座铭》。拨币重新修建四斋,分别取名为志道、据德、依仁、游艺。他还通过考试增补县学弟子人员,亲自制订策试方法。在他的主持下,当地学风出现明显的好转。这一年,他写下《四斋铭》、《鼓铭》、《策问》、《论语课会说》、《讲礼记叙说》等文章。绍兴二十五年(1155),朱熹在同安明伦堂左侧倡建"教思堂",在文庙大成殿后侧倡建"经史阁",收集县衙府中所有书籍归置阁中,共藏书1212卷,供学者和执事们观览。

朱熹参考典籍中的释奠仪式,考定形成全新的祭孔仪式,绘成《释奠仪图》,供县学执事、诸生观览。期间,朱熹在公务之余还考正《礼书》,编订《牧斋净稿》,作品有《臣民礼议》、《绍兴纂次政和民臣礼略》、《苏丞相记》、《射圃记》、《泉州同安县学官书后记》等。为了更进一步地激励同安县及周边的学子,朱熹倡立故相苏公相祠于学宫教思堂后,以彰显北宋名相、乡贤苏颂,令学宫弟子岁时拜祀。绍兴二十六年(1156),朱熹在县学建赵忠简祠,以祀故相赵鼎。

当时同安县所属的金门岛僻处海上,文教相对滞后,十年五月,朱熹一行在地方文士和学者的陪同下,往金门视察。他参谒了金门妈祖庙,并为之题写壁诗和对联。回程中在海上遇到风浪,有惊无险,给朱熹留下深刻的印象。回来后,作《五月五日海上遇风雨作》诗。金门至今仍保留多处朱熹的手迹。朱熹的金门之行,为金门后世文教的传承和发展,起到了无可替代的精神作用。在这段日子里,朱熹还到邻县的南安、晋江等县考察教化,数度走访石井、安海一带的书院和泉山书院等,为这些地方的文教事业作出了积极的贡献。

经过在同安县主簿任上的磨练,朱熹逐渐意识到儒家关怀社会的伟大意义。朱熹此时熟读《孟子》,收获甚大,自称"方寻得本意",开始动笔作《孟子集解》。期间,他从陈黯处得到《神正书》,为之点校并作序;又从谢良佐处得到《上蔡语录》,潜心研读。这一年,朱熹写下《漳州教授厅壁记》、《一经堂记》、《芸斋记》和《至乐斋记》等文。

　　绍兴二十七年（1157），朱熹在同安县的任满。在等待接替官员期间，住在陈良杰（北溪）之馆数月，将其居室命名"畏垒庵"。邀请朋友、学生同好学者同住，共同研究学问。这一年，朱熹除撰《畏垒庵记》外，还著述《论语》笔札十篇（即《论语要义》和《论语精义》稿本）。

　　朱熹在同安历时四年五个月，政绩良好，官民口碑极佳。"士思其教，民怀其惠．相与理祠于学宫。"（《朱子行状》）时至今日，在同安一带依然流传下来许多关于朱熹德政的故事。至于朱熹过化的其他地方，也无不留下难于磨灭的历史印记。①

　　朱熹在同安的四年县主簿生涯，固然为同安县及周边地方作出了诸多贡献，而对于他自己而言，更是从一个潜心学习于书斋的学人，在思想上进行了一次极为重要的升华，从而奠定了他的理学的基本世界观。也只有通过这次难得的经历，使他真正认识到李侗的真知灼见。在泉州整整半年的读经反思，终于从佛老中自拔出来走向儒者的觉醒。后来他曾对自己的长孙婿、弟子赵师夏谈到在泉南佛国读经反思的朦胧觉醒说："余之始学，亦务为笼侗宏阔之言，好同而恶异，喜大而耻于小，于延平之言，则以为何多事若是，心疑而不服。同安官余，反复思之，始知其不我欺矣。"② 因此，当他从泉州卸任回到闽北之后，最要紧的事情就是重新向李侗拜师。朱熹自拜李侗为师之后，可谓经历了一次他自称"尽废所学"的自我否定，完成了逃禅归儒的思想升华，世界观豁然开朗。从此他以一个儒者的道德情怀，坚持着对于"道统"的永恒追求。

　　朱熹在此期间思想升华的另一个方面，是他通过官场的磨练和社会的实践经历，使得认识到书斋之学必须与社会现实相互联系，才能更好地发挥其教化社会、匡正社会的积极作用。朱熹在穷荒蛮远的南国振兴儒学教育，表现出了他对整个传统儒学文化的现实地位和危机的一种敏感和深思，是在传统文化的初步历史反思下对士大夫直至整个民族的文化心理结构深层的一种朦胧透视和觉醒，开始意识到要重建儒家的人学以挽救封建衰世的人心，

---

　　① 以上见陈长根：《朱子行迹传》，海潮摄影艺术出版社 2007 年版。又陈荣捷：《朱熹》，生活·读书·新知三联书店 2012 年版。

　　② 赵师复：《跋延平答问》，（清）王懋竑撰《朱子年谱》卷一，文渊阁四库全书本。

所以他在主持县学教育中特别注重四书中的《论语》和五经中的《礼经》。一部《论语》包含了孔子仁学的人学,朱熹特别要借它来向利欲熏心的一代学子宣扬学在"为己"的理学说教,在繁忙的簿书生活中,他竟还是抽空到县学把二十篇《论语》从头到尾讲授了一遍。但朱熹认为南宋所以人心败坏,世风日下,不在于人们不识孔子的为己的仁学,而在于对这种仁学的入学知而不行,诵习而不践履,所以他又要借重《礼》来补充《论语》,弘扬儒家失落的实践理性,为诸生建立起一种实践的儒家仁学,也就是理学的人学。

朱熹在同安主簿的经历中,已经认识到端正社会风气,必须以儒家的"礼"作为准绳。他把"礼"解为"履",所谓"博学而详说之,将以反说约也。何谓约?礼是也。礼者,履也,谓昔之诵而说者,至是可践而履也。故夫子曰:'君子博学于文,约之以礼。'颜子称夫子亦曰:'博我以文,约我以礼。'礼之为义,不其大哉!"① 正是他独特的《礼》学思想,礼不仅是调整人际关系的规范,而且更是自我实践"仁"的现实之路,借助于礼,知与行得到了统一。南渡以来《礼》学的败落废弃超过他经,其中《周礼》、《礼记》几乎无人问津。朱熹在县学大力推行《礼》学教育,主要目的就是要用《礼》学来整顿泉南穷乡僻壤的士风和民风。他发布了《申严昏礼状》,严禁地方上的"奔诱"之风。县学的释奠仪不全,他便取《周礼》、《仪礼》、《唐开元礼》、《绍兴祀令》相互参考,自己订定写成《释奠仪图》,颁行于县。②

朱熹在同安县主簿任上所试行的把儒家经典进行社会践行的尝试,不仅使他从一个意气风发的书生理想升华为经世致用的道德寻求,同时也为他后来重新建构基层社会的道德与礼仪,建构民间家族组织等,进行了初步的尝试,无疑起到了引导性的作用。

(三)社会管理思想体系的形成与实践

朱熹从同安主簿卸任之后,由于其独立的人格与道德的坚持,不能与堕

---

① 《朱文公文集》卷七十四《讲礼记序说》。
② 以上见束景南:《朱子大传》第四章"儒家心态的迷失于复归",福建教育出版社 1992 年版。

落的官场同流合污,因此其仕途甚为不顺。这反而更激发了他对道德体系的宣扬和社会管理思想的建构。在长期的读书、著述、讲学以及接触基层社会的过程中,他对于社会的观察与理解日臻深刻,终于到了乾道六年（1170）朱熹41岁的时候,撰写完成了对于后世乃至日本、韩国等地影响深远的《家礼》一书。朱熹本人在《家礼》序中这样写道:

> 凡礼有本有文。自其施于家者言之,则名分之守、爱敬之实其本也,冠、昏、丧、祭仪章度数者,其文也。其本者有家日用之常体,固不可以一日而不修;其文又皆所以纪纲人道之终始,虽其行之有时,施之有所,然非讲之素明,习之素熟,则其临事之际,亦无以合宜而应节,是不可以一日而不讲且习焉也。三代之际,礼经备矣。然其存于今者,官庐器服之制、出入起居之节皆已不宜于世。世之君子虽或酌以古今之变,更为一时之法,然亦或详或略,无所折衷。至或遗其本而务其末,缓于实而急于文,自有志好礼之士,犹或不能举其要,而困于贫窭,尤患其终不能有以及于礼也。熹之愚盖两病焉,是以尝独观古今之籍,因其大体之不可变者而少加损益于其间,以为一家之书。大抵谨名分、崇爱敬以为之本,至其施行之际,则又略浮文、敦本实,以窃自附于孔子从先进之遗意。诚愿得与同志之士熟讲而勉行之,庶几古人所以修身齐家之道、慎终追远之心犹可以复见,而于国家所以敦化导民之意亦或有小补云。①

从这篇序文中可以看出,朱熹之所以撰写《家礼》,就是为了使上古的礼制得以传承,但是在宋代的现实社会里,又要有所更新,得以符合社会的实际而施行之。只有这样,才能达到“敦化导民”的真正效果。可以说,《朱子家礼》的问世,标志着朱熹关于社会管理思想建构的形成。

如果说从同安主簿任上对于社会管理、敦化风俗的初步实践,到十余年后《朱子家礼》的问世,朱熹完成了对于社会管理思想体系的探索与建构,那么到了绍熙元年（1190）朱熹61岁出知漳州,他在利用这里一年的时间,

---

① 郭齐、尹波点校:《朱熹集》卷七十五《序》,四川教育出版社1996年版,第3940页。以下所引均引自此版。

对于他的社会管理思想进行了一次比较深入的社会实践。虽然在此之前，他也曾经在江西南康、浙东一带担任过短期的官员，施行过诸如社仓、劝农的措施，又不时引导"乡人父老岁时集会，讲信修睦"等进行有利于基层社会敦化风俗的实践，但是毕竟受到其他公务的限制，未能实施进一步的实践。而到了漳州之后，他在任上实行了一系列的敦化风俗、重建基层社会道德的措施。

绍熙元年（1190）五月，即朱熹到漳州赴任的第二月，他就针对当时漳州民风健讼的恶习，发布了《漳州晓谕词讼榜》，榜文略云：

> 本州近准提刑行司判下词状，计二百四十三道。其间官吏违法扰民，事理彰著者，即已遵依送狱根治。其有关系一方百姓公共利害，而非一旦所能遽革者，亦已广行咨询，别行措置讫。其余词状，亦有只是一时争竞些少钱米田宅，以致互相诬赖，结成仇雠，遂失邻里之欢，且亏廉耻之节。甚则忘骨肉之恩，又甚则犯尊卑之分。细民如此，已足伤嗟。间有自称进士学生、宦族子弟，而其所诉亦不免此。此邦之俗旧称醇厚，一旦下衰至于如此，长民者安得不任其责？又何忍一切徒以柱后惠文为事，而不深求所以感发其善心者哉？……右今榜州门张挂晓谕，各令知悉。更请深自思惟，所诉事理或涉虚伪，或无大段利害，可以平和，即仰早生悔悟，降心相从，两下商量，出官对定。庶几有以复此邦忠厚醇朴之俗，革比年顽嚣偷薄之风，少安病守闵恻惭惧之心，仰副明使者循行荒远、宣布诏条之意。①

六月，为了端正民间丧礼，朱熹特晓谕所属吏员，率先示范守孝：

> 此邦僻远，声教未洽，乃有居父母之丧而全释衰裳，尽用吉服者。见之骇然，良用悲叹。自惟凉薄，无以瘉人。然幸身际盛时，目覩圣孝，今又得蒙误恩，使以承流宣化为职，敢不明布，以喻士民？自今以来，有居父母之丧者，虽或未能尽遵古制，全不出入，亦须服粗布黯衫、粗布黪巾，

---

① 《朱熹集》卷一〇〇《公移》。

系麻经、着布鞋,不饮酒,不食肉,不入房室。如是三年,庶几少报劬劳,勉遵礼律,仰承圣化。①

八月,朱熹颁布了《劝女道还俗榜》云:

> 本州日前官司失于觉察,民间多有违法私创庵舍,又多是女道住持……。盖闻人之大伦,夫妇居一,三纲之首,理不可废。是以先王之世,男各有分,女各有归,有媒有娉,以相配偶,是以男正乎外,女正乎内,身修家齐,风俗严整,嗣续分明,人心和平,百物顺治。降及后世,礼教不明,佛法魔宗乘合窃发,唱为邪说,惑乱人心,使人男大不婚,女长不嫁,谓之出家修道,妄希来生福报。若使举世之人尽从其说,则不过百年,便无人种,天地之间,莽为禽兽之区。而父子之亲,君臣之义,有国家者所以维持纲纪之具皆无所施矣。……今复详思,与其使之存女道之名以归父母兄弟之家,亦是未了为当,终久未免悔吝。岂若使其年齿尚少、容貌未衰者各归本家,听从尊长之命,公行媒娉,从便昏嫁,以复先王礼义之教,以遵人道性情之常,息魔佛之妖言,革淫乱之污俗,岂不美哉! 如云昏嫁必有聘定赍送之费,则修道亦有庵舍衣钵之资。为父母者随家丰俭,移此为彼,亦何不可? 岂可私忧过计,苟徇目前,而使其男女孤单愁苦,无所依托,以陷邪僻之行、鞭挞之刑哉? 凡我长幼,悉听此言,反复深思,无贻后悔。②

其后,朱熹对敦化漳州地区的民间风俗,进行了较为全面的劝谕。他在《揭示古灵先生劝谕文》中写道:

> 为吾民者,父义,能正其家;兄友,能养其弟;弟敬,能敬其兄;子孝,能事父母。夫妇有恩,贫穷相守为恩。若弃妻不养,夫丧改嫁,皆是无恩也。男女有别,男有妇,女有夫,分别不乱。子弟有学,能知礼义廉耻;乡间有礼,岁时寒暄,皆以恩意,往来燕饮,序老少坐立拜起。贫穷患难,亲戚相救,借贷财谷,昏姻死丧,邻保相助,无堕农桑,无作盗贼,无学赌博,

---

① 《朱熹集》卷一〇〇《公移·晓谕居丧持服遵礼律事》。
② 《朱熹集》卷一〇〇《公移》。

无好争讼，无以恶凌善，无以富吞贫，行者逊路，少避长，贱避贵，轻避重，去避来。耕者逊畔，地有畦，不相争夺。班白者不负戴于道路，子弟负重执役，不令老者担擎。则为礼义之俗矣。

以上同保之人今仰互相劝戒，孝顺父母，恭敬长上，和睦宗姻，周恤邻里，各依本分，各修本业，莫作奸盗，莫纵饮博，莫相斗打，莫相论诉，莫相侵夺，莫相瞒昧，爱身忍事，畏惧王法。保内如有孝子顺孙、义夫节妇，事迹显著，即仰具申，当依条旌赏。其不率教者，亦仰申举，依法究治。自余禁约事件，仍已别作施行。各宜遵守，毋至违犯。[①]

朱熹撰写的《劝谕榜》中，更加细化了对于敦化风俗的条文：

今具节次施行劝谕事目如后：

一 劝谕保伍互相劝戒事件：仰同保人互相劝戒，孝顺父母，恭敬长上，和睦宗姻，周恤邻里，各依本分，各修本业，莫作奸盗，莫纵饮博，莫相斗打，莫相论诉，孝子顺孙、义夫节妇事迹显著，即仰具申，当依条格旌赏。其不率教者，亦仰申举，依法究治。

一 禁约保伍互相纠察事件：常切停水防火，常切觉察盗贼，常切禁止斗争。不得贩卖私盐，不得宰杀耕牛，不得赌博财物，不得传习魔教。保内之人互相觉察，知而不纠，并行坐罪。

一 劝谕士民，当知此身本出于父母，而兄弟同出于父母，是以父母兄弟天性之恩至深至重。而人之所以爱亲敬长者，皆生于本心之自然，不是强为，无有穷尽。今乃有人不孝不弟，于父母则辄违教命，敢阙供承；于兄弟则轻肆忿争，忍相拒绝，逆天悖理，良可叹伤。宜亟自新，毋速大戾。

一 劝谕士民，当知夫妇婚姻，人伦之首，媒妁聘问，礼律甚严。而此邦之俗有所谓管顾者，则本非妻妾，而公然同室。有所谓逃叛者，则不待媒娉，而潜相奔诱。犯礼违法，莫甚于斯。宜亟自新，毋陷刑辟。

一 劝谕士民，乡党族姻，所宜亲睦。或有小忿，宜各深思，更且委曲调和，未可容易论诉。盖得理亦须伤财废业，况无理不免坐罪遭刑，终必

---

① 《朱熹集》卷一〇〇《公移》。

有凶,切当痛戒。

一 劝谕官户,既称仕宦之家,即与凡民有异。尤当安分循理,务在克己利人。又况乡邻无非亲旧,岂可恃强凌弱,以富吞贫?盛衰循环,所宜深念。

一 劝谕遭丧之家,及时安葬,不得停丧在家及攒(歹)寄寺院。其有日前停寄棺柩灰函,并限一月安葬。切不须斋僧供佛,广设威仪,但只随家丰俭,早令亡人入土。如违法,依条科杖一百。官员不得注官,士人不得应举。乡里亲知来相吊送,但可协力资助,不当责其供备饮食。

一 劝谕男女,不得以修道为名,私创庵宇。若有如此之人,各仰及时婚嫁。

一 约束寺院,民间不得以礼佛传经为名,聚集男女,昼夜混杂。

一 约束城市乡村,不得以禳灾祈福为名,敛掠钱物,装弄傀儡。……①

漳州所属的龙岩县,地处偏僻山区,官民政令隔阂,教化不畅,"龙岩一县地僻山深,无海乡鱼盐之利,其民生理贫薄,作业辛苦。州府既远,情意不通,县道公吏又不究心拊摩,躬行教化,往往多差公人下乡骚扰,及纵吏人因事乞觅,不遵朝制,不恤刑狱,不能分别是非曲直,致使其民不见礼义,惟务凶狠,强者欺弱,壮者凌衰。内则不知有亲戚骨肉之恩,外则不知有闾里往来之好,习俗薄恶,已足叹伤。至其甚者,则又轻侮官司,公肆咆哮,把持告讦,无所不至。"为此,朱熹还特地为龙岩先民撰写了《龙岩县劝谕榜》,以敦化这里的民间风俗,该榜文略云:

右今榜龙岩县管下,遍行晓谕上户豪民,各仰知悉。其有细民不识文字,未能通晓,即请乡曲长上详此曲折,常切训诲。要使阖县之人常切思念,既为王民,当守王法,自今以后,各修本业,莫作奸盗,莫恣饮博,莫相斗打,莫相论诉,莫相侵夺,莫相瞒昧,爱身忍事,畏惧官司,不可似前咆哮告讦,抵拒追呼,倚靠凶狠,冒犯刑宪。庶几一变犷悍之俗,复为礼

---

① 《朱熹集》卷一〇〇《公移》。

义之乡,子子孙孙,永陶圣化。……①

从以上所引可以看出,朱熹在漳州任上所推行的社会管理教化,涉及国家与民间、官府与民众、乡党姻族、家庭父子兄弟夫妻、邻里互助等的关系,以及婚丧礼仪、务本安业、守正祛邪、端正信仰等各个方面的风尚习俗问题。这些问题,基本涵盖了宋代民间社会的主要内容,同时也是他在《朱子家礼》中所要建构规范的主要内容。在漳州短短一年的时间里,朱熹把自己所建构的社会管理思想进行了实践,加上他一如既往地整顿学校,培育士人、士风,取得了良好的社会效果。朱熹离任后,他的漳州籍弟子陈淳描述了他的这段经历时说:

> 先生在临漳,首尾仅及一期。以南陬敝陋之俗,骤承道德正大之化,始虽有欣然慕,而亦有谔然疑,哗然毁者,越半年后,人心方肃然以定。僚属厉志节而不敢恣所欲,仕族奉绳检而不敢干以私,胥徒易虑而不敢行奸,豪猾敛踪而不敢冒法。平时习浮屠为传经礼塔朝岳之会者,在在皆为之屏息。平时附鬼为妖,迎游于街衢而掠抄于闾巷,亦皆相视敛戢,不敢辄举。良家子女从空门者,各闭精庐,或复人道之常。四境狗偷之民,亦望风奔遁,改复生业。②

现代有些学者对于朱熹在漳州实践其社会管理思想的实际效果抱有怀疑态度,认为"这都是暂时的,一到朱熹离任北去,一切又向旧态复归了"③。其实,学者们的这种评述,忽视了朱子社会管理思想的深远历史影响。时至今日,在闽南等朱熹当年任职及游历所到之处,无不以当年"朱熹过化"而自豪,闽南等地区因而被世代民众称之为"朱子过化之乡"。朱熹在同安、漳州所实践的社会管理、敦化风俗的举动,其在闽南的影响所及,依然处处可见。我们突破闽南乃至福建的界限,宋代朱熹所建构起来的民间社会组织与礼俗,如乡族组织、家族制度、婚丧节日礼仪、待人接物礼仪,等等,也无不在

---

① 《朱熹集》卷一〇〇《公移》。
② 《朱子语类》卷一〇六。
③ 束景南:《朱子大传》,福建教育出版社1992年版,第814页。

相当程度上影响至今。虽然说,宋代朱熹及其他理学家们所建构的社会管理思想体系,有些已经不能适应于当今的社会,这也正如朱熹当年撰写《家礼》所指出的那样,上古的儒家礼仪,到了宋代也有继承和更新的必要。古今文化传统的继承和发扬,本来就是一种"扬弃"的过程。但是我们不能因此就忽视了宋代朱熹等理学家们对于中国社会管理及其礼仪规范建构的杰出贡献。假如我们今天还是把对宋代朱子学和理学的研究,局限在哲学的义理层面,那么这种学术研究不仅是片面的,同时也是脱离社会实际的。显然,全面系统地从道德倡导与社会构建两大体系来重新思考朱子学及宋代的理学,是今后深入推进朱子学研究的必经之路。

四、朱子对明清时期福建书院的影响及其变异

（一）

　　明清时期福建各地成立的书院，几乎没有不受到朱子的影响的。举创立于清代末期光绪十六年（1890），因光绪三十一年（1905）清廷废止科举制度，仅存世十五年的福建南安县诗山书院为例。南安诗山书院虽然存世不久，但在其创办初成，首任书院总董、清举人戴凤仪就仿古志书的体例，网罗厘订，编辑刊印了《诗山书院志》十卷。书院志编辑完成之时，敦请时任福建督学使者南海戴鸿慈和泉州府知府番禺金学献撰写序文。戴、金二人在序文中均突出了朱子对书院的重大影响力。戴鸿慈的序文写道：

　　诗山居南安北隅，为唐欧阳博士生长之区，在宋，朱子尝过化焉。民务耕凿，士勤铅椠。曩者，里人拟成书院而未果。光绪庚寅之岁，戴敬斋中翰慨念前绪，力任其艰，与二三同志为之置学舍，购书田，筹廪膳，逾年而阙事成。由是丹青奂轮，巾卷匝序，岁科两试，游庠食饩者多出其间，盖彬彬乎有俎豆衣冠之盛矣。爰仿古志书之例，网罗厘订，自《形胜》迄《艺文》，都为十卷，以永其传。而《名训》一编，于朱子教人之法纂辑尤备。欲业其中者服膺至教，相期于明体达用，而无或俪规错矩以入

于邪,其励学之意甚厚无穷也。……光绪庚子九月,福建督学使者南海戴鸿慈谨序,黄挗扶谨书。

金学献的序文云:

> 诗山为闽南胜区,在泉之南安十一都,乃唐博士欧阳四门发祥之地,亦朱子过化之乡也。戴敬斋中翰世居山麓,惩失泉俗骁悍,习于私斗,强渔弱,大陵小,鲜识礼让。而彼都人士去县治丰州书院道里窎远,莫与甄陶,乃倡捐巨资,就山头乡朱子祠拓为诗山书院,并为置书田,罗子史,缮规条。虑久而废弛侵蚀,复为搜志十卷,以谂来者。壬寅冬,余来守清源,中翰袖所辑《诗山书院志》索序,余受而读之。至《名训》一篇,乃知中翰拳拳于先贤先儒修身穷理之学,教人养士之方,志在易俗兴贤,非徒沾沾于科举荣名者。规制完美,体例精详,中翰诚有心世道人哉。特是方今功令岁科乡会,舍制艺而从事策论,兼试西国政教、工艺诸学矣。学问之道,原视风尚为转移,古人读书难,今人读书尤难。不博古无以通今,不达时亦无以应变。然不于修身穷理,端其本,终无以成远到之器,跻君子之林。尤愿主持文教者惩宿弊,励真修,正本澄源,时举《名训》一篇相诏勉。庶多士超然科举之累,乡学得媲三代之隆,士号通儒,民敦善俗,用副中翰绻绻初衷,毋徒以桂杏藻芹,矜育才之盛,夸志乘之光,是则余之所深望也,故乐为之序。光绪壬寅季冬之月,泉州府知府番禺金会学献顿首拜序,壬寅补科举人晋江黄鹤顿首拜书。

在这两篇序文中,都强调了书院传承朱子的重要性。所谓志者史也。无论是地方志书,还是书院庙宇志书,一般而言,都是记录该地方或该书院庙宇的以往事迹。但是南安《诗山书院志》则有所不同。与其说是记录书院的史迹,倒不如说是制订日后书院遵循的规制更为切合事实。而在这新制订的书院规制中,朱子理所当然地被放置在最重要的位置。如在卷首中,收入三幅哲人的画像,其中两幅是朱子的,即"朱子遗像附朱子自题铭语"和"朱子后像附诸贤赞语",另外一幅画像是唐代泉州的明人欧阳詹。在卷二《列传》中,《朱子列传》同样放在首位,字数长达一万五千余字,是全书字数的

1/10。在卷六的《祀典》中,一共有三祭文:祭朱子文、祭欧阳先生文、祭关帝暨开闽王后土神文。在卷八的《名训》中,共列有十五条名训,其中十三条是朱子的,其他两条是欧阳詹的《暗室箴》和《陶器铭》。在这十五条名训中,《朱子小学题辞》置之首篇。《诗山书院志》戴凤仪在《朱子小学题辞》末尾写道:

> 仪按:朱子《小学》一书,示人以读书阶梯、做人模样,实与《鲁论·弟子章》相发明。学者非将此全书熟读体认,则无以收放心、养德性,而正一生之学术。是《小学》者,《大学》之基址,即正学之权舆也。……可知训蒙之法,必先从事于《小学》,以清其源,使浊流不得而混。然后《四书》、《六经》、《近思录》之精奥可渐次而通,善人、君子、圣人之堂室可渐次而入。许鲁斋所以终身敬之如神明也。但其书分内、外二篇,三百八十五章,欲尽登诸志,每苦繁多。题辞则提纲挈领,体用兼该,叶以韵语,尤便诵读。爰录于《名训》之首,俾学者得因一端而究全书云。①

戴凤仪在引述了朱子十三条之后,再次强调朱子德道文章的重要性,所谓:"考考亭著作浩多,如集注、或问、易本义、近思录、文集、语类诸书,均足开万古之群蒙。兹录十数篇,仅堂室之一隅耳。然学者奉是而讲明之,践履之,则升堂入室,无可以此为层阶矣。是所望于有志者。"②

从《诗山书院志》的一系列记述中,我们可以领略到即使是到了清代末期,朱子在福建民间书院中的影响力,都是无可替代的。该书院所建立的各种规制及课本,几乎都是源于朱子的教化理念。我们从清代末期福建南安县诗山书院的这一例子中,足于想象朱子对于福建明清时期书院的深刻影响。

(二)

福建各地书院之所以推崇朱子,以朱子为楷模榜样,当然是出于朱子的

---

① 光绪《诗山书院志》卷八《名训》。
② 同上。

道德文章及其教化，以朱子道德的力量，培育后代，淳化社会。《诗山书院志》
对此说得十分明确：

> 今日庠序之教微矣，圣贤之道熄矣。天地生人，岂无一二魁然特出
> 之材，而科举溺人，自少迄壮，菲史枕经，父师只令其猎辞章，袭声调，以
> 为弋取料名利禄计，无复有道德仁义之规。又际此海氛不靖，异教庞杂，
> 濒海士习泯泯棼棼，罔归于正，使不亟诱以先师训语，则士习之愈趋愈
> 下，伊胡底也。诗山文物虽蕃，而志道者鲜，且恐庞杂之教，或渐入而阴
> 贼吾道，用是敬录考亭、四门之名训，以勖多士。由蒙养以至成德，次第
> 犁然。想诸翘秀瓣香先哲，必能希踪先哲，不至囿于浅近，惑于异端，以
> 自阻其极板登峰之路也。①

在我前引的泉州府知府番禺金学献所撰写的序文中，同样也有类似批评科举
的言论："先贤先儒修身穷理之学，教人养士之方，志在易俗兴贤，非徒沾沾于
科举荣名者。"《诗山书院志》特别提到科举制度对于德道教化所起到的破
坏作用，因此希望通过朱子榜样的力量，对于社会教化与世风有所矫正。然
而社会的现实是，"学而优则仕"的观念是根深蒂固的，学子们进入书院，一
方面学习先贤的道德文章，修身养性，充实自己的人格。而在另一方面，进入
书院的一部分学子，最终是要走上科举之路的，对于功名仕途的追求同样是
他们的最终追求。于是，在社会现实的刺激下，原本设计较为纯净的书院，也
不能不逐渐有了功利的色彩。这体现在书院的设置上，许多书院在后续的建
筑中，慢慢地增添了"文昌阁"、"魁光阁"、"奎光阁"一类祈拜司掌文章
功名之神的场所。

位于福州郊区的"龙津书院"，亦称"朱（子）祠"，始建于明代万历年
间，由当地士绅董应举、郭心山等董其事。清代同治三年（1864）重修时，增
设了"奎阁"，并且制订了奎阁祭典及经费筹集等措施。《龙津书院志》记云：

> 奎阁二诞定例各七千，取于各渡礼。如有歉数，系理事凑足，先期交

当祭预备祭品,数列后。朱子诞,理事于祠租内拨出七千,预备祭品。数
列后。……奎阁二诞,(文昌)帝君二月初三,魁星八月十五。朱子二
祭仍旧春秋季丁,朱子诞九月十五。……朱祠主道学,奎阁主科名,一切
求福禳灾等事,理事饬祠丁严行禁止。……一理事饬祠丁应用草柴安置
边间,毋得擅置奎阁、朱祠等处,恐防火烛。一奎阁二诞当祭于酒,半席
上每人颁寿桃三只。朱子二丁当祭于酒,半席上每人颁丁饼四只,理事
之于朱子诞照奎阁之例。①

在这个"规例"里,书院明确提出了"朱祠主道学,奎阁主科名"的概念。
为了保证朱祠和奎阁每年祭典的顺利进行,龙津书院还屡屡贴示谕告,督促
应税的船户按期如数交纳祭银。该谕告云:

> 管理龙津书院事务,为严谕亭头道各船户知悉,吾里龙津书院崇祀
> 先贤,历有年所。经前巡抚部院吕奏拨亭头道渡税银永为春秋祀典,例
> 载先期交里之绅衿办理各祀典在案。本二月初三、八月十五系祠内奎阁
> 神诞,各船户限本□□日以前,照例于全年上季内应先交一半,交外更
> 剩一半,如数交讫,毋得拖欠误公。如敢任意违延,致误公事,势必行单
> 知会阖里绅衿,禀请地方官严追究治。事为大典攸关,决难从宽姑贷。
> 先此谕知各船户,毋贻后悔。此谕。计开:
> 马尾渡全年十六千,应先、再交八千。
> 馆头渡全年五千,应先、再交二千五百。
> 长乐渡全年一千四百,应先、再交七百。
> 琅琦渡全年一千,应先、再交五百。
> 潭头渡全年四百,应先、再交二百。②

从这些记载中可以知道,清代后期的朱子书院中的奎星崇拜,已经获得了与
朱子同等的祭祀资格。或许,在书院中读书的学子的潜意识中,奎光阁一类
司掌功名利禄的神灵,对于自家的前途,可能更为重要与实际。清后期同治

---

① 光绪《龙津书院志》,《规例》。
② 光绪《龙津书院志》,《绅谕》。

十年、十一年间（1872—1873），福建巡抚王凯泰等人在福州原西湖书院旧址新建"致用"讲堂。西湖书院原先亦有"文昌阁"之设，文昌阁前楹联由清状元林枝春撰写，该楹联即道出了学子们的这种心思："可知星象元司命，岂但文章始点头。"①

福州的"鳌峰书院"，创建于清代前期康熙年间，由时任福建巡抚张伯行倡导而立。鳌峰书院号称清代福建省的第一书院，其生员遍布闽台各地，科举辈出，许多著名人物如林则徐、梁章钜等，均出自该门下。书院开设之处，专祀朱子等道理先贤。但是到了清代中期的乾隆年间，在这里读书的学子们，私下筹款建造了"文昌阁"。《鳌峰书院志》卷二有"文昌阁"条记云：

> 文昌阁，按阁初名奎光，建自乾隆十七年，尚为士子私祀。至嘉庆六年奉旨直省府州县各建祠崇祀春秋，列入祀典。春祭以二月初三日，秋祭部岁颁行云。②

《鳌峰书院志》的这则记载很值得注意，即在清代中期，在书院之旁增设奎光阁、文昌阁一类的神灵，基本上属于学子们的"私祀"。但是到了嘉庆六年之后，文昌阁、奎光阁之类的祭祀，已经被政府正式列入祀典，成为书院中的"公祭"。这一演变变异过程，或许与文庙中附祀文昌帝君、魁星一类的规制形成过程，有相互类似于相互影响的因素吧？

终清代之世，朱子书院及其他福建书院中虽然有拜祭文昌帝君、奎星之神的，但是还没有发现把朱子本尊作为功名利禄之神来崇祀的。到了近年，在福建的少数地方，朱子本尊也有逐渐演化为司掌功名利禄之神者。我曾经在福建漳州南靖县从事田野调查，发现在金山乡鹅髻山鹅仙洞附近有朱子读书处。金山鹅仙洞自然风景区位于国道319线126公里处（距厦门120公里），雨林、峭壁、云海、蝶群是它的四大特色，以奇险峻秀、空灵清幽闻名于世，是闽南著名风景区之一。风景区里有一座青山，形如金字，奇峰突起千仞，石壁嶙峋险峻，山尖有巨石为鹅冠，因山顶象鹅髻，故名鹅髻仙峰，是南靖

---

① 同治《致用堂志略》，《图记·文昌阁楹贴》。
② 嘉庆《鳌峰书院志》卷二《祠祀》。

南靖县鹅髻山的朱子讲学处

朱子讲学处之旁盖起朱子、文昌帝君、奎星庙

八景之首。南宋绍熙年间，朱子任职于漳州，曾经到鹅仙洞游览并讲学，后人为了纪念朱子过化之功，石刻其间，因而留有胜迹。改革开放之后，随着高考竞争的激烈，有人又在石刻福建盖上小庙一座，里面供奉有三尊神像。居中的神像是朱子，左边比较清秀者，是文昌帝君，右边黝黑者，是奎星。在三神像之上，悬挂着一些酬谢的牌匾，酬谢朱子先生及文昌帝君、奎星等保护某某子弟考上大学、研究生等等。

福建朱子书院及其他书院的这种变异，大概连朱子本人也一定始料不及吧！虽然说初创书院者大多从道德教化的角度强调它的社会功能，而非专注于功利性的功名仕途。戴鸿慈在序文中说："其自一郡一邑以至一乡，皆得踵其制而乐育之，非所以造就乎人材而不以广狭殊者耶！自功利中于人心，士之趋于获捷者众，所习非所用，所教非所求，疲精敝神以祈效乎帖括之一途，其余则竞声律、工楷法，沾沾自喜者皆是也。先王之教士之遗意渐淡焉！而忘所由来，而乘其敝者乃得挟其不经之说，以簧鼓天下，张其焰，足以畔道而离经；充其害，遂至伤风而败俗。议者谓名为储才，而实储不才。至欲举学校之制，荡涤而廓清之，毋亦言之过激而未得其方欤！然则居今日而

实事求是,亦惟明其意俾勿漓,整其规俾勿堕而已。"① 金学献在序文中也一再批评时风之敝:"学术之弊,莫盛于制科。……降及后世,改设制科取士,后器识而先文艺,忘实践而尚浮辞,利禄中于人心,上以是求,下即以是应,士风日陋,士趣日卑,遂不可问。昔朱文公慨学校之不修、正学之不明,俗士溺于利禄荣名之日深也,喟然曰:'居今之世,虽宣尼复生,亦不免应举。非科举累人,人累科举耳。若高见远识之士读圣贤书,据所见为文,得失置之度外,虽日应举而不累。'至哉言乎,可以针俗学之膏肓矣。……乃今者,直省郡县书院如林,选名区,构精舍,庋书籍,置租田,规模固犹是也。而拥皋比者,虚有主讲之名;怀铅椠者,曾无请益之实。惟官师月课竞投尘羹片帙而已。以视郡县诸学虚縻饩廪,师若弟漠不相识,相去几何? 且问其所造就者,罔非俗学之士也。所训课者,则仍应举之文也。偶有翘然杰出之士,要不过工诗歌、精六法,旁涉泛鸳,标榜声誉以相高。返诸昔贤构院作人本旨大相刺谬矣!"②

————————

① 光绪《诗山书院志》卷首,戴鸿慈序文。
② 光绪《诗山书院志》卷首,金学献序文。

　　从以上所引可以看出，无论是宋代的朱子，还是清代末期的戴鸿慈、金学献等人，他们对于学子为科举功名所吸引的弊端都是十分清楚的，他们也很希望能够借助书院及前贤的力量和感召力，改变这一状况，使得书院的教育回归到道德教化的根本之上。但是这种努力往往是徒劳的。时至今日，科举制度已经改变为所谓的现代科学教育，但是进身大学特别是著名大学对于学生们日后的事业，依然至关重要，这样一来，作为道德教化的典范朱子，就不能不在某种场合转化为司掌当代高考的命运之神了。这种历史的变异，也许就正如朱子自己所说过的那样："居今之世，虽宣尼复生，亦不免应举（试）。非科举（高考）累人，人累科举（高考）耳。"

五、从文化传承的视野来评价林则徐的伟大历史贡献

林则徐是被近现代学者尊称为"睁眼看世界的第一人"的伟大历史人物。一百多年来,林则徐作为中华民族优秀儿女和杰出英雄的代表之一,受到人们的敬仰。学界更是不遗余力地从林则徐的个人品德、爱国情怀、为官治平、抵御外侮、图强变革等各个方面,论述了他的丰功伟绩与深远影响。近些年来,少数人出于标新立异以博一己之名的目的,无端对生在一百多年前的林则徐有所苛责,例如指责林则徐不懂"国际法"、在与西方商人的交往中里外不一等。这种指责,已经远远超出了历史学本应恪守坚持的"把历史人物事件放到当时的历史环境条件中去考察研究"的基本原则,不适合与之进行学术的讨论。然而,我们也似乎应该意识到,经过一百年来对于林则徐的热点讨论,如何在以往卓有成效的研究成果的基础上,把林则徐的学术研究,推进到一个更高的层次,无疑还是应当引起我们思考的。我认为,从中华民族文化精神传承的视野中来考察林则徐的伟大历史贡献及其地位,或许是我们今后可以努力探索的一个方向。

(一)

我们要探讨林则徐在中华文化传承历程中的历史贡献及其地位,首先有

必要对近千年来中华民族主流文化的演变过程做一简要的回顾。

众所周知,唐宋时期是中国封建社会发展历程中的重要转折时期,近代史家往往把这一时期称之为"唐宋变革时期"。一方面,唐宋时期社会转型及其变革的一个重要方面,是整个社会的"平民化"或"市场化"程度的推进,汉唐及之前的诸侯门阀士族的社会结构已经不复存在,与之相适应的"宗法"世袭体制也分崩离析,失去了其存在的社会基础。另一方面从文化精神演变的进程看,儒家知识分子赖于坚守的文化精神"道统",受到了唐代后期藩镇强权政治的猛烈冲击,一度式微。在这样的社会文化背景之下,宋代许多有着强烈社会责任感的知识分子特别是理学家们,以恢复所谓儒家"道统"为己任,根据这一新的时代特征,为当时的国家、社会和个人,都设计了深具儒家传统的道德标准,同时也为宋代的社会重构和组合设计出了诸如宗族制度与乡族组织一系列的蓝图。

这其中,朱子学的出现是一个划时代的文化标志。朱熹其在世时是以清议的本色而屹立于闽中的。南宋时期,中央政府偏安于半壁江山,政治、军事、思想、文化学术,均弥漫于腐败昏庸之中,以朱熹为代表的一批福建学人,目击国家的衰败与世道的沉沦而痛心疾首。他们著书立说,批评朝政,很快引起了国内正义之士的注目与拥戴,而朱熹本人也成了一些当权者的眼中钉,被斥为"伪学",屡屡遭到政治迫害。朱熹的学术思想虽然摆脱不了"托古改制"的老路,但是他那种敢于突破不合理的传统,敢于面对权贵,坚持自己的道德标准而与当权者相抗衡的性格,全力重新建构"政治文化"与自身"内圣"修养的尊严而可贵的"道统",这种"道统"为当时的社会政治文化增添了许多不可忽视的积极因素,从而是把宋代理学家的道德理想,推进到极致的顶峰,成为宋代理学的"集大成者"。朱子学的形成,可以说是对中华优秀文化的传承起到了承先启后的伟大贡献。而这种反思与自觉的核心,就在于勇于突破旧的文化传统思维,创新出一整套足于指导并适应南宋社会文化发展的新学说。学说的创新性,势必与旧的体制发生严重的冲突,这既是朱熹本人屡遭厄运的根源所在,同时也充分说明了他的创新学说对于当时社会政治体制的冲击以及对于后世文化的重大启迪意义,标志着中华主流优秀文化在宋代的传承与弘扬。

但是，以宋代朱熹为代表而极力推行的这种尊严而可贵的"道统"，到了明清时期演化成为统治者的政治意识形态之学，这对理学、朱子学本身而言，并不完全是件好事。统治者需要理学、朱子学来维护自己政权统治，势必对原有的理学、朱子学有所取舍、有所改造。特别是随着明清时期皇权专制体制的强化和官僚阶层奴庸化的加剧，朱子及理学家们所提倡的勇于坚持士人气节的义理观，基本没有被实施实践的可能性。朱子学、理学的"义理"、"气节"主张，基本上成了政治上的一种"摆设"，从而也给后世带来了诸多的负面影响。[①] 朱熹生前历经磨难，身后却备受推崇，被明清统治者奉为理学正宗，支配中国思想文化界达六七百年之久，这正如我们在前面所言，是出于后世统治者的政治需要，与朱熹坚持批判创新的人文精神毫不相干。

当宋代理学与朱子学在明清时期日益成为统治者的政治意识形态之学并且日趋保守的情况下，明代李贽卓吾之学的出现，是继宋代理学与朱子学之后的又一个思想文化的新突破。明代后期卓吾之学的出现同样也不是偶然的。研究明清历史的学者普遍认为，明代中后期是中国封建社会晚期发展历程中的一个重要转折时期。这一时期的基本特征是随着农业、手工业生产的进步，商品市场经济得到空前的发展。其在国内，商品经济的发展，使得大量的基层商业市镇不断涌现，并且形成了许多带有地域经济特色的商帮集团。其在海外贸易方面，私人海上走私贸易已经超越传统的政府朝贡贸易体系。随着15、16世纪西方殖民者对于海外市场的探寻与开拓，东西方的商业贸易日趋密切，形成了所谓的"大航海时代"。在这样的新的世界贸易格局形成过程中，东南沿海一带特别是福建沿海的海商集团及其贸易活动，已经日益参与到世界贸易的网络之中，成为中国东南地区社会经济发展的一个新的动力。毫无疑问，在这样的社会环境之下，李贽及其学说的出现，就不单单是其个人的学识修养问题，而是体现了时代变迁的一种全新的文化思考。

明代中叶以后中国的社会经济特别是商品经济发展到一个新的阶段时，中国的思想文化界出现了一股反思传统理学、追求个性解放的思潮，其中最具代表性的人物就是福建泉州的李贽。李贽出身于一个典型的汉回结合的

---

① 参见笔者：《唐宋变革与明清实践——以朱子学、理学为例》，《厦门大学学报》（哲社版）2014年第3期。

商人家庭,从小在沿海浓厚的海商气氛中受到熏陶。作为一个进步的思想家,他敢于冲破当时传统观念的束缚,卑孔叛圣,对传统儒家经典著作采取批判态度,重新评价历史人物,提倡童心,要求思想解放,这对于中国传统政治道德的"禁锢人心"是一个大胆的冲击,在严密思想封锁的历史长流中,迸发出一股活泼、开朗、新鲜的时代气息。我们在上面论述到朱子学的宝贵人文遗产之一是宋儒们对于民间社会规范秩序的建构,道德义理的实施应当更为扎实地在民间社会得到推广。其实我们从李贽的著名的尊重个体的人本主义以及"穿衣吃饭即是人伦物理,除却穿衣吃饭无伦物矣"等的论述中,已经可以看到两位不同时代哲人对于民间社会及其伦理文化的高度重视。从这点上我们也许可以说,朱子学与卓吾之学是相通的,而不是相悖论的。李贽在明代后期所向往的社会及其道德属性,是一个充满着人性自然与本真心境的更加庶民化的理想国。可是令人遗憾的是,李贽等人的这种新的人文思想,并不能在当时的时代里得到顺利的滋长,李贽本人被迫害致死。但是他的影响却在外国或在数百年后的祖国发挥进步作用。日本明治维新运动的先驱吉田松阴,自谓在生死观上颇得力于李贽《焚书》的启发,在日本民主革命中发挥一定的作用。后至"五四"运动时期,吴虞等人也曾引用李贽的学说作为反传统斗争的思想武器。[①] 这一切都说明了作为福建人的李贽,有着极为执着而深远的创新求变的人文精神性格。这种创新求变的人文精神,虽然不容于专制体制日益严密的明清社会,但是他所具有的超越时代的敏锐学识,却为后世留下了许多足于思考与借鉴的宝贵文化遗产。每到中国社会即将出现重大变革的时候,敏锐的文化思想家和革命家们,都会想起李贽之学的重要性,试图从卓吾之学中寻找社会变革的文化精神养分。

清代中后期,中国的传统社会,特别是政治与思想体系,进入日益衰败的没落阶段,而西方殖民主义者则以其资本主义的新兴力量,用船坚炮利打开了中国的大门,古老的帝国遭遇"数千年未有之巨变",进入到"苦难深重"的危急关头。在暮气沉沉的中国文化思想界,同样也迸发出少量极为可贵

---

① 参见傅衣凌:《明清社会经济史论文集》卷一"论明清社会的发展与停滞",人民出版社1982年版。

的、勇于创新探索的儒者,而这在有数的儒者中,福建籍的知识分子们无疑是开风气之先的一个重要群体。福建一直是中国与海外交通的一个重要窗口,一座沟通中国文化与海外文化的桥梁。鸦片战争后,注重经世致用的福建知识分子,最早意识到打破墨守成规、抱残守缺文化思维的急迫性和向西方学习的必要性,很快把注意力从关心国内问题转向关注外交关系,注重研究西洋国家,大胆宣扬具有世界眼光的文化思想启蒙之学。探索从中国传统文化格局中脱颖而出,寻求图强救国、文化维新的民族复兴之路。这些勇于披荆斩棘向前探索的知识分子们,在中华优秀主流文化的传承之路上,树立了划时代的伟大丰碑。

我们在简要地回顾了自宋代以来中华民族主流文化的演变历程后,就可以清楚地了解到,宋代理学与朱子学、明代后期的卓吾之学,以及清代后期的文化思想启蒙之学,是中国封建社会中期后文化传承的主要脉络,他们的探索创新代表了中国传统优秀文化发展的主流方向。

(二)

在清代后期中国文化思想的激变中,走在最前列的无疑就是林则徐。清代中后期,正处于中国封建社会的晚期阶段,无论是从政治体制、社会经济,以至于思想文化等各个领域,均处于暮气沉沉的腐朽没落状态之中,危机四伏。尽管如此,从中央最高统治者到各级官僚,以及一般的知识分子,依然沉浸在天朝帝国的梦幻之中。保守僵化与愚昧颟顸,成为文化意识的常态。而当突然面临着西方殖民者的凶猛来临,或是举手无措、惊慌失据,或是盲目抗拒、徒托空言。

在这中华民族的危难时刻,林则徐受命前往广州处理禁烟事务。林则徐敏锐地意识到,此时中华民族所面临的对手,是完全不同于以往任何时代的对手。要与船坚炮利的西方殖民者相抗衡,就必须要放开眼界,对世界的新格局有一个较为清晰的了解,改变思维及传统文化的成见,适应新的世界环境与新的时代挑战。因此他到了广州之后,一方面处理与英国商人的鸦片交涉,加强前线的防务,另一方面则积极了解西方世界的基本情况,搜集各种有关西方世界的文献报刊。如外国人在澳门等地出版的新闻纸《澳门新闻纸》、《广州纪事报》、《中国丛报》(又称《澳门月报》),以及西方出版的《各国地图集》、《各国律例》、《世界地理大全》等。为了让更多的中国人了解西方世界的情景,他还组织人力翻译澳门报刊,选编《澳门月报》,译西方地理学著作,编为《四洲志》一书,扩大了中国视野,对后世影响很大。著名思想家魏源继承他的工作,编写《海国图志》一书,为中国人展开了整个世界的画卷。

为了抵御英国殖民者的武力挑衅,林则徐深刻地认识到中国传统的国防思维已经无法适应新的国际战争环境,因此他又努力从事枪炮战船仿造西洋的整饬工作。早在1840年即道光二十年二月间,林则徐就从美国罗素洋行手中,购买了商船"吉赛皮克"号,作为清军水师演习攻击英舰的训练之用,后又把它改装为战舰,配备英国制造的大炮三十四门。这是中国从国外引进的第一艘现代化军舰。[1] 与此同时,林则徐精心搜集中外多种战船资料,制成不同图式以便制造。其中《花旗船图》、《安南国鱼船图》、《安南国大师船图》、《安南大头三板图》、《车轮船图》等,均模仿于英国等西方国家的船式。即使是他被罢官之后发配各地之时,依然念念不忘整饬新式军备,一再强调炮与舰的重要性。尤为难能可贵的是,他在与英国殖民者的抗衡中,已经认识到了建立可以出海迎敌的海军的重要性与紧迫性。他在与友人的通信中,一再提出了这样的主张,所谓"窃谓剿夷而无船炮,是自取败也"[2]。从长远的战略构想看,强大的船炮水军是保卫国家所不可忽视的:

> 今燎原之势,向迩愈难,要之船炮水军断非可已之事,即使逆夷逃归海外,此事亦不可不亟为筹画,以为海疆久远之谋。况目前驱鳄屏鲸,舍此何济![3]

林则徐对于建设海军的这种远见卓识,无疑大大超过了同时代的绝大部分人。他是当之无愧的在传统中国文化氛围内可以"睁眼看世界的第一人"。

① 杨国桢:《林则徐传》,人民出版社1995年增订本,第333页。
② 林则徐:《致姚春木王冬寿书》底稿,林维和藏。转引自杨国桢上引书,第455页。
③ 林则徐:《复苏鳌石书》,道光二十二年三月于洛阳。

在他的影响下,他家乡福州的许多后人、亲属、友人以及志同道合的知识分子们,纷纷投身到"睁眼看世界"的行列中去。第二次鸦片战争之后,洋务图强以及其后的维新图强运动正式登上中国社会的政治舞台,图强维新思想也相应地被推到历史的前台。福建知识分子在图强维新思潮兴起过程中,表现突出,贡献巨大。林则徐的女婿沈葆桢等人是中国维新图强的主要实践者之一,严复是福建也是全国这一时期最主要的维新启蒙思想家之一。除严复外,在福建图强维新思潮兴起过程中起过重要作用的还有林旭、陈宝琛、陈衍、陈璧、林纾等人。甲午战争后,严复在民族危机的刺激下,他首先翻译了赫胥黎论文集中的一部分,取名《天演论》,宣传"物竞天择,适者生存"的观点和社会达尔文主义,激起了巨大的社会反响。在 1894 年至 1909 年的十多年间,他还先后翻译了斯宾塞的《群学肄言》、穆勒的《群己权界论》、亚当·斯密的《原富》、孟德斯鸠的《法意》等著作,这些著作的译介,不仅在当时振聋发聩,而且深刻教育、启迪了 19 世纪末 20 世纪初期整整一代热血青年。毛泽东曾将严复与洪秀全、康有为、孙中山一道,作为"中国共产党出世以前向西方寻找真理的一派人物"①。

无论是林则徐、沈葆桢,还是林纾、严复,他们都自许为一名儒者。但是当中华民族处于危难时期,他们却敢于冷静地对待自己的安身立命之学,寻找可以拯救家国的全新学说。因此我们从严复的著述中,可以看到他对进化论的热情倡导,对"自由为体,民主为用"的民主政治观的推崇,以及极力宣扬"鼓民力,开民智,新民德"的"三民"思想。严复认为实现国家自主自强的根本在于利民。因此,他特地撰写了《原强》一文,提倡全面发展人民的力、智、德,来振兴国家。首先是鼓民力。严复认为提高全国人民的体质是国家富强的基础。他说:"今者论一国富强之效,而以其民之手足体力为之基。""民智者,富强之原。"他认为"西方以格物致知为学问本始"。严复所谓的"新民德",从根本上说,就是要用西方的民主、自由、平等来代替中国封建社会的宗法制度和伦理道德。作为一位受过良好而又严格儒学传统教育出身的学者,敢于一反传统,积极提倡"鼓民力,开民智,新民德",敢于把

---

① 参见笔者主编:《福建历史文化简明读本》第五章,厦门大学出版社 2013 年版。

中国封建专制制度看作是民德的摧残者,是民族危亡的社会原因,敢于对君主专制鞭辟入里的无情批判,对西方民主、自由、平等的热情倡扬与向往,在当时的历史条件下,无不具有鲜明的进步意义①,即使是到了21世纪的今天,严复的文化贡献及其社会思考,依然有着相当积极的意义,其学说必然将产生较为深远的时代影响。

(三)

我们只要简要地回顾一下自宋代以迄清代后期中华优秀主流文化的传承历程,就不难看出,从宋代的理学、朱子学,到明代后期的李贽卓吾之学,以至清代后期以福建知识分子群为主要代表的文化思想启蒙之学,无不标志着中华优秀文化中所蕴涵着的勇于突破传统、创新进取的宝贵精神,为中华优秀主流文化的传承树立了三座无可替代的高峰。虽然说在近现代的学术研究中,人们往往有意无意地把宋代理学朱子学、明代卓吾之学,以及清代后期的文化思想启蒙之学割裂开来,很少去探讨这三者之间的内在联系。然而我们跨越自宋代以迄清代末期的近千年时空界限,就能够清晰地认识到,我们今日所被人为割裂的朱子学、卓吾之学以及近代的文化思想启蒙之学,他们在突破不合理传统,勇于创新进取的文化精神,是完全相通,甚至是一脉相承的。其文化思想价值是中国其他区域文化及儒者们所无法比肩与跨越的。

从这跨时空的视野出发,我们对于林则徐在中国传统文化传承史上的地位,就不能不有了一个全新的认识。虽然说,林则徐在当时对于"睁眼看世界"的深度和广度是有限的,他对于中国传统文化思想的反思与启蒙远不如他的后辈们来的完备和具有系统性。但是,敢于率先突破固有的文化思维,探索新的适应时代变化的图强之路,其艰辛困难是后人所难于想象的,其阻力的强度是后来者所无法比拟的。正因为如此,林则徐作为近代中国"睁眼看世界的第一人",他在中国传统主流优秀文化传承重要转折时期的"筚路

---

① 参见笔者主编:《福建历史文化简明读本》第五章,厦门大学出版社 2013 年版。

蓝缕"之功,应该被永久地载入史册,为我们后世所敬仰和继承发扬。习近平总书记在 2013 年 8、9 月份中曾多次指出:"中华文明源远流长,孕育了中华民族的宝贵精神品格,培育了中国人民的崇高价值追求。自强不息、厚德载物的思想,支撑着中华民族生生不息、薪火相传,今天依然是我们推进改革开放和社会主义现代化建设的强大精神力量。"① 我们今天纪念林则徐诞辰 230 周年,其伟大的历史意义就在于此。当中华民族处于危难时刻,从林则徐到当代千千万万中国人对于民族复兴的追求,真是基于这种"自强不息、薪火相传"的文化精神,得以克服千难万阻、不断前进。可以预见,有了这样的文化传承,中华民族的复兴之梦,一定能够实现。

---

① 习近平:《在会见第四届全国道德模范及提名奖获得者时的讲话》, 2013 年 9 月 26 日。

六、《闽台儒学史》导言

（一）写作的缘起：闽台儒学源远流长

自从 1949 年中华人民共和国成立以来，大陆与台湾由于政治因素的干扰，处于严重的相互隔绝状态，海峡两岸的人们，对于对方了解甚少，甚至相互猜忌。20 世纪 80 年代之后，台湾实行所谓的"政治解禁"政策，海峡两岸的民间交流与往来逐渐恢复，相互的了解与认知也逐步得以深入。特别是台湾开放大陆赴台旅游以来，大批的大陆游客进入台湾各地，在观赏台湾美丽景色的同时，也感受到了台湾社会文化与大陆同根同源的强烈氛围。人们在惊叹台湾社会政治诸多变化的同时，也深切地感受到中华传统文化特别是儒学文化在台湾的延续与传承。

毫无疑问，台湾的儒学文化并不是在台湾土生土长出来的，而是从大陆传播过去的。特别是海峡对岸的福建地区，是台湾儒学文化最直接和最主要的传播源泉地。上古时期，台湾的原始居民是现在所谓的"高山族"，虽然在很早以前就与大陆发生了社会与经济等方面的联系，但是这种联系比较微弱，并且时断时续，尤其是文化层面的联系更是凤毛麟角，不足以形成移风易俗的影响力。自宋代之后，大陆对于台湾岛内的社会影响有所加强，出现了少量的移民现象以及边缘的行政管理机构。但是作为有系统的文化传播，则还远远未能出现。到了明代后期，随着东南沿海人民从事海外贸易活动的空前发展,台湾也成了东亚世界商业贸易网络的一个重要据点,福建等沿海居民开始较大批量地移居台湾。商人及沿海居民成批量地移居台湾,势必把自己祖籍地的生产生活方式移植过去,其中包括宗教精神与文化教育等不同层面。入清以来,先是郑成功集团驱逐荷兰殖民者移植了自己的汉族政权;康熙二十三年(1684)之后,清王朝在台湾建立了与大陆内地几乎完全相同的社会政治管理体系。在民间方面,大量的福建等沿海居民更是源源不断地迁移到台湾各地,垦殖生产,繁衍乡族。从明代后期到清代的三百多年时间里,是台湾传统社会经济开发最繁盛的时期,同时也是中华传统文化传播、扎根、繁衍在台湾的关键时期。政府教育科举体制的建立,民间儒学教育的推广以及乡族社会从祖籍地移植过来的各种精神伦理社会价值观念、宗教信仰与风尚习俗等,从各个不同的领域与层面形成合力,构建了台湾新的文化内涵。这个文化内涵就是以儒学文化为核心的中华传统文化。虽然说,从清代后期以至今日,台湾经历了诸多的社会政治历史变迁,但是这种以儒学文化为核心的中华传统文化氛围,并没有受到根本性的改变。

中华传统文化在台湾岛内的传播与继承,虽然得力于政府教育科举体制的建立、民间儒学教育的推广以及乡族社会的文化移植等多方面因素的影响,但是在这一传播与继承的过程中,福建地区起到了无可替代的源头地位的历史作用。且不论福建是台湾移民的主要祖籍地,大量福建移民迁居台湾,自然而然地把福建等祖籍地的文化价值观念传承过去,就以文化教育的核心内容——儒学而论,福建对于台湾的影响近乎独一无二。众所周知,自宋代以来,以朱熹所创立的"闽学",深刻地影响着自元明以来中国文化思想界的方方面面,被现代学界公认为"中国理学之集大成者"。尤其是到了清代,朱子学的文化价值观,渗透到福建社会的各个领域。在这样的文化氛围里,作为新开发区域的台湾社会,以其与福建地区地缘、血缘的不可分割的密切联系,朱子学向台湾的传播,就成了理所当然而又顺理成章的事实。无论是政府教育科举体制的层面,还是民间儒学教育的层面,朱子学都是在台湾推广儒学最佳的授业范本。清代政府教育科举体制在台湾的建立以及民间儒学教育的推广,有力地推动了福建朱子学在台湾的传播与继承。

清代政府教育科举体制在台湾的建立以及民间儒学教育的推广,在其中发挥至关重要作用的是担负起这种公私教育体系中的授业、传道与解惑者，也就是从事台湾教育事业的教师与知识分子们。清代政府教育体系中的管理官员，或许是由大陆各省的人选所组成，但是担任清代台湾公私两个体系的实际教育者，其大部分不能不由从福建祖籍地而来的下层知识分子们所组成。特别是台湾的民间书院、私塾等，在里面担任授业者，几乎都是由福建等祖籍地有着渊源关系的知识分子所组成。这些知识分子以自己的知识认知解读和阐释了朱子学与儒学的基本要义，从而使之推广普及于台湾社会的各个层面。我们换一句话也许可以说，明清时期台湾地区文化教育特别是儒学教育的发展，基本上是由从福建等祖籍地迁移过来的知识分子们所完成的。

从明清以来台湾文化与儒学教育的学说体系，以及从事这种教育的知识分子的组成看，台湾地区所形成的中华文化氛围与儒学教育体系，毫无疑问是与福建的文化氛围与教育体系紧密地联系在一起的，二者不可分割。然而，由于半个多世纪以来海峡两岸的隔绝状态，现当代学者对于福建与台湾地区的儒学发展史，基本上忽视了二者之间密不可分的联系。从大陆这边的学术研究状况看，人们所关心的是朱子学及“闽学”的精髓要义及其演变历程，很少关注台湾儒学的发展与传承。而从台湾这方面看，学者们所关注的研究领域，更多的是台湾本土的儒学教育史与儒者的著述论说，也很少从源头上来探讨福建与台湾在儒学发展传承上的相互联系。这样的研究状态，对于海峡两岸学界进一步深入理解中华文化与儒家传统在东南区域的传播与继承，以及儒学在海峡两岸所发挥的重大社会意义，是有所欠缺的。

正因为如此，我们这一批分别生活工作在福建和台湾的学者们，有着一个共同的学术兴趣，即应该把福建与台湾两地的儒学发展史，作为一个相互联系的整体来进行考察。大家出于这样一个共同的愿望，聚集在一起，以各自所擅长的学术专业，分头撰写不同的篇章，汇为一起，几经修改充实，便成了这部《闽台儒学史》。

我们联络闽台两地的学者一同撰写《闽台儒学史》，这是一种学术上的尝试。由于受到现实条件的许多限制，我们所撰写的这部《闽台儒学史》，还有许多不完善之处。我们最大的愿望，就是能否通过这部《闽台儒学史》的问世，引发更多人们对于这一文化传承史实与现实的关注，从而把中国传统文化与儒学文化的研究,推向一个新的高度。

（二）必须厘清的两个学术思维固定模式

我们要撰写《闽台儒学史》,首先必须对以往学界对于闽台儒学研究的基本思路做一回顾与思考。我认为,在以往的福建儒学史研究中,有两个学术思维固定模式需要予以进一步的检讨与厘清。

第一,以往学者的研究,对于"朱子学"、"闽学"以至整个"理学"界,基本上被引入到中国思想史即哲学的领域中去,而忽略了"朱子学"、"闽学"、"理学"的历史学探索,从而在某种意义上削弱了"闽学"应有的社会意义。

"朱子学"、"理学"的形成可以说是宋代最为重要的历史特征之一,然而到了近现代,"理学"竟然成为最为人们诟病的文化传统。无论是笃信"理学"的,还是研究"理学"的人们,可以从宋代"理学"的庞大体系中找出许多值得世人敬佩和践行的文化精神因素,甚至奉为治国之本;而近现代许多思想敏锐、富有救国救民抱负的学人们,却往往痛责理学家的"以理杀人"、"以礼吃人"。其差异之大,实在令人诧异。从学术的层面来思考,时至今日,人们依然容易把宋代"理学"的研究引入两个极端。这一方面是因为随着近现代西方人文社会科学的引进,"理学"的研究被划入"哲学"研究的专业范围,"理学"的形而上思维成了哲学家们思考和探究的核心内容,从理学家们的"文本"到研究者们的哲学结论,似乎成了现当代对于"理学"研究的必经之路。而另一方面,历史学的研究,又往往被断代史的分割而无端阻隔,研究宋代的历史学家们,着眼于宋代的"思想史"特征,而研究明清史的历史学家们,注重于生长、生活于这一时代的"思想家"们。各自欣赏、分别陶醉。

21 世纪初,历史学家余英时先生撰写了《朱熹的历史世界》。根据夫子自道,他撰写这部著作,就是有鉴于理学的哲学化使它的形上思维与理学整体分了家,更和儒学大传统脱了钩。因此,撰写此书,就是"企图从整体的观点将理学放回到它原有的历史脉络中重新加以认识"①。《朱熹的历史世界》的出版,也正如作者本人所预示的那样,为学术研究"提供另一参照系,使理学的研究逐渐取得一种动态的平衡"②。

然而遗憾的是,余英时先生从历史学家的视野思考宋代朱熹理学的整体动态的演变过程,似乎主要关注的仍然还是政治与道德的层面,而对于"朱子学"、"理学"的其他重要内涵,如关于社会的治理与规范等问题,则甚少涉及。同时,余英时先生的研究,基本上停留在宋代历史的圈子之内,未能突破断代史的阻隔。以朱熹为代表的宋代理学家们,固然全力重新建构"政治文化"与自身"内圣"修养的尊严而可贵的"道统",但是,我们还是不能否认,这种尊严而可贵的"道统",确确实实给后世带来了诸多的负面影响,正是这些负面的影响,让现当代许多思想敏锐的学者们,产生了对"理学"弃之而后快的激愤心态。那么,从宋代到近现代,这中间即明清时期,究竟发生了什么变故?这就不能不引起我们的好奇和思考。

第二个值得我们检讨与厘清的思维固定模式是,从20世纪中叶开始,中国学界从事学术研究,大多习惯上运用"阶级"划分的理论来阐释各种历史现象,这其中也包括精神文化与道德等哲学领域的问题。受到"阶级斗争"理论的影响,人们把两千多年来中国的哲学思想演变历程以及各个不同时期的思想家们,在时段上分为诸如"代表没落奴隶主阶级思想"、"地主阶级思想"、"新兴市民阶层思想"等的时代产物;从思想家个体而言,又可以无端地把他们划分为"唯物主义思想家"和"唯心主义思想家"的两大阵营。就福建的情景而言,这样的研究理论与方法,硬生生地把福建历史上两位最有思想创造性的学人,也就是朱熹与李贽,归类到两个相互对立的哲学阵营之中。朱熹以心性、性理之学著名于世,被冠上了"唯心主义思想家";李贽勇于质疑孔孟与宋代理学,被冠上了"唯物主义思想家"。虽然说近二十余年来有关"阶级斗争"的理论逐渐淡化,但是作为学术研究的思路,其余绪依然不可忽视,人们对于朱子学与卓吾之学以及近代启蒙之学的研究,依然

---

① 余英时:《朱熹的历史世界》《总序》,生活·读书·新知三联书店2004年版,第3页。
② 同上。

各唱各自的调门,极少关注到他们之间的内在联系。

元明清时期,朱子学受到政府的推崇,加上其自身的生命力,学术思想的影响力遍布神州大地。而其后学在闽中的强势地位,更是不言而喻。反观李贽,当其在世之时,就已经被政府视为异端,不时受到压制。因此到了清代,李贽思想的影响力远远无法与朱子学相媲美。清代后期,反满运动兴起,革命家们又记起了李贽的反叛精神,重新予以研究与肯定。在此之后,李贽思想的研究,往往成为政治运动需要的工具,几度兴衰。

20世纪中叶以来,由于政治需求而以"阶级斗争"理论来规范朱子学与李贽思想的研究,在很大程度上扭曲了朱子学与李贽思想的本来面目。人们在研究福建哲学思想史的时候,或是全力关注于朱子学及闽学,或是就李贽思想研究李贽思想。似乎这二者之间本来就是互不相干甚至相互对立的两个范畴,根本扯不到一块。然而不可否认的是,无论是朱熹以至朱子后学,还是李贽等人,尽管他们的学术思想内涵与学术思想传承有所不同,社会及政府给予的机遇也不同,但是他们都是福建历史上的"儒者",他们都为福建地区的儒学发展史作出了极为重要的贡献。也许正是由于这些不同儒者所秉持不同的学术思想理念,才能从各个不同的侧面显示出福建历史上儒学发展的多姿多彩和极富特色。也正因为出于这样多线条的文化传承的思考,我们把这部书,命名为《闽台儒学史》。

(三)朱子学及理学应该涵盖道德义理之学与社会管理之学两大体系

宋代朱子学及理学的兴起,在当时的社会政治背景下,是具有十分鲜明的积极时代意义的。自唐代后期开始,战乱不断,社会秩序受到严重破坏。人们崇尚武力的权威,握有重兵即有可能控制政权、控制社会。另一方面,由于社会的激烈动荡,汉唐时期盛行的士族社会已经分崩离析,社会上的中坚力量无所适从。入宋之后,虽然在政治上得到相对的稳定,但是由五代时期武人建立起来的大宋政权,在伦理道德观的建构上依然相对混乱。面对这样的社会与政治局面,宋代一批富有社会政治责任感的知识分子们挺身而出,执意重新建构儒家的道德义理传统,并且以自己对于社会政治的理解,试图恢复儒家的所谓"道统"体系,进而试图运用"道统"的体系,在一定程度上制约政治上所谓"法统"的为所欲为。于是,宋代的理学以及后来的朱子学,便是在这种环境下形成并且发展的。

宋代朱子学及理学的出现,当然从其动机上看,正如朱熹在他所修订的《大学章句》中所言,是为了"修身齐家治国平天下",其施行于政治与社会的意味是十分明确的。然而由于这一百年来中国学界对于朱子学及理学研究的"哲学化",人们把内涵丰富庞大而有极富时代现实感的朱子学及理学,引入到形而上的论说之中。而这种形而上的哲学论说,则基本上停留在道德义理的层面上,忽略了社会管理的这一层面。

在这里,我们不妨把哲学化的朱熹思想做一回顾概述。学界普遍认为,北宋五子(周敦颐、邵雍、张载、程颢、程颐)所创立的理学发展至南宋,日趋成熟,进入理学体系的完善时期。朱熹吸取北宋五子的理学成果,建立起庞大的理学体系,成为理学的集大成者。不仅如此,朱熹还对儒家以外的其他诸多门派的学术多有涉猎,尤其是对道家、道教之学更有独到的研究,他在天文学、历法、地理学等方面也有比较深入的探讨。故而,所谓"集大成"实际上具有相当广泛的学术文化与自然科学的背景。

首先,朱熹的哲学以程颢兄弟的理本论为基础,并吸取周敦颐太极说、张载的气本论以及佛教、道教的思想而形成,提出了新的"理"范畴的含义以及"理一分殊"的理论。"理一分殊"在开始提出时主要具有道德原则的普遍与特殊、统一与差异的意义,除了继承这一含义之外,朱子主要用"理一分殊"来论证宇宙本体与万物之性的同一性,论证本原与派生的关系,论述普遍规律与特殊规律的关系,论述理则与事物的关系。朱子哲学所谓"物之理"的概念,物理的意义之一是指事物由察受天理而构成的本性(性理),另一是指事物的特殊性质和规律(分理),"理一分殊"应用于两方面的意义彼此不同。朱熹在讲"理一分殊"时又较多地吸取张载的气本论思想,提出了自己的理气关系说和"理本气末"的本体论观点。在后来,朱熹较多地强调理气不可分,"理气相依"。

在人性论方面,朱子提出人性是察得的天地之理,继承二程兄弟的"性即理"说。气质之说所要解决的问题,一是人的品质何以有差别,二是着重说明气质的不善是人恶的品质根源。由此而进一步阐述了心与性情的关系。朱熹整个心性情学说,不是通过未发工夫获得内心体验,而是把主静之功作为主体修养的手段,以为穷理致知奠定基础。从追求未发体验的直觉主义转为主敬穷理的理性主义,是他的心性论发展的基本趋向。

在朱子哲学中,以心为知觉,既指人的知觉能力即能知觉,又指具体的知觉内容,即所知觉。以心为主宰,一方面把人作为实践活动的主体来考察心对人的活动的支配作用,另一方面强调主体的自主能动性和意志自由。朱子既强调人的内心具有先验道德品质,又强调心与理与性的互相区别,心与性(理)属于不同层次。朱子的道心人心说并不一概排斥或否定人的自然属性及由此产生的感性欲求,但他的哲学总的倾向是要求人们用道德理性克制压抑个体情欲,理学从维护封建等级制度的立场和压抑个体情欲的主张出发,揭示出的社会总体利益与个体各种情欲的矛盾,具有普遍意义。朱熹赞同张载所谓的"心统性情"。在朱子哲学中心统性情主要指心兼性情和心主性情,心兼性情说强调心为意识活动的总体范畴的意义,心主性情强调理智对情感的控制作用。朱子的性情学说全面吸收了前人性情体用和性发为情的思想,但由于性无善恶而情有善恶造成的体用不一致,也反映了朱子心性论的矛盾。

朱熹理学从"理一分殊"进到他的心性之学,最后落实到他的格物致知论。格物是朱子《大学》解释的核心观念,即物和穷理作为格物的综合规定,缺一不可。致知之知主要不是指人能知,而是指人之知识。致知是指格物所得到的知识扩充的结果,并不是一种与格物并行的、以主体自身为认识对象的方法。格物穷理既是明善的根本途径,又同时是求知的基本方法,朱子哲学中真善一致,不应否定其中任何一面。在中国近古哲学的基本背景和具体条件下考察,朱子的格致学说在重视人的道德修养的同时,强调外部事物的考察和知识的学习扩展,对于抵制宗教神秘主义和反理性主义倾向有不容忽视的重要意义。

哲学化了的朱子学,不但在一定程度上削弱了他本来的社会政治意义,同时也让一般的民众对于朱子学感到一头雾水,很难领受到它的精妙之处。

事实上,朱熹之所以穷其一生的经历建构他的庞大理学体系,其真正的目的是为了引导社会道德的端正与政治氛围的改善,担负起一名儒者的社会政治责任。然而遗憾的是,过度哲学化的朱子学解读,大大局限了人们对于朱子学整体内涵的观察。也正是因为朱熹的道德义理学说带有强烈的社会责任感,这就使得他的道德义理学说同时又带有强烈的社会政治批判意义。这种对于现实社会政治的批判,势必与政治的当权者产生一定的差距与冲突,朱熹在当时的社会政治环境里屡屡受挫,甚至被当权者斥为"伪学",正说明了他的学说的社会现实意义。

当然,现在的朱子学研究学者,虽然有意无意地把朱子学说哲学化,但其中也有不少学者注意到朱子学说中道德义理所蕴涵的强烈社会政治责任感。尽管如此,哲学化了的朱子学研究,还是把朱子学中另一个重要的内容体系大大忽视了,这就是朱子学以及宋代理学家们对于重建社会管理规范之学。我们从朱熹庞大的著作中,除了可以看到他的关于道德义理及性理等学说的论述之外,还可以看到他的大量关于如何兴学劝学、促进基层社会教育、端正民风习俗、遵循社会礼仪、重建家族宗族组织、推行乡族孝道等的记载。这些记载涉及十分草根性的社会现实问题,是很难用哲学化的语言予以评述的。但是这些大量涉及有关基层社会问题的文字,反映了朱熹以及其他的一些理学家们对于重构社会管理规范的重视与人文关怀。

朱子曾担任过几处短暂的地方官员,在他履任的历程中,除了本职之外,所到之处最关心的无非是劝学与端正民间风俗这两件事情了。他的劝学文字,为闽台各地所长期信奉。如他曾经写过《童蒙须知》五则,即"衣服冠履第一"、"语言步趋第二"、"洒扫涓洁第三"、"读书写文字第四"、"杂细事宜第五"。其开篇云:

> 夫童蒙之学,始于衣服冠履,次及语言步趋,次及洒扫涓洁,次及读书写文字,及有杂细事宜,皆所当知。今逐目条列,名曰《童蒙须知》。若其修身、治心、事亲、接物与夫穷理尽性之要,自有圣贤典训,昭然可考。当次第晓达,兹不复详著云。

从这《童蒙须知》中可以看到朱熹对于民间启蒙教育的重视以及其教化当

从日常生活的细节做起的理念。他在《童蒙须知》的末尾谆谆告示：

> 杂细事宜，品目甚多，姑举其略，然大概具矣。凡此五篇，若能遵守
> 不违，自不失为谨愿之士，必又能读圣贤之书，恢大此心，进德修业，人于
> 大贤君子之域无不可者。汝曹宜勉之！①

再如朱子在任职福建漳州之时，为了引导端正民间风俗，写了一系列的
劝谕文字，其中《劝谕榜》中列出的劝谕条款就有十条，即劝谕保伍互相劝
戒事件一则、禁约保伍互相纠察事件一则、劝谕士民三则、劝谕官户一则、劝
谕遭丧之家一则、劝谕男女一则、约束寺院一则、约束城市乡村一则。其中劝
谕保伍互相劝戒事件、禁约保伍互相纠察事件、劝谕士民云：

> 一　劝谕保伍互相劝戒事件：仰同保人互相劝戒，孝顺父母，恭敬长
> 上，和睦宗姻，周恤邻里，各依本分，各修本业，莫作奸盗，莫纵饮博，莫相
> 斗打，莫相论诉，孝子顺孙、义夫节妇事迹显著，即仰具申，当依条格旌
> 赏。其不率教者，亦仰申举，依法究治。
>
> 一　禁约保伍互相纠察事件：常切停水防火，常切觉察盗贼，常切禁
> 止斗争。不得贩卖私盐，不得宰杀耕牛，不得赌博财物，不得传习魔教。
> 保内之人互相觉察，知而不纠，并行坐罪。
>
> 一　劝谕士民，当知此身本出于父母，而兄弟同出于父母，是以父母
> 兄弟天性之恩至深至重。而人之所以爱亲敬长者，皆生于本心之自然，
> 不是强为，无有穷尽。今乃有人不孝不弟，于父母则辄违教命，敢阙供
> 承；于兄弟则轻肆忿争，忍相拒绝，逆天悖理，良可叹伤。宜亟自新，毋速
> 大戾。……②

无论是朱熹的基层劝学，还是引导端正民间风俗，都是脚踏实地的功夫，
都是他们实施社会基础规范管理理想的基础性工作，而并不是那种形而上的
哲学概念所可以画等号的。而这方面的内容，无论如何都是朱熹思想的一个

---

① 以上引自清代戴凤仪纂：(南安)《诗山书院志》卷八《名训》。
② 郭齐、尹波点校：《朱熹集》卷一〇〇《公移》，四川教育出版社1996年版，第3940页。

重要组成部分,它所发挥的社会及历史作用,也不比他的那部分强调道德义理的形而上哲学逊色,甚至有过之而无不及。即以当时的情景而言,朱子及其他理学家们不懈地倡导推行兴学、端正风俗等,就在不少地方取得了良好的效果。在漳州短短一年的时间里,朱熹把自己所建构的社会管理思想进行了实践,加上他一如既往地整顿学校,培育士人、士风,取得了良好的社会效果。朱熹离任后,他的漳州籍弟子陈淳描述了他的这段经历时说:

> 先生在临漳,首尾仅及一期。以南陬敝陋之俗,骤承道德正大之化,始虽有欣然慕,而亦有谔然疑,哗然毁者,越半年后,人心方肃然以定。僚属厉志节而不敢恣所欲,仕族奉绳检而不敢干以私,胥徒易虑而不敢行奸,豪猾敛踪而不敢冒法。平时习浮屠为传经礼塔朝岳之会者,在在皆为之屏息。平时附鬼为妖,迎游于街衢而掠抄于闾巷,亦皆相视敛戢,不敢辄举。良家子女从空门者,各闭精庐,或复人道之常。四境狗偷之民,亦望风奔遁,改复生业。①

近现代有些学者或许认为陈淳的评述可能有溢美之处,但是我们不能忽视朱熹的对于基层社会的关注,其所产生的影响力,恐怕不是仅仅局限在当时的时代,其对后世的影响,更是应当引起我们的高度重视。这一点,我们还将在后面的论述中再次提及。

我们今天对朱子学的研究,假如还是以哲学化的视野专注于考察他的道德义理的层面,这不啻把朱子学里面另一部分极为珍贵而又影响深远的内涵割舍了,这样也就势必把朱子学里面最富时代价值的社会政治关怀和社会民生关怀的历史意义大大降低了。我们希望通过本书的写作,能够在一定程度上比较全面地呈现朱子学、闽学的原来概貌。

(四)宋代以来朱子学、理学的政治制度化变迁

研究朱子学的学者们基本都认同这样的观点:朱子学是对先秦时期的

---

① 《朱子语类》卷一○六。

孔孟之学进行了全面的重新阐释,这种阐释是极富宋代时代性的。正因为如此,朱熹及宋代的其他理学家们,为当时的国家、社会和个人,都设计了深具儒家传统的道德标准,他们中的许多人,也试图把这些道德标准实践于现实政治、社会与个人。可以说,朱子的理气说也好,性理说也好,以及格物致知论等,几乎都是为了推行他的道德义理的终极目标服务的。然而实事求是地讲,宋代理学家们所设计的这些道德标准,基本上没有在宋代形成制度化的实践。这种制度化的实践,经历了元、明时期的不断演化。

元朝以游牧民族入主中华,亟须借助汉人的道统来稳定统治、治理天下,因此从忽必烈即位之后,就"大召名儒,辟广庠序",修造孔庙,翻译和学习儒家经籍。其中兴学校之举,影响至巨。在许衡、耶律有尚等人的推动下,宋代朱熹等人所倡导的教育体制,在元代得到了实行。"自京师至于偏州下邑,海陬徼塞,四方万里之外,莫不有学。"① 从中央到地方,所有学校,所教皆朱子之书。② 元朝以朱子理学为知识范本的教育体制的推行,对于明清时期朱子学、理学演化成为国家政治统治的意识形态,起到了过渡桥梁的重要作用。

明清时期以朱子学为核心的"政治文化"的实施,单靠个人的努力是不行的,它必须要有制度上的推行与保障。朱元璋推翻元朝建立明朝之后,以恢复汉官威仪为己任,宋代的道德标准自然成了恢复汉官威仪的最直接和最可行的政治、社会范本。于是,科举制度的重建,就自然而然地沿袭元代的理念,虽然说"驱逐胡虏、恢复中华"是他起兵反元的鲜明口号,但是要想稳定统治,特别是官僚队伍的培养,就不能不追随于元朝之后,把宋代理学家们特别是朱熹的著作,确定为学子们进身仕途的必读、必考法定教科书。③ 换言之,朱熹等宋儒们的道德主张,很快占据着明代意识形态领域的制高点。

为了强化这一意识形态,朱元璋还对天下的教化理念采取了一系列的制度化措施。以最为近现代诟病的宋代"理学"的"节孝"观为例,朱元璋在建国伊始,即洪武元年(1368)就颁布了表彰节孝行为的法令,"洪武元年令,今凡孝子、顺孙、义夫、节妇,志行卓异者,有司正官举名,监察御史、按察

---

① 黄溍:《金华黄先生文集》卷十《邵氏义塾记》。

② 以上参见周良霄、顾菊英:《元代史》,上海人民出版社 1993 年版,第 468 页。

③ 参见《明史》卷七十《选举志二》,中华书局 1974 年版。

司体核，转达上司，旌表门闾。”[①] 洪武二十一年（1388）为防止官员敷衍不行奏报，再次榜示天下，广为推行：“本乡本里，有孝子、顺孙、义夫、节妇，及但有一善可称者，里老人等，以其所善实迹，一闻朝廷，一申有司，转闻于朝。若里老人等已奏，有司不奏者，罪及有司。此等善者，每遇监察御史及按察司分巡到来，里老人等亦要报知，以凭核实入奏。”[②] 洪武二十六年（1393）再次强调颁令：“礼部据各处申来孝子、顺孙、义夫、节妇，理当旌表之人，直隶府州咨都察院，差委监察御史核实，各布政司所属，从按察司核实，着落府州县，同里甲亲邻保勘相同，然后明白奏闻，即行移本处，旌表门闾，以励风俗。”[③] 从明初洪武年间颁发的这些法令中可以看出，明朝政府对于“节孝”的重视与强化。

从历史演变的历程来考察，宋代理学家们提倡的“节孝”观念，其实并不是他们的首创。至少从汉代以来，国家政府都曾经对社会上的节孝行为进行过表彰和奖励。到了宋代，一方面政府基本上仍然持续了历代政府对旌表节孝的重视，另一方面，理学家们为了强调士大夫注重气节的道德标准，于是对于“节孝”观也作出了更为明确的表述。然而直至宋元时期，国家政府对于旌表节孝的行为，更多的是停留在倡导个案“典型”的层面上，尚未能从政治制度上形成一整套完整的表彰政策。台湾学者费丝言的研究表明：“即使自汉代以降，历代政府皆订有贞节表扬的制度，但就施行状况来看，因‘个例’而制宜的情形仍然相当多。也就是说，在处理上，虽然立有一个大致的模式可供依循，但仍以皇帝的裁示为主要依归；对妇女贞节的奖励，既是国家既定的制度，也是皇帝个别的恩赐。但是，在明代，政府却开始意识到皇帝的施恩与制度运作上可能出现的矛盾，在对请旌的流程与资格加以清楚地规定后，即在政策上维持旌表颁赐的定例，极力降低旌表颁赐因个别恩宠所造成的例外，让旌表的呈请与颁赐得以完全纳入制度中运作。”[④] 因此，费丝言把

① （明）申时行等撰：《大明会典》卷七十九《旌表》。

② 同上。

③ 同上。

④ 费丝言：《由典范到规范：从明代贞节烈女的辨识与流传看贞节观念的严格化》，台湾大学出版委员会 1998 年版，第 113 页。

明代以前的政府旌表贞节行为与明代时期的旌表贞节行为的演变过程,形象地描述为"由典范到规范"。典范是为倡导所致,而成为规范,则必须要有一整套严格的制度化设计来加以保障和推行。"(明代)旌表制度的运作已完全除去了传统旌表制度中因'个例'而起的随机性之后,更进一步地常态化为定期的官僚系统作业:在固定的审核标准下,对来自全国各地大量的旌表案件,予以定期、集体和分类的处理。"从而形成了明代旌表节孝的制度化、规律化和等级化,乃至演变至激烈化的特质。①

与这种政策制度相伴相行的是以朱熹为核心的理学成为明代国家政府所认可推行的政治意识形态范本,这就促使清时期的许多士大夫、知识分子们从"理学"的角度来诠释和欣赏政府的旌表节孝的制度。这样一来,明代政府所推行的节孝行为,就不仅仅是一种制度政策,同时也成为一种社会道德的教化行为。于是,在制度与教化的双重作用下,明清时期的节孝行为,越来越出现了超越人性、违反人性的激烈化行为。《儒林外史》中所描述的父亲眼睁睁看着女儿自尽殉夫并且大赞"死得好"的故事②,在明清两代的历史文献中并不罕见。在朱熹悟道、传道的福建地区,清代竟有胁迫寡妇殉节的风气,连有些地方官府也都感到这种胁迫寡妇殉节之风有悖人性而予以示禁。所谓"民间当妇女不幸夫亡之日,见其跄地呼天、迫不欲生之状,亲族人等苟有人心者,自应恻然动念,从旁劝慰。乃闻闽省有等残忍之徒,或慕殉节虚名,或利寡妇所有,不但不安抚以全其生,反怂恿以速其死。甚或假大义以相责,又或借无倚以迫胁。妇女知识短浅,昏迷之际,惶惑无措,而丧心病狂之徒,辄为之搭台设祭,并备鼓吹舆从,令本妇盛服登台,亲戚族党皆罗拜活祭,扶掖投缳。此时本妇迫于众论,虽欲不死,不可得矣!似此忍心害理,外假殉节之说,阴图财产之私,胁迫寡妇立致戕生,情固同于威逼,事实等于谋财。……乃愚民陷于不知,自蹈显戮,殊堪怜悯,合行出示晓谕。为此示仰所属军民人等一体知悉。"③

————————

① 参见费丝言:《由典范到规范:从明代贞节烈女的辨识与流传看贞节观念的严格化》第一章"明代国家贞节表扬制度",台湾大学出版委员会1998年版。
② 吴敬梓:《儒林外史》第四十八回"徽州府烈妇殉夫,泰伯祠遗贤感旧"。
③ 《福建省例》三十四《杂例》,《禁止殉烈》。

　　"孝道"本来是中华文化中的一个极为优秀的传统,但是经过明清时期的制度化推进之后,"孝道"同样也在不同程度上走上了泛政治化的极端道路。在皇帝及统治者眼里,"孝道"的体现就是臣下、属下的"死忠",所谓"以孝治天下",实际上就是天下应该服从于一尊,任何人不可以下犯上。就一般的士庶之家而言,争取"孝行"的褒奖是可以获取一定的社会地位和实际利益的。正因为如此,明清时期的"孝道",使得背离人性和科学常识的所谓"割股疗亲"行为,大行其道,愈演愈烈。有人统计,明清两代,人身上的绝大部分器官,包括眼珠、肝肾、生殖器等,竟然都有人进行割取来疗亲的①。为了博得孝名而导致明清时期惨不忍睹、惨不人道的"割股疗亲"行为盛行,显然也都是政府对于"节孝"制度化与教化灌输下的畸形产物。

　　我们从宋代"理学"对于"节孝"的倡导到明清时期国家政府对于"节孝"行为的实践过程中不难看出,宋代"理学"所倡导的"节孝",更多的是强调士人、士大夫自身的道德气节与行为准则,而到了明清时期经过专制政府的制度化、规律化之后,传统的"节孝"观被引入到激烈化的歧途。正因为这样,我们通过宋以来跨越王朝断代的历史考察,或许应该给予宋代"理学"一个更为客观的解读。

　　宋代的理学特别是朱子之学到了明清时期演化成为统治者的政治意识形态之学,这对理学、朱子学本身而言,并不完全是件好事。统治者需要理学、朱子学来维护自己政权统治,势必对原有的理学、朱子学有所取舍、有所改造。特别是随着明清时期皇权专制体制的强化和官僚阶层奴庸化的加剧,朱子及理学家们所提倡的勇于坚持士人气节的义理观,基本没有被实施实践的可能性。朱子学、理学的"义理""气节"主张,基本上成了政治上的一种"摆设"。而某些部分被强调而形成制度化的诸如"贞节"、"孝道",则根据统治者的需求和爱好而经过了新的改造和诠释,这种经过改造和诠释的"贞节"、"孝道",就不能不与宋代理学家们的设想存在很大的差距。正因为如此,我们现在反观宋代朱子及理学家们所倡导和坚持的"至理"、"人心"等命题,虽然经过历史的长期冲洗,但是它对在尤为纷错之世象变迁中,显现

出久远的道德价值,却还是应当引起今天的我们的重视与继承。同时我们还必须看到,自宋明以来,朱子的后学们以及其他的闽台儒者,虽然在整体理论创新上很难超越他们的祖师朱熹,但是他们不懈的努力与坚持,不能不使得朱子学及其他学派所标榜的义理气节、孝道忠贞的理念,跨越出王朝政治意识形态的拘束,而在闽台社会中得到较为广泛的普及与传承。宋明以来朱子后学及其他儒学对于闽台儒学发展及其对于社会的影响所作出的贡献,是我们今天无论如何不能予以遗忘的。

(五)宋代朱子学、理学的社会组织与礼仪设计及其经世致用

宋明"理学"研究的"哲学化",学者们过分注重理学家们形上思维的"义理"之辨,恰恰又冷落甚至丢失了宋代"理学"的另外一个重要组成部分,即关于基层社会的设计与管理的方面。事实上,宋代理学家们所倡导的"理学",并不完全只是道德与政治的上层意识形态方面,他们还极力为民间社会的行为礼仪和社会组织进行了重新的构建。

众所周知,唐宋时期社会转型及其变革的一个重要方面,是整个社会的"平民化"或"市场化"程度的推进,汉唐及之前的诸侯门阀士族的社会结构已经不复存在,与之相适应的"宗法"世袭体制也分崩离析,失去了其存在的社会基础。面对宋代以来这种新的社会重构组合历程,宋代许多有着强烈社会责任感的知识分子特别是理学家们,根据这一新的时代特征,对宋代的社会重构和组合设计出了一系列的蓝图。这其中最具代表意义的莫过于民间的宗族制度与乡族组织了。根据冯尔康等先生的研究,宋明时期的宗族、家族制度是从上古时期的"宗法制"演变而来,汉晋时期则演变为门阀士族制度。这种深具统治特权的制度演化至宋代,已经失去了它的社会基础,基本衰败。随着宋代科举制度进一步完善,成为最主要的选官制度,大批平民通过科举改变其社会地位。官僚成为社会的中坚力量,官僚和士绅为主

体建立起新的宗族制度。①

在唐宋的社会变迁过程中,宋代许多士大夫和知识分子,如张载、程颐、程颢、欧阳修、苏洵、范仲淹、司马光、陆九韶等,都积极参与其间,适时提倡建构具有平民色彩的民间宗族制度与乡族组织。

北宋著名的学者张载在论证重建家族对社会和国家的重要意义时说:"宗法不立,既死遂族散,其家不传。宗法若立,则人人各知来处。朝廷大有所益。或问朝廷何所益? 公卿各保其家,忠义岂有不立? 忠义既立,朝廷之本岂有不固? 今骤得富贵者,止能为三四十年之计,造宅一区,及其所有,既死则众子分裂,未几荡尽,则家遂不存。如此则家且不能保,又安能保国家?"② 因此,重新建构家族组织,实行新的"宗法制",是稳定社会秩序、重树良好社会风俗的必由之路,"管摄天下人心,收宗族,厚风俗,使人不忘本,须是明谱系世族,与立宗子法"③。

宋代的社会现实,使家族制度的重建不可能与古代守法制度完全相同,因此,重建必须因地因时制宜地对古代礼制有所更新。朱熹以其对古代礼制的深入研究为基础,结合当时的民俗,为宋代社会礼仪特别是重建家族制度设计了新的规范。他在《朱子家礼》的开篇位置,就阐明了建立祠堂的最具创造性的举措。朱熹说:"今以报本反始之心,尊祖敬宗之意,实有家名分之首,所以开业传世之本也。故特著此,冠於篇端,使览者知所以先立乎其大者。"④ 在倡导敬宗收族的同时,朱熹在《家礼》中对于民间社会的诸如婚丧嫁娶等各个方面习俗规范都进行了比较详尽的描述,以期社会有所遵行。

朱熹和宋代理学家们的努力,在宋代以及后世产生了重大与深远的影响。张载、程颐、朱熹等人极力倡导的重建民间家族制度和建立祠堂的主张,在宋以后的社会里已经成为推行家族制度的理论依据;欧阳修、苏洵等人创立了民间私家修撰族谱、家乘的样式,为后代所沿袭;《朱子家礼》的设计,至今还在不少地方影响着我们的日常行为。宋代所提倡的敬宗收族、义恤乡里

---

① 参见冯尔康等:《中国宗族社会》,浙江人民出版社 1994 年版。
② 张载:《张载集》,《经学理窟·宗法》。
③ 同上。
④ 朱熹:《家礼》卷一《通礼·祠堂》。

以及"义仓"、"义学"、"义冢"等等，一直为后人所津津乐道。在宋以后的许多民间族谱与相关文献的记载中，时时可见朱熹等宋儒们对于这些家族制度及其组织的影响，所谓"冠婚丧祭，一如文公《家礼》"，"四时祭飨，略如朱文公所著仪式"①。我曾经对闽台一带的民间族谱进行过统计分析，朱熹所撰写的族谱序言，至少在三十不同姓氏的族谱中出现过。② 这里摘录泉州刘氏家族族谱中的朱熹序言云：

> 余尝仰观天象，北辰为中天之枢，而三垣九曜旋绕归向，譬犹君之尊而无适不拱焉；俯察坤维，昆仑为华夏之镇，而五岳八表逶迤顾盼，譬犹祖之亲而无适不本焉。故君亲一理、忠孝一道，悖之者谓之逆，遗之者谓之弃，慢之者谓之亵。无将之戒，莫大于不忠；五刑之属，莫大于不孝。为人臣所当鞠躬尽瘁，而不可一毫或忽也。今阅刘氏谱牒，上溯姓源之始，下逮继世之宗，明昭穆以尚祖也，系所生以尚嫡也，序长幼以尚齿也，列像赞以尚思也，非大忠大孝者而能之乎？噫！世之去祖未远，问其自而懵然者，愧于刘氏多矣。

> 绍熙五年甲寅春三月
> 新安朱熹顿首拜撰③

我们现在固然无法确知现存的闽台民间族谱中的这许多所谓的朱熹题序是否真的来自朱熹的手笔，但是由此亦可以了解到朱熹构建家族理念对于闽台民间社会所产生的巨大而长远的影响力。

朱熹等理学家们对于宋代民间社会的建构，远不止于家族、宗族组织的这一层面，还有涉及民风习尚等多方面的教化。例如朱熹对于推行民间社会的孝道，除了在他著名的《朱子家礼》中有着重论述之外，在其他的著作中也一再引导。朱子在《示俗》中阐述了对于民间基层施行孝道的看法："《孝经》云：'用天之道，因地之利，谓依时及节耕种田土。谨身节用，谨身谓不作非违，不犯刑宪；节用谓省使俭用，不妄耗费。以养父母，人能行此三句之事，

---

① 参见冯尔康等：《中国宗族史》第三章第二节，上海人民出版社 2009 年版，第 172—177 页。

② 参见笔者：《福建族谱》第五章"族谱的装饰与炫耀"，福建人民出版社 2009 年修订版。

③ 泉州《温陵芝山刘氏宗谱》（民国版）卷首，《先贤题序》。

则身安力足,有以奉养其父母,使其父母安稳快乐。此庶人之孝也。庶人,谓百姓也。'"① 朱子所注的儒家经典《孝经》之一小段十分简单,即"用天之道,因地之利;谨身节用,以养父母。此庶人之孝也"。这种简易可行的尽孝之方,是庶民的孝养父母之道,其实就是在农耕文明中的农村生活世界中的检朴节约的孝道。朱子在民间社会中行政施教,很自然会将儒家的庶民德教德化之传统予以推行。朱子继续注解曰:"能行此上四句之事,方是孝顺。虽是父母不存,亦须如此,方能保守父母产业,不至破坏,乃为孝顺。若父母生存不能奉养,父母亡殁不能保守,便是不孝。不孝之人,天所不容,地所不载,幽为鬼神所责,明为官法所诛,不可不深戒也。"②

朱子通过《孝经》在乡村小区中推行孝行,他强调奉养父母以及保守家业的重要性,能在世奉养死后保守,方是庶民孝道。同时,从民间文化和民俗文化的角度出发,朱子于此突出天地和鬼神,显示庶民社会的儒教着重宗教性的礼制,在宣达儒家之道德理性主义的朱子其实在民间推行儒家德教时,却甚倾向儒家的宗教神圣之面向。朱子在此文最后,结论说:"以上《孝经·庶人章》正文五句,系先圣'至圣文宣王'所说。奉劝民间逐日持诵,依此经解说,早晚思惟,常切遵守,不须更念佛号佛经,无益于身,枉费力也。"③ 朱熹的这一结论很有意思,它表达了朱子心中亦有宗教化的孔子。一般言,儒士均敬称孔子为"大成至圣先师"。如果以"至圣文宣王"来敬称孔子时,即有圣王之意思,此在传统中国社会中,是带有提升孔子为神圣的宗教崇拜的味道,而朱子劝庶民"逐日持诵"《孝经》,此《孝经》虽然大致已知是后儒撰写之文章,并非孔子亲述,亦非四书五经的正统儒家大典,但大儒朱子却视为孔子之创作,且要求或鼓励庶民百姓天天虔心一志地恭诵,就如同社会上一般佛教徒或善男信女天天诵读《阿弥陀佛经》、《心经》或只持念"南无阿弥陀佛"名号。在朱子,他的想法就是以带有宗教信念的做法而以庶民孝道来教民化俗,使民间社会能够依靠儒家德教就能成就为文雅淳厚

---

① (南宋)朱熹:《示俗》,收于郭齐、尹波点校《朱熹集》(八),四川教育出版社1996年版,第5058页。

② 同上。

③ 同上。

之乡土。

当然,朱子除了在民间社会推行移风易俗的行政之外,也十分注重儒学教育的建树。特别是对于那些较为偏远穷困的乡县之区,朱子甚重视其地的县学或是书院,也很留意表彰当地的故儒,其言行就是真切实践民间社会的儒家德教德化。这些关怀和践履,朱子之文本很丰富,振兴提倡县学方面,谨举一例明之:"予闻龙岩为县斗辟,介于两越之间,俗故穷陋。……今数百年,未闻有以道义功烈显于时者。岂其材之不足哉?殆为吏者未有以兴起之也。今二君相继贰令于此,乃能深以兴学化民为己任,其志既美矣。……夫所谓圣贤之学者,非有难知难能之事也。孝弟、忠信、礼义、廉耻以修其身,而求师取友,颂诗读书,以穷事物之理而已。……使吾孝弟、忠信、礼义、廉耻之行日笃而身无不修也,求师取友,颂诗读书之趣日深而理无不得也,则自身而家,自家而国,以达于天下,将无所处而不当,固不必求道义功烈之显于时,而根深末茂,实大声闳,将有自然不可揜者矣。"[1]龙岩县即今福建省龙岩市地区,此县在南宋时代是山多田少而十分贫瘠的闽西穷乡,乡俗鄙陋粗俗。朱子为这里撰写的"学记",实则十分平实素朴,他并没有高谈儒家形而上的哲理,或玄论天理心性等哲学之议题,他只是启发之以孝弟忠信礼义廉耻等德目,而是平日教化弟子和庶民、贵族、王者的平实话语。只需依照儒家道德伦常而为人,就能达到安乐祥和的乡土理想。

朱子对书院的贡献,我们无需再多赘言。倒是一般人刻板印象认为朱子是一位宣讲天理性理的道德理性主义者,在乡土庶民的生活世界里,是不是毫无宗教神秘之密契?也就是毫无鬼神观?其实非也,正如我们在前面论及朱子宣扬民间社会孝道的方法一样,朱子正面肯定鬼神的话语甚多,在《朱子语类》卷三,就有朱子与弟子谈神说鬼的记载。其鬼神观基本上是以"气"之聚散伸缩而言,气聚是人,气散人死,死后其气伸展则为神,其气归返则为鬼。大体如此体会,但朱子很肯定生人与鬼神譬如祖先之间并非生死幽明隔绝,如果通过虔诚庄严的祭礼,人心是可以与鬼神之心有真切的"感

---

① (南宋)朱熹:《漳州龙岩县学记》,收于郭齐、尹波点校《朱熹集》(七),四川教育出版社1996年版,第4099—4100页。

格"的。① 换言之,朱子并非无神论者,当他希望在民间社会实施教化时,他毋宁非常重视祭祀在德教德化的感格作用。朱子在民间社会的礼治行事有很多祭祀活动,限于篇幅,仅举两文以明之。《祈雨疏》中云:"丁壮在田,厉农功之既作;阴云布野,闵时雨之尚愆。由拙政之不修,顾疲民而何罪?肆陈丹悃,仰吁苍穹。伏愿鼓支以雷霆,亟需为霖之施;泽及牛马,并销连死之忧。瞻仰归诚,吁嗟请命。"② 在《卧龙潭送水文》中说:"往分灵液,来即祠坛。诚未格于幽潜,泽尚愆于田亩。惟时淹久,惧弗吉蠲。敢奉冰壶,言归贝阙。别祷余润,用弭炎氛。尚神听之渊冲,鉴惟衷而响答。"③ 以上文章,一篇是祈祷降雨之疏文;一篇是祈祷陂潭送水之疏文。两者与农耕的田水息息相关,换言之,乃是由于当地其时久无甘霖,而陂潭之积水亦恐干涸而缺水灌田。自然灾害直接关系到南宋广大农村民间的生存大计,朱子的关怀完全在乎农村百姓之生活和生命,其撰述疏文向天地神明祈雨求水,我们可以感觉到他发乎真心诚意而非虚假的愚民手段。总之,具有宗教的神圣韵味的庶民社会之儒学儒教,在朱子的社会伦常实践中,充分呈现而无余。他本人长期生活在农村的基层社会,对于民间社会的文化习俗体察至深,他对民间社会的道德教化,更多的是顺从了民间社会的文化精神需求。这也正是朱子学能够长期在民间社会得以继承发展的一个重要内在因素。

宋代朱熹等士大夫和理学家们所倡导的具有平民色彩的民间宗族制度与乡族组织,比起他们的"义理"学说来,从宋代开始就显得幸运得多。在他们的设计、倡导以及亲自实践之下,具有一定平民化色彩的新型家族制度及其组织,已经在宋代的许多地方出现。到了元代,平民化的家族制度又有新的进展,举祠堂之设为例,当时人说:"今也,下达于庶人,通享四代"④,"今夫中人之家,有十金之产者,亦莫不思为祖父享祀无穷之计"。⑤ 一些具有祭

---

① （南宋）朱熹:《鬼神》,见（南宋）黎靖德编《朱子语类》（一）,中华书局 2004 年版,第 33—55 页。

② （南宋）朱熹:《祈雨疏》,郭齐、尹波点校《朱熹集》（七）,四川教育出版社 1996 年版,第 4407 页。

③ 同上。

④ 吴澄:《吴文正集》卷四十六《豫章甘氏祠堂记》。

⑤ 李祁:《云阳集》卷七《汪氏永思堂记》。

祀始祖及列祖十余世、二十余世以上的大宗祠也不断出现。① 当然,从上层建筑的层面,对于民间宗族制度与乡族组织的兴起,国家政府始终处于一种被动的状态。延至明朝初期,政府对于民间出现的这种家庙祭祀现象,在一定程度上予以法律上的认可,规定贵族官僚可以建立家庙以祭祀四代祖先,士庶不可立家庙只能在坟墓旁祭祀两代祖先。嘉靖年间大礼仪之争以后,明朝政府允许绅衿建立祠堂,纂修族谱以祭祀祖先。在大礼仪之争后,老百姓纷纷效仿在家中修建祠堂,朝廷也因此修改律例允许百姓修建祠堂祭祀祖先,这一变革逐步演变成为一套有序的、足于维持基层社会稳定平衡的宗族模式。随着民间宗族祭祀制度的确立与扩散,宗族制度与乡族组织也日益向民间生活化和民俗化转变。宗族的首要任务是祭祀祖先,繁衍宗族子嗣,在此之外族产的管理也是宗族的重要任务。特别是在明清时期社会经济比较发达的中国南方地区,宗族通过集体控制财产来维持宗族的祭祀活动,同时也通过对族人招股集资进行商业活动,如进行借贷、扩张田产、经营店铺等,以此来为宗族创造经济利益。② 可以说,到了明清时期,宗族制度与乡族组织成为中国民间最为重要和坚固的社会结构形式。

朱熹等人所倡导家族建构与儒学对民间社会的教化,同样随着大陆移民的迁居而在台湾各地生根繁殖。到了清代后期,台湾的家族组织之完善,已经与其祖籍地福建等地差别很小。至于时至今日,台湾和福建两地,俨然就是全中国之内祠堂和寺庙最为发达的区域。至于对民间的教化与儒学基层化,我们从台湾地方志中就可以看到不少这样的信息。如清代修纂的《苗栗县志》有如下叙述:“李纬烈,监生,⋯⋯素喜周急。道光六年,漳泉互斗,以粥赈难民,因而就食日多,舍无隙地,一时赖以活者数百人。行年七十三,预知寿尽,至期,正其衣冠端坐,以‘孝友’嘱子孙,言毕瞑目而逝。”这里记述监生李纬烈的一生行谊,即传统中国社会中乡治的“施善与教化”,然而他遗言说“孝友”,且必“正其衣冠端坐”,又有如朱子、曾子临终时的道德性的身心姿态。可见清朝在台湾乡社之小知识分子之生命格调,已属糅合了儒

---

① 参见冯尔康等:《中国宗族史》第三章第二节,上海人民出版社2009年版,第173—177页。

② 参见科大卫:《皇帝和祖宗·华南的国家与宗族》,卜永坚译,江苏人民出版社2009年版。

家和佛教,而在根本的伦常实践之核心,则属朱熹式儒家伦常。再如"李朝勋,字建初,纬烈子。性孝友,父母兄弟无间言,继母詹氏,养葬尽礼,称声载道。处世善善、恶恶,急公向义;为乡里排难解纷,抑强扶弱。……地方有事,率乡勇保卫,不吝赀财。生平好读书,尤精医术。晚筑家塾,设学田,延师训子孙。岁冬,命考家课,别优劣,赏赉有差。……"在这段所述李朝勋的行谊,他所坚持的是彰善惩恶之德规以及教诲庶民行善避恶,在宗祠中兴办家学,教族中子弟以儒行。①

再看《淡水厅志》中的记载。有郑崇和者,于竹堑办私家书院以教地方子弟:"晚益好宋儒书,如《性理精义》、《朱子遗书》、《近思录》诸书,沈潜反复,究极精微。尝示人曰:'此数书具修齐治平之理,当令子弟于夙兴夜寐时,敬读数行,以洗心涤虑,久之可从此窥见圣贤学源流。'大抵先生之学原本六经,由事以知事;由宋儒书以析理,而其要则归于践履笃实且夫持身之严也;执事之敬也;治家之整肃也;与物之公而恕也;见义之勇于为也;执德信道之耄而不懈也。"②从这则记载中,可以看出郑氏乃是一位深信朱子儒学的道理而确实在日常生活中依据之而实践者。他在竹堑教授儒子,根本目的是想造就圣贤,而不是用八股文教青年人只知只眼死盯着场屋僵死之试卷而求取利禄。《厅志》复云:"尝言:'圣贤之学自主敬始,主敬之道,自克勤小物始。'居常见器物倾侧、几案错列,曰:'此即不正之端。'必更为整顿,然后即安。……每日读书正襟危坐,如面质圣贤。……家庭肃穆,外言不入,内言不出,自写《朱氏家训》一篇,悬于中堂曰:'正家之道,略尽此篇,朝夕晤对,开人心目,他佳图画,无以易此。'……次君用锡以名进士掌教书院,生徒林立,先生严诲之,……谓:'士君子砥行立名,必求居家无愧于乡,在官不负于国,庶几无忝所生。'"③郑崇和虽身为台湾边陲地域的佚名基层知识分子,但是他从朱子学的道德规范修身行事,并非拘泥僵硬的腐儒、朽儒、奴儒,其身心端正严毅与教化民间社会的理念,与大陆特别是福建地区的知识分子,没有

---

① 以上引述的乡社之儒士,均引自(清)沈茂荫:《苗栗县志·先正》,台北:大通书局出版,第202—204页。

② (清)黄骧云:《郑崇和先生行谊》,收于(清)郑用锡《淡水厅志》。

③ 同上。

本质之差别。

　　到了现当代,特别是解放以后,有些学者从阶级演变与社会进化的角度来讨论中国的宗族制度与乡族组织,指摘了不少关于中国宗族制度与乡族组织的负面因素,并且预示中国的宗族制度与乡族组织必将随着社会的进步而逐渐衰落消亡。我却认为学者们的这种预测未免过于脱离中国的实际情况。当前中国乡村社会的发展出现的两种倾向值得引起注意:一方面,不少地方的家族组织和乡族组织得到不同程度的恢复甚至有所发展;另一方面,在许多传统宗族制度和乡族组织受到严重破坏又一时未能寻找可以与之替代的社会组织的乡村里,普遍出现了一种道德混乱以及社会无序的现象。这两种倾向的出现,正好从两个不同的角度说明了宋明以来中国宗族制度与乡族组织长期存在于民间基层社会的文化合理性。

　　这里需要再次强调指出的是,宋明以来中国宗族制度与乡族组织的这种文化合理性,基本上是在宋代理学家们倡导下、由民间社会自行施行并得以发展兴盛起来的。国家政府不但始终处于一种被动应付的状态,甚至在不少的场合,予以禁止和干扰。政府往往从强化专制统治的思维出发,认为民间宗族制度与乡族组织的发展壮大,很有可能危及政府的社会治理,从而屡屡试图予以控制和限制。尽管如此,在强大的民间社会面前,这种不具有制度化的控制和限制,毕竟无法有效地影响明清时期宗族制度与乡族组织的发展,明清时期中国的宗族制度与乡族组织的兴盛,一直延续到 20 世纪中叶。

　　宋代“理学”所倡导设计的以宗族制度和乡族组织为核心的基层社会管理与民间礼仪的层面,正是由于较少受到专制政府的制度化约束,宋代“理学”的这一部分文化精神,被比较正常地延续了下来,并且得到了社会的基本认同。虽然到了现当代,有一部分学者从政治学术的视野在一定程度上批判了中国的宗族制度与乡族组织,但是它并没有像被制度化的“节孝”行为那样,引起社会的强烈反感,反而在很大程度上成为民间社会的生活方式,蕴涵着顽强的生命力。

　　宋代朱子学、理学演变到近现代,往往被人们讥讽为迂腐不堪、毫无实用的道德标榜,而注重实用的学人们,对于明清以来的所谓“经世致用”之学甚为欣赏。实际上,宋以来中国思想界所出现的“经世致用”之学,说到底仍然是一种形而上思维，并没有真正实施的内涵与可能性。倒是宋代朱熹及其他理学家们所提倡的重构社会基层组织的设计与实践，在近千年的中国大地上，得到全面的实施与推广，甚至延伸到海外的华人群体之中。因此，抛开学术与政治上的偏见，如果要在宋以后中国的思想家里寻找真正实施于世的"经世致用"之学，那么，大概就只能是朱熹等宋儒们的这一主张了。

我们对于宋代朱子学及理学的主要内涵及其历史演变历程做一简要叙述之后，或许可以得出以下四点认识：其一，近现代以来偏重于"哲学"化的对于宋代"理学"的分析，往往把宋代以来的"理学"引向"形上思维"文化精神的层面或意识形态的层面，而忽视了宋代"理学"所倡导设计的基层社会管理与民间礼仪的层面。从完整的意义上说，宋代"理学"应该包含道德倡导与社会构建两个部分的内容体系。其二，宋代"理学"在宋代并没有得到较为广泛的实践，特别是经过政府的制度化的实践。经历元、明、清时期，以皇权为核心的政府统治者根据自己的需求，把宋代"理学"中的一部分，进行了制度化的实践与推广。在这制度化的实践推广过程中，宋代"理学"中所拥有的可贵的社会批判精神逐渐消失，而作为皇权政治的附庸文化角色则得到空前的加强。其三，被明清时期政府制度化的宋代"理学"的部分内容，尤其是被政府改造过的所谓"气节"观、"节孝"观等，不仅越来越偏离了宋代"理学"的本意，同时也越来越违背了人性的天真自然以及社会的进步，从而导致了近现代人们的诸多反感。与此相对照的是，宋代"理学"中的另一个重要组成部分，即关于基层社会管理与民间礼仪的层面，较少受到政府制度化的影响，反而在明清以来的民间社会，得到了比较良好的实践与传承，成为真正践行于世的"经世致用"之学。时至今日，我们仍然不能对于宋代"理学"所提倡的具有社会和谐意义的家族制度等，予以视而不见和全盘的否定。其四，从上面的三点认识延伸出来，我们或许还可以这样说：从中国长远的历史发展过程来考察，无论是孔子的儒学，还是以朱熹为代表的宋代"理学"，以及法家、兵家等诸子百家，在其形成之初，都不乏有各自的优秀而积极的社会与文化意义，特别是从孔子到朱熹的儒家传统，在其倡导之时，其所包含的强烈的社会批判精神与社会监督意义，给中国历史的发展注入了极为宝贵的文化精神内涵。但是，这种文化精神内涵一旦被社会当政者纳入其制度化的轨道,则必然逐渐沦落为专制统治的附庸角色,从而日益显露出保守与阻碍社会进步的性格。相反地,那些没有被专制统治者纳入到政治制度化当中去的儒学传统,则有可能长时间地保持其合理的本质,在中国的历史长河中显示出文化精神的生命力。

(六)闽台儒者所秉承的共同文化精神:创新进取

自唐宋以来,福建以及明清之后的台湾地区,一代又一代的儒者们为闽台文化的建构和发展作出了永不停息的努力。不同时代、不同地域的儒者们根据自己知识的理解及对于世界与社会的认知,形成了各具风格的学说,共同构建了闽台地区丰富多彩、形态各异的儒学整体概貌。特别是宋代的朱子学和明代的卓吾之学,以及清代后期以严复为代表的近代启蒙之学,其影响力不仅在福建地区是独一无二,就全国范围来说,这三家学说在中国思想史的发展历程中,也是秀峰并峙、无可替代。

然而时至今日,学界对于朱子学和卓吾之学的评论各持一端,似乎风马牛不相及;对于其他的一些不同风格的儒学学说,也是各唱各调,很少有人思考同为福建出生的儒学们他们之间是否存在着某种必然的内在精神联系?

要厘清这一问题,我们必须从福建文化发展的源头历史以及汉唐以来的文化轨迹来进行综合的思考。众所周知,中国上古时期的南方地区,是众多少数民族散居的区域。而在其北方地区,则是社会经济与文化均呈现出先进的所谓"华夏文明"。先进的"华夏文明"对于南方少数民族的影响是不可阻挡的。然而值得引起我们注意的是,在中国典籍中有关华夏文明及中国古代史的传统阐述,从总体上看,是以北方中原地区的历史发展为主要阐述脉络的,甚至可以表达为一种"北方中心论"或"中原中心论"。南方地区上古史的研究,文献既少,且不足凭靠;传统文献中有关南方历史的记载,大约只可作为印证、阐释或附会之用。总的说来,北宋中期以前,有关南方地区历史的记载,可以说主要出自北方士人或持华夏正统观念的南方士人之手,他们对南方地区的描述,主要是立基于华夏正统观念以及中原士人观念的,并且在这种观念之下衍伸出对于南方地区的看法,而并非南方社会经济文化乃至环境的客观实际。正史中的记载尤其如此。我们曾仔细分析了自《后汉书·蛮传》以来有关"蛮"的记载,说明这些记载所反映的所谓"南方蛮",只是华夏士人的看法。其他的许多著述,也都带有浓郁的华夏士人风格,有明显的偏见。①正因为如此,终其汉唐之时,虽然福建作为后开发区域,已经出现了少量入仕中原的知识分子,但是他们对于福建家乡文化的话语权,我们今天很难看到其有着值得关注的影响力。

五代、宋以来,福建的社会经济开发进入到全面进步的重要时期,由福建本土出生的士子知识分子的数量迅速增长,很快地可以与中原的一些先进地区相媲美。在这种情况下,福建以及其他中国南方的士子们在继承和补强中国正统的伦理文化规范上作出越来越引人注目的贡献,然而我们在阅读早期福建及其他南方士子们求道为学的著述时,不难从中看出他们津津乐道于自己已经成为一名"正统文化者"的心态。而这种"正统文化者"的表述中,已经使自己不知不觉地演化成为一名亦步亦趋的北方文化中心标识的追随者。我们在福建杨龟山的家乡,看到了他立愿逝世后葬身于墓门朝北远望北方师门的坟茔;我们在游酢的乡里,到处可以听到和看到关于他们"程门立雪"的传说记述。老实说,对于这样的传说和记述,我一直心存疑问:程氏作为宋代儒学的代表性人物,为何会有如此不合情理而有悖于孔圣人诲人不倦的教训、苛待南方学子的这种带有明显矫情意味的传说,其背后似乎隐藏着一个难于言喻的文化心态,即把自己变成一名北方式的"士子"为荣耀。正因为如此,我们所看到唐宋时期许多南方人所留给我们的文献,与其说是"南方人的著述",倒还不如说是"南方人替北方人著述",恐怕更为妥切。尽管如此,从中华传统文化传播史的角度来审视这一事实,后进地区的文化继承与发展,先以向往模仿先进地区的文化模式为路径,这是一种必然的趋势。

到了南宋时期,福建的社会经济地位又得到迅速的提升。一方面,随着北宋政权的衰亡,中国北方的许多地区沦为北方少数民族的管辖地;而另一方面,福建地区远离战乱的冲击,社会经济的发展又在原来的基础上得以提

---

① 以上参见鲁西奇:《人群·聚落地域社会:中古南方史地新探》第一章,厦门大学出版社2011年版。

升,南宋的都城迁移到杭州,福建地区俨然成为南宋首都的"拱卫之区",再也不是以往人们所认知的福建属于边陲之地的概念了。随着福建地区社会经济以及文化的繁荣并且出现了超越北方的趋向的时候,福建及其他南方士子的文化心态也会出现许多微妙的进化。我们从北宋的许多历史典籍中可以看到这样的事实:北宋时期,许多著名的北方士子,对于南方的变化及士子的涌现,很不以为然,甚至出现了某些鄙视谩骂的文字。但是到了南宋时期,类似的文字就相当稀少了。反之,赞许、向往福建地区士子知识分子的文字多了起来。这其中,朱子学的出现是一个划时代的文化标志,以朱熹为代表的南方理学家群体对于中国后世的文化贡献成为众所周知的事实。正因为如此,我们对于"朱子学"的研究,仅仅着眼于理学的层面是远远不够的。朱熹其在世时是以清议的本色而屹立于闽中的。南宋时期,中央政府偏安于半壁江山,政治、军事、思想、文化学术,均弥漫于腐败昏庸之中,以朱熹为代表的一批福建学人,目击国家的衰败与世道的沉沦而痛心疾首。他们著书立说,批评朝政,很快引起了国内正义之士的注目与拥戴,而朱熹本人也成了一些当权者的眼中钉,被斥为"伪学",屡屡遭到政治迫害。朱熹的学术思想虽然摆脱不了"托古改制"的老路,但是他那种敢于面对权贵,坚持自己的道德标准而与当权者相抗衡的性格,无疑是福建文化学术能够异军突起的精神支柱。至于朱熹生前历经磨难,身后却备受推崇,被明清统治者奉为理学正宗,支配中国思想界达六七百年之久,这正如我们在前面所言,是出于后世统治者的政治需要,与朱熹坚持创新批判的人文精神毫不相干。朱子学的形成,对于传统儒学的反思与重新诠释,对于在社会经济势已超越北方而成为中国经济的重心地带的南方文化的自觉,可以说起到了承先启后的伟大贡献。而这种反思与自觉的核心,就在于勇于突破旧的文化思维,创新出一整套足以指导并适应南宋社会文化发展的新学说。学说的创新性,势必与旧的体制发生严重的冲突,这既是朱熹本人屡遭厄运的根源所在,同时也充分说明了他的创新学说对于当时社会政治体制的冲击以及对于后世文化的重大启迪意义。

当然,宋代福建地区社会经济的长足进步与文化教育的兴盛,在官僚政治体制的笼罩之下,其中有不少知识分子被吸引到极具功利诱惑力的官场之中。在宋代,诸如兴化的蔡氏、闽北的曾氏、泉州的吕氏,在当时的政治权力舞台上炙手可热,显赫一时;明清时期,福建籍人士继宋代的繁盛之后,通过科举制度而进入官僚阶层的人数,一直保持在全国的先进行列,而进入中央政要者也不乏其人。[①] 然而这种仕途功利的诱惑,并没有完全消磨福建地区许多知识分子的道德义理追求与承担儒者应有的社会责任感。明代李贽卓吾之学的出现,是继朱熹之后福建儒者当中最为突出的一位。

明代后期卓吾之学的出现同样也不是偶然的。研究明清历史的学者普遍认为,明代中后期是中国封建社会晚期发展历程中的一个重要转折时期。这一时期的基本特征是随着农业、手工业生产机器技术的进步,商品市场经济得到空前的发展。其在国内,商品经济的发展,使得大量的基层商业市镇不断涌现,并且形成许多带有地域经济特色的商帮集团。其在海外贸易方面,私人海上走私贸易已经超越传统的政府朝贡贸易体系。随着 15、16 世纪西方殖民者对于海外市场的探寻与开拓,东西方的商业贸易日趋密切,形成了所谓的 "大航海时代"。在这样的新的世界贸易格局形成过程中,东南沿海一带特别是福建沿海的海商集团及其贸易活动,已经日益参与到世界贸易的网络之中,成为中国东南地区社会经济发展的一个新的动力。毫无疑问,在这样的社会环境之下,李贽及其学说的出现,就不单单是其个人的学识修养问题了,而是体现了时代变迁的一种全新的文化思考。

当明代中叶以后中国的社会经济特别是商品经济发展到一个新的阶段时,中国的思想文化界出现了一股反抗传统理学、追求个性解放的思潮,其中最具代表性的人物就是福建泉州的李贽。李贽出身于一个典型的汉回结合的商人家庭,从小在沿海浓厚的海商气氛中受到熏陶。作为一个进步的思想家,他敢于冲破当时传统网罗的束缚,卑孔叛圣,对传统儒家经典著作采取批判态度,重新评价历史人物,提倡童心,要求思想解放,这对于中国传统政治道德的 "禁锢人心" 是一个大胆的冲击,在严密思想封锁的历史长流中,迸发出一股活泼、开朗、新鲜的时代气息。可是引人注意的是,李贽等人的这种新的人文思想,并不能在当时的时代里得到顺利的滋长,李贽本人被迫害致死,但是他的影响却在外国或在数百年后的祖国发挥进步作用。日本明治维

---

① 参见笔者:《福建六大民系》,福建人民出版社 2002 年版。

新运动的先驱吉田松阴,自谓在生死观上颇得力于李贽《焚书》的启发,在日本民主革命中发挥一定的作用。后至"五四"运动时期,吴虞等人也曾引用李贽的学说作为反传统斗争的思想武器。① 这一切都说明了作为福建人的李贽,有着极为执着而深远的创新求变的人文精神性格。这种创新求变的人文精神,虽然不容于专制体制日益严密的明清社会,但是他所具有的超越时代的敏锐学识,却为后世留下了许多足于思考与借鉴的宝贵文化遗产。

清代中后期,中国的传统社会进入日益衰败的没落阶段,而西方殖民主义者则以其资本主义的新兴力量,用船坚炮利打开了中国的大门,古老的帝国进入到"苦难深重"的危急关头。在暮气沉沉的中国文化思想界,同样也迸发出少量极为可贵的、勇于创新探索的儒者,而这在有数的儒者中,福建籍的知识分子们无疑是开风气之先的一个重要群体。福建一直是一个中国与海外交通的窗口,一座沟通中国文化与海外文化的桥梁。鸦片战争后,注重经世致用的福建知识分子,最早意识到打破墨守成规、抱残守缺文化思维的急迫性和向西方学习的必要性,很快把注意力从关心国内问题转向关注外交斗争,注重研究西洋国家。

在研究西方上,走在最前列的是林则徐。在广州时,他组织人力翻译澳门报刊,选编《澳门月报》,还翻译西方地理学著作,编为《四洲志》一书,扩大了中国视野,对后世影响很大。著名思想家魏源继承他的工作,编写《海国图志》一书,为中国人展开了整个世界的画卷。中日甲午战争后,随着以康有为、梁启超为代表的维新派正式登上中国社会的政治舞台,维新思想也相应地被推到历史的前台。福建知识分子在维新思潮兴起过程中,表现突出,贡献巨大。严复是福建也是全国这一时期最主要的维新启蒙思想家之一。除严复外,在福建维新思潮兴起过程中起过重要作用的还有林旭、陈宝琛、陈衍、陈璧、林纾等人。甲午战争后,严复在民族危机的刺激下,他首先翻译了赫胥黎论文集中的一部分,取名《天演论》,宣传"物竞天择,适者生存"的观点和社会达尔文主义,激起了巨大的社会反响。在 1894 年至 1909 年的

---

① 参见傅衣凌:《明清社会经济史论文集》卷一"论明清社会的发展与停滞",人民出版社1982 年版。

十多年间,他还先后翻译了斯宾塞的《群学肄言》、穆勒的《群己权界论》、亚当·斯密的《原富》、孟德斯鸠的《法意》等著作,这些著作的译介,不仅在当时振聋发聩,而且深刻教育、启迪了 19 世纪末 20 世纪初期整整一代热血青年。毛泽东曾将严复与洪秀全、康有为、孙中山一道,作为"中国共产党出世以前向西方寻找真理的一派人物"①。

　　无论是林则徐、沈葆桢,还是林纾、严复,他们都自许为一名儒者。但是当中华民族处于危难时期,他们却敢于冷静地对待自己的安身立命之学,寻找可以拯救家国的全新学说。因此我们从严复的著述中,可以看到他对进化论的热情倡导,对"自由为体,民主为用"的民主政治观的推崇,以及极力宣扬"鼓民力,开民智,新民德"的"三民"思想。严复认为实现国家自主自强的根本在于利民。因此,他特地撰写了《原强》一文,提倡全面发展人民的力、智、德,来振兴国家。首先是鼓民力。严复认为提高全国人民的体质是国家富强的基础。他说:"今者论一国富强之效,而以其民之手足体力为之基。""民智者,富强之原。"他认为"西方以格物致知为学问本始"。严复所谓的"新民德",从根本上说,就是要用西方的民主、自由、平等来代替中国封建社会的宗法制度和伦理道德。作为一位受过良好而又严格儒学传统教育出身的学者,敢于一反传统,积极提倡"鼓民力,开民智,新民德",敢于把中国封建专制制度看作是民德的摧残者,是民族危亡的社会原因,敢于对君主专制鞭辟入里的无情批判,对西方民主、自由、平等的热情倡扬与向往,在当时的历史条件下,无不具有鲜明的进步意义②,即使是到了21世纪的今天,严复的文化贡献及其社会思考,依然有着相当积极的意义,其学说必然将产生更为深远的时代影响。

　　当然,我们不得不清醒地看到,以朱熹、李贽、严复为代表的福建历史上的三座文化思想高峰,他们的历史际遇是不同的,朱子学的历史影响力,不论是正面的,还是受到政治意识形态化所带来负面的,都要比明代后期李贽之学和近代严复的启蒙之学要大得多、深远得多。文化思想历史影响力的深远与短暂,除了取决于其学术自身的魅力与精髓之外,更重要的是取决于这种

---

① 参见笔者主编:《福建历史文化简明读本》第五章,厦门大学出版社 2013 年版。

② 同上。

文化思想所赖以生存延续的社会环境。就朱子学而言，正如我们在前面所说的，其兴起是为了适应中国封建社会后期的时代变迁的，中国封建社会的长期延续以及中国传统文化的延续，为朱子学的长期延续与弘扬提供了较为长久的社会文化影响力，特别是朱子学中的优秀部分，已经融入到中华文化的优秀传统之中，它所发挥的影响力，将随着中华文化传统的延续与变迁，愈发具有深远的生命力。但是明代后期的李贽之学，它的兴起在一定程度上预示着封建社会传统的瓦解与新时代的即将来临。然而不幸的是，由于中国封建社会的长期延续以及传统意识的极端顽固性，中国最终未能出现新时代、新社会的变革。换言之，明清时期的中国社会环境，毕竟不能为李贽之学的发展及其产生深远的影响力提供互为适应的土壤，李贽之学的凋零也就成为必然的趋势。虽然，每到中国社会即将出现重大变革的时候，敏锐的文化思想家和革命家们，都会想起李贽之学的重要性，但是这种影响力只能是有限的、断断续续的。同样的，清代后期以严复为代表的近代思想启蒙之学，其所适应的社会环境，应该是资本主义社会模式的。而中国近代历史的发展进程已经向人们显示了中国发展资本主义社会体制的艰巨性与不可复制性，严复的近代思想启蒙之学，同样也就缺乏其生存和发展的社会基础，这也就决定了它的历史影响力，相对而言是比较短暂的。严复的近代思想启蒙之学和明代后期李贽之学一样，当社会需要变革的时候，人们往往想起了他们；当社会沉寂下来的时候，他们也会为大部分的人们所遗忘。

尽管各自的历史际遇有所不同，但是无论是朱子学，还是李贽之学、严复的近代思想启蒙之学，他们在中国文化思想史上的地位都是无可替代和开创性的。我们从中国历史发展进程中自宋代以迄近代的文化思想演变过程中就不难看出，福建的儒者们，都是在不同时代的社会变迁的关键时期，发挥着无可替代的文化影响力与历史作用，而这种文化影响力的产生极其永久的生命力，正是源于他们的共同精神核心：勇于批判某些陈旧不合时代进步的传统，力求创新进取。我们今天回顾并且撰写《闽台儒学史》，正是希望我们的民族，我们的社会，我们的共根同源的闽台同胞们，谨记我们先辈们所怀抱的这种敢于扬弃传统、创新进取的共同精神核心，继续进取，为我们的家园，营造无愧于先人的永恒天地！

七、元末浙江新城之战与李文忠

元末浙江新城之战,是决定朱元璋能否稳固江南根基的重要战役。但是在《明史》等主要的史书中,以及近现代研究明史的著作中,却往往着墨不多、轻轻带过。这对于我们全面了解元末明初政治、军事格局的演变过程,显然有所欠缺。本文拟就这一问题略加论述,并兼及朱元璋外甥李文忠在这方面的杰出贡献,或可对深入探讨元末明初的反元战争以及群雄割据的史实,有所裨益。

(一)元末至正后期江南的政治、军事格局

元末至正年间,黄河、长江流域的反元义军相继蜂起。至正十二年(1352),出生与长江北面濠州的朱元璋参加了定远人郭子兴领导的义军,经过数年的征战,建立了自己的武装队伍,逐渐南下。至正十六年(1356),朱元璋率部攻下集庆(应天),并以应天为基地,建立"江南等处行中书省"的地方政权,被诸将封为"吴国公"①。之后,派兵向江苏的镇江、常州、泰兴、江阴等地扩展,以及挥师南下,占领徽州以及浙江的婺州、衢州、处州、兰溪各地。此时,朱元璋以其占据江浙、安徽、江西的实力,被人们称之为"西吴"政权。

然而,当时同时在江南地区建立地方政权的还有数路反元军队,其中实

① 《明史》卷一《太祖一》。

力最强的首推占据湖广、江西的陈友谅和占据江浙的张士诚。至正十九年（1359）九月，陈友谅杀害巢湖水师首领赵普胜，年底又挟持徐寿辉，占据江州（九江），自称"汉王"。至正二十年（1360）闰五月，陈友谅占太平杀徐寿辉，在采石王通庙即帝位，国号"大汉"，改元"大义"。自是陈友谅称雄于江西、湖广间，史称"陈汉"。泰州人张士诚则占据有泰州、兴化、高邮一带。次年正月，自称"诚王"，国号"大周"，建元"天佑"。至正十六年（1356），攻占平江，以为国都，改称"隆平府"，史称"东吴"。① 其势力也向南扩展到浙江杭州及西部地区。因此，到至正十五年（1355）以后，江南地区形成了三雄并峙的局面。其中还掺杂着一些元朝的实力。各方势力犬牙交错，相互攻伐，战争不断。《明史·太祖一》记述至正二十一年（1361）秋七月至次年春这段时间内这一带战争混乱的情景云：

> 秋七月，友谅将张定边陷安庆。八月，遣使于元平章察罕帖木儿。时察罕平山东，降田丰，军声大振，故太祖与通好。会察罕方攻益都未下，太祖乃自将舟师征陈友谅。戊戌，克安庆，友谅将丁普郎、傅友德迎降。壬寅，次湖口，追败友谅于江州，克其城，友谅奔武昌。分徇南康、建昌、饶、蕲、黄、广济皆下。冬十一月己未，克抚州。二十二年春正月，友谅江西行省丞相胡廷瑞以龙兴降。乙卯，如龙兴，改为洪都府，谒孔子庙。告谕父老，除陈氏苛政，罢诸军需，存恤贫无告者，民大悦。袁、瑞、临江、吉安相继下。二月，还应天。邓愈留守洪都。癸未，降人蒋英杀金华守将胡大海，郎中王恺死之，英叛降张士诚。处州降人李佑之闻变，亦杀行枢密院判耿再成反，都事孙炎、知府王道同、元帅朱文刚死之。三月癸亥，降人祝宗、康泰反，陷洪都，邓愈走应天，知府叶琛、都事万思诚死之。②

从这段记载可以，当时在江南一带各方的争斗是十分激烈的，各自占领的地域随时有可能得而复失、失而复得。从朱元璋、张士诚、陈友谅三分的实力看，朱元璋一方并不占有明显的优势。张士诚占据江南的富庶之区，经济实力雄厚；陈友谅占据长江上游的地理险要，对应天府的直接威胁可谓"朝发

---

① 参见《明史》卷一二三《张士诚、陈友谅等传》。
② 《明史》卷一《太祖一》。

夕至"。并且,张士诚与陈友谅往往形成对朱元璋势力的东西夹击之势,朱元璋要在江南地区稳固下来,并且逐渐壮大,势必与张士诚和陈友谅无法两立。如何击毁张士诚和陈友谅的实力,就成为朱元璋政权是否存亡的关键战略所在。当时是,朱元璋势力处于张士诚和陈友谅两大势力的夹击之间,处境相当困难。《明史·张士诚传》云:"太祖与士诚接境。士诚数以兵攻常州、江阴、建德、长兴、诸全,辄不利去。而太祖遣邵荣攻湖州,胡大海攻绍兴,常遇春攻杭州,亦皆不能下。廖永安被执,谢再兴叛降士诚,会太祖与陈友谅相持,未暇及也。友谅亦遣使约士诚夹攻太祖,而士诚欲守境观变,许使者,卒不行。"① 各方都在寻找攻击对方的有利时机,兼并对方的势力范围。

(二)朱元璋经略浙江与新城大战

至正二十五年(1365)的新城大战,就是在这样的政治、军事形势下发生的。朱元璋建立江南政权后,处于被群雄包围的格局。这种局面,既屏障了朱元璋政权,也阻碍了朱元璋势力的扩张。其中军力最强的陈友谅和财力最富的张士诚,是最大的威胁。面对这一形势,朱元璋采纳刘基的建议:"士诚自守虏,不足虑。友谅劫主掠下,名号不正,地据上游,其心无日忘我,宜先图之。陈氏灭,张氏势孤,一举可定,然后而向中原,王业可成也。"② 决定集中兵力先打陈友谅,次打张士诚,然后削平南方其他割据势力,北向中原。至正二十年(1360),陈友谅杀徐寿辉,建大汉称帝后,即挥师顺江南下,进攻朱元璋的基地应天。朱元璋利用部将康茂才和陈友谅的故友关系,以康诈降诱引陈友谅进军江东桥,一面调胡大海军取广信(江西上饶),捣陈友谅的后路,一面于龙湾一带设下埋伏。陈友谅中计大败,逃回江州,朱元璋乘胜收复太平、安庆,信州、袁州。陈友谅不甘心,于次年发兵争夺信州、安庆,被朱元璋军击败。朱元璋乘胜进击,大败陈友谅于江州,陈友谅逃奔武昌。接着,朱元璋分兵攻南康、建昌、饶州、蕲州、黄州、广济,抚州。龙兴(江西南昌)

① 《明史》卷一二三《张士诚》。
② 《明太祖实录》卷四。

汉将胡廷瑞投降,改龙兴为洪都府。至正二十二年(1362),朱元璋连下瑞州、吉安、临江,陈汉"疆场日蹙"①。至正二十三年(1363)四月,陈友谅乘朱元璋大军北上救援安丰红军、内部空虚之机,集中所有力量,发兵六十万,巨舰数百艘,蔽江东下,围困洪都,占取吉安、临江,无为州。洪都守将朱文正等闭城坚守,双方连续激战达八十五天之久。七月,朱元璋急命徐达、常遇春回师,并亲率大军与合,双方进入鄱阳湖决战。"烟焰障天,咫尺不能辨,声振山谷,军浮水面,波浪漂没。"② 陈友谅久困湖中,渐渐食尽粮绝。八月底,陈友谅在粮绝势困、进退失据的情势下,决定退兵,奔回武昌。朱元璋军截击于湖口,陈友谅中飞矢死之,其军五万余众降,基本消灭了陈友谅的势力。

朱元璋灭陈汉后,势力大增。但是财力雄厚并且经常和北方元军同声相应的张士诚,仍在东侧严重威胁着朱元璋。为了彻底张士诚的威胁,朱元璋决策进取张士诚。从建立江南政权时起,朱元璋就与张士诚不时发生冲突,争夺地盘,大小数百战,互有胜负,始终未能取得决定性的胜利。朱元璋与陈友谅决战时,张士诚从东线配合陈友谅,屡次发兵争夺朱元璋的后方诸暨、长兴等地,这一带成了朱元璋与张士诚势力相互争夺的重要区域。《明史·太祖一》对这一时期朱、张双方在浙江的战事记录略云:

> (至正十八年)冬十二月,胡大海攻婺州,久不下。……十九年春正月乙巳,太祖谋取浙东未下诸路,……庚申,胡大海克诸暨。……太祖以故久留宁越,徇浙东。……九月,常遇春克衢州。……十一月壬寅,胡大海克处州。……二十二年(二月)癸未,降人蒋英杀金华守将胡大海,郎中王恺死之,英叛降张士诚。……(二十三年夏四月)乙丑,诸全守将谢再兴叛,附于士诚。③

从上面的记载中可以看出,从至正十八年(1358)到至正二十三年间,朱元璋和张士诚双方在浙江一带反复争夺,各自胜负不定,朱元璋无法最终控制浙江的局面。于是,从至正二十三年下半年开始,朱元璋改变策略,先夺取张

---

① 《明太祖实录》卷十二。

② 俞本:《皇明纪事录》。

③ 《明史》卷一《太祖一》。

士诚的外围区域。"自将征陈理,……冬十月壬寅,围武昌。分徇湖北诸路,皆下。次年(1364)春季,朱元璋再次亲自率兵"征武昌,陈理降,汉、沔、荆、岳皆下"。秋七月,"徐达克庐州。戊寅,常遇春徇江西,八月戊戌,复吉安,遂围赣州。达徇荆、湘诸路,九月甲申,下江陵,夷陵、潭、归皆降。冬十二月庚寅,达克辰州,遣别将下衡州。二十五年春正月己巳,徐达下宝庆,湖湘平。常遇春克赣州,熊天瑞降,遂趋南安,招谕岭南诸路,下韶州、南雄"①。

朱元璋攻占了张士诚的外围地盘之后,浙江核心区域的最后争夺战就迫在眉睫了。到了至正二十五年(1365)三月,决定性的诸暨新城之战就这样开始了。从至正二十年(1360),诸暨(诸全)作为双方争夺的战略要地,张士诚屡屡派重兵来攻取。二十三年(1363),张士诚派十万精兵急攻诸全,被朱元璋在浙江的将领李文忠等击退。二十四年(1364)张士诚策反朱元璋的诸全守将谢再兴叛变,"四月诸暨守将谢再兴叛降于张士诚,……文忠议以诸暨浙东籓障,若诸暨不守,则衢处不支矣。乃度地去诸暨六十里并五指岩新筑一城,不旬日而成"②。"再兴叛降于吴,以吴军犯东阳。文忠与胡深迎战于义乌,将千骑横突其阵,打败之。已,用深策去诸全五十里别筑一城,以相犄角。士诚遣司徒李伯升以十六万众来攻,不克。"③ 至正二十五年(1365),张士诚增兵至二十万人来攻诸全新城,新城大战由此展开。《明史·李文忠》记述此次大战的经过云:

> 逾年,(张士诚)复以二十万众攻新城,文忠帅朱亮祖等驰救,去新城十里而军。德济(诸全守将胡德济)使人告贼势盛,宜少驻以俟大军。文忠曰:"兵在谋不在众。"乃下令曰:"彼众而骄,我少而锐,以锐遇骄,必克之矣。彼军辎重山积,此天以富汝曹也。勉之。"会有白气自东北来覆军上,占之曰"必胜"。诘朝会战,天大雾晦冥,文忠集诸将仰天誓曰:"国家之事在此一举,文忠不敢爱死以后三军。"乃使元帅徐大兴、汤克明等将左军,严德、王德等将右军,而自以中军当敌冲。会处州援兵

① 《明史》卷一《太祖一》。
② 陈建:《皇明通纪集要》卷二。
③ 《明史》卷一二六《李文忠》。

亦至,奋前搏击。雾稍开,文忠横槊引铁骑数十,乘高驰下,冲其中坚。敌以精骑围文忠数重。文忠手所格杀甚众,纵骑驰突,所向皆披靡。大军乘之,城中兵亦鼓噪出,敌遂大溃。逐北数十里,斩首数万级,溪水尽赤,获将校六百,甲士三千,铠仗刍粟收数日不尽,伯升仅以身免。[①]

《昭代武功编》对于此次新城大战也有比较详细的记载,兹抄录如下:

> 二月,士诚遣其司徒李伯昇,挟我叛将谢再兴帅马步舟师二十万,逾浦江,围诸暨之新城。构饰寝宇,建立仓库,预置州县官属,为持久必援计。分屯精兵数万于城北隅,遏我援师。初至,守臣胡德济遣部将缪美败其先锋于斗岩之下。敌攻西门,美趋当之,再战再捷。既抵城下,德济戒将士勿轻出交锋,但严为备。来攻则矢石交发御之。遣使求救于李文忠,命张彬出兵浦江,以为声援。自出严州,日驰六十里赴救,抵龙潭,去贼二十里,据险为营。胡德济知文忠兵至,潜使报曰:贼兵方锐,姑缓避之。文忠曰:以众则我非彼敌,以谋则彼非我敌。谢玄以八千人破符坚八十万众,何避焉?吾若不战而退,则彼势益张,虽大军至难攻矣。危中求生,正在今日。乃下命曰:贼众而骄,我少而锐,可一战擒之,辎重皆汝等有也。明日贼空壁来逆战,文忠戒将士奋击之。自于马上仰天誓曰:朝廷大事,在此一举,岂敢爱生以后三军!于是士卒皆奋,无一不当百。阵既交,文忠策马挺身陷入其中坚,独格杀数十人。部将王英独当一面,引部下健士亦贯阵入,敌众披靡。文忠因督众乘之,敌大溃。德济亦自城中率精甲出,合击之。敌众自相蹂躏,流血膏野,溪水尽赤。炳文所遣张彬合朱亮祖兵亦击败其余众。伯昇与其五太子皆遁去,我师焚其营落数十,俘获敌将士六百余人,马三千八百余匹,辎重铠甲如山。捷闻,上大喜。[②]

经过这次决定性的新城战役之后,彻底扭转了东吴与西吴在浙江的胶着战局,所谓"俘伪同金韩谦虚元帅周遇、萧山等六百余人、军士三千,委弃辎

---

① 《明史》卷一二六《李文忠》。
② 《昭代武功编》卷二《勋绩高皇帝·徐中山常开平削平伪吴》。

重铠仗弥亘山丘,举之数日不尽,其伪五太子仅以身免,张士诚自此气夺"①。西吴政权完全控制了整个战场的主动权。虽然在浙江境内,杭州等重要城市仍然控制在张士诚的将领手中,但是也仅能守御而已。至正二十五年(1365)下半年,朱元璋发动军队向张士诚政权展开全面进攻。朱元璋曾发布文告,指责张士诚"假元之命叛服不常,……启衅多端,袭我安丰,寇我诸全,连兵构祸,罪不可逭"②。令徐达、常遇春等统兵取东吴北境的淮东、淮阴诸郡,接连取得胜利。次年(1366)三月,徐达攻克张士诚的重要据点高邮。四月,淮安守敌势孤,被迫投降,接着,"濠、徐、宿兰州相继下,淮东平"③。冬十月,李文忠率部荡平浙江境内的张士诚余部,"大军伐吴,令(李文忠)攻杭州以牵制之。文忠帅亮祖等克桐庐、新城、富阳,遂攻余杭。守将谢五,再兴弟也,谕之降,许以不死。五与再兴子五人出降。诸将请僇之,文忠不可。遂趋杭州,守将潘元(原)明亦降,整军入。……得兵三万,粮二十万"④。至正二十七年(1367)朱元璋大将徐达攻入平江,"执士诚,吴地平"⑤。朱元璋终于完全控制了江南地区,为统一全国打下了坚实的基础。

(三)新城大战与李文忠

在新城大战中发挥举足轻重作用的将领是李文忠。李文忠是朱元璋的外甥,自至正十七、十八年(1357、1358)起,就一直在浙江一带领兵作战,取得不少胜利。《明史》中有"李文忠"的传记,其事迹略引如上。明末福建人何乔远也曾撰写过李文忠的传记,与《明史》有所不同,兹引录如下,以加深对于李文忠这位负责浙江战事并在新城大战中冲锋陷阵的勇猛之将的了解:

> 李文忠,字思本,少名保儿,盱眙人。父贞,娶高帝姊。……高帝姊卒,保儿方十二。贞闻帝起淮右,携之军中见帝。帝见贞衣被褛裂,问

---

① 陈建:《皇明通纪法传全录》,乙巳元至正二十五年宋龙凤十一年。
② 《明太祖实录》卷十五。
③ 《明史》卷一《太祖一》。
④ 《明史》卷一二六《李文忠》。
⑤ 《明史》卷一《太祖一》。

曰：大丈治生得无苦乎？对曰：苦渔税。保□□□衣，帝喜且泣，赐以己姓，名曰文忠，择师傅教之。丁酉岁年十九以舍人领军援池，击败汉。戊戌岁升帐前总制亲军都指挥使司左副都指挥，兼领元帅府事。下青阳、石埭、太平、旌德，败元阿鲁灰，破苗獠于潜、昌化，获妇女辎重甚多，尽燔遣之。厉士曰：固不足惜，努力破敌，何止是？进次淳安，夜袭洪元帅，降众千余。与邓愈、胡大海会取严州，周人率苗兵水陆至，出奇大败之，积载斩馘乘流下濑以耀周人，周军皆震。拒却周军乌龙岭，进取浦江。访求郑义门避匿者按堵之，令士毋得焚掠。……蒋英、刘震三万人于桐庐，己亥与大海克周诸暨，禽人四千。从间道破周军碧溪胥口，使裨将何世明克周将分水斩首五百级，进击之三溪，斩首千余。迁同金枢密院事，守严。辛丑城严，与胡大海援其子德济广信，生擒汉将明道……。壬寅，蒋英、刘震叛金处，抚定其人民。迁浙东行中书省左丞，开省金华，总制衢处广信严诸全军马。以虚声破周围诸全军，乃与胡琛还定处。英、震走归周。癸卯，自严驰拒叛将谢再兴于义乌，精骑出其后，城新城，以胡德济守之，拒周将李伯升兵。迁右丞。乙巳，伯升复以二十万众寇新城，驰之未至，可十里止，营龙潭。胡德济使人间道报曰：众姑俟大军。文忠曰：众则彼也，谋则我也。畏众益众，大军至，亦众矣；无众不众，众乃在我。下令曰：彼众而骄，我少而锐。以锐当骄，何忧不擒？既擒？辎重皆若有也。傅阵仰天誓曰：国大事在此一举，敢重生以轻三军！驰之直出其后冲中坚，手格杀数人，众乘之。德济从城中噪出，又乘之。斩首数万，溪水尽殷。捷闻，赐御衣名马，将士赏赉有差。追封文忠母为孝亲公主，而封贞亲恩侯。丙午，下浙江，使朱亮祖、耿天璧克桐庐，袁洪、孙虎克富阳，进克余杭，且入杭州。是时张士诚改周为吴，其将潘原明惧，遣员外方彝请降。文忠曰：师未及城，员外约降，无缓我乎？彝曰：将军之兵动如雷霆，旌旗遥指莫不震惊。及闻布德劳来，秋毫不犯，乃始还灵定魄，择托而归，岂有他意？文忠见其诚，引入卧内津遣之。明日原明封籍府库军刍，并执刘震、蒋英以降。用女乐导引入城，文忠叱去之。既入，令诸军皆止楼楠上栖露也，上无覆屋，造民居者斩。一军借民釜，立斩之。召见诸元将悉送高帝。军凡得兵二万、粮二十一万马六百匹。①

从这篇传记中，我们可以知道李文忠自从至正十七年（1357）年方十九岁始以舍人领军，就一直在浙江一带与张士诚的军队作战，积累了极为丰富的对敌作战经验。不但如此，李文忠在身先士卒、冲锋陷阵的同时，作为统制一方的地方军事长官，他还十分注重严肃军纪、安抚民众、招徕降众的种种措施，如上面传记所云，每当作战取胜，他都约束部下不得"毋得焚掠"。当杭州守军潘原明等求降时，他也及时审时度势，安抚来降者，"秋毫不犯"。更为难得的是，李文忠身为武将，还十分重视礼贤知识分子，史称"李文忠守金华，亦荐诸儒之有声望者王祎、许元、黄天锡，上皆征用之"。《皇明书》中亦记云："李文忠荐诸儒有声望者王祎、许元、黄天锡，皆征用。"②明人陈仁锡在《无梦园初集》中感叹曰："李文忠之守金华也，诸儒王祎、许元、黄天锡亟与登进。夫大海、文忠赳赳武臣耳，盖求贤真实心，诚信于其下也，此儒士辟召之始也。"③正因为李文忠具有文武兼备的政治军事才能，所以当朱元璋准备进取福建的时候，询问部署何人可担此责时，龙泉人章溢就极力推荐李文忠，"浙西诸郡下，上遣使召公，且命分兵征八闽，而存道守处州。公既入见，上嘉甚。至上谕群臣曰：章溢虽儒臣，父子宣力一方，寇盗尽平，其功诚不在诸将后。公再拜谢不敢当。明日上召问征闽诸何如？公对曰：御史大夫汤和由海道进，平章政事胡廷瑞自江西入，此固必胜。然闽中服浙江李文忠之威信，令文忠帅师从浦城取建宁，此万全计也。即日□诏文忠出师，如公言"④。《皇明书》亦载云："上以征闽事问章溢，溢对曰：两道进兵，此固必然，然闽人服李文忠威信，若令文忠更引一军，从浦城取建宁，此万全计也。上即日命文忠出师浦城，以溢子存道率乡兵从征，胡美兵至邵武，元守将李宗茂降，吴祯亦进兵，薄福州，围其东西南三门，一鼓而克。"⑤

---

① 何乔远：《名山藏》卷五十六《臣林记·李文忠》。

② 邓元锡：《皇明书》卷一《太祖高皇帝帝典》。

③ 陈仁锡在《无梦园初集》章集，《荐举策》。

④ 《明文衡》卷七十《明故资善大夫御史中丞兼太子赞善大夫章公神道碑铭》。

⑤ 邓元锡：《皇明书》卷二《勋绩高皇帝·诸将定东南》。

正因为李文忠具有经略浙江全境的政治军事才能,同时又有身先士卒、冲锋陷阵的过人勇气,所以当朱元璋西吴政权与张士诚的东吴政权长期在浙江一带争夺江南地区的控制权的时候,李文忠最终能够在至正二十五年(1365)的诸暨新城大战中取得决定性的胜利,从而完全控制了浙江的局面,为朱元璋彻底战胜张士诚,打下了坚实的基础。《皇明通纪法传全录》在评述元末明初朱元璋建立明王朝的功臣时,"功臣以徐达为首,次常遇春、李文忠、邓愈、汤和、沐英、胡大海、冯国用、张德胜、吴良、吴祯、曹良臣、康茂才、吴复、茅成、孙兴祖,凡二十一人"①。清代修撰《明史》时,对于明初功臣传记的顺序排列,也是徐达、常遇春为首,李文忠居于第三位。因此,我们在研讨元末浙江新城大战的历史意义的时候,同样也不能忽视李文忠在其中所发挥的重要作用。

---

① 陈建:《皇明通纪法传全录》卷三,乙巳元至正二十五年宋龙凤十一年。

八、俞大猷镇守南赣史料辑述

　　俞大猷一生南征北战，功勋卓著，为后世所敬仰。尤其是他在沿海征倭的战绩远播中外，史籍多有记载。然自嘉靖四十年（1561）始，俞大猷曾一度被贬为参将，镇守南赣，专事征剿闽粤赣湘诸省交界山区的山寇。这段史实，较少为人所论及。

　　1982年，傅衣凌先生从日本复印带回一部国内罕为一见的天启《虔台志》。所谓《虔台志》，据云："赣州府古虔州也，有府志矣，复志虔台，何也？御史大夫莅治之所曰台。台在赣，而所辖之属则在于江湖广之交，为府八，为州一，为县六十四，为卫七，为所二十八，非赣闽志之所能该也，故别为志。"① 以南赣为中心的江、湖、闽、广四省交界山区，素来是山寇啸聚的渊薮。明政府为了这些地方的治安，曾于弘治八年（1495）在赣州设立巡抚制度，以事镇抚。这部书所记载的内容，便是从弘治八年至天启三年（1623）历任巡抚镇抚该地的事迹。其中卷七、卷八，则有不少关于俞大猷的事迹。顾以往未曾为人引述，兹将其摭录，并略加说明如次。

　　《明史·俞大猷传》载，俞大猷先任浙江总兵官，以征倭功累加都督佥事，署都督同知。但因此时明朝政府较为轻视武臣，俞大猷又刚直不善趋附，不为严嵩、胡宗宪辈所喜，遂因倭寇流劫闽广，而被"逮系诏狱，再夺世荫"。

---

① 天启《重修虔台志·虔合续志引》。

不久出狱,以参将衔录用。嘉靖四十年(1561)七月,移镇南赣。①

俞大猷赴任南赣,正逢程乡贼猖獗之时,"闽广之贼倡乱,巢穴固多,而程乡为甚,程乡贼垒联络"②。是年冬,闽、粤、赣三省会剿,俞大猷以参将预其事,初著战功。天启《虔台志》记云:

> (南赣巡抚)与两广制府张公臬,福建巡抚刘公焘,镇守总兵平江伯陈公玉谨,谋既佥同,于是广东调田州目兵三千、士兵一万,令张参将四维、守备王诏统之,冯参议臬谟监督,从东石进。福建调武平兵五千,令千户贾瑞统之,佥金事澜监督,从叶田进。南赣调会昌兵五千、安远兵一万,以俞参将大猷、坐营张斌、指挥董训统之,陈副使柯监督,从河坪进。分布已定,刻期祃师,分哨攻入。南赣兵破巢五。……师数日连破坚巢,既系杀元凶之颈,复枭济恶渠帅之级,雪耻除残,大快公愤。③

俞大猷入赣初战告捷,不久便升任南赣副总兵。同上书"嘉靖四十一年(1562年)三月条"记云:

> 参将俞大猷就近转升副总兵,随带所部南赣、南韶、惠、潮、汀、漳、郴、桂、抚、吉各府州县募兵二千,旗军一千,营于新县,各路参备等官听其节制。④

次月,以剿杀贼首梁宁及朱寿温、冯四子、苏小敬、蓝松山、王子云、陈福宝、余得旺、徐东洲、宋宁等,被叙有功。五月,会师讨广东饶平贼张琏。志云:

> 饶平故多盗,而张琏者为斗库,侵欺挂法,姑以失计良家子为诸巢倡。诸巢蚍结蚁附,相与称乱不已。琏遂伪著官职,设科置历,居服僭逾周忌。已而,闽贼饶表,广贼梁宁、林朝曦合党寇吉安,戕宪臣,杀裨将,其势益炽,奸民恶少所在蜂起。于是巡按广东御史蔡公结疏言张琏事,

---

① 参见《明史》卷二一二《俞大猷》。
② 天启《虔台志》卷七。
③ 同上。
④ 同上。此处所载有小误,是年三月为总督胡宗宪题请增设南赣副总兵,而俞大猷实授副总兵应为是年六月。见《明嘉靖实录》卷五〇七、五一〇。

请诏三省会兵剿之。……七哨之齐,而俞参将大猷兵独逼巢。相持一月,分哨攻围,连破其巢七。时琏出犯漳州,以有备失利。闻大兵至,急奔回岭底巢。公于未进兵时,下令购琏以万金,官指挥使稍有应者,而未敢发也。既而,见琏势败,蜷缩入岭底。酋长郭玉镜、袁三乌、刘纲愿自效,诱琏出战,缚献俞参将所。而萧晚、罗袍、杨舜、赖蒲故琏授伪官,皆在俘。①

张琏号称"巨寇","数攻陷城邑,积年不能平"。俞大猷等率军奋战,一举俘获。《明史·俞大猷传》的记载,可互为印证:

时(胡)宗宪兼制江西,知琏远出,檄大猷急击。大猷谓:"宜以潜师捣其巢,攻其必救。奈何以数万众,从一夫浪走哉?"乃疾引万五千人登柏嵩岭,俯瞰贼巢。琏果还救,大猷连破之,斩首千二百余级。贼惧。不出。用间诱琏出战,从阵后执之,并执贼魁萧雪峰。……(俞)擢副总兵,协守南、赣、汀、漳、惠、潮诸郡。遂乘胜征程乡盗,走梁宁,擒徐东洲。②

《虔台志》与《明史·俞大猷传》的记载略有不同。《虔台志》记四月剿杀程乡盗梁宁、徐东洲等,五月征张琏。《明史》则说是擒张琏后征梁宁、徐东洲。证之《明嘉靖实录》卷五〇九,《明史》所载有误。

经过以上二役之后,俞大猷复擢总兵官。嘉靖四十二年(1563)春二月,倭陷福建兴化。海道、漳南道飞报求援,"俞总兵大猷统领赣营兵一千二百,又发银于漳州,添募五千赴援。大猷至,侦知倭奴将潜渡遮浪入平浪,即令中军指挥魏宗瀚领兵,会刘总兵部下设伏旱路,断桥开沟以待。贼果突来,伏起四面冲击。贼大败,我兵斩四十一级,搴旗十一面,贼奔海。许朝光泊守兵船,斩倭四十九级,夺船六只。救回被虏一百三十人。已又会刘总兵、戚副总兵刻期夹攻,直捣贼巢。官兵血战自寅至午,斩级二千有余,夺回被虏一千五百人,窜投入海死者无算。伏匿岩谷者,亦搜捕尽,俞总兵完师以

① 天启《虔台志》卷七。
② 《明史》卷二一二《俞大猷》。

还"①。

兴化大破倭寇之后，俞大猷回到南赣。同年六月，程乡诸盗复起，"俞总兵大猷督兵四千壁汀州，公移镇雩都，谭都御史纶与刘总兵显移镇宁化，会同夹剿"；"……梁党殆尽，远近解严。大征之举，至是收全捷矣。"②

嘉靖四十三年（1564），潮、漳等地倭犯与内寇勾结，旋驱旋起。"南赣总兵官俞大猷、广东佥事徐甫宰等合两省之师，为夹攻之举。连日屡有斩获，贼望风奔溃。"然事涉闽广二省，明兵协剿呼应往往不灵，"旧者未驱，新者旋至，兴泉之倭复由漳浦、诏安突入潮境。……闽人驱之则入广，广人驱之则入闽，往来自由，并无去志。而一时封疆诸臣亦自保境内，苟幸一日之安，以少延残息"。根据这种情况，俞大猷与戚继光密切配合，"严夹剿之法，必使总兵俞大猷、戚继光互相救援，若左右手。设两省同时被寇，各宜自为战守。如广东用兵而福建无事，戚继光当以师援之。至于福建用兵而广东无事，俞大猷亦然。如此则血脉联络，掎角势成，贼党自无所容，而海氛之澄清有日矣"③。

夏四月，俞大猷复率众平潮州审倭。《虔台志》云：

> 倭寇自嘉靖三十七年（1558年）以来，侵犯潮州，动经万计，历年残破乡落，杀掠人民无算。四十二年（1563年）春，驱逐潮阳旧倭几尽。而泉州流来新倭，分为二伙：一伙突入海阳县田头堤，一伙突入饶平县钱塘。源源而来，日有增幸。所幸公申严夹剿之法，而又得俞都督大猷以凤将提师，所向必克。兵备徐佥事甫宰亦卓越才猷，同心共济，以故诸将受成，三军用命。一战于芦清乌石，顿挫其锋。再战于淢水神山，竟收奇捷。而死于灰烬之中者，不计其数。通计先后擒斩共一千一百二十七颗，夺回被掳一千九百四十五名。④

秋七月，俞大猷率军乘胜追击，潮州残倭一战尽灭之。《虔台志》复云：

---

① 天启《虔台志》卷七。
② 同上。
③ 天启《虔台志》卷八。
④ 同上。

前杀新旧倭奴已称全胜,而余倭惧官兵追急,遁至奇沙、甲子等澳,抢夺渔船下海。适遭雷风迅发,沉溺万余,其倖免者不敢开洋,与被虏胁从流劫海丰金锡都。俞总兵大猷侦得金锡四面阻水,可以攻围,督发王参将诏,守备□孔昭、蔡汝兰、李宁、戚毅,把总杨弘举、李无咎等,统领狼兵、浙兵、标兵,分布扎管,前后夹剿。以报效官汤克宽兵为左拒,王诏兵为右拒,蔡如兰兵为后拒。贼惊,夜造排栅,将冲大德港而遁,阻于兵。已而,夜半复从大埔寮窨口潜出。各哨兵逆知,先期整备,以待天明,与贼大战,左右哨奋勇冲击,贼遂大溃。汤克宽部下擒斩六百四十九名颗,王诏部下擒斩二百三十三名颗,同知翁梦鲤兵擒斩五十五名颗,蔡汝兰兵斩假倭五十三级,各路把截零星擒斩二百五十三名,通共功级一千二百四十三名颗,夺回男妇一千余名口,器械一千三百二十余件,马三十四匹。十年积寇,一旦荡平,二万岛夷后先尽灭,闽广自是无海氛矣。①

四十四年（1565）春二月,俞大猷率师会击梅岭海贼吴平。志云:

梅岭为南澳咽喉,原建三堡防寇。吴平席世恶而倚伙党占,据三堡四十余年,负山面海,巢穴固称屿阻,而造船买马,骄横尤属有名。去年在潮州杀倭报效,抚回梅岭,乃复出劫海丰之饭箩洲、燕洲寮,平海所之大星湾、燕园、土围。俞总兵大猷、汤参将克宽、傅都司应嘉,各督哨船冲击,擒斩六十七名颗,夺获贼船三十六只。贼走,屯聚大潭澳。汤参将、傅都司分兵奇正二哨,协力夹攻。广哨擒斩一百一十四功,福哨擒斩二十七功。铳伤及淹水者不下千余。贼望外洋随风西遁回巢。……平惊疑不定,遂图走海。总镇侦其下海有期,亟发密令,催督都司傅应嘉,把总邓铨赴玄钟口把截,而亲督陆兵,直至云霄、镇平,瞭见东北海洋兵船迅至,即驾大小船三百余只,乘浪冲击,扬帐欲走。总镇坐船当先,各船拼力齐冲,沉贼船百余艘,溺死者二千余人,生擒一百三十五名,斩级二十五颗。文武有功,则戚总兵继光、俞总兵大猷、周副使贤宜……,间

---

① 　天启《虔台志》卷八。

关海上,出没涛中,盖九死而一生者也。①

接着,俞大猷回师程乡、兴宁等地,进剿山寇李春文、熊张威等。"俞总兵用间,使二贼自相疑忌,各另为巢。于是分布哨道,先攻熊张威巢,大战七合。贼挫,转入后山。哨官易大源等兵合围夹击,贼无逃路,自相蹂残死,熊张威就缚,并擒斩一百六十六名。春文遁走西村,总镇兵追至下寨,分兵把截,不得去。四路进攻,把总朱相、洪道谦二哨冲锋,各哨兵乘时掩杀,仍用火攻。贼败,焚溺死者无算,擒斩一百三十六名颗。春文得走龙川,新升分巡惠州道王副使化,将各处抚民招集为兵,又行龙川县所催督各兵拼力截杀。贼渡河,官兵追至罗坝坝接战,当阵斩春文首级,并擒斩四百四十一名颗。此盗平,而三省区界稍宁。俞总兵大猷、王副使化、张副使子弘、徐佥事甫宰、龙川知县伍应奎先后戮力同心,厥功俱伟。"②

四十五年(1566)二月,俞大猷奉广东、南赣二巡抚之命,讨广东河源、翁源贼李亚元。《虔台志》云:

广东河源、和平、翁源、英德、从化、龙门诸邑有云溪镇、血流寨、李村、南埔、小长江、欧公坑、鸿雁洲、埗坪等巢,贼首李亚元等盘据多年。劫杀人民,窥伺城邑。……两广军门会同南赣军门,调集官兵,分定哨道,议将广东五大哨委两广守巡兵各参政等官……监统。又恐兵分六道,号令不一,易于推诿,于各哨监统外,特设总统官一员而属之。伸威营总兵官俞大猷定二月初七日卯时齐进,与敌交锋。至五月十六日战罢,各哨共擒斩首从贼级一万零四百六十七名颗,俘获贼属一千零三十九名口,夺回被虏八百八十一名口。③

按:《明史·俞大猷传》载,是役"生擒亚元,俘斩一万四百,夺还男妇八万八人"④。其中夺回男妇之数,与《虔台志》所载相差太远。《明史》沿

---

① 天启《虔台志》卷八。
② 同上。
③ 同上。
④ 《明史》卷二一二《俞大猷》。

袭《明实录》记载有误。按常理推之,被掳八万余人,似不可信。《虔台志》的记载比较原始,当以被掳八百余人为是。

征讨李亚元之后,俞大猷调往广东任总兵官,从而结束了在闽粤赣湘四省交界山区五年的戎马生涯。南赣巡抚吴百明及两广巡抚在给朝廷奏报剿翁源贼李亚元的疏文中,曾给俞大猷的军功予以高度的肯定。该疏文略云:

> 两镇之文式协心,十万之官军用命。各哨或分或合,真效死以驰驱。诸贼且纵且擒,如探囊而携取。凡奏内有名元凶,无不授首。其各巢一切党类,委尽歼夷,擒首馘已逾万人,自死者实尚倍,是根株尽拔。在臣等深切一战而枯万骨之伤。然余孽无存,在地方则不止二三百年之利,室家胥庆,士庶嗟欢,是皆仰仗我皇上神武布昭玄威远播,庙堂指授石画,假借事权之所至也。所据江广各哨效劳人员,若总统大哨伸威营总兵官俞大猷,行师以律,料敌如神。董五哨十万之全师,如弈棋著著先手。剪三郡六县之妖逆,若振落处处铲平。亲驰四阅月,兵革之劳,备尝万重山岚瘴之苦。云溪之捷伟矣,我武遂以维扬;东峒之战赫焉,群孽因之尽扫。此一臣者,每有充国老成之风,仿佛方叔壮猷之烈,所不易得者也。①

俞大猷受到南赣、广东巡抚如此之高的褒奖,实在是受之无愧。

天启《虔台志》的记载,使人们更进一步加深了对俞大猷在嘉靖四十年至嘉靖四十五年间的军旅生涯的了解,同时也可修正《明史·俞大猷传》中记载的某些错误,颇具史料价值。是故不厌其烦,摘录如上,以供同好们鉴识。

① 天启《虔台志》卷八。

卷四　方法论笔谈

一、推展区域社会经济史的比较研究

在 1987 年广东深圳召开的国际清代区域社会经济学术讨论会上,许多学者大力倡导推进中国的区域社会经济史研究,提出了许多很有意义的研究构想。毫无疑问,这次会议对于促进我国的区域社会经济史研究起到了积极作用。近十年来,中国区域社会经济史研究的论著大量涌现,不仅在研究领域上有很大拓展,而且在研究方法上也有一定的突破。特别是近年来中国社会史和人类学研究的兴起,往往与区域经济史的研究相互促动,使区域社会经济史的研究,呈现出一派生机。

然而,在区域社会经济史研究的一派生机中,有两种倾向值得引起注意,我们姑且把这两种趋向称之为"区域社会经济史研究的孤立化和自夸化"倾向。所谓"区域社会经济史研究的孤立化",即是把区域社会经济史研究当作单纯的个案研究,只见树木,不见森林,研究的题目日益细小琐碎,埋头于"老鼠打洞",而较少顾及于个案与个案之间、区域与区域之间、区域与整体之间的联系。其结果或是以偏概全,或是浮光掠影,没有特点。前几年笔者曾经参加《中国十大商帮》的写作,这本书是由南北各地的许多同志合作进行的,在写作过程中,就曾经碰到这样的问题:各个商帮的提纲初稿排在一起,发现无论是什么商帮,总摆脱不掉诸如敢于冒风险、勤俭诚实、顾土恋乡、儒商性格等一些内容,并且大家都认为这些是最能体现各自商帮的实质内容。本来之所以要写中国十大商帮,就是要把中国的一些富有地方特色的商人集团的性格描绘出来,而各帮分头写作的结果,几乎变成千人一面的模式。为了克服这种只见树木不见森林的倾向,参加编写的同仁们开了多次会议,才逐渐地在某种程度上克服了这个毛病。《中国十大商帮》撰写过程中的各帮"孤立化"倾向,幸亏还有主编及编写会议的协调,如果是单干式的研究,这种倾向有时就更加明显。如近年来对于大小区域的小商人、市镇、农村经济、土地关系等方面的研究,虽然题目众多,选材细微,其中不乏精彩之作,但也有一部分成果,就当地论当地,就个案论个案,缺乏学术和理论的深度,甚至给人读一篇可推及其余的感觉。

出现这种"区域社会经济史研究孤立化"的倾向,笔者认为与目前的学术短期行为和有些同志对于区域社会经济史概念的模糊认识有直接的联系。举个例子,记得老师们指导我们读书的时候,是一定要先从《明史》、《清史稿》、《明实录》等全国性史籍读起,待到对全国的一般情景有了某种程度的了解之后,方可进行区域性的研究。 那时读上研究生,大多有终生执业的意愿。现在轮到自己带学生,世道变迁于市场经济,有些研究生的意愿在于文凭而不完全在于史学研究,今后干什么还难说,因此在读书和研究上难免有短期行为。于是有的学生入学之后不久,便来与老师商量,说是最近发现一个寺庙或一个市场或几张契约,很有意思,是否可以从这个寺庙或市场或契约入手,写成硕士论文。 这样,他们搜集资料就从这个寺庙或市场开始,碰到问题,再看其他相关的书籍。最后的结果是"个案研究"的论文写成了,也许是属于"前人未涉及"的领域,但在学术上却没有什么创意。而有的同志却把区域社会经济史研究误解成为地方史或是细小局部问题的研究,忽视了区域性研究不仅可以发现中国各地区社会经济发展的特殊性,而且通过对这些特殊性的研究,通过从区域看全国,从全国看区域的综合研究,将有助于更好地说明中国乃至整个人类社会的发展进程。这样,也就难免使区域社会经济史研究存在以偏概全、内容空泛、拼凑史料等的"孤立化"行为。

区域社会经济史研究的第二种倾向即"自夸化"倾向,是近年来的一些地方史研究,或与地方上的乡族势力相关联,或与当前的地方经济建设直接挂钩,所谓"文化(包括历史)搭台,经济唱戏",地方区域史的研究,被生硬地拉去为当前的经济建设服务。当然,史学研究为当前的现代化建设服务这是无可厚非的,但生搬硬扯的功利性目的过于强烈,则不免失去学术研究的严肃性和科学性。笔者曾经参加过数次类似的地方史或区域史研讨会,这些会议或多或少都存在着"自夸"的倾向。 如参加某地的工商文化研讨会,就一定是上溯祖宗,下展宏图,从古到今都是开拓进取,无往而不胜。参加某地的港口史讨论会,有人一定要说它是"世界史上的八大奇迹",从现在开始也一定会重振雄风,成为小香港或小新加坡云云。这些会议大多经费充足,论文集出版快而精美,成果不少。但这种"自夸性"的研究,与历史的本来面貌存在某些距离,甚至于一叶障目,不顾其余。再如近来大热的南方"客家区域史"研究,许多著作大谈闽粤赣边区的客家人如何种族纯正,如何擅长于拓荒、擅长于勤俭持家、擅长于经商博利、擅长于文化教育,等等。其实这些优点是否真的比其他地区的汉民更为突出,恐怕还需要严肃认真地比较之后才好定论。曹国庆就曾在《关于客家研究中的几个问题》一文中对这种自夸性的研究提出疑问,他说:"人们对客家的属性已达成了一些共识,这些共识无疑是正确的,但在具体阐述和理解过程中,往往又出现了偏差,乃至于差之毫厘,而谬之千里。……有些著作称,凡是秦汉魏晋以降,由中原南迁,言语敦古,深居山区便是客家,此说就值得商榷。于此我想举一个例子:徽州地处安徽省西南边陲,……地理环境与赣南、闽西相近;在现今徽州五十六个可考的族姓中,……从堂号和南来的原因来看,也与客家情况大体一致;徽州人严密的宗族观念和尊祖之风也不让于客家。……在明清时期独步天下的徽帮,其内部之团结互助,有口皆碑,客家有'无客不成埠'之语,徽人有'无徽不成镇'之说;……很显然,上述对客家的界定,也可完全套用于徽州居民,……我们又当作何解释呢?"①

以上种种现象都大大局限了区域社会经济史的研究视野和研究的深入。为了克服当前区域社会经济史研究中的这种倾向,笔者认为在加强史学工作者自身的学术素养和职业道德责任心的同时,应当进一步加强对区域社会经济史的比较研究。区域社会经济史的比较研究应当是多方面的,可以从纵向、横向进行比较,也可以从顺向、逆向进行比较,其比较研究的手段和类型

---

① 曹国庆文章载《江西社会科学》1992 年第 2 期。

也可以是多种多样的。笔者认为,在目前的区域社会经济史的比较研究中,有三种方法值得我们重视和学习。

第一,注重地区间的差别,在不同的地区之间进行比较研究。这种地区间的比较研究,可以大至中国东南西北中的大经济区域或大行政区域之间的比较,也可以是在某省某府某县或某个自然区域、乡镇村落之间的比较。通过这种地区间的比较研究,可以发现社会经济发展的地区不平衡性和同类社会经济现象在不同地区的表现形式,使各个大小区域之间的经济发展特点与共性、差异性得到充分的展示,使中国历史的"宏观研究"与"微观研究"有机地结合起来,并在此基础上归纳出具有一定学术创意和理论价值的研究构架。近年来,有些同志在这方面做出了有益的尝试。如郭松义先生依据清代社会经济发展水平,把全国划分出四种不同的经济类型,具体分析了每一种经济类型生产力发展的概况、阶级关系及其在全国经济中所占的比重。这种划分比较方法,有利于说明历史发展的复杂性和多层次性。[1]《中国社会经济史研究》杂志于 1995 年第 2 期发表了"明清时期东南沿海与山区经济比较研究"的专辑,其中的文章,有东南沿海与徽州山区远隔千里之外的比较,也有某一条河流上下游之间的比较,还有某个府县之间如清代台湾府山区与沿海的比较。这些比较也许还不够深入,但它毕竟已经注意到不同地区相互比较的重要性,因此是值得肯定的。

第二,注重阶段性的差异,进行同一地区不同历史发展时期的比较研究。已故的傅衣凌教授早在 20 世纪六七十年代就曾对浙江农村的织布业进行时段性分析,比较过弘治《温州府志》、万历《温州府志》、康熙《温州府志》、乾隆《永嘉县志》、嘉庆《瑞安县志》五种不同时期的地方文献,看到织布业生产形态墨守成规的基本特征。[2] 近年来,《中国社会经济史研究》杂志发表了一系列在同一区域内不同时空阶段的比较研究论文,令人耳目一新。章有义、刘永成、江太新诸位先生对清代徽州地区的亩产、地租、地价以及土地关系的研究,就是详细地排比分析了从清初到清末的系统资料,看到了在

---

① 郭松义:《清代地区经济发展的综合分类考察》,《中国社会科学院研究生院学报》1994 年第 2 期。

② 傅衣凌:《明清社会经济变迁论》,人民出版社 1989 年版,第 170 页。

同一地区的不同时期内土地问题的变化情景,很有启发性。这种对同一区域内不同历史发展时期的比较研究,把区域经济史的研究放到整个历史的进程潮流中去分析,不仅符合马克思列宁关于历史研究必须具体问题具体分析的唯物史观,同时也可避免以点代面、取一段而推及其余的武断式论说。记得章有义先生在《明清徽州土地关系》一书中,根据徽州土地关系在不同时期的不同表现形式,多次指出以往学界所谓"千年田、八百主"和中国封建社会末期地租剥削日益加重的说法其实是不可靠的。这种细致入微而又分时期的比较研究,是令人信服的。

第三,注重不同国家间的区域性比较研究。开展中外比较研究,也是近十年来的热门话题,但具体操作起来,难度很大。笔者认为,当前进行不同国家间的区域性比较研究较为可行的办法,是扩展区域社会经济史资料的搜集面,不但要深入发掘国内的各种资料,同时也应当注意外文资料和海外资料的搜集和运用。这样才有可能使区域社会经济史的研究在现有的基础上向前推进一步。这方面的工作,台湾学者在某些方面比我们早走了一步。扩举两个例子:云南地区有近千年使用海贝作为通货的历史,直至 17 世纪才告一段落,自清代起云南完全被纳入中国银铜双元本位币制中。国内学者解释云南贝币崩溃的原因,大多从这一时期国内商品经济的发达来说明。而台湾学者张彬村,则根据大量海外资料,认为 17 世纪海上国际经济的变化实为关键。从 17 世纪初荷兰与英国以前所未有的规模和效率推动东方的海上贸易,使亚洲水域的市场经济急速扩大,作为亚洲许多国家通货的海贝需求量跟着增加。与此相关联,长期以来供应云南海贝的 Bengal 地区在英、荷东印度公司带动下,市场经济快速成长,大大增加了 Bengal 对于海贝的需求,使当地的贝币币值相对升高,海贝供给发生困难,造成了云南贝币的崩溃。这样,张彬村先生根据当时国际经济的变化和与 Bengal 地区的比较研究,对云南贝币的崩溃原因作出了全新的解释。[①] 再如,林满红女士对于清人的银贵钱贱以及白银的外流内流问题发表了一系列长篇论文。她的研究方法,也是

① 张彬村:《十七世纪云南贝币崩溃的原因》,载台湾中研院中山人文社会科学研究所编《中国海洋发展史论文集》第五辑,1993 年 2 月。

融会参照国内外资料进行比较的分析。她于 1993 年发表的《公银与鸦片的流通及银贵钱贱现象的区域分布（1808—1854）——世界经济对近代中国空间方面之一影响》一文，即是对当时中外经济的错综复杂局面及其相互影响，细致地分析了这一时期银与鸦片流通所造成银贵钱贱现象在中国各区域的分布情况，使这一问题的区域性研究推进了一步。①

　　总之，坚持从整体、系统观点出发做多侧面、多角度的区域社会经济史的比较研究，可以避免流于一般的空泛之论、陈旧之论、偏执之论，有利于克服当前区域社会经济史研究中存在的"孤立化、自夸化"倾向。当然，进行区域社会经济史比较研究要真正切实做到不同地区、不同时段、不同国家间的比较，并不是说一说就能办到的，有些问题如国外资料的搜集等还受到客观条件的限制。这些实际问题都需要我们去努力探索。笔者希望今后自己能够在区域社会经济史的比较研究方面做一些工作，同时更希望有更多志同道合的史学工作者一道来做这项工作，从而使我国的区域社会经济史研究扎扎实实地向前迈进，更上一层楼。

（原载《中国经济史研究》1996 年第 2 期）

---

① 林满红的文章载台湾"中央研究院"《近代史研究所集刊》第 22 期上册，1993 年 6 月。

二、理论探索、宏观研究与旧事重提

《中国经济史研究》杂志的创办,是改革开放之后中国经济史学界的一个具有里程碑意义的大事。二十年来,《中国经济史研究》杂志为中国经济史学的拨乱反正、探新求索、繁荣进步,进行了不懈的努力,作出了积极的贡献。我作为中国经济史学界的一分子,不但深受刊物海容之惠,而且还不时从中获得诸多真知灼见与学术启示。值此《中国经济史研究》创刊20周年嘉庆之时,我除了对贵刊表达深切的感激和祝贺之意,还希望提出自己对于中国经济史研究的三点不成熟想法,以供同仁们批评指正。

其一,深化中国经济史研究的理论方法论探索。20年来,中国的经济史学研究,在专门经济史、区域经济史以及断代经济史领域取得了众多的成果,值得自豪。然而毋庸讳言的是,学者们对于中国经济史学的理论方法论方面的探索总结,似乎滞后于经济史实的研究,未能引起足够的重视。

理论和方法论的探索,对于推动中国经济史学的研究,其作用是不言而喻的。20世纪80年代初,吴承明先生就中国经济史研究的一系列理论方法论问题,进行了具有开创性的思考探索。特别是发表于《中国经济史研究》1992年第1期的《中国经济史研究的方法论问题》一文,全面地阐述了中国经济史研究方法论的新发展以及自己对于方法论的深刻解读和思考。吴承明先生在这篇文章中指出:中国的马克思主义史学建立以来,我们的失误,多半是在教条主义上。对于外国通用的一些经济学方法,在我国都有一个先是否定、然后肯定的过程,而且都是在研究社会主义现实经济上应用以后,才引起史学家的注意。在方法论上,史学家是比较保守的。正因为如此,吴承明先生对一些重要的研究方法进行了前瞻性的介绍,这其中包括经济计量学、发展经济学、社会学、系统论、区域经济史方法以及我们耳熟能详却又理解有所偏颇的历史唯物主义和史料学与考据学方法。吴承明先生关于中国经济史学理论与方法论的一系列思考与探索,对于这20年来中国经济史研究摆脱陈旧的思维模式、摸索新路子起到了有益的指导作用。

20世纪90年代初,方行、魏金玉、经君健诸位先生在《中国经济史研究》上对中国封建社会的自然经济和商品经济结构等一系列问题开展热烈的讨论。这是一次更有针对性的经济史理论探索,它的意义不仅在于对以往的封建社会经济结构研究进行深刻的梳理反思,而且试图探讨开拓新的理论思维方向,为新世纪的中国经济史研究夯筑更为坚实的学术基础。这次经济史理论问题的讨论,其成效也是显而易见的:人们已经不能习惯于用单线的思维来考察中国传统社会的所谓自然经济和商品经济问题了,从不同的层面和视野来分析中国传统社会的多元经济结构,已为新一代的经济史学者所普遍认同。

老一辈学者对于中国经济史学理论方法论的重视以及他们不懈的思考探索,固然是我们经济史学界的宝贵财富,但是如果我们年轻一代的经济史学者对于中国经济史学理论方法论的思考探索缺乏兴趣,不能很好地继承下去,那么中国的经济史研究,势必失去了其不断发展的理论依据与强盛后劲。中国经济史是根植在中国这块土地上的社会经济发展史,中国经济史学理论方法论,必须与中国历史发展的实际历程相结合,这才是真正扎根下来的理论方法论。我盼望我们年轻一辈的经济史学者,能够有志于像前辈学人那样,在经济史学理论和方法论的思考探索上,走出新的路子。

其二,加强中国经济史的宏观研究。大概是受到20世纪50—70年代历史学界的某些以论代史、泛论空谈之风的负面影响吧,这20年来中国经济史学界的研究方向,有意无意地回避对于中国经济史问题的整体宏观审视,而更多地热衷于具体专题与区域问题的研究,特别是区域经济史的研究,参与的学者不少,成果也很多。深入开展具体专题的研究和区域性的研究,固然有助于推动中国经济史的细部考察,进而以小见大,剖析中国经济史的方方面面,但是如果中国的经济史学者都把主要精力用于细部的考察,它终究无法完全代替中国经济历史的整体宏观审视。中国经济史学的构建,将缺乏其应有的完整性。

我本人一直比较有兴趣于区域经济史的研究,也曾经为推动区域经济史研究呼吁倡议过。但是近年来的一些研究成果,却不能不让我对于中国经济史的宏观研究有所反思。举两个例子:一是美国学者麦迪森(August Maddison)的一部著作《世界经济二百年回顾》近年在中国出版,该书声称在清代嘉庆末叶的1820年,全世界的GDP大约是7150亿美元(1990年国际美元),而中国占有2190亿美元,将近达到全世界的1/3。这个经济史的数据立即在国内引起了高度重视,许多政府官员和新闻媒体纷纷向国内的经济史学家求证,甚至责怪中国的经济史学者何以如此愚钝落后,中国在一百多年前有如此辉煌的成就为何视而不见?例子之二是我们的同行好友秦晖教授,就中国历史上的农民赋税负担问题提出了所谓的"黄宗羲定律"。这一"定律"的提出十分引人瞩目,其在经济学界、政治学界的影响似乎远远大于历史学界,据说连我们的国家总理都感叹不已,更不用说许多地方官员奉为口头禅,时加引述。

老实说,美国学者的所谓1820年的世界GDP数据,是怎么算出来的?其可靠性如何?在严谨的经济史学者眼里,都是需要认真考虑印证的。"黄宗羲定律"既然命名为"定律",似乎也有许多值得认真论证说圆的地方。尽管如此,这些论点的提出,毕竟为我们的社会包括我们的经济史学界提供了一个可以相互讨论的命题。假如我们经济史学界的同仁都不太关心类似宏观问题的研究,提出相应带有普遍意义的讨论命题,那么我们的中国经济史研究就将逐渐失去其共同关注的前进方向和学术意义,更遑论对于社会现实产生应有的借鉴价值。这些年来,我们的经济史学者也许以为只有扎扎实实地做好经济史细部探索之后,才有可能综合各种细部的研究成果,进行宏观的整体考察。但在实际上,这是一个永远不能够达到的目标。经济史的细部研究与整体的宏观考察是并行不悖的,二者的关系是相辅相成,互为补充、互为促进的,不存在孰先孰后的问题。在中国经济史的整体宏观研究上,作为中国的学者,应当拥有更多的命题话语权,不应当经常跟在外国人后面团团转,而不管外国人讲得是对还是错。

其三,中国经济史的重要问题必须旧事重提。20年来,中国经济史的学者们特别是年轻一辈的学者们,都在努力开拓经济史研究的新领域,这无疑是一种可喜的现象。但是不可否认的是,人们在寻求开拓新的研究领域的同时,中国经济史的一些重要问题而且在 20 世纪一度成为研究热点的课题,却正在为人们所遗忘。这其中一个最突出的例子,就是中国传统社会农村经济与农民问题的研究。

中国农村经济与农民问题的重要性,这是众所周知而又不容置疑的。学者们之所以在新时期里缺失对于这一极为重要的经济史问题的研究,在很大程度上与 20 世纪经济史理论教条主义的偏颇以及学界的一窝蜂有关系。然而无论如何,作为中国两千年来经济史的基础核心,农村经济与农民问题不仅直接关系到历代中国人的繁衍生息,而且还对国家的兴衰、政权的更替以及思想文化的承袭演变,都产生了不可估量的原动力式的广泛影响。即使到了今天,农业经济及农村经济在全社会的国民生产总值中的比重大大下降,但是超规模的农民群体与广阔的农村社会,依然在时时地散发出她巨大的潜在影响力。农村与农民问题已经成为现代中国的一个最为严重的社会经济改革难点,是任何一个政府所不敢忽视而又必须认真解决的紧迫问题。

通过对于现代中国农村经济与农民的观察,我们不难发现,现代的中国农村与农民问题,在本质上与中国传统社会的农村及农民问题,有着显著的历史延续性与共通性,历史上中国农村及农民所发生的许多事情,在现代的中国农村,依旧可以看到它的依样模式或变异形态。如果说明清时期中国的农民负担曾经出现所谓的"黄宗羲定律"的话,那么现代中国农村的"黄宗羲定律"现象难道就完全消失了吗? 中国农村及农民问题的旧事重提,是我们经济史学界永恒的任务。

不断开拓中国经济史研究的新领域,固然是我们经济史学界的一项重要任务,但是作为中国经济史的基本核心问题,我们同样有必要予以一如既往的高度重视。希望我们年轻一代的经济史学者们,能够在中国经济史学的理论探索、宏观研究以及中国经济史的基本问题的深入研究探索上,发挥聪明才智,开创出崭新的局面。

三、面向21世纪的清史研究:部分清史专家笔谈

清代的历史是中国传统社会走向近现代社会艰辛路程的历史。20世纪以来,一代一代的学人对研究清代历史的理论方法构架,以及运用这些理论方法来深入剖析理解清代历史的各个方面,进行了不懈的努力探索,取得了许多在学术史上具有里程碑意义的重要成果,令人鼓舞。现在,我们面临着新世纪即将到来的时刻,如何继往开来,开创一个更具学术整体性的清史研究新局面,无疑是我们在21世纪所要为之奋斗的重要目标。

开创一个更具学术整体性的清史研究新局面,我认为至少应当注意以下三个问题:

其一,运用马克思主义唯物史观研究清代历史是20世纪清史研究最重大的建树,同时也将是我们在21世纪研究清代历史所必须坚持的最基本的理论和方法。但是不可否认的是,我们在具体运用马克思主义唯物史观来分析解说中国历史的具体问题时,不免存在某些生搬硬套的缺陷。以中国历史发展阶段的划分为例,就有不少值得认真检讨的地方。中国传统的历史研究,以王朝的断代作为划分历史时期的标准,固然应当予以重新审视,然而把清代的历史,在1840年间一刀切为中国封建社会(通称中国古代史)与中国近现代社会这两个不同的历史发展阶段,也同样给研究清史的学者们带来

许多困扰。研究清代上一段即古代史的学者,大多论到鸦片战争便戛然而止,而研究中国近代史的学者,更有其一套"半封建半殖民地"的史学理论。这就造成有些论著未能顾及清代历史研究的整体概念,各唱各的调,在一定程度上丧失了历史研究的科学连续性。1840 年鸦片战争的爆发和西方资本主义的侵入,极大地改变了中国传统社会的发展进程,但是它并不能切断中国传统社会与中国近现代社会之间千丝万缕的联系。中国近现代时期的许多重大的政治、经济以及社会制度的变革,都不能忽视前清以来的历史渊源关系,更不必说中国文化对于中国近现代社会的根深蒂固的影响。我们只有整体地把握这种不可分割的历史渊源关系,才能全面地理解清代历史以及中国近现代社会变革的艰辛历程。

其二,清代的历史不仅被人为地切成上下两段,而且还因"学科分类"的导向,往往被分成诸如"政治史"、"经济史"、"思想史"、"文化史"、"社会史"等的许多专门史。专门史的研究,对于深化清代不同方面、不同领域和部门历史的研究,起到了积极的作用。许多学者在深入研究清代政治史、清代经济史、清代思想史等专门史的时候,都极力寻求它们之间的内在联系,试图进行宏观的考察。但是我们也应当看到,也有一部分清代专门史的论著,自成源流、各说各话,较少注意不同专门史之间的联系。例如思想史和文化史,本来是最为相近的两种专门史,但现在的研究状况似乎是互不相干。思想史的论著所讨论的是唯心、唯物的"形而上",而文化史的学者则大多热衷于"酒文化"、"茶文化"以及民间文化的讨论。再如经济史,也有类似的倾向。西方年鉴学派的学者们,曾经批评那种从社会背景中抽象出来的孤立的经济史研究,"比无用还要糟"。吴承明先生近来多次呼吁:一部经济史不能像经济学那样只讲"纯经济的"现象,经济史家要有明确的历史观和整个历史学的修养,从自然条件、政治制度、社会结构、习俗心态、文化思想等各方面来考察经济的发展和演变。吴先生的呼吁,应当引起我们清史研究者的高度重视。

其三,清代区域史是近二十年来发展较快的一个研究领域,成绩斐然。许多学者选择不同的区域课题,深入发掘资料,进行细部的个案考察和不同区域之间的比较分析,探求各个区域社会经济的发展特征。这些研究不仅拓展了清代历史的研究空间,而且还因近年来中国社会史和人类学研究等相关学科的兴起,往往与区域史的研究相互促动,从而使清代区域史的研究,呈现出一派生机。然而在这一派生机的区域研究中,也同样存在着研究孤立化的倾向。一部分清代区域史的论著,把区域研究当作单纯的个案研究,就当地论当地,就个案论个案,只见树木,不见森林,研究的题目日益细小琐碎,埋头于"老鼠打洞",而对于个案与个案之间、区域与区域之间、区域与整体之间的联系,则未能予以综合的考察和科学的归纳。其结果或是以偏概全,或是浮光掠影,没有特点,缺乏学术和理论的深度。因此,坚持从整体、系统的观点出发,对清代区域历史作多层次、多角度的探索以及不同地区、不同个案之间的比较研究,将有利于克服清代区域史研究中所存在的某些孤立化的倾向。承蒙《清史研究》编辑部的厚爱,我大胆陈述以上陋见,作为《清史研究》创刊十周年的献礼,衷心祝贺《清史研究》越办越好。同时也希望今后自己能够与广大的清史研究工作者一道,进一步增强清史研究的整体概念,扎扎实实地工作,在 21 世纪取得更多更好的清史研究成果。

（原载《清史研究》2000 年第 1 期）

四、中国古代史研究的创新与回归传统

（一）百年中国古代史研究的仿西之路

近代以来，在西方国家船坚炮利的冲击下，中国固有的传统文化，也在强势的西方文化面前，显得中气不足，低人一大截。在西风东渐的整体氛围之下，古老的中国历史学也不能幸免。睿智的中国学人们，在努力探索中国史学创新的同时，不免要对中国的传统史学进行某些自我矮化的反思。其中最著名的学者，莫过于胡适先生和梁启超先生了。胡适先生在《中国哲学史大纲》中批评中国的传统史学说："中国人作史，最不讲究史料。神话、官书都可以作史料，全不问这些材料是否可靠。却不知道史料若不可靠，所作的历史便无信史的价值。"① 梁启超先生在其著名的《新史学》一文中也批评中国传统史学说："徒知有史学，而不知史学与其他学之关系。"

20 世纪前期胡适、梁启超等前辈对于建构中国新史学的贡献是毋庸置疑的，中国的史学研究，突破了以往比较单一的政治史及典章制度史的局限，开拓了经济史、社会史、文化思想史的诸多研究领域。然而，这种新史学以及人文社会的重新建构，却因此也把中国的史学引入了模仿西方人文社会科学甚至于邯郸学步的尴尬境地。

---

① 胡适：《中国哲学史大纲》上卷，东方出版社 1996 年重版，第 19 页。

20 世纪上半叶,是中国的政治社会激烈动荡、分化与重组的时代,中国的知识分子们,无不担负着沉重的国家与社会的责任感,历史学家们自然也无法例外。在整个国家政治社会的变迁之中,过分的国家与社会责任感,使得中国新史学的建构,逐渐分化出史学为政治社会现实服务的不同阵营。解放以后,信奉马克思主义唯物史观的历史学家们,满怀信心地以中国的马克思主义史学来服务于政治与社会。

20 世纪 50 年代至 70 年代后期即"文化大革命"结束止,是中国史学所谓"坚持马克思主义唯物史观"最为轰轰烈烈的年代。然而我们不得不遗憾地指出,这个时代中国古代史所讨论的许多重大问题,基本上是希望把马克思等经典作家所描述的欧洲的中世纪历史,坐实于中国的古代社会之中。尽管胡适先生作为另一阵营的代表人物,流落台湾,满受大陆人文社会界的非议,但是中国史学界以及其他的人文社会界,基本上是沿着胡适先生与梁启超先生等所建构的"新史学"的道路前进,这就是极力模仿西方人文社会科学的理论、方法论来诠释中国古代史,极力把中国古代史描述成马克思著作中所叙述的发展模式。

"文化大革命"结束之后,中国社会进入所谓"拨乱反正"和改革开放的时代。历史学界对于"文革"以前僵化地运用马克思主义唯物史观以及过分强调阶级斗争理论来研究中国古代史,进行了一定程度的检讨与反思。某些偏激的观点甚至认为解放以来以至"文化大革命"结束前的中国史学研究成果,其大部分没有可取之处。于是,随着 20 世纪八九十年代中国改革开放的不断深入,西方不同流派的人文社会科学理论与方法论重新引进中国,中国的历史学界,再次掀起了建构"新史学"的热潮。这种热潮延续至今,依然热情不减。

然而同样令人遗憾的是,20 世纪八九十年代再度兴起的"新史学"建构的热潮,依然没有偏离 20 世纪初期胡适、梁启超等前辈们所有意无意倡导的模仿西方人文社会科学的老路,只不过是花样更加翻新,理论与方法论也更加多元化,多少有些令人目不暇接、消化不及。以至于延至今日,研究生们在撰写中国古代史的博士论文时,罗列新名词、新概念,标榜自己运用新理论、新方法来研究问题,成了论文卷首的必不可少的题中之义。至于全文终所云如何，那就只能另当别论了。

我们只要简略地回顾一下百年来中国历史学理论与方法论的演变历程，就不难看出，中国历史学的百年探索行走之路，基本上没有偏离模仿西方人文社会科学的老路模式，我们或可称之为"西学为体，中学为辅"。这样的中国古代史研究，多少已经迷失了中国史学的固有传统，得耶，失耶？

（二）回归传统的历史学意义

尽管百年来中国古代史研究基本上是沿着模仿西方人文社会科学的老路前进，但是不能因此就予以断然否定。事实上，西方的人文社会科学理论和方法论，确实在一定程度启发了中国历史学家的研究思路，开拓了许多以往中国传统史学所未曾涉及的领域，从而取得了许多值得后人敬佩的研究成果。当然，在这些研究成果中，也许它的出现，有着歪打正着的学术产物的因素在内，如中国古代经济史研究，由于马克思主义唯物史观重视经济基础的研究，从而大大推动了这一领域的研究。其中关于"中国资本主义萌芽"命题的谈论，成为20世纪50年代至70年代的热门话题。从今日的眼光来审视，"中国资本主义萌芽"命题的讨论，固然迎合了当时的政治需要和文化追求，但是许多学者们孜孜不倦地搜集史料、思考问题，产生了许多的研究成果，时至今日，依然有着不可替代的参考价值，不容忽视乃至无端贬抑。然而在空谈、奢谈乃至曲解马克思主义唯物史观的大环境下，20世纪50至70年代所取得的这些优秀成果，反而更多的是秉承了中国传统史学中的重视文献史料的发掘、重视实证分析等优秀成分而产生出来的。马克思主义唯物史观是一面大旗，是一个大壳子，在这支大旗或大壳子之下，脚踏实地的史学研究依然使用的是老祖宗的办法。

我们如果进一步思考百年来中国古代史的研究历程，我们还可以发现在这些所谓的西方学术新理论、新方法论当中，其实已经包含着许多中国传统史学的宝贵成分在里面。换言之，许多为人所津津乐道的新理论和新方法论，其实在中国传统的史学中，并不缺乏其中合理的因素。

我认为，中国古代史学最可珍贵的优秀传统就是对于文献资料的记录、保存与分析,特别是到了明清时期,中国考据学的丰硕成果,标志着中国传统文献史料学及其分析理念进入了它的鼎盛时期。因此,我们现在回过头来看胡适、梁启超等前辈对于中国传统史学的批评,并不完全是合理的。所谓"中国人作史,最不讲究史料"、"徒知有史学,而不知史学与其他学之关系"等的批评,倒更像是"为了批评而批评"的惯用路数。从司马迁走访大河上下、名山大川,到司马光撰写《资治通鉴》对于史料的认真鉴别,以及清代学人修撰《明史》时的严谨态度,无不反映了中国传统史学对于史料的高度重视。从"六经皆史"到文史不分家的治学原则,也正说明了中国传统史学的跨学科意识。

为了厘清说明中国古代史创新与回归传统的关系,下面我还是以自己比较熟悉的中国古代经济史的研究历程作为进一步的例证。

中国经济史学的建构虽然基本始于 20 世纪,然而作为中国的经济史学,其建构与研究并不能脱离中国传统史学的传承与发展,因此,就中国经济史学的现状而言,基本上是由两个传统所形成并发挥作用的。一是由我们自己的优秀史学传统所衍生出来的。这种传统在乾嘉学派的治学方法中得到充分的体现。乾嘉学派的精髓,是以朴实的态度追求历史文献的本来面貌,本着"实事求是"的精神,采用训诂、校勘、辨伪、类推、辑佚等方法,从历史文献中探寻历史的真相。用现代科学的流行话语,就是把归纳法、演绎法等并用,探索经济史的本来面目。十分令人遗憾的是,到了 20 世纪中期,这个从中国传统史学优秀传统中所演绎出来的经济史学学术传统,一度受到轻视与冷落,后来反而成为日本的中国经济史学的特色。

我国大陆的中国经济史学在 1949 年以后确立了马克思主义的指导地位,形成了新的学术传统。不少有眼力的经济史学家,把马克思主义唯物史观视为一种人类的宝贵智慧,从中吸取了思想和得到启发,作为他们剖析中国经济史学的新理论和方法论的思想来源之一,从而为之后的中国经济史学的发展,作出了积极的贡献。然而我们也不能不看到,过度政治化和功利化的理论解读,以及对于马克思主义唯物史观的生吞活剥,又在一定程度上损害了中国经济史学的学术性和严肃性。

中国经济史学发展至今所形成的这两个传统,都是我们进一步推进中国经济史学的宝贵财富,尽管在吸收马克思主义唯物史观以及其他西方经济史学理论、方法论的过程中,或多或少地存在着政治化和功利化的倾向,导致了中国经济史学发展的曲折与低层次。然而对于这两个学术传统,我们还是需要予以认真的评估与继承。

近代以来,中国学界普遍对于中国固有的文化传统缺乏自信,因而在引入西方理论与方法的时候,往往轻率地否定我国固有的史学传统以及经济史学传统。这无疑是一种十分浅薄的学术行为和思维逻辑。作为中国的中国古代史,作为中国的中国经济史学,是不可能凭空捏造出来的,传统的继承与弘扬无疑是建构和研究中国经济史学的根本之道。中国两三千年的历史发展告诉我们一个众所周知的事实:以农立国。以农立国的社会经济基础是农民。因此,中国经济经济史学的建构及其研究,凡是脱离了对于农民的研究,就是完全失去了中国经济史学的根本。换言之,中国经济史学必须以"农民经济"为核心,在"农民经济"的基础上,展开多层次、多视野、多角度的研究。中国历史上固然存在皇室、贵族、官僚以至所谓的"地主"的不同阶层或者阶级,但是从根本上说,他们都是不同形式的"农民",他们的身份地位是要不断更换的。正因为如此,中国的经济史学应当牢牢地扎根在"农民经济"的基础上,从农民经济的衣食住行、生活生产形态、社会经济关系、市场行为,一直到由"农民经济"所产生出来的思想意识、文化精神等等各个方面与领域,进行更为深入的细致考察,从而逐渐探索出具有中国经济历史发展规律的学术思考。

我们要对中国经济史学做这样的深入探索,中国传统史学中的注重史料搜集,以及对于史料校勘、考辨、类推、归纳、演绎等的方法,依然是我们赖于立足的基础之道。进行各个经济问题的细部深入考察分析,是推进中国经济史学无可替代的首选法门。事实上,这种注重史料的搜集与分析的研究方法,在西方的学人中也是深受重视的。近年来,为中国学界所津津乐道并且广为引用的英国经济史学者安·麦迪逊对于清代中后期中国经济规模的论述,所谓嘉庆二十五年,中国的 GDP 达 2286 亿美元(国际元)居于世界首位,人均 GDP 不到 600 美元;欧洲诸国(除俄罗斯)居第二位,共 1848 亿美元,人均 GDP 大约 1090 美元;印度居世界第三位,共 1114 亿美元,人均 GDP

为 533 美元。当时欧洲许多国家正处于产业革命的热潮之中,因此 GDP 迅猛上升,但 GDP 总额尚不及中国之多,而人均 GDP 已超过中国,因为欧洲各国当时人口只有一亿七千万人,而中国已有三亿二千万人。这年中国 GDP 占全世界 GDP 的 32.4%,欧洲占 26.6%,印度占 16.0%,其他国家和地区仅占 25.0%。① 另一位西方学者保罗·肯尼迪在其论著中也有类似的数字统计。他说 1750 年(清代乾隆十五年)时,中国的工业产值为法国的 8.2 倍,英国的 17.3 倍。就是到了 1830 年(道光三十年),中国的工业产值也还是英国的 3 倍,法国的 5.7 倍。甚至到了第二次鸦片战争时,英国的工业产值也才刚刚赶上中国,而法国则仍远远低于中国(仅为中国的 40%)。② 以上这种貌似精准的统计数字,在历史学的学术意义上存在着两种可能性:一是数字准确,持之有据;另一种可能是瞎子摸象,模糊猜测。但是无论是哪一种可能性,都离不开我在上面所说的那样,必须"注重史料搜集,以及对于史料校勘、考辨、类推、归纳、演绎等等的方法"。进行"言必有据"的考据工作。上述的数字如果是准确的话,说明这种考据是严谨的;如果是模糊猜测的话,说明其考据是随意的。而严谨的考据态度,是中国史学传统的基本法则之一。

当然,无论英国学者安·麦迪逊的考据数字是否准确,也不应失去其作为中国学者研究清代历史的有益参照系。我们应该排除那种自我封闭、我行我素,全然不理会国际经济史学学术发展的不良倾向。积极了解国际经济史学理路与方法论的发展动向,吸取其中的精华合理部分,充实我们自己的经济史学的研究内涵。或许我们可以作出这样的预测:中国史学、中国古代史研究、中国经济史研究,应该回归到以中国史学传统为主体,以国际上的各种人文社会科学理论、方法论乃至自然科学等的研究方法为辅体,相互促进,相互参照,从而推进中国史学、中国古代史研究的不断向前发展。"事实上,近几十年来国际史坛新东西层出不穷。令人目不暇接,但最终经受住时间考验

① (英)安·麦迪逊:《中国经济的长期表现》,伍晓鹰、马德彬译,上海人民出版社 2008 年版。
② 保罗·肯尼迪:《大国的兴衰》,转引自李伯重《理论、方法、发展趋势,中国经济史研究新探》,清华大学出版社 2002 年版,第 168 页。

的总是少数。"① 而反观中国史学传统中的"言之有理,持之有故"、"无证不信"、"言必有证,论从史出"的治学原则,倒更有永恒的学术文化意义。因此,无论对哪一种新的理论和方法,都要一分为二,既不一概盲从,也不一概排斥,辨别精华糟粕,才能博采众长,取精用宏。

当然,我们在努力继承与回归传统的同时,应该清醒地认识到它的局限性。特别是中国传统史学所擅长的细部考察,往往限制了对于历史全貌的审视。中国的考据学,更多地是侧重于语言文字及典章制度的训诂考释,其所运用的深度和广度均有待于进一步的开拓。吴承明先生说过,所有的理论归根到底都是方法论。② 我们应当充分运用国际上的各种新旧经济史学理论,取其精华,来作为我们思考和探索中国经济史学的方法因素,开阔我们思考的视野和空间,而不是生搬硬套地把西方的理论作为模式来削足适履。只有这样,才能推进中国经济史学健康顺利地向前发展,从而形成真正属于中国的经济史学。

(三)中国古代史研究的创新与回归传统
应该同时摒弃浮躁学风

中国古代史是中国的古代史,中国经济史学是中国的经济史学。近百年来,中国学者对于中国古代史学以及中国经济史学的建构及其研究,作出了不懈的努力,取得了一系列具有开拓性的重要成果。然而一个不可否认的事实是,从中国古代史学、中国经济史学的建构、探索,以至学者们的研究意趣,都在很大程度上受到了西方经济史学理论与方法论的影响。无论是对于中国资本主义萌芽的讨论,还是其后流行的区域系统理论、年鉴学派理论与制度经济学等,无不渗透着研究者对于西方经济史学理论、方法论的偏好与效仿。我们只有在继承中国史学传统的基础上,吸收国际上人文社会科学理论与方法论精华,深入探索中国经济史的发展轨迹及其特征,才是中国经济史

---

① 李伯重:《理论、方法、发展趋势,中国经济史研究新探》,清华大学出版社 2002 年版,第173 页。

② 参阅吴承明:《中国经济史研究的方法论问题》,《中国经济史研究》1992 年第 1 期。

学今后得以健康顺利发展的正确方向。

百年来中国历史学界以至整个人文社会科学界对于西方人文社会科学理论、方法论的偏好与效仿，撇开政治上以及个人的因素，其中还蕴含着一种十分美好的学术愿望在里面。这就是希望在西方文化霸权主义笼罩下的中国学术，能够尽快地为西方学者所认可、所赞赏，用流行的话语就是说"与国际接轨"。在这种美好愿望的驱使下，中国的文化学术研究，当然也包括中国历史、中国古代史的研究，就不能不带有某种焦虑与浮躁的脾气。与此同时，中国改革开放不断向前发展路程中所引发的过度功利主义色彩的不良习气，也会对学界中的一部分人产生影响。更有甚者，国内有一少部分学者既不深知国际史学界新理论、新方法的真正内涵，单凭几个翻译过来或自己生造的新名词，就拼凑此说彼说，标新立异。这种极端浮躁的思维方式，对于中国史学，对于中国古代史学、中国经济史学的健康发展，并无益处。

在过去的一百多年时间里，中国的历史学，也包括中国的其他人文社会科学，在国际社会上的声音十分微弱。随着国家改革开放的不断进步，包括历史学家在内的中国人文社会科学家们急迫希望自己的学科能够在国际上有着比较强烈的展示声音，这是十分正常的。然而我们应该清醒地认识到，西方文化霸权主义已经在这个地球上横行了很长的时期。作为后进的国家，任何的文化表述，都在习惯性上被视为低劣的产品；更不用说西方的相当一部分人还对发展中的中国带有莫名其妙的政治与文化偏见。在这样的处境下，中国的历史学以及其他的人文社会科学，需要的是我们自身的坚持与自信，而不是过分地对于西方的理论与方法论亦步亦趋。只要我们自己能够对于中国的历史学作出坚实的贡献，那么随着我国国力的增强以及国际地位的提升，中国的文化学术影响力必然随之提升，任何的急于求成和邯郸学步，都不是我们推进中国历史学前进的根本之道。希望我们年轻一代的中国古代史学者们、中国经济史学者们，能够在中国古代史学、中国经济史学的理论探索、宏观研究、命题建构，以及中国古代史、中国经济史的基本问题的深入研究探索上，努力继承和弘扬中国史学的优秀传统，发挥聪明才智，开创出崭新的局面。

以上是我对于中国古代史研究与回归传统问题的一点认识，谨以此文恭祝毕生奉献于中国古代史研究的朱绍侯先生九十华诞。

五、包容与创新是学术的永恒生命力

　　2015年岁末，我收到台湾大学黄慕萱和甘怀真两位教授的来信，说的是他们现在正共同主持一项计划，"为建置数据库汇整两岸出版之优秀期刊"。因此希望我就他们列举认定的大陆10种最有学术影响力的历史学刊物，提出自己的意见。这10种历史学刊物的排列顺序分别是：《历史研究》、《近代史研究》、《中国史研究》、《中国农史》、《清史研究》、《史学月刊》、《史学集刊》、《当代中国史研究》、《中国历史地理论丛》、《史学理论研究》。在这个排列顺序中，《史学月刊》作为中国大陆历史学的优秀期刊，名列前茅。尤为难得的是，《史学月刊》作为以上优秀期刊中唯一由地方高校所创办的刊物，能够取得如此骄人的学术成绩，不得不令人多有思考。

　　以我个人肤浅的理解，《史学月刊》之所以能够取得如此骄人的成绩，主要在于刊物始终坚持了学术包容和学术创新的两大原则。《史学月刊》是一个有关历史学的综合性刊物，她不仅要照顾到中国史、世界史、考古学等三个不同一级学科的各个不同时段、学术意趣各异的学术论文，尽可能地在刊物中充分反映出古今中外历史学发展的整体概貌，而且在各个不同时段、不同领域的研究论述上，也尽可能地兼收包容各种不同学术风格的文章，开辟了诸如史学理论、史学评论、社会史、城市史、乡村史、生态环境史、文化史、学术史、电脑与史学应用、新资料的发掘与研究等学术专栏。谨举我自己的经历为例。我的基础专业本行是中国古代史中的"明清史"，2005年我在

《史学月刊》第12期发表了《努力开拓民间文书研究的新局面》,这是一篇探讨民间文书研究理论与方法论的文章,可以说是比较宏观性的论述。而在2011年,我在《史学月刊》2011年第6期上发表了《新发现的明代太监张敏资料释读》,这又是一篇极为微观的、带有某种传统考证形式的明代历史中的细部考察。可以说,我所发表的这两篇文章,完全是两种不同风格的学术论文,承蒙刊物编辑的不弃,概予采用。从我个人的这个小小的例子中,不难看出《史学月刊》所秉持的兼容并包的办刊原则。而正是这种兼容并包的办刊原则,使得《史学月刊》充分发挥了刊物的学术容量,从而在中国大陆的综合性历史学刊物中,储备了屈指可数的学术信息量,为广大历史学者所广征博引,建立了同类刊物中不可忽视的学术影响力。

《史学月刊》作为一份历史学的综合性刊物,仅有兼收并包的办刊原则还是不够的,因为仅仅满足于照顾到中国史、世界史、考古学等大历史学科的方方面面,也有可能使得刊物流于一般化,成为年鉴式的介绍性刊物。显然,《史学月刊》在坚持兼容并包办刊原则的同时,又始终把学术创新作为刊物发展的另一个努力不懈的方向。所谓学术创新,是一个比较宽泛的概念。在目前国内的一部分学者的认知中,似乎"学术创新",就是引进国外的新理论和新方法来从事中国历史学的研究。我认为这种看法有失偏颇。我认为历史学的学术创新,还是应该基本遵循陈寅恪先生半个多世纪的概念,即"新资料、新观点"。从陈先生这"二新"的概念出发,凡是"言之成理、持之有故"、在学术上有所发见的文章,都应该是一种创新。当然,学术创新同时又是一个与时俱进的概念。随着时间的推移,学界对于历史学的关注焦点及思考方式会有所变化,紧紧地把握历史学发展的主要趋向,是历史学刊物掌握和引领学术前沿的必然法则。

改革开放三十多年来,重温《史学月刊》所发表的所有论文,我们就能十分清楚地了解到刊物在学术创新上的不懈努力。刊物中所发表过的论文,尽管领域不同,风格不同,理论与方法论的运用各异,但是基本上都是言之有物,没有人云亦云抄袭式的论调,经得起时间的验证。特别是当历史学界出现某种新的前沿动态与研究热点时,《史学月刊》都能够及时地予以高度关注与善加引导。还是举我个人的例子。我们厦门大学历史系,自傅衣凌教授、杨国桢教授以来,都比较注重民间文书的搜集、整理与研究,在国内外具有一定的学术优势。20 世纪 90 年代特别是 21 世纪以来,搜集、整理、研究民间文书成了国内历史学界比较关注的一个学术热点。在这种情况下,《史学月刊》不失时机地在刊物中刊发相关的研究成果,引导民间文书的研究走向深入。汪维真编辑约我撰写文章,谈谈我们搜集、整理、研究民间文书的心得。我的这篇《努力开拓民间文书研究的新局面》便是在这种情景下撰写并且发表在《史学月刊》的。时至今日,我自己感觉这篇文章对于推进研究民间文书还是有一定的参考价值。

《史学月刊》对于学术的兼容并包与引导创新,无疑是这个刊物得到国内外学界高度认可与雄踞国内历史学期刊前列的生命力之所在。学术的兼容并包,才能达到"有容乃大"的广阔境界;而注重创新与引导创新,才能使刊物始终站立在学术的前沿阵地,成为广大史学工作者不可或缺的学术源泉。

我本人所从事的专业是中国古代史。中国古代史是我国学术积累相对久远而又深厚的一门学科,人们对于中国古代史的探索研究,涉及面广,成果也多。在这样的情况之下,如何坚持自己的学术立场,坚持学术创新,同样是我们每一位从事中国古代史研究的学人们所应该思考的问题。下面,我谨就当前中国史研究中所出现的两个新问题,谈谈自己的一点粗浅看法。

一、关于兼顾中国古代史研究的现实性与学术创新的问题

中国历史学的优秀传统之一,就是"以史为鉴",提倡历史学的研究,必须为现实社会服务。这一史学传统与史学功能,不管你愿意与否,都是我们所必须秉承的。问题是,我们作为一名专业的历史学工作者,应该如何把握坚持学术立场、学术创新与服务社会的边界? 近年来,党和国家领导人高度重视发掘和弘扬中华文化的优良传统,这就为我们今天在新的形势之下从事中国古代史研究提出了新的课题,应该积极参与。党和国家领导人以及各级政府高度重视发掘和弘扬中华优秀文化,无疑对于促进中国古代史的学术研究具有相当良好的正面作用。众所周知,作为一种政府的行为,容易引起社

会各界的普遍响应,甚至演变成为某种形式的"群众性运动"。举目前最为热门的中国海上丝绸之路研究为例。自从 2013 年习近平主席率先提出"一路一带"的战略构想以来,"中国海上丝绸之路"迅速成为包括学界在内的社会各界的热门话题。大家开口"海丝",闭口"海丝",尤其是在面临大海的福建区域,在省委领导的倡导下,研究"海丝"的"专家学者"一下子冒出了成百上千之多,使得包括各级领导在内的社会各界深受鼓舞。然而,从学术的立场来观察,此次兴起的"中国海上丝绸之路"历史文化研究,文化随大流的意味大大超过深入细致而又严谨创新的学术研究。各地纷纷热衷于"海丝"标志性建筑物的建造、大型"海丝"历史文化论坛、文化艺术节的举办,有关"海丝"非物质文化遗产的申报与保护,等等,不一而足。至于"海丝"究竟是怎样的文化定义? 包含哪些内涵? 如何开展切实可行的学术研究,就比较少人关心了。而这种群众性运动式的文化随大流活动,虽然也搜集了不少的所谓"学术论文",但是大家应景者多,老生常谈,抄来抄去,生产出不少的学术垃圾。因此,以我个人的认知,对于近年来迅速掀起的"海丝历史文化"热潮,并不感到十分的乐观。

各级政府大力提倡发掘和弘扬中华优秀文化及"海丝历史文化"等,这对于推动中国与世界的政治、文化、经济等各领域的交流与协作关系,扩大中华文化在世界的影响力,都有着十分积极的时代意义。但是对于深入开展中华优秀文化以及"海丝历史文化"等的学术研究来说,这种提倡是一把双刃剑。它既可以在一定程度上促进"海丝历史文化"学术研究的繁荣进步,但是也容易使"海丝文化"学术研究走向功利化和庸俗化。如何坚持"海丝历史文化"学术研究的严肃性和创新性,避免中华优秀文化以及"海丝历史文化"学术研究流向功利化和庸俗化,不能不是我们学界所应警觉思考的一个迫切问题。

当前的一些发掘与弘扬优秀传统文化的热门话题,往往是以"新瓶装旧酒",换了一个新鲜的名词而已。用一种新的名词替代旧有的名词,而在内容上没有更多的拓展与充实,这在学术上是没有意义的,至少是意义不大。再举"中国海上丝绸之路"为例。从 20 世纪上半叶中国学界开展中外关系史以来,大家比较惯用的名词,主要有"中外交通史"、"中外交流史"、"海外交通史"等等。因此之故,到了改革开放之后,国家允准成立某些学术群众团体组织,于是便有了"中外交通史研究会"、"中外文化交流史研究会"一类的全国性学术组织。到了20世纪末,国家重视海洋权益,于是,诸如"海洋历史文化"、"中国海洋社会经济史"等的新名词出现了。但是不论是早期的"中外交通史",还是20、21世纪之交的"海洋历史文化",大家的学术研究意趣,基本上集中在汉唐以来中外文化交流史与中外礼会经济史即海外贸易及移民这两大领域。近年来,由于国家及地方各级政府的倡导,"中国海上丝绸之路"的风头很快就盖过了以往的种种称呼,成为最崇贵、最新颖的学术与文化名词。名称虽然崇贵、新颖,但是在研究内容上看,却较少有超越以往学界所从事的"中外交通史"、"中国海洋文化发展史"的范围。

无论是发掘弘扬传统优秀文化,还是深化中国古代史研究,都有一个进一步开阔学术视野、拓展研究领域的时代要求。发掘弘扬传统优秀文化,积极为时代现实服务,是应该建立在学术创新的基础之上的。因此,我认为当今的发掘弘扬传统优秀文化、深化中国古代史研究,还是需要一如既往地秉承《史学月刊》的一贯宗旨,在兼容并包的同时,努力在以往学术研究的成就之上,密切关注、追踪、引导新的史学研究理论及方法论的发展趋向,不断开拓新的研究领域,发掘搜集新的历史资料,脚踏实地,力争推出令人耳目一新的创新成果。还是举"中国海上丝绸之路"的研究为例。虽然说有关这方面的学术研究自20世纪初开始,经过几代人的努力,有了比较雄厚的学术积累,但是我相信还有不少可以开拓的学术空间。譬如,以往的中国海上丝绸之路历史研究,由于文献资料的限制,人们对于中外交通史的研究上限,基本上是关注于汉唐之后。对于汉唐之前的中外交通历史,大多轻轻带过、语焉不详。如果我们借助于人类学、民族学、考古学等学科的学术视野,就将把中外交通的历史,大大提前到公元之前的久远时代。再如,我们现在最为热衷谈论的中华文化对外传播问题,就存在着一定的片面性。人们较多关注的是那些上层文化或带有意识形态色彩的文化,如儒、释、道等文化的中外交流与传播,而对于民间基层文化的对外传播,则较少引起人们的应有关注。从中国文化对外传播史的角度来考察,17、18世纪以来,由于西方工业革命以及资本主义革命的成功,西方社会树立了根深蒂固的欧洲文化中心论,对于古老中国的文化传统,基本上已经失去了应有的敬畏之心。在这种情况之下,中国文化的对外传播,主要就以民间生活方式及风俗习尚的方式继续向外扩张,以民间生活方式及风俗习尚为主体的民间文化对外传播,成为18、19世纪以来中华文化对外传播的主体。民间文化的对外传播不应被长期漠视,而深入拓展民间文化对外传播的研究,同样可以成为今后中国海上丝绸之路研究所可以拓展的一片广阔的学术领域。

二、关于学术研究中的"新史料"与"旧史料"问题

文献资料是历史学研究的基础,史料的重要性是可以与学术论点的重要性相提并论的。然而,近年来中国古代史研究领域,似乎出现了某种重视新史料而忽视传统史料的倾向。事实上,学术的重要性并不存在新史料与旧史料的分别。史料的重要性在于研究者的学术眼光与辨析能力。假如史学研究者缺乏应有的学术眼光与辨析能力,任何文献资料都将变得无足轻重。

传统史料,也就是所谓的旧史料,其实它是经历了数百年以至数千年的时间检验,大部分的传统史料,是具有较高的可信度的。我们现在所认知的许多中国古代史的历史事实,基本上是建立在传统史料的研判基础上得以印证的。而许多近年来发现的所谓新史料,在很多场合实际上只是作为进一步印证传统史料已得出的历史事实而已,真正具有颠覆性意义的新史料并不多。如果我们一味地蔑视传统史料,而过度地渲染新发现史料的学术价值,无疑是一种舍近求远的偏颇之举。学术是需要历史积累的,只有在充分掌握、理解传统史料的基础上,才能更好地辨析和运用新史料,这二者的关系是相辅相成的,而不是顾此失彼、重此轻彼。

新史料的发现固然对于推进历史学的深化研究是一件好事。但是新史料惟其为"新",就有一个必须加以鉴别、分析和善用的问题。举我所比较熟悉的民间文书来说。近年来,全国各地民间文书的发现层出不穷,形势喜人。然而,与民间文书大量涌现所不成比例的是,以民间文书为基本史料进行学术研究的新成果则相对稀少。究其原因,则是我们的民间文书发现者,

在一定程度上夸大了民间文书的学术重要性。我在《史学月刊》2005年第
12期发表了《努力开拓民间文书研究的新局面》一文中就这样说道：我们
以往研究契约文书，往往是就契约文书论契约文书，比如研究土地买卖关系，
就把同一地区的土地契约文书搜集在一起，从中寻求一些带有普遍规律性的
线索，形成自己的论点。这种就契约文书论契约文书的研究方法，必然出现
一纸典型文书等同于若干纸甚至成千上万纸契约文书的情景。就契约文书
论契约文书的最大缺陷，就是忽视或遗忘了产生这些契约文书的社会背景。
民间契约文书的发现也应该同考古资料的发现一样，需要有"地层"的保
护。民间文书的"地层保护"，就是产生这些契约文书的社会背景。我们现
在搜集来的许多契约文书，甚至可以说其中的绝大部分，由于与契约文书产
生的时代相对遥远，时过境迁。尤其是这些年来文物商人的介入，使得这大
量的民间文书，失去了它原来的"家园"，让我们无法了解这些民间文书所
产生的社会背景。民间文书完全脱离了它所产生、存在的社会背景，就不能
不大大失去它应有的历史学学术价值。

　　因此，当我们面对大量新的文献资料时，切不可匆匆忙忙地宣称有些什
么重要的发现，而是应该先经过实事求是的鉴别、分析之后，恰如其分地予以
善用。当然，这些年来学界出现某些蔑视传统史料、过度渲染新史料的倾向，
可能跟社会上所出现的浮躁风气有所关系。我们经常可以从媒体的宣传中，
见到诸如什么考古发掘有了惊天发现、已经把什么历史推前了多少多少年；
在什么什么地方发现了新的证据，已经推翻了以往的什么什么历史定论。弄
得我们这些真正从事中国古代史研究的同行，经常处于一头雾水之中。我们
从事历史学研究的最基本立场，就是严谨客观。对于传统史料也好，新发现
的史料也好，都还是应该秉持这样的立场。

　　我在这里所谈到的关于当前中国史研究中所出现的两个新问题，无非就
是希望表达我对中国古代史研究必须秉持我们固有的历史学严谨客观的学
术立场，在深化研究方面有所创新发明的期许。而这种期许，正是《史学月
刊》多年来所一直追求奋斗的目标。我愿以这篇短文，恭祝《史学月刊》65
大寿，越办越好！

六、今天，我们如何面对民族国家问题

今年厦门大学90周年校庆期间，我召集举办了"国学高峰论坛"，邀请厦大校友刘再复先生参加。会后，刘先生送了我几本书，其中一本是《共鉴五四》（福建教育出版社2010年版）。这本书我认真拜读之后，觉得其中提出的两个问题很值得思考。在"'五四'中心理念及其历史语境"这篇文章中，刘先生谈到近现代民族国家意识的觉醒问题。我本人这些年间也从事民族史的研究，因此对这个问题很有同感。长期以来，中国人只有天下的概念，到19世纪末至20世纪20年代末，才有了民族国家意识的觉醒。当时，中国遭受列强压迫，民族问题显得尤为迫切。从学术角度讲，中国民族国家意识的觉醒是受到西方学术思想的影响，但更重要的还是受到战争失败的刺激。近代的民族国家意识具有反帝与救亡的特点，表现为强烈的民族义愤。问题是，一百年过去了，中国的民族国家意识又处在一个什么样的新的历史时代？我们如何面对民族和国家问题？

汪荣祖先生在《民族主义与中国现代化》（香港中文大学出版社1994年版）一书中，侧重从文化的角度来思考这个问题。他认为，中国有一部分人有文化虚无主义的倾向，如提出取消方块字（现在很多人只重视英文，对本国语言反而不太懂的现象类似），这可能会令中国分崩离析。汪先生认为，政治的统一和文化的凝聚，仍然是当代不可或缺的立国支柱。

刘再复先生在《共鉴五四》中主张，中国的未来应该依靠经济共同发展这一坚实基础,消除各种政治和意识形态的隔阂和障碍,中国内部的问题自然就会解决,甚至在国际范围内也是如此,如欧洲经济共同体。

汪荣祖先生和刘再复先生都是智者,他们对现代民族国家的认知都很正确,只不过是从不同的侧面和角度来看待这一问题而已。但我的看法是,在一些现实问题上,还需要一些正确的政策来支持。这方面,刘先生的书里没有论述,我觉得应该重视。刘先生说,对于今天的中国,重要的是民族内部的自我调整和自我完善的问题。对此我很有感触。我们现在的民族问题来自两方面的挑战,一是西方有人老是以中国的民族问题来说事,甚至在背后进行挑唆,假如我们只是从文化和经济的立场来思考民族国家问题,可能还不够,还需要一种相应的政策来作出回应和反击。二是56个民族的相互关系问题。虽然刘先生强调民族内部的自我调整和自我完善,我感觉到目前的民族政策存在一种令人担忧的倾向,即过分强调民族的特殊性,这种过于强调很不利于中华民族的大团结。我比较认同费孝通先生的观点:中华民族是多元一体的关系,这样才能消除民族和国家定位问题中面临的一些不必要的困境。`

另外,刘先生书中最后一章"'五四'语言实验及其流变史略"专门谈到"五四"时期语言革命的演变过程,这对现在的语言定位也非常重要。"五四"新文化运动中,最先发难的是语言变革,即众所周知的白话文取代文言文。中国古代文学的文学语言与现实语言(文言与白话)界线划得非常清楚,太过于清楚就形成了森严的壁垒,使得文学的丰富性和语言本身的特征受到损伤。这也是促使"五四"先驱们进行语言革命的一个重要原因。但问题是,我们现在太过于注重这方面的倾向,演变到后来,几乎把当时语言革命当成是单向性的,似乎讲文言就是不好,讲白话就正确。对于这个问题,胡适在《文学改良刍议》一文中就谈道:我并不承认用白话做的文章就是有生命的。可见新文化运动的先驱们也认识到,如果文言和白话毫无边界,白话就会丧失应有的价值和意义。周作人认为,"五四"文学的精神,是平民的贵族化与凡人的超越化的结合。假如说,文学只是迎合民众而失去贵族的精神和超越的需求,这就使文学从审美的层面下降到现实的层面,如果照这个方向发展,中国文学就会出现很大问题。"五四"时期新文化运动先驱对语言的认知,对我们认识今天的问题有一定的启示作用。

现在很流行网络语言,但作为一个对语言价值有判断的人来说,网络语言只能作为一种参照,但现在很多人一味迎合,甚至一些重点高校的校长在一些场合也会搬用网络语言作为时髦。这不幸被"五四"先驱们言中。网络语言虽然是从底层产生的,但毕竟生命力有限,我们不能赋予它语言的核心价值。我在读刘再复先生这本书的时候,感触尤深:作为大学,尤其是国内一些著名大学的校长和学者们,对语言的走向担负着判断和引导的责任和使命,如果作为国家最重要的语言推广机构毫无选择地这样做,势必导致我们的语言走向一个令人担心的发展方向。

（原文为《中华读书报》采访稿,
由该报记者陈菁霞采访整理刊出）